新食货志

杜君立

作品

商业革命与现代社会格局之形成

NEW RECORDS of FOODS AND COMMODITIES

北京联合出版公司
Beijing United Publishing Co.,Ltd.

《洪范》八政，一曰食，二曰货。食谓农殖嘉谷可食之物，货谓布帛可衣，及金刀龟贝，所以分财布利通有无者也。二者，生民之本。

——班固

中外食货，犹水互注，必趋于平。

——严复

从某个角度看，经济史包括人类的全部历史。

——布罗代尔

目录

除四川外
許於諸路
州縣公私
從便主管
並同見錢
七百七十陌
流轉行使

微物撬动历史

陶 林[1]

当我们用不同的方式去看待历史的时候，历史也会在我们面前呈现不同的面貌。有两种截然不同的看法：一是把历史当成已然过去的整体；二是把历史看成具体而微的延续。

如果我们把历史看成一个已经逝去的庞然大物，它就像一股从巨型火山口喷发出来的滚滚的熔岩，向着固有的目标滚滚而下，携带着层层叠叠的意义，蕴含着无穷无尽的道理，最终凝结成坚硬的时间躯壳。这样所得到的历史，充满了各种英雄人物、仁人志士、大奸大雄的传奇故事，充满了种族、民族、政权和国家的兴衰成败与成住坏空，充满了权力的争夺和战争杀戮的阴谋诡计。历史便如同自然景观一样丰富多彩，但却是一门冷冰冰的学问，其所展现的一切，都

① 陶林，书评人、作家，著有小说《丁香岛之恋》《少年幸之旅：牧野大战》。

如同了无生机的化石。任何一幕充满戏剧性的历史表象，离物理很近，离日常很远，离生活也很远。

如果我们把历史看成是曾经无数个具体而微的生活的总和，是围绕着人们的日常生活所构建起来的一个绵延不息的历程，那么它就会立刻变得活灵活现，充满了烟火气，可以触摸，可以感同身受，可以自如地进入其中，也可以直观感受到历史真实的生活气息。历史作家杜君立的《新食货志》，就是从这一个个具体而微的“物历史”，来反观几千年人类文明史的随笔作品。在关注完那些改变人类的重要技术发明之后，他把目光转向那些构成我们日常生活的东西，并用古典的“食货”来命名这种发现，有浓郁的新意和丰富的文趣。

《新食货志》从东方的丝绸开始，到东方的镖局结束，兜了一个漫长的大圈，来讲述中国和世界的历史如何被这些很细微的商品所撬动。相比浩浩荡荡的“大历史”，微观的“生活史”似乎并不那么“显耀”。不显耀不代表不重要，相反，它是文明交流、文化融合的巨大驱动力所系。

食、色，性也，人性本来就是由一个又一个欲求与满足构成的。通过可感可及的物质，人们感受到了世俗的丰裕和幸福。因为这些人们之间可以沟通的欲求，交易才能够存在，并将世界变成一个统一整体。

在新大陆被发现之前，占主导的是同纬度间的物种大交换。欧亚之间是一片完整而连绵的大陆。尽管有高山、高原、沙漠和戈壁阻隔，却绝对无法阻止人们跋涉千万里进行交易的热情。

现代人喜欢历史，因为历史体现的是人性，而人性亘古不变。人们喜欢一些光滑闪亮、晶莹剔透或香气扑鼻的奢侈品，古人喜欢黄金珠宝、丝绸瓷器、香料烟草以及琉璃瓦，就如同现代人喜欢手机、跑车和玻璃幕墙。

一

在远古时候，丝绸成为东西方之间交易的第一座桥梁。丝绸的轻逸与光泽让富有或掌握权力的上层人士有了一种身份区分感，这种来自东方的软黄金自然而然地成了全世界盛行的奢侈品，“丝绸之路”因之诞生。沿着这条“丝绸之路”，作者极富耐心地描绘了瓷器和茶叶的交易，以及它们对东西方世界的巨大影响。

在长达两千年的时光里，丝绸、瓷器和茶叶是中国输往西方世界的最重要商品。这三大宗商品无一例外地搅动了西方人的生活方式，也搅动了西方的社会构成。在西方历史上，丝绸和瓷器被视为重要的奢侈品，而茶叶则改变了西方人的饮食结构。基于这三种日用物，满足吃喝拉撒基本需求之外的享乐型消费在西方充分发展起来。这就是西方人孜孜以求的“消费的民主”。有好东西，大家都能廉价地享受起来，这种欲望甚至比少数有钱人的资本扩张本身更能刺激西方人对全球市场的渴望与开拓。

中世纪晚期，重商成为西方文化的新传统，商人阶层——特别是从事跨洋贸易的商人阶层，替代封建领主成为社会的主流。整个社会并不围绕几家王室权力运转，而是所有人服务于面向东方的贸易。恰如杜君立所说的，欧洲商人历经千辛万苦，将人们闻所未闻的商品带到世界各个角落，让每个人都有机会享受到传说中的“奢侈品”。在那个最早的全球化时代，人们的物质水平普遍得到提高，精神生活变得更加丰富多彩。

东方的中国在很长一段时间内基本无求无欲于西方。一方面，是因为大一统的中国的确占据亚洲东部最广阔、也最适宜农耕发展的土地，既地大，又物博，自给自足；另一方面，强大的皇权专制体制不断汲取民众的消费能力，强烈地压抑着民众的消费欲望。但民间力量仍然顽强地存在着，它迫切地需要一些东西，比如白银。在书中，杜君立将白银作为一种世界输入中国的奇特商品来观察。白银之于古代的中国人，简直就如老天赐给民众的救兵，把一种可靠的、不受皇权政府力量左右的货币带入东方世界，以抗衡“大政府”动辄产生的滥发货币的冲动。

也因为中国很长一段时间内无求于西方，为了抗衡贸易的逆差，“鸦片”这种毒品被英国殖民者作为平衡收支的毒药，大量输入中国。众所周知，它对中国历史的巨大震动和冲击是前所未有的。它依靠暴力，把一整个现代生产、生活和社会制度“砸”向了古老的文明。

二

开放与全球化的交易给世界各地带来了很多问题，更带来了勃勃的生机。因为西方人长盛不衰的直抵东方开展贸易的热情，在同纬度交换之外，引出了一个亚欧世界完全没有准备好的意外，那就是对于美洲新大陆的发现。西方人热爱独产自东方的香料，这种至今依然说不清、道不明的嗜好，让他们煞费苦心去东方寻找原产地供货。于是，作为这种经济动因的副产品，他们意外地“发现”了新大陆。

新大陆的发现既意味着“全球化”最后一张拼图完成了拼接，也意味着新旧两个大陆将在碰撞中出现令人意想不到的化学变化。两个大陆的物种大交换不仅仅是跨经纬度的交换，更是跨越了物种的进化树的交换。对于当时的世界来说，某种意义上，甚至等同于两个星球之间的交换。

这一次的物种大交换，新大陆给旧大陆带来了梦寐以求的一切东西：除了广阔的殖民空间、生产基地和世界市场，还有作为流通货币的充裕的黄金与白银，作为救命食物的土豆、玉米、红薯，以及上瘾物品的蔗糖、咖啡、可可和烟草。

在书中，杜君立富有激情和耐心地记录了这些不起眼的“食货”对旧大陆的改造，它们使人类得以在更为贫瘠、更不适宜农耕的丘陵、山地、旱地生存，食物更为廉价和易于获得，粮食变多了，人口也随之增长。旧大陆的人口开始突破原有农作物的自然产量限制，实现了数量的大爆炸。那些新增长的人口，有学者们称为“玉米人口”“土豆人口”，作者则称为“红薯人口”。对于这一进程的描述，出生于农村的杜君立写得细致入微，记录下大量翔实的数据和不同民族受之影响的生活变迁。如果对照诸如北美洲的开发等“大历史事件”来综合考虑，能有一种无意中翻出历史“底牌”的豁然。土豆、玉米、红薯在今天被视为“粗粮”“贱粮”，但它们的营养和能量含量一点不比传统的五谷低；从美洲、欧洲和亚洲，无数民族的兴衰，无数平民的人生从此和这些“卑贱”的作物联系在了一起。

丰裕的人口是自然赐予我们的财富，而绝不是什么负担。人口增加意味着产生智慧头脑的概率也在增加，意味着劳动生产力的丰沛，意味着消费市场的扩大。短短百年的人口爆炸，就为全球工业化做好了充分铺垫，人类开始从完全“望天收”的贫困时代向工业化时代迈进。在作者看来，这种变化才是食货交易最值得书写的部分，棉花、煤炭、橡胶、石油、股票纷纷登场。人们开始有计划、有组织、大规模、科学化地从化石能源中获取能量，通过机械化大生产，在全球汲取各类原材料，制造出那些曾经无法想象出来的消费品，比如汽车。

值得一提的是，作者在书中详尽记录了无论是对煤炭还是对石油的使用，中国不但不比西方迟，甚至还要早上很久。中国人在开发煤矿、运营煤窑等方面经验极其丰富。可是，中国人没有让这些煤炭成为启动工业文明的动力，这恐怕也是留给读者深思的一个历史之谜。

三

工业革命书写着全新的历史传奇，也从“现代”意义上改变着我们的世界，重塑着我们的生活。反过来，工业革命也映照着传统国家和商业的野蛮、人们对于财富投机的贪婪。对自然和对民众无尽的求索，都能导致资源的枯竭和环境的恶化。食盐的垄断导致了王朝的反复，郁金香的投机带来财富的幻灭，对鳕鱼、毛皮、鸟粪的涸泽而渔，则是一种莫大的讽刺。

现代工业完全改变了既往的生活，也冲击改造了传统商业。曾经，中国东南西北各个方向上活跃着侧重不同贸易的商帮，有承担丝绸之路贸易的陕商和晋商，有为皇权专卖服务的徽商，有打通西南贸易的马帮，有最早对接海外贸易的宁波帮和广州十三行。在前现代，它们创造了各自的传奇，也保守着各自的封闭。全球化的现代大生产造就了大物流、大商业。随着全球化的深入，那些浮现在中国历史背影当中的商帮开始慢慢走向衰弱。

本书的最后是对这些商帮的追忆。作者记录下大量被正史帝王将相故事所遮蔽的别样真实，也隐含着对中国传统工商业没能走上现代化道路的严肃思考。

从丝绸、瓷器、茶叶、咖啡、香料、棉花的历史来看，在全球化贸易中，技术会随着商品不断扩散，任何奢侈品最终都难免变成普通商品，这是一种历史大趋势。对很多现代工业制造品来说，中国并非原创地，但改革开放以来，中国已经成为世界主要的商品输出国。以手机为例，中国不仅是最大的手机制造国，在某些技术方面还处于世界领先水平。

现代工业制造品在理论上可以无限复制，要长期垄断是不可能的，但专利保护制度可以让技术创新者获得短时期内的市场优势。因此，技术创新成为现代社会的重要发展动力。反过来，知识产权与技术竞争也成为在当下的全球贸易战中的最大诉求。

太阳底下没有新鲜事。打开《新食货志》，看到古人为了保守丝绸、香料和咖啡的秘密而煞费心机，不禁让人会心。历史不喜欢秘密，因为人类追求的是智慧。

《新食货志》并不是一本专业严整的经济史著作，却是一本特别好看的书。它最大的美妙，是让我们能够理解到这一点：历史最好的馈赠，莫过于我们此时此刻的幸福生活本身。我们现在每一件日常的微物，其实都是人类历史数千年演进的结果，也是无数人用生命和智慧留给这个世界的美妙遗产。

植物学家法布尔无限感慨地说："人们在战争中流血死去，历史却对这些战争大加宣扬和歌颂；人们在土地上耕耘生活，历史却对这些土地视若罔闻，复制阙如；国王的情妇和私生子都能青史留名，而小麦的历史却无人知晓。"历史最丰厚的馈赠，或许正是这些微小而又让我们熟视无睹的事物，它们温暖地围绕在我们周围，养活我们，滋润我们，丰富着我们的生活，让我们在辛劳的人生旅途里足够地多姿多彩、百味无穷。这是一本书所能带给我们的最大满足。

从商业革命到工业革命

历史是人类对于过去的集体记忆，也只有人类才有这种记忆。对现代人来说，历史是最普遍的启蒙。所有的社会现象，就其本质而言，都是历史的，发生或存在于“某一时刻”的每个事件都无法从它们的过去和未来中抽离出来。

阅读历史是为了了解当下，展望未来。一个心智健全的现代人，阅读历史，尤其是世界史，是非常必要的。相比囿于国家和民族的传统历史，世界史的叙事要宽广得多。一般读者要进入世界史，不妨选择一些小的入口，从“小历史”来理解“大历史”。本书的意义就在于此。

我们每个人都离不开衣食住行，这也是人类有史以来的常态。从衣食住行去理解历史，应该是最容易、也最轻松的。要很好地解决衣食住行问题，仅仅自给自足是不行的，这就产生了商品和交换。从某种程度上来说，正是因为商品和交换的出现，人类社会才得以形成，文明才得以出现，历史也就这样诞生了。商业使人类不必将需求诉诸暴力，依靠贸易互通有无，促进了生产，增加了共同财富。

在人类文明的发展进程中，游牧、农耕和商业是三种典型的社会形态，游牧社会最为原始野蛮，定居型的农耕社会又很容易形成封闭的等级化的专制帝国，只有到了流动、平等、法治和契约化的商业社会，现代文明才显现出来。

过去我们往往以为全球化和资本主义是工业革命的产物，其实这完全是一种偏见和误解。商品经济一旦形成，全球化和资本主义（商业资本主义）就出现了。商品没有腿，但它比人走得更远；为了使商品带来利益，资本便会压倒一切。也就是说，经济全球化是一个长期的历史过程。

全球化无疑是一个大命题，但如果从一些特定商品来理解全球化的历史，或许要容易得多。一种特定的商品，在特定的时空往往会发生惊人的作用，乃至形成一个特定的世界。任何商品交易的发生和影响都不会限于商品交易本身，沿着丝绸之路，佛教和伊斯兰教传入中国；沿着海上丝绸之路，欧洲传教士来到东方；伴随鸦片而来的，还有现代科技。商品是有限的、有形的，而文化的影响则无远弗届。一个商品从兴起到扩散，再到无人问津，往往会经历一个戏剧性的过程，整个社会都难免被卷入其中。在历史叙事中，一个原本微不足道的商品就这样无意中成为主角。

原本只是为了贩运丝绸的“丝绸之路”，在地理上，它只是跨越亚欧大陆的一条通道，但它对于世界文化的意义却远非如此。它的东西两端，分别是东西方文明的源头，就像织造丝绸的经纬线一般，它将中国、印度、希腊、埃及、美索不达米亚这些古老文明编织在一起，成为一个永不枯竭的思想源泉。

现代文明史和全球贸易史，始于香料，终于石油，今天人们对石油的渴望正如哥伦布时代对香料的追求。翻开人类文明史，有一点是非常清楚的：人类文明交往的根本愿望是物质需求。这种观点用于古代，不是什么后见之明。古代东方向西方的寻求、西方向东方的探索，都有着物质需求的因素，可以认为，文明之间的对话，首先是物质需求形成的对话。

从地理上来说，农业发达的中国几乎是欧亚大陆一个与世隔绝的区域。按某些西方历史学家的说法，中国是“世界的例外”。但人类的历史就像一张无缝之网，没有哪一个地区能够完全孑然独立。因为丝绸、瓷器、茶叶、白银、毛皮等商品贸易，中国很早就成为世界的一部分，甚至可以说，16～18 世纪的中国居于世界中心地位。

商业革命

从 16 世纪开始，繁荣的远距离交易突然将世界带入一个“商业时代”。现代人或许想不到，400 多年前，为了进口香料，英国成立了以香料贸易为主的东印度公司，荷兰也宣布成立东印度公司。

在现代化的历程中，工业革命是一道伟大的分水岭，彻底改写了自古以来的世界。但历史是连续的，在工业革命之前，商业革命已经完成一切应有的铺垫。马克思在《资本论》中提出“商业革命”的概念，他的定义是“商业的突然扩大和新世界市场的形成”。消费社会、全球化、自由贸易和资本主义等“现代文明”并不是后来才有的。欧洲商人历经千辛万苦，将人们闻所未闻的商品带到世界各个角落，让每个人都有机会享受到传说中的“奢侈品”。在那个最早的全球化时代，人们的物质水平普遍得到提高，精神生活变得更加丰富多彩。

现代社会的本质是商品经济，商业革命使商品经济大行其道，许多奢侈品变成大众日用品，工业革命通过大量生产进一步扩大了商品的内涵与外延。从“消费的民主”而言，工业革命与商业革命是一脉相承的，而且从各个角度来看，工业都是从属于商业的，依靠后者提供远离产地的原材料和消费市场。肇始于奢侈品交易的商业资本主义在发展中增加了财富，从而导致（手）工业和农业的分离。当资本所有者不用从远方运来奢侈品，而是自己创造和生产奢侈品时，商业就走向了工业。英国人先是从印度贩运棉布，后来开始发明纺织机，自己纺线织布，最后把机织棉布贩卖到印度。丝绸、瓷器、香料、茶叶、咖啡、鸦片、橡胶等，无不经历了从商品扩散到技术扩散的过程。还有一点，无论工业还是商业，开始都是通过为“富人”提供大量消费品而兴旺发达起来的。

物以稀为贵。对遥远的欧洲来说，来自东方的丝绸、瓷器、茶叶、香料、蔗糖、棉花和咖啡等，一直都是富人才能享用的奢侈品。欧洲冒险家找到东方航线并发现新大陆之后，这些奢侈品被大量移植，成为大众消费品；同时，美洲的土豆、红薯、烟草、白银和毛皮等，在很短的时间就传遍了整个旧世界。

从文艺复兴时期开始，外贸成为欧洲最重要的商业形式，尤其是海洋贸易。距离与利润成正比，最理想的消费者往往与生产者之间隔着遥远的距离。在火车出现之前，陆路运输要比海上运输困难得多；在13世纪的欧洲，陆路运输的成本比海路运输贵20倍。相比万水千山阻隔的陆路，海洋贸易大大降低了运输成本。海洋是自由的、开放的，海上航线不用穿越很多国家，也没有林立的关卡。贸易就像大海一样没有边界。借助有规律的洋流和信风，一艘帆船所运输的货物就超过一个大商队。海洋贸易的经济收益远高于陆上贸易，但也伴随着更大的风险。陆上有驿站可供休息，海上气候多变而危险，因此海洋鼓励冒险和开拓，正如陆地滋生官僚。海洋贸易的繁荣，刺激了财务制度、公司制度、保险制度和金融制度的发展。

在蒸汽船和集装箱出现之前，只有奢侈品和半奢侈品才会被轻快帆船运来运去。奢侈品的特点是重量轻、体积小、价值高，长途贸易所产生的附加值最高；或者说，只有奢侈品才是“最好的商品”；尤其是烟草、鸦片、咖啡、蔗糖、食盐等长销性商品，它们可以自动形成消费市场。

在工业革命之前，贫穷和自给自足是人类社会的普遍状况，只有极少数富人才有钱进行“身份商品”的消费，他们所消费的商品在普通人看来，都属于温饱之外的奢侈品，尤其是上瘾品。“海外贸易的起源在于奢侈品消费，这是富人们独有的事情，他们在巴黎一地的奢侈品消费就足以维持这种贸易。”按照经济学家桑巴特的观点，正是奢侈品和奢侈消费“生出了”资本主义，甚至说，丝绸、瓷器、钟表、毛皮、棉布等奢侈品也催生了现代工业。当然，在资本主义逻辑下，所有奢侈品最终都免不了“跌落凡尘”，变成人人可得的大众消费品，使富裕社会的中产阶级成为社会主流。

对于工业革命，人们往往只留意到珍妮纺织机和瓦特蒸汽机，却忽视了蔗糖和土豆的重大贡献；而正是这两种廉价的高热量食品，供养了新兴的“无产阶级”，从而使资本主义成为可能。

被称为“饮食人类学之父”的美国学者西敏司在《甜与权力》一书中，以蔗糖为线索，讲述了一部波澜壮阔的人类现代文明发展史。“在资本主义的历史中，烟草、糖和茶这样的食物，伴随着对它们的消费，最早传递出了一种复杂的观念，即一个人可通过不同的消费而变得与众不同。这一观念与营养、人的天性或甜食癖都没有太大联系，与人类使用象征的能力则更缺少联系。然而它却与英格兰的根本性变化密切相关，在这场根本性的转变中，英格兰从一个阶级制的、以身份制为基础的中世纪社会变成了一个社会——民主制的、资本主义的、工业化的社会。”

无独有偶，季羡林先生自称“学术生涯中最完整、体量最大的专著”便是长达80余万字的《糖史》，他希望通过蔗糖的历史研究，使人们充分认识到“文化交流是促进人类社会前进的主要动力之一”。

对西方来说，人们对中国的认识始于丝绸、瓷器和茶叶；对中国来说，“现代”的到来则始于一场“鸦片战争”。之所以发生鸦片战争，是因为英国大量进口中国的茶叶（1842年茶叶占中国出口总额的92%），却没有足够的白银来支付，便通过走私鸦片来获取白银，造成中国白银的外流。仅从这一历史事件，就可以发现某些商品（如鸦片、茶叶和白银）在历史中曾经扮演过何等举足轻重的角色。

食与货

商品没有腿，也没有翅膀，但因为商人与商业，它们可以远离产地，到达世界每一个角落。

如今，我们生活在商品极度丰富的时代，即使如此，物质生活的富有仍是全社会最普遍的对幸福的定义。历史学家布罗代尔主张："物质生活是一切的基础，一切进步取决于物质生活的膨胀，市场经济本身也依赖物质生活而迅速膨胀，并扩展与外界的联系。"

在布罗代尔看来，物质文明的基本特征是重复性，而这恰恰也是日常生活的基本特征，这是因为物质文明位于日常生活的中心。礼物和奢侈品是非日常的，但它们一旦成为商品，最终都会经历一个日常化的过程。

历史终结的地方，生活在继续。从我们当下这个消费时代回看现代早期的商业革命，意义似乎更加深远。

最近30年，中国人的物质生活得到了前所未有的提升。经济成为国家与社会的核心。与此同时，随着中国读者的历史视野进一步拓展，经济史也越来越受到历史爱好者的关注。史学前辈许倬云先生特意指出，"今日史学的内容，已不限于国家大事，更不是只注意到社会上层，史学研究的项目包括社会各阶层、生活各方面，例如疾病对某一时空的历史产生如何的影响。又如，某种群众的心态，如何形之于当世的风气。凡此种种新的历史焦点，不幸还未能为一般人所了解。”

诚如许先生所言，历史包罗万象，它不仅涉及权力、政治和战争，也涉及人类文明的方方面面，它不仅与帝王将相等大人物有关，也影响到普罗大众的日常生活。即使人们眼中微不足道的衣食住行、油盐酱醋茶，也有其不容忽视的历史。我们每个人都无法摆脱历史，因为我们都生活在其中。

应该指出的是，中国传统历史偏重于宫廷政治，但在“二十四史”中，也有专述经济史的“食货志”。

“食货”二字出自古老的《尚书》。司马迁的《史记·平准书》开“食货志”之先河，班固在《汉书》中专书“食货志”：

> 《洪范》八政，一曰食，二曰货。食谓农殖嘉谷可食之物，货谓布帛可衣，及金刀龟贝，所以分财布利通有无者也。二者，生民之本，兴自神农之世。“斫木为耜，煣木为耒，耒耨之利以教天下”，而食足；“日中为市，致天下之民，聚天下之货，交易而退，各得其所”，而货通。食足货通，然后国实民富，而教化成。

按照班固的解释，“食”指的是可食用的东西，“货”指的是可用来进行贸易的所有商品。实际上，“食货”基本涵盖了国民经济生活的方方面面。汉以后，官方著史均少不了“食货志”篇章，如《宋史》《明史》之“食货志”设有20多个子目录。大体来说，中国正史的“食货志”主要记述田制、户口、赋役、漕运、仓库、钱法、盐法、杂税、矿冶、市籴、会计等官方制度，这与现代学术意义上的经济史仍有很大不同。

本书取名《新食货志》，并非出于中国传统历史的体例和内容，而意在取其思想精髓和历史精神，用现代历史观去重新审视整个人类史。

以布罗代尔为代表的年鉴学派历史学家认为，“与其说是工业革命，倒不如说是新大陆的发现、对亚洲的侵略以及对世界经济的控制，导致以英国为中心的欧洲取得了世界霸权”。英国不仅用印度鸦片换取中国的茶叶，还通过控制北美和澳洲等殖民地，释放和转移大量劳动力（包括奴隶），将甘蔗、棉花、小麦引进美洲，将绵羊、奶牛引进澳洲，这种世界扩张战略最大限度地控制了新大陆和欧洲之间的贸易。

在工业革命以前，工业制品在贸易中所占的比例微乎其微，日常交易的商品主要是衣食方面。羊毛和棉花自然重要，但比它们重要的是蔗糖、咖啡、茶叶之类的食品；控制“食品”方面的交易，即控制着世界经济。这就是英国继西班牙、葡萄牙开辟大航海时代之后所做的事情。实际上，美国当年也是通过发展农业壮大经济，并最终成为世界超级大国的，而且其农业大国的地位至今也没有动摇。

人类因为农业而走向定居和群居，人口变得密集，形成文明与社会，出现政治与国家。在古代社会，无论社会经济还是政治结构，都以食物生产和分配为基础；农业生产出现富余，孕育了政治统治，粮食变成权力的工具，可用来征税、施舍、炫耀和支付。食物的流动产生了商业和货币，也形成了文化与宗教。从“食”到“货”，生产以剩余为目的，财富和权力被抽象出来，正如货币从商品中脱颖而出，贸易开始独立发展。从“食”到“货”的过程，也是从贫穷到富裕，从短缺到过剩，从农业到工业，从古代到现代，从国家到全球化的历程。

今天的中国已经深深地融入整个人类社会，成为现代世界不可分割的一部分，我们所食所用、所看所听，无一不是全球化的“世界商品”。历史是相对当下才成立的，我们从今天的眼光去看待过去的“中国与世界”，就会发现一个不同的中国，也会发现一个不同的世界，最终呈现在我们面前的，将是一个不同的历史。

谨以此书向中国历史之“食货志”致敬。

第一章

东方的秘密

在世界历史的大部分时间里，中国一直是东方世界的巨人，与同一时期的希腊罗马比肩而立。因为农耕条件优越，中国幅员辽阔而人口众多，尤其是宋以后，商业日益发达，商品种类繁多。根据很多经济史学家的论断，古代中国人的生活标准让其他民族根本无法望其项背。

在哥伦布发现新大陆之前，中国商品对贫穷的欧洲人来说几乎可望而不可即；在哥伦布发现新大陆之后，美洲的白银为欧洲提供了中国唯一可以接受的交换物，中国因此成为世界第一大商品出口地。来自中国的丝绸和瓷器，其精良的制作工艺对欧洲人来说堪称神品。用丝、瓷、茶换白银的贸易持续了数百年，穿梭在东西方之间的大帆船拉开了全球化的大幕。

因为丝绸、瓷器、茶叶、白银等商品贸易，中国很早就成为世界的一部分。从 1500 年到 1800 年，中国在世界经济体系中甚至一直居于中心地位。正如美国历史学家罗伯特 · 芬雷所说，在前工业时代，中国产品具有公认的优越地位，人类物质文化首度步向全球化，也是在中国的主导下展开的。

因为丝绸之路，中国成为西方人眼中的“丝国”。随着海路的开辟，瓷器和茶叶使中国进一步成为世界贸易的重要参与者。在中国传统文化和文明中，茶是一种独特的植物。然而，在中国近代史中，鸦片却扮演了远甚于茶的历史角色。

明清时期，中国商业经营环境极其宽松，随着美洲白银和日本白银涌入，打通了流通渠道，大量人口溢出传统农业，专事商品生产。景德镇瓷器制造业蔚为壮观，堪比英国工业革命时期的工业重镇曼彻斯特；清代扬州因盐而兴，一个盐田就有 62 万工人。以大运河为通道，中国大宗商品的远距离贸易持续发展，海外贸易也大幅扩张，从而推动了近代化进程。有人因此认为，16—18 世纪中国发生了一场商业革命。

丝绸

最早的世界商品

中国丝绸的历史源远流长，传说黄帝的妻子嫘祖发明了"养蚕取丝"。在现代考古发现中，最早的丝绸织品距今5300年，属于大汶口文化时期，这比黄帝时代要更早一些。① 最迟到商代，中国丝绸的生产已经初具规模，不仅织造技艺很高，而且还有复杂的织机。

进入文明灿烂的春秋战国，列国争霸，发展农桑就成为富国强民的普遍国策，所谓"取财于地，而取法于天；富国之本，在于农桑"。与此同时，周礼文化兴起，作为上等织品的丝绸也成为"分尊卑、别贵贱"的礼制工具之一。按照代代传承的舆服制度，穿戴丝绸都是一种显赫的特权。在中

① 20世纪50年代在对浙江湖州钱山漾遗址进行的两次发掘中，发现了绸片及丝带、丝线等。经当时浙江丝绸工学院、上海纺织科研院检测，其中绸片和丝带被确认为人工饲养的家蚕丝织物。最终经碳14测定，绸片距今已有4200—4400年。

国古代士、农、工、商的“四民”结构中，商人地位最低；虽然商人最有钱，甚至经营丝绸，但却不可以穿丝绸衣物。这种禁令在秦汉时就很严厉，直到明朝初年，即使农民都可以穿绸纱，商贾仍不许穿绸裹缎。

丝绸是如此珍贵奢侈，以至于在古代中国，被长期作为高价值的货币使用（铜钱属于低价值货币）。特别是在对外关系中，丝绸是不可替代的硬通货，帝国羁縻藩属小国的朝贡贸易几乎完全靠丝绸维系。此外，在纸发明之前，丝帛还曾作为高级书写载体广泛使用。

丝绸由蚕丝织成，这是一种极其特别的动物蛋白纤维，与人体有极好的生物相容性。在棉花出现之前，其他如葛、麻等植物纤维织物，从质感上都无法与丝绸相提并论。丝绸是如此重要，以至于中国历代官府都极力保护桑织，明朝时甚至强制民间种桑养蚕。

中国对丝绸技术垄断了数百年，即使在后来的历史中，中国仍然是丝绸商品的重要出发地。在古代运输条件下，远距离贸易仅限于高价值的奢侈品，因此丝绸成为最古老的世界商品。“氓之蚩蚩，抱布贸丝。”从这句《诗经》中的话可以知道，丝绸很早就已经被用来交易。

丝绸贸易的兴起，在世界范围内引发了纺织技术的进步，这为后来的棉花革命和工业革命完成了必不可少的历史铺垫。事实上，棉纺织品一开始也是作为替代丝绸的奢侈品出现的，只是棉花比蚕丝更容易生产，从而使棉纺织品逐渐成为普罗大众使用的普通商品。

《说文解字》云："蜀，葵（桑）中蚕也。"可见四川很早就有桑蚕，以至后来发展出丝绸中的极品——蜀锦，将纺织品提升到艺术品的高度，它把蚕丝的优良性能和美感结合起来，大大提高了丝绸的文化内涵和历史价值。织锦出现于东汉，当时中国已经率先发明出提花技术。如果说纺织技术影响了工业革命，那么提花技术对信息革命则影响甚大。中国提花技术传至西方后，有人采用穿孔卡代替中国"花本"，制成能织造大型花纹的动力提花机——雅卡尔织机。事实上，这种可编程的穿孔卡就是现代计算机的前身。

丝绸之国

彼得·弗兰科潘在《丝绸之路：一部全新的世界史》的序言中说："全球化并不是什么新鲜事物。……两千多年以前，人们今天所熟知的'丝绸之路'贸易网络就已经存在，它将中国太平洋沿岸和非洲及欧洲的大西洋海岸联系在了一起，使波斯湾和印度洋之间的货物流通成为可能，同样还有穿越亚洲之脊、连接城镇和绿洲的陆上通道。"

现代考古证明，远古时期，贯通欧亚大陆北部的贸易通道就已经出现，这条"草原高速路"也是一条"草原金属之路”。[①] 事实上，早在丝绸之路出现之前，丝绸就已经从中国走向世界。

诞生于公元前5世纪的《旧约》中两次提到丝绸，并称之为“最美丽的织物”，在古希腊巴特农神庙的雅典娜女神像身上，也同样披着柔软的丝绸长袍。毫无疑问，这些丝绸是从中国经波斯传过去的。亚历山大大帝征服波斯时，他们就发现波斯宫廷里，人人都穿着丝绸。现代考古人员在埃及一处公元前1070年的木乃伊墓葬中也发现了丝绸。

中国人最热衷谈论的丝绸，其输出年代，应该远早于官方认定的西汉（《史记》）。在埃及底比斯距今3000年左右的木乃伊身上，奥地利维也纳大学的三名考古学家，发现了一块彩色丝绸残片，属于第二十一王朝，它只能来自中国，并彻底改写了世界贸易的时间表。也许早在商代，也就是距今3600年到3000年期间，丝绸之路就已悄然建立。出现在埃及的丝绸残片，只是它的一个细小回声而已。出产和营销丝绸的源头，亦与长安无关，而是成都平原，也即以产丝著称的古蜀国。它的国王是以“蚕丛”命名的，意思是“成堆

---

① 欧亚草原与中国北方有长达几千年的文化交往。在考古上发现的金属品数量最多，由于青铜和铁器一类的金属品代表了当时先进的生产技术，以其轻便、不易碎等便于携带的特点，很快就在欧亚大陆迅速传播开来。这条以金属交往为主要特点的通道被称为“草原金属之路”或者“草原高速路”，它是丝绸之路的前身。匈奴崛起后，这条欧亚通道南移，即“丝绸之路”。可参阅：杨建华等著《欧亚草原东部的金属之路》，上海古籍出版社，2017。

的蚕虫”。这条贸易路线向南通过云南和贵州，进入缅甸、泰国和印度，转达波斯，再由波斯转运至欧洲和北非。它可能是历史上最古老的丝绸之路。①

罗马时代，恺撒征服埃及，大概是受著名的“埃及艳后”克里欧佩特拉影响，恺撒很快也成为丝绸爱好者。有一次恺撒去看戏，他身上光耀夺目、艳丽华贵的中国丝绸令全场观众目瞪口呆。

古代希腊和罗马人称中国为“丝国”。“中国是世界上最早使用蚕丝的国家，中国丝织品在那时已经享有国际盛誉，特别是在罗马帝国，人们把中国丝织品当作极珍贵的物品，对于东方‘丝国’充满憧憬和向往。他们知道丝国是个大国；他们赞扬丝国的人民诚实、聪明和友好可亲。”② 丝国即塞里斯（Seres 在拉丁文中是“丝”的意思），Seres 可能源于中国字“丝”（sī）。

丝绸作为奢侈品，也长期扮演着货币和国际货币的角色，基本上可以与黄金互换。

在唐宋之前，中国经常以丝绸作为货币，用来发放官僚的薪俸和士卒的军饷。“军队的工资表格告诉了我们，士兵

---

① 朱大可《农业文明的死亡与投影文明的再生》，《同济大学学报》（社会科学版），2016 年第 2 期。

② 郭沫若《中国史稿》，人民出版社，1976。

们得到的工资是成捆成捆的平纹丝绸织物。在汉代，这种织物作为货币流通于市面。士兵们可能和来到长城关口出售马匹和毛皮的游牧民族交换他们的织物。”[①] 当代发现的吐鲁番文书中，就记载了唐朝天宝年间（742—756 年）西域的物价水平，全部以丝绸货币为计价单位：

马一匹，次上 = 丝绸 9 匹

波斯敦父驼一头，次上 = 丝绸 33 匹

草驼一头，次上 = 丝绸 30 匹

胡奴一人，多宝 = 丝绸 21 匹

丝绸也是中央王朝用于笼络北方游牧民族的最好礼物。汉唐时期，为了与北方匈奴和西部回鹘吐蕃和亲，赠送的丝绸数量极其巨大，比如崇徽公主出嫁时，唐朝一次就陪嫁了缯彩两万匹。这些丝绸很容易作为货币流散到西方。

古代战争离不开战马。中国历代战争频仍，对马匹的需求量极大，中原汉地与草原贸易中最常见的便是“绢马交易”，即用中原的丝绸换取游牧民族的马匹。“在横跨欧亚大

---

① 唐朝钱帛兼行。商人携带大量铜钱不便，而丝绸价值高，且较为轻便，还可实用，因此往往以帛为本。丝绸作为货币，不宜进行小额交易，因为切割过小将使丝绸失去实用价值，从而价值大减。有关史料记录了当时货币的兑换情况：武周如意元年（692 年）丝绸 1 匹 = 银币 10 文 = 铜币 320 文；天宝年间（742—756 年）丝绸 1 匹 = 银币 10 文 = 铜币 460 文。

陆的丝绸之路还未形成前，草原民族已用草原之马交易中土之丝，待秦朝连贯各国的边墙形成一道长城，交易始集中于关卡。秦北方边防以匈奴为大敌，故作为战略物资之马匹多与月氏交易所得。”①

古代帝国的统治受限于交通与通信成本，历代王朝都习惯于对周边民族采用羁縻政策——“羁”就是用军事和政治的压力加以控制，“縻”就是以经济和物质利益给以抚慰，总是高价进低价出，甚至半卖半送。因为回鹘帮助唐朝平定了安史之乱，所以唐王朝每年赠送回鹘绢两万匹。唐朝在与回鹘交易时极为宽厚，从 8 世纪中叶，一直以汉地四十匹绢易回鹘一匹马的比价进行贸易，有时甚至达到五十匹绢对一匹马的价格。不但绢马比价悬殊，而且数额极其巨大，一年常达数万匹马。绢马交易起初带有酬谢回鹘协助平叛的性质，但长此以往，必然给中原人民造成沉重的负担。

根据西方的记载，在西方罗马帝国时代，丝绸价格几乎等同黄金，12 两黄金才能买 1 磅丝绸。有历史学家断言，罗马帝国的崩溃与丝绸导致的黄金流失有很大关系。当时中国丝绸风靡欧洲，惹得一些正统人士指责丝绸过于薄透，穿着有伤风化。哲学家赛内加说：“我见过一些丝绸制成的衣

①（美）孙隆基《新世界史》（第二卷），中信出版社，2017。

服。这些所谓的衣服既不蔽体，也不遮羞。人们花费巨资，从不知名的国家进口丝绸，损害了贸易，却只是为了让我们的贵妇人在公共场合能像在她们的房间里一样，裸体接待情人。”

事实上，罗马元老院也曾多次下令禁穿丝绸，但这些禁令根本得不到有效实施，法律的威严也阻止不了人们对丝绸的向往。帝国末期，罗马皇帝戴克里先（公元 284—305 年在位）不得不对丝绸课以重税，试图以抬高价格来压制丝绸这种奢靡消费品。公元 408 年，北方蛮族哥特人围攻罗马，哥特王阿拉列克向罗马人开出的退兵价码是 4000 件丝质短袍，而罗马的确在很短的时间内找到了足够的丝袍。

公元前 53 年，罗马帝国与西亚的帕提亚发生著名的卡雷之战。在这场东西方冲突中，帕提亚人明亮的丝绸旗帜给罗马人留下了深刻的印象。这历史的一幕在某种程度上标志着“丝绸之路”的正式诞生。

丝绸之路

欧洲的罗马时代基本与中国的秦汉时代处于同一时期。为了联合大月氏抗击匈奴，汉武帝派张骞出使西域。张骞于建元二年（公元前 139 年）从长安出发，经河西走廊两通西域。张骞将西亚的帕提亚翻译为“安息”。因为张骞这次“凿空之旅”，中国与西方世界建立起更广泛的正式官方联系，此后中国的官方使节和民间人士频繁西游，不仅是帕提亚，连最远的犁轩（即埃及亚历山大港）也有了汉使的足迹。

和平的外交关系和国际环境必然带来跨国商业的繁荣，丝绸之路因此而诞生，而中国盛产的丝绸顺理成章地成为输出到西方世界的重要商品，与此同时，来自西方的奢侈品（主要是骏马和骆驼等良畜，各种毛皮和毛织品，以及珠宝美玉和琉璃等）也源源不断进入中国。

有学者发现，早期中国与西方的贸易存在长期逆差，中国输出丝绸的价值远不足以抵偿输入的商品，中国只能以黄金来抵偿，因此丝绸之路在初期其实是“金帛之路”。[①]黄金在汉代是法定通货，储量极大，张骞出使时便携带“赍金币帛直数千巨万”（《史记·大宛列传》）。正如赵翼所说，“汉多黄金”，但汉代以后，随着黄金大量流失，“金帛之路”便成了丝绸之路。

所谓“丝绸之路”，一般指东起中国、西到北非和欧洲的古代商路。在秦汉以前，中国丝绸已经通过中亚大草原，到达了印度、波斯、希腊和埃及；而在丝绸向西走出中国之

① 王宇星《从金帛之路到丝绸之路：汉代丝路的物资及文化交流》，《文史知识》，2018 年第 2 期。

前，和田玉就已经向东进入中国腹地。更早之前，小麦、冶金、马和马车等先进文明就已经沿河西走廊“西来”，从而大大改变了中国的历史进程。

张骞沟通的丝绸之路，以长安为起点，经河西走廊到敦煌。从敦煌起，分为南北两路：南路从敦煌经楼兰、于阗、莎车，穿越葱岭（帕米尔）到大月氏、安息（帕提亚），往西到达条支（今伊拉克）、大秦（拜占庭）；北路从敦煌到交河、龟兹、疏勒，穿越葱岭到大宛，往西经安息到达大秦。①

从中国西行，尤其是出关中后，沿途多是没有人烟的戈壁和沙漠，降水量极低，不仅没有道路，连镇店也很少。丝绸之路完全依靠沿途几个“绿洲”城市提供补给。这些绿洲靠周围山脉融化的雪水获得水源。为了降低运输成本，人们一般都选择驯养骆驼来进行驮运。

---

① 在突厥人之前，丝绸之路交通主要是沿着欧亚大陆腹地的边缘地带进行的，即大致上从今新疆的塔里木盆地翻越帕米尔高原，或南下印度次大陆，或继续向西，到达波斯，然后经过两河流域，进而抵达拜占庭；另一条道路是翻越帕米尔高原之后，经过锡尔河与阿姆河之间的地区南下，抵达波斯。当时的交通路线主要是将中国、印度、波斯和罗马连接起来，而通往罗马的道路则需要从波斯境内通过。突厥汗国于 6 世纪建立之后不久，就因为丝织品贸易的问题与波斯之间发生了纠纷，纷争的结果导致了突厥与罗马之间的贸易通道的开通，从而促进了东西方的互相了解。丝绸之路是为适应种种政治、经济的需要，受限于自然地理条件和种种历史的原因，不断取舍、增补而自然形成的，并在长期的发挥作用中，逐渐以较为明确的固定路线载入史册。其中除上述东汉以前南北两道和以后南、北、中三道为丝路主干道外，还有许多辅助支道，纵横交错，编织成一个密密的交通网络。这些旁道支路将主干线从多处沟通连接起来，使之更加四通八达，而其自身也随丝路主道的发展不断扩充完善，在东西交通中发挥了重要的作用。

在沙漠地区，骆驼被证明是比牛和马更有价值的“运输工具”，它们每天的运输路程比牛马高一倍，相对更为廉价，更易于组织，并且不需要道路，这意味着能够相对容易地穿越中亚漫长而艰苦的陆路通道。骆驼可背负的重量比牛、马、驴都多，它能轻易通过轮车无法穿越的沙漠；而且骆驼的饲养成本几乎为零，它能在沿途找到食物，这与帆船很像，因此被称为“沙漠之舟”。历史学家麦克尼尔指出，骆驼导致了全球贸易的早期扩张，骆驼带来阿拉伯和中国以及南亚的商业繁荣，如同一个巨大的风箱，扇起全球经济的火焰。

自从丝绸之路全面形成之后，中国丝绸通过骆驼商队的长途贩运，源源不断地流入西亚。罗马人主要通过帕提亚获得中国丝绸。到中国东汉时，已经有罗马使节经丝绸之路来到中国，并得到了汉朝皇帝的接见。

与此同时，佛教也沿着丝绸之路传入中国，中国文化被全面改写。[①] 先秦时代，中原人的活动范围非常有限，对世界的了解也很少；随着佛教传入，中国文明独步世界的幻觉被打破，中国为世界中央的观念受到了冲击。从朱士行、法显、宋云到玄奘，中国僧人沿着丝绸之路西行，一次次远赴

① 经丝绸之路传入的宗教除了佛教，还有摩尼教（明教）、袄教、景教（基督教的一支）、犹太教和伊斯兰教。佛教同时将先进的印度历法带入中国。此外，香料、蔗糖和茶叶等奢侈品也因僧人而得到传播。

印度，求取佛经。

除了苜蓿、石榴、葡萄、芝麻、芫荽、棉花等新植物，还有驴子、骆驼以及天花和麻疹病毒，经丝绸之路传入中国。值得一提的是椅子，这种外来家具彻底改变了中国传统的服饰、建筑和生活习俗。在某种程度上，因为椅子和佛教的传入，下跪和叩头之礼发展到泛滥的程度。

在西方殖民者来到东方之前，丝绸之路扮演着东西方文化交流的主渠道角色。在接受外来文化的同时，中国的指南针、火药、造纸和印刷术等也传播到世界各地。伴随着丝绸贸易，中国生产的瓷器、茶叶、香料、蔗糖、棉织品、书籍等也同时被输送到西方。

需要说明的是，丝绸之路，并不是商人从西安将丝绸等货物一路运输到罗马，而是丝绸不断地被交易到下一站。换句话说，是商品在走，而不是人在走。在中国与欧洲之间，中亚具有重要的桥梁作用，尤其是被称为“文明的十字路口”的粟特。

盛唐时代，中亚的粟特商人以撒马尔罕为中心，曾长期控制着丝绸贸易，大量粟特人也因此进入中国，出现了“伊吾之右，波斯以西，职贡不绝，商旅相继”的场面。据说制造“安史之乱”的安禄山和史思明便是粟特胡人，他们早期在营州作“互市牙郎”，也就是担任交易中介的“牙人”。[①]“安史之乱”代表着北方游牧民族的崛起。在后来的1000多年中，这些可怕的马上民族屡屡征服并主导着中国的历史走向。

从现代来看，成吉思汗的影响远远超出中国范围，从而使蒙古征服成为世界史的一部分。有学者认为，成吉思汗以武力创造了一个“现代世界”。因为蒙古征服所带来的商路通畅，东方的丝绸和桑蚕纺织技术传入西方，西方的马可·波罗沿着丝绸之路来到中国。相比奢侈美丽的丝绸，被商人和蒙古骑兵带入欧洲的“黑死病”无疑是一场巨大的灾难，它让欧洲和中东的人口在极短时间内减少了一半左右，让欧洲人的平均寿命从原来的40岁骤减到20岁。[②]

黑死病其实就是鼠疫。感染了瘟疫的草原鼠跟随沙漠商队免费旅行，沿着贯穿亚洲和地中海的丝绸之路，从中亚里海被带到了克里米亚半岛。在克里米亚，它们登上货船，从

---

① 粟特人为东伊朗人的一支，素有经商传统，种田者不到一半。《旧唐书·西域传》说粟特人“善商贾，争分铢之利”。粟特人好利，若生了儿子，就喂以“石蜜”（即冰糖），手上抹胶，希望他长大以后善于甜言蜜语，手能聚财。男子20岁便要离家经商。《大唐西域传》说，粟特人诡诈，“大抵贪求，父子计利”，“财多为贵，良贱无差”。即使大贾富百万，仍服食粗鄙。安禄山、史思明之外，安禄山的儿子安庆绪，养子安忠臣、安忠顺，部将何千年、何思德、史定方、安思义、安岱、康阿义屈达干、康节、曹润国、何元迦、安神威、安太清等；史思明的儿子史朝义，部将康没野波、康文景、曹将军、何数、何令璋、石帝廷、康孝忠等，都是粟特胡人。可参阅：（法）魏义天《粟特商人史》，王睿译，广西师范大学出版社，2012。

② 黑死病比丝绸更有力地改变了欧洲社会和宗教生态，传统的封建采邑制衰落了，随着劳动力的四处流动，商人和工匠的地位提高，从而促使行会建立和城市兴起；同时，罗马天主教廷在灾难面前的无力使民众对其失去信心。瘟疫也引发了大规模反犹和排犹运动。

一个港口到另一个港口，从一个国家到另一个国家。1374年，威尼斯共和国要求所有到岸船只上的船员连同货物在海上隔离40天。[①] 虽然欧洲所有港口都效法威尼斯，实行“隔离”政策，但仍然无法阻挡瘟疫的入侵，老鼠往往通过缆绳逃上岸。

唐宋以后，尤其是庞大的蒙古帝国崩溃之后，传统陆路变得支离破碎，丝绸之路逐渐转移到海上。从马可·波罗到斯坦因，这条横穿中亚的世界公路时断时续，仍连接着西方与东方。

1877年，德国地理学家李希霍芬将这条跨越茫茫沙海的欧亚通道命名为“丝绸之路”（the silk road）。此后不久，人们又提出“海上丝绸之路”。

海上丝绸之路形成于秦汉时期，在唐宋时期走向繁荣。宋朝（尤其是南宋）因为西北及华北地区基本丧失，对外贸易只能依靠海上丝绸之路。与陆路相比，海运极大地节约了运输成本，同时也使丝绸的世界市场更为广阔。作为管理国际贸易的官方机构，市舶司支撑着大宋帝国财政的半壁江山。海商蒲寿庚把持泉州市舶司长达30年，可谓“保南宋沿海财政与军事大权于一身”。正如当年的安禄山、史思明，

---

①“四十”的意大利语是quaranta，英语中的“隔离”（quarantine）即由此演变而来。

蒲寿庚的叛变成为宋朝灭亡的致命一击。[①]

明清时期，先是郑和下西洋，接着是达·伽马的到来，大航海运动的风起云涌，使这条古老的海上航线成为近代全球化运动最重要的历史场景。

海上丝绸之路以大型帆船为运输工具，经太平洋连接朝鲜、日本和东南亚，经印度洋连接印度、阿拉伯和非洲，擅长经商的阿拉伯人将中国丝绸贩运到最远的欧洲。作为丝绸之路的重要终点站之一，威尼斯依靠丝绸贸易获得了空前的繁华。

在哥伦布之前的很长一段时间里，丝绸之路是连接东西方世界的重要通道。这条通道的重要性在于其文化意义，在经济上其实并没有多大价值。丝绸之路要穿越漫长而可怕的沙漠、戈壁和草原，要么在自然生态上属于无人区，要么在文明生态上属于野蛮落后地带。这些商人仅靠骆驼负载极其有限的货物，即使平安到达，成本之高也不可想象。何况这

① 宋景炎二年（元至元十四年，1277 年），蒲寿庚拒绝宋少帝和张世杰进入泉州，并将城内的宋宗室及淮军尽数屠杀。蒲寿庚叛降后，所有海船均交于元军，他又为蒙古人制造了 600 艘大型战舰，使蒙古军实力大增，遂于崖山海战中一举灭宋。日本历史学家桑原骘藏说："蒲寿庚弃宋降元之事，影响于宋、元势力之消长实大。盖蒙古虽长于陆战，舟师实不敌宋。寿庚老于海事，拥海舶甚多。一旦降元，定为元南征之助。于元为莫大之利，于宋直致命之伤。"历史学家罗香林也认为："元师席卷而南，蒲氏乃以泉州降。宋室流离琐尾，既失市舶财利，复丧舟师实力，凭藉既虚，虽有张世杰、陆秀夫、文天祥诸贤臣奔走勤王，亦无补于国运之侵移矣！其影响于宋元时局之递变者，至巨且大。"蒙古统治时期，蒲寿庚家族基本掌控着中国海上贸易，独霸市舶，富可敌国。大明立国后，明太祖朱元璋对蒲氏深恶痛绝，下令将蒲寿庚掘坟鞭尸，并将蒲氏全族人充军流放，为娼发奴，永不得登仕籍。

些原始蛮荒地带匪盗丛生，大多数商人最后都人财两空。比起陆路来，海上丝绸之路要现实得多，唐宋以后，中国与西方的贸易基本都以海路为主，除了丝绸，瓷器和茶叶也成为重要的外贸商品。可以说，是海路的开通把世界各主要地区联通起来，现代世界才真正开始。

与陆路相比，海上贸易规模也要大得多。丝绸贸易量的扩张，必然导致丝绸技术的对外扩散。到唐宋时期，从日本到印度，乃至欧洲，基本都有了相当规模的丝绸生产，这也奠定了近代世界丝织产业的大致格局。

丝银贸易

很早时候，丝绸生产就遍及整个中国，从四川到山东，人们都在种桑养蚕，位于长江三角洲的江南地区无疑是丝绸生产的最重要基地。

丝绸产业改变了江南的经济和景观，传统的水稻产区消失了，取而代之的是桑蚕和纺织。江南逐渐成为中国最大的粮食输入地区，浙江已成为名副其实的“丝绸之府”。世人皆知“苏杭熟天下足”，但到明朝正德、嘉靖之后，却让位给了“湖广熟天下足”，原因就在于江南地区因受商业发展影响，“诸镇并起，多业机杼，间有田业者”。

南宋时期，商业税收已经超过传统农业，成为官府的主要财政来源；桑蚕种植养殖以及丝绸工业堪称经济命脉，不仅民间丝织业十分发达，官营的丝绸生产作坊也颇具规模。①这种优势一直延续到晚明时期，当时江南地区作为全国丝织业的中心，多次爆发织工罢工事件，后来清廷设立官营的“江南三织造”（江宁织造局、苏州织造局和杭州织造局）。

明清两代，丝绸生产进一步走向商品化和全球化，依托海运的国际贸易发展迅速。这被一些中国历史学家称为“资本主义的萌芽”。

15 世纪初，郑和下西洋，陆上丝绸之路向海上丝绸之路的重大转折由此发生，沿着郑和开通的海道，大批中国人走出了国门。值得注意的是，郑和船队每次都是从丝织业昌盛的江南出发。

16 世纪，葡萄牙人开辟了欧洲与中国之间的直航贸易，丝织品和生丝成为海上最重要的商品之一。从 1580 年到 1590 年，中国每年运往印度果阿的丝货为 3000 担；1636 年达到 6000 担。通过澳门，自广州输出的大量中国丝货，也被运到西班牙人占据的马尼拉，换回大量西属美洲出产的白银。

---

① 宋朝官方在京城少府监属下设置绫锦院、染院、文思院和文绣院，同时还在重要丝绸产区设置官营织造机构。北宋真宗年间，东京汴梁的绫锦院有织机 400 多张，润州织罗务年产量万匹，新兴丝织业中心城市婺州号称“衣被天下”。太湖流域“茧簿山立，缫车之声连甍相闻”。两宋时期，城市兴起，除农村传统手工丝纺外，城市中的丝织作坊也大量涌现。

马尼拉并不是中国丝货的终点，马尼拉大帆船将其运往美洲墨西哥的阿卡普尔科港。由此，在太平洋上形成了一个大三角国际贸易网络。1572 年至 1644 年，共有 1086 艘中国货船从福建泉州月港抵达马尼拉，所载主要是生丝和丝织品。这条以月港为起点，马尼拉为中继，墨西哥阿卡普尔科为终点的“海上丝绸之路”，也被称为“海上白银之路”。

色泽艳丽、光滑柔软的中国丝绸，不但花色品种丰富，而且价格低廉，有很强的竞争力。在 18 世纪末墨西哥的进口总值中，中国丝绸和其他商品占 63%。拥有白银的美洲人很快喜欢上了丝绸。白人殖民者无不以身着华贵的中国丝绸为荣；为了打扮得光彩夺目，他们毫不吝惜白银，穿着金线织成的衣服和中国最精美的丝绸。不仅是贵族，连产银区的黑奴和印第安人中，也有部分人有能力购买丝绸服装，“男男女女，穿丝多于穿棉”。可见当时中国丝绸的市场多么广阔。

日本是中国丝绸的传统市场，日本武士崇尚精致优雅的生活，丝织品无可替代；即使 17 世纪的江户幕府一再颁布“禁奢令”，仍无法改变人们对上等丝绸的喜爱。因为气温寒暑变化大，蚕不易存活，日本的桑蚕丝织一直发展不起来，只能依赖进口丝绸或生丝，这就形成所谓的“朱印船贸易”。明末徐光启提到，日本“百货取资于我，最多者无若丝……通国所用，辗转灌输，不厌多也”。江户幕府初期，日本每年输入的生丝数十万斤，主要来自中国。晚明时期中日断交，葡萄牙人发现商机，将中国生丝就近销往日本，以换取日本白银，获利甚丰。[①]1631—1641年，日本禁止朱印船出海，葡萄牙人被驱逐，他们的生意被中国海商和荷兰商人接手，实际上被郑氏集团控制。

当时从中国运出的丝货数量大得惊人。每年从中国运往葡属印度的丝绸达1000公担，往菲律宾运送丝货的商船平均为15艘；运往日本的丝货数量也难以估计。17世纪前期，日本幕府试图限制银和铜的流失，同时颁布“丝割符制度”，来限制生丝和丝绸价格，但实际并没多大效果。[②]

明、清两代，中国对海外的生丝与丝织品出口规模非常大。从早期的葡萄牙和西班牙商人，到后来的荷兰和英国公司，无不大量贩运中国丝绸和生丝，销往世界各地。根据美洲白银经马尼拉流入中国的情况判断，明朝末期，每年运至美洲的中国丝货至少价值110万西班牙银元；清乾隆以后，广州生丝的年出口量达35万余公斤。对英国东印度公司年

---

① 葡萄牙人自1524年起，便以宁波外海的双屿岛作为走私据点，与岛上的海盗汪直等进行丝银贸易，火枪因此传入日本。从1524年到1547年，葡商在双屿岛上建造了千余座房屋，设立了市政厅、教堂、医院、慈善堂，居民达3000人，其中葡萄牙人1200人，其余是各国天主教徒。

② 为了避免日本商人因为抢购进口丝类商品而引起外商提价，1604年，幕府授权日本丝商成立“丝割符仲坚”的公会，对进口丝品统一定价，进口商可以选择接受或不接受。这一制度遭到中国和荷兰商人的反对，1655年，丝割符制度废止。当时政府对自由贸易的干涉比较普遍。乾隆年间，江苏巡抚陈宏谋提出，鉴于中国“生齿日繁”，为了有利就业，应该限制生丝原料的出口，多鼓励丝绸等制成品出口。粤海关还一度禁止黄色和紫色丝绸出口，因为这是中国传统上皇家与官家专属丝绸。

出口的生丝数额，从乾隆年间到道光年间，年均为20万两至50万两白银。

按照樊树志先生的推算，在乾隆年间，湖州南浔镇一天售出的丝就在数十万两到百万两白银。蚕丝贸易旺季的四个月，贸易额高达500万两，盛极时出口额就高达1000万两以上，人称“一日贸易数万金，市人谁不利熏心”。

清朝时，俄国已经完全占领西伯利亚，从而成为中国的邻国，并在北京设立了使馆。中俄贸易以恰克图为交易中心，在清朝成就了陕商和晋商的兴盛，丝绸和生丝是重要的出口商品。

中国严禁出口生丝，违者处死。然而，每年都有大量生丝通过走私方式运到恰克图，但还是满足不了俄国商人的需要。[①]

欧洲商人不但大量进口中国丝织品，同时也开始发展自己的丝织业。从出口丝绸到出口生丝，这完全是技术扩散的结果。

技术扩散

在早期欧洲，丝绸一直被视为上流精英不可或缺的服饰

---

①（德）米勒、彼得·帕拉斯《西伯利亚的征服和早期俄中交往、战争和商业史》，赵雨时译，商务印书馆，1979。

用料，但进入中世纪之后，中国逐渐失去了对丝绸技术的垄断；中国出口的丝织品常常被欧洲工匠拆解，以重新利用这些丝线；到后来，中国干脆以出口生丝为主，欧洲纺织工业因此获得了充足的原料来源。意大利诸城和西班牙以东方生丝为原料，建立起相当发达的丝织业。在17世纪20年代以前，中国是欧洲市场的主要生丝供应国。

在此之前，中国一直把丝绸生产技术视为绝密，禁止外传；蚕卵、桑种和缫丝工都被官方严密管控，出境客商在边关口岸甚至被搜身检查。这样一来，虽然大量丝绸出口到外国，但养蚕业仍是中国人谨慎保护的秘密。这使得早期的欧洲人对丝绸的来源想入非非，罗马人坚信丝绸是中国人用一种特殊的树叶织成的。但古罗马科学家老普林尼想到了蚕蛾，他在《自然史》中说："它们就像蜘蛛一样织网，而这些网就成了一种女人使用的奢侈布料，被称作丝绸。"

汉唐时期，丝绸贸易极其繁荣，但位于丝绸之路的西域地区仍长期没有蚕桑。"胡人见锦，不信有虫食树叶吐丝所成。"成吉思汗西征，耶律楚材看到撒马尔罕"颇有桑，鲜能蚕者，故丝茧绝难"。

天下没有不透风的墙。随着丝绸技术在中国南北的扩散，势必也会传播到境外。朝鲜最早获得养蚕技术，西域、印度和日本也陆续学会了蚕丝技艺。公元522年，东罗马帝国通过印度僧人，最早成功获得了桑蚕卵，并开始桑蚕的养殖。稍晚一些时间，大食帝国兴起，桑蚕西传，阿拉伯人不仅开始生产丝绸，而且随着武力扩张，将蚕丝生产传播到了整个地中海地区。中世纪时，从非洲到西班牙和西西里岛，丝织业方兴未艾。

稍晚一些的“十字军”东征进一步使丝绸技术扩散到西欧。特别是君士坦丁堡的丝绸织工到意大利之后，意大利的丝织产业平地而起，成为一个具有近代工厂特点的新兴行业。14 世纪时，意大利就已经出现拥有 4000 个纺锤，并以水力为动力的造丝厂。1472 年时，单单佛罗伦萨市就有 84 家作坊，以及至少 7000 名纺织工人。

根据经济史学家桑巴特的记述，里昂丝织工业创始人维亚尔的一座厂房里就有 46 部织机。17 世纪中叶，里昂有一万四千多架织机在开工，而丝织行业也养育了该城三分之一的人口。在 1341 年的波洛尼亚，巴赫萨罗建立了一个机械化丝织厂：“由雷诺河水带动的大型机器能迅速地纺捻出 4000 根丝线，从而很快完成 4000 个丝织工的工作。由于使用水力，纺出的丝既结实又漂亮。他们每年出产 18 万磅丝绸……其中大量的是双股丝线。”①

欧洲丝绸纺织业的兴起，需要大量生丝。因地利之便，

---

①（德）维尔纳·桑巴特《奢侈与资本主义》，王燕平、侯小河译，上海人民出版社，2005。

波斯生丝在欧洲的销量逐渐超过中国生丝；17 世纪中叶以后，更便宜的孟加拉生丝进入欧洲市场，其数量也超过中国生丝。但因为中国生丝质量相对较高，在欧洲仍有相当大的市场。除了欧洲，日本和美洲的许多丝织厂也依靠中国生丝织造丝绸。

中国失去丝绸的垄断之后，依然保持着无可匹敌的规模优势，继续沿着丝绸之路向欧洲和近东输出高质量丝绸。中国因为人力成本极低，在工业革命之前，从中国进口的丝绸对本地丝绸仍具有很大的竞争优势，经营中国丝绸贸易往往有数倍的暴利。中国丝绸对欧洲丝织业造成严重威胁，这与印度棉布威胁到英国毛纺业类似，促使西方进行技术革新，引发了轰轰烈烈的工业革命。

工业革命彻底改变了世界经济格局，古老的丝绸工业首当其冲。在廉价的棉纺品冲击下，丝绸的黄金时代一去不复返。机械缫丝代替手工，蒸汽动力代替了人力。近代以来，随着生物技术和工业机械化的应用，中国传统生丝在国际市场逐渐失去优势。日本后来者居上，成为世界生丝和丝绸生产第一大国。①

---

① 日本大量吸收欧洲在桑蚕养殖和丝纺技术方面的最新成果，取得巨大的飞跃。1888—1902 年，日本蚕丝的单位产量大约只有意大利和法国的 1/2，但到 1920—1929 年，日本就超过欧洲成为世界第一。中国的单位产量，在 1917 年时约是日本的 74%，到 1927 年时降至 50%，完全失去竞争力。1873 年，中国的生丝出口量是日本的 3 倍，1905 年时日本已超过中国；1930 年时日本是中国的 3 倍，在世界市场的占有率超过 80%。吉田茂就在《激荡的百年史》中说，日本在“明治时期，因为大受欢迎的商品丝绸换取外汇，促进了工业化”。

进入石化时代后，传统纺织业被彻底颠覆，人造丝逐渐取代蚕丝和棉花，成为纺织品的主要原料。对现代人来说，丝绸和丝绸之路更多是作为一段历史留在人们的记忆里。

在一定程度上来说，古代丝绸之路已变成现代石油之路，在这条古老的世界通道上，曾经向西方流去的丝绸变成流向东方的石油和天然气。如今，“丝绸之路经济带”和“21世纪海上丝绸之路”，即“一带一路”倡议正是借用古代丝绸之路的历史符号，积极发展与沿线国家的经济合作伙伴关系。对中国这个“世界工厂”来说，丝绸作为古代农业手工条件下的大宗制造品，已经被包罗万象的各种现代工业品取代。

瓷器

前现代的工业品

从历史来看，古代中国在诸多方面都表现出早熟的特性，在前工业时代，中国产品具有公认的优越地位。甚至说，人类物质文化首度步向全球化，也是在中国的主导下展开的。直到 300 年前，具有高技术含量的瓷器，一直都是中国独有的出口商品，尽管最后仍免不了从商品扩散到技术扩散的这种“全球化”结局。

其实，技术转移、取代进口和产品创新，是一种必然的经济发展模式。当瓷器产业彻底全球化后，作为创作者的中国也就失去了曾有的辉煌。

中国与西方的贸易很早就已经开始。因为丝绸之路，中国成为西方眼中的“丝国”；实际上，丝绸之路也是“丝瓷之路”。

随着海路的开辟，瓷器和茶叶使中国进一步成为世界贸易的重要参与者。特别是瓷器，因为它既是中国独有的商品，也是远洋商船上价值最高的压舱货物；[①]在相当长的时期内，几乎成为最常见的中国出口商品。瓷器甚至成为中国的代名词，在英语中，瓷器和中国都是“China”。

虽然就商业价值来说，瓷器远不如丝和茶，但瓷器的形制、色彩、纹饰、主题，以及历久不变又不可复制的特性，使其成为一种特殊的文化载体。中国古代瓷器种类博大，不同瓷器，有不同的器型、质地、花色——器型示其功用，花色示其时尚，质地示其工艺。从文化交流来说，内涵深厚的中国瓷器，令其他任何商品都无法与其同日而语。

如果说陶器是继人类发明火之后的又一次重大文明进步，那么将瓷器称为“中国第五大发明”，这其实并不夸张。

当整个人类世界都还处于石器时期时，中国就已经进入陶器阶段。西安半坡遗址出土的精美陶器，将中国的陶瓷史上推到一万年前；江西仙人洞遗址发现的陶片距今有两万年，这也是世界上最古老的陶制品。事实上，陶和瓷是完全不同的两种器物。陶使用黏土制成，瓷用的是瓷土，瓷器的烧制窑温度也高于陶器。瓷器质地细腻致密，坚固耐用，再

---

① 根据被打捞出水的瑞典沉船“哥德堡号”可以推知，18 世纪西方商船运载瓷器与其他货物混装，瓷器按照尺寸大小整齐地捆在一起，被码放在船舱的最底部，靠近船体中心的位置，这样可保证船体在行驶过程中保持平衡。宋人朱彧《萍洲可谈》载：“海船大者数百人，小者百余人……船舶深阔各数十丈，商人分占贮货，人得数尺许，下以贮物，夜卧其上。货多陶器，大小相套，无少隙地。”可参阅：刘淼、胡舒扬《沉船、瓷器与海上丝绸之路》，社会科学文献出版社，2016。

加上表面涂釉，防漏性和审美方面都远胜于陶器。

“中国陶器发明于伏羲神农之时，而瓷则始于汉代，真正成功于李唐宋世，瓷业大盛，定、汝、官、哥、钧，垂名千古，明人继之，宣德、成化之作，尤为特出，清代则古雅浑朴，不如前人，然精巧华丽，美妙绝伦，康乾所制，更有出类拔萃之概。”这是《中国陶瓷史》的一句总结语。大体意思是，中国陶瓷经历了一个从陶到瓷的演化过程。

中国从商代开始掌握釉陶技术，发展到东汉末年，才完成了由陶器到瓷器的过渡。釉的出现，使瓷器的胎质更加致密，外表光泽柔和，又不容易渗水，给人明亮如镜的感觉，同时也提高了瓷器的使用强度，抵抗了酸和碱的侵蚀，更加便于清洗。“釉”字由“彩”和“油”各取一半组成，颇有深意。

在瓷器史上，最先出现的是青瓷，至隋代出现白瓷，唐代最著名的是三彩瓷，宋代有“定、汝、官、哥、钧”五大名窑。长期以来，瓷器一直为中国所独有。作为中国瓷器的生产中心，景德镇在元代崛起。北宋时期，景德镇烧造的青白瓷以“假玉器”之名流布天下。因景德镇地属饶州府，故有“饶玉”之称。[①] 从青白瓷到青花瓷，景德镇瓷器经历了一次浴火重生的蝶变。在明清两代，青花瓷几乎成为中国瓷器

① 涂睿明《捡来的瓷器史》，湖南人民出版社，2018。

的代名词。

作为一种古老的手工业产品，瓷器从一开始就是典型的商业生产品，几乎没有瓷器是为了自己使用而生产的，这就决定了瓷器的贸易特性。商品一旦进入市场，就会比人走得更远。中国瓷器真正走向世界，始于宋元时期；到明清时期达到巅峰，中国瓷器成为名副其实的“世界商品”。可以说，中国就是带动这个早期“世界体系”运转的发动机。

今天的我们经常把工业革命看作人类历史的分水岭，把历史切分成一个工业化之前的传统社会和一个工业化之后的现代社会，甚至认为工业品的生产是现代社会才有的事情，实际上这是一种误会。中国瓷器无论从哪一方面来说，都属于典型的工业品，现代工业常见的技术分工、生产工序、流水线，甚至连集体罢工事件，在古代制瓷业中都已经出现——

> 景德镇掌控了全球瓷器市场，不仅仅因为产品精良，也因为生产规模与组织先进；它代表了蒸汽带动的机器年代到来之前，手工艺产业的最高峰，大规模集中制造生产最壮盛的成就。[①]

①（美）罗伯特·芬雷《青花瓷的故事：中国瓷的时代》，郑明萱译，海南出版社，2015。

在景德镇的瓷业生产中，已经出现了脚踏辘轳车、手摇碎釉机、石膏模型铸坯、雾吹器吹釉等先进的技术和机器。在清朝中后期，景德镇算得上是一个典型的工业重镇，与同一时期英国的曼彻斯特颇有一比，“四方商贩，民窑二三百区，工匠人夫不下数十万，藉此食者甚众”。[①]

风靡欧洲的中国风

隋唐时期，中国瓷器就已经流向海外，但主要局限于朝鲜、日本和东南亚一带，最远到印度和埃及。两宋时期，瓷器成为海外贸易的大宗商品，著名的“海上丝绸之路”其实就是“陶瓷之路”，瓷器是海船最理想的货物，还可作压舱物之用，一艘普通商船就可装载上万件瓷器，运输成本极其低廉。据专家研究，在主要用于出口的宋代广东路瓷器中，一年总产量可高达 1.3 亿件。

据吴仁敬的《中国陶瓷史》记载，景德镇原名昌南镇，汉室之时，已有冶陶，历代不辍，惟器不精，名未大著。宋景德年间，釉面淡雅，胎体细白，色滋润，天下竞称景德镇瓷器，昌南旧名遂微替矣。

1278 年，文天祥被俘，张世杰、陆秀夫携宋帝败走崖

---

①（清）唐英《陶冶图说》。

山，大宋帝国不久便彻底灭亡。忽必烈征服中国后，便立即在景德镇设立“浮梁磁局”，元青花瓷因此声名大振。同一年，忽必烈命令行中书省唆都和蒲寿庚等招徕诸蕃国来朝互市，“往来互市可以各从所欲”，又诏谕沿海官府与日本开通贸易。元代短暂而特殊，青花瓷随着蒙古人征服运动而遍及整个亚洲，日本、泰国、菲律宾、印度、伊朗、土耳其等国。尤其是在信仰伊斯兰教的中东地区（当时的伊利汗国），一家人围坐在一起，就着青花大瓷盘吃手抓饭极其常见。今天的土耳其和伊朗博物馆收藏的青花瓷数量之多、器形之雄伟、制作之精细，仍属世界之最。①

汪大渊与郑和的“下西洋”对中国外销瓷的推动是空前的。在郑和之前，南昌商人汪大渊的《岛夷志略》为我们留下了关于元代中国对外贸易的大量一手资料。②当时中国商船

① 1478 年，奥斯曼帝国苏丹穆罕默德二世在伊斯坦布尔修建了托普卡帕宫，此宫最富有特色的收藏是中国瓷器。宫中有宋元明清瓷器一万余件，包括元末明初的青花大碟、大钵，元明时代的各种青瓷。这里是海外中国古瓷的最大收藏地。宫中收藏的一只明代青花瓷碗，上有苏东坡《赤壁赋》全文及《游赤壁图》。特别引人注意的是，奥斯曼工匠为许多中国瓷器作金银包镶并非出于装饰的目的，其真正原因是，这些中国瓷器都有不同程度的缺损，当地工匠通过金银包镶使这些破损的瓷器能够继续使用。这从另一侧面证明当时原产于中国的瓷器是何等珍贵。（刘迎胜《丝绸之路》，江苏人民出版社，2016 年）

② 汪大渊（1311—？），字焕章，南昌人。至顺元年（1330 年），汪大渊从泉州搭乘商船出海远航，历经海南岛、占城、马六甲、爪哇、苏门答腊、缅甸、印度、波斯、阿拉伯、埃及，横渡地中海到摩洛哥，再回到埃及，出红海到索马里、莫桑比克，横渡印度洋回到斯里兰卡、苏门答腊、爪哇，经加里曼丹、菲律宾返回泉州，前后历时 5 年。至元三年（1337 年），汪大渊再次从泉州出航，历经南洋群岛、阿拉伯海、波斯湾、红海、地中海、非洲的莫桑比克海峡，并可能到达澳大利亚。汪大渊第二次远航归来后，应泉州地方官之请，著成《岛夷志略》，记录了沿途各地政治物产风情，以及贸易情况。该书对郑和下西洋有重要的指导作用。

远航诸夷，船上装的最多的就是瓷器和丝绸。瓷器和丝绸也是郑和船队每次远航的主要货物。郑和所带的外销瓷器中，以青花瓷器为主，也有浙江龙泉窑和福建等地所产的青瓷。“中国瓷器在明永乐、宣德时期，随着郑和下西洋的舟帆所及，它的传布范围由海南岛南部至中南半岛，以迄马来半岛与印度尼西亚，到处有明瓷的踪迹。又东至菲律宾，西至孟加拉、印度与锡兰岛各地，也是明代中国瓷器的市场。远至伊朗、阿拉伯地区和东非的索马里、肯尼亚沿海各地，皆有明代瓷器的遗存。由于郑和的辛勤航海活动，明代瓷器几乎达到无远不至的程度。”①

在相当长的时期内，中国瓷器都没有到达遥远的欧洲。当时瓷器贸易基本都控制在伊斯兰商人手里。极少量中国瓷器辗转流入一些欧洲国王和贵族手中，属于极其珍稀的奢侈品。直至 16 世纪初，作为中国普通日用品的瓷器在西方仍很罕见，欧洲人只能用笨拙的木制、铁制或陶制盘子，贵族使用的是银制的餐具。当时欧洲只能生产一些铅釉或锡釉的陶器，这种陶器胎质疏松，釉面灰暗。对他们来说，中国瓷器几乎是不可想象的。一个意大利占星家揣测，瓷器是由一种在地下凝结的汁液制成的；还有人声称，把蛋壳和脐鱼

---

① 林士民《郑和下西洋与瓷器外销》，纪念伟大航海家郑和下西洋 580 周年筹备委员会、中国航海史研究会编《郑和下西洋论文集 · 第一集》，人民交通出版社，1985。

壳捣成粉末，加水调和，做成花瓶形状，然后把它们埋在地下，一百年后挖出来，就是一件精美的瓷器。

随着大航海时代的来临，葡萄牙人终于将中国瓷器带到欧洲。那种不可思议的轻巧、光洁、典雅和明亮，令欧洲人惊艳不已，将其视为世界上最美、最圣洁的物品，甚至比金、银和水晶都更为高贵。在一幅油画中，三位来自东方的圣贤献给耶稣基督的礼物，就是中国青花瓷杯。文艺复兴时期的经典油画《诸神的盛宴》说明，当时青花瓷被视为一种神器。在欧洲人看来，这些瓷器是用一种神秘的材料制成的，即使最普通的中国瓷器，也被欧洲人加上各种金银装饰，赋予它神圣的用途。在此后很长时间里，光彩照人的中国瓷器在欧洲都是上流社会才可享用的高档品，只有富裕的上层人士能支付得起。在早期英国，中国瓷器甚至被作为贵重财产记录在案。

从一开始，中国瓷器就不单是一种器皿，还是一种艺术。瓷器像谜一样吸引着人们，收藏中国瓷器很快就成为欧洲上流社会的炫富风潮。这种瓷器崇拜有点类似中国商周时期的青铜器崇拜。在威尼斯，甚至有个词叫“瓷器病”，用来形容人们对瓷器的沉迷。葡萄牙国王唐曼努埃尔一世写信炫耀说，他收藏了许多精美的中国瓷瓶，每个都价值100克鲁扎多；西班牙腓力二世1598年去世时，留下的瓷器达3000件之多；法国国王路易十四在凡尔赛专门修建了一座收藏瓷器的“中国宫”；玛丽二世把青花瓷器从荷兰带到英国，汉普顿宫收藏着800件瓷器；普鲁士威廉一世和俄国彼得大帝也都有自己专门的瓷器藏馆。

神圣罗马帝国萨克森选帝侯、波兰国王奥古斯都二世，不仅拥有一座瓷制的大型宫殿，最疯狂的是他用自己的600名骁勇的龙骑兵，从普鲁士威廉一世手里换取了151件中国瓷器；这些瓷瓶因此被称为“龙骑兵瓶”，而那600名龙骑兵编入普鲁士陆军后，也被称为“瓷器兵团”。奥古斯都对瓷器的痴迷使他致力于破解中国瓷器之谜，并最终获得成功；到他去世的时候，留下多达35798件的瓷器，堪称西方世界最大规模的瓷器收藏。

从17世纪开始，中国瓷器成为支撑西方贸易的重要商品之一，市场从欧洲波及美洲，如墨西哥的“瓷宫”所用瓷砖敷料全部来自中国。墨西哥的塞万提斯家族和科尔蒂纳公爵等，为了夸耀其门第的显赫和高贵，都曾派专人赴华定制成套的“纹章瓷”。他们的居室厅堂精心布置，摆设着中国屏风、精雕漆柜、镂花硬木家具以及丝绸绣花台布和窗帘，墙上贴着中国的壁纸，并悬挂着中国的山水字画；造型优雅、高达一米多的大号中国瓷瓶，则摆在富丽堂皇的大客厅里，并备有各式中国瓷制餐具，非常引人注目地显示他们的财富和地位。

到18世纪初，中国瓷器已经从奢侈品变成了时尚品，甚至普及欧洲普通阶层，其淡雅的色调，柔和的曲线，清新的图案引发了一场风靡整个欧陆的“中国风”热潮。这种中国情调直接影响了新的艺术风格的产生，从绘画、建筑、园艺到家具、器物等，自然别致的洛可可风格逐渐取代了传统的巴洛克风格。

黄金时代的外销瓷

万历三十二年（1604 年），荷兰人俘获了两艘葡萄牙克拉克帆船，船上近 10 万件中国白瓷被运往阿姆斯特丹拍卖，一时轰动了整个欧洲，连法国国王亨利四世和英国国王詹姆斯一世也前来购买。这些出自福建漳州窑的中国瓷器因此被称为“克拉克瓷”。这次拍卖使刚刚成立的荷兰东印度公司获得了 500 万荷兰盾的纯利润。从此，被称为“白金”的克拉克瓷便成为荷兰商船的主要商品。

从 1604 年到 1656 年，有“海上马车夫”之称的荷兰从中国买走 300 多万件瓷器。这些瓷器被运到欧洲后，价格非常昂贵，故此被称为“白金”。[①] 当时，“克拉克瓷”风靡欧

① 万历三十八年（1610 年）七月，有一条船载运 9227 件瓷器到荷兰；到万历四十年（1612 年）运往荷兰的瓷器就有 38641 件，万历四十二年（1614 年）上升至 69057 件；崇祯九年（1636 年）达 259380 件，崇祯十年（1637 年）达 21 万件，崇祯十二年（1639 年）更达到 36 万件。自明末到清初的短短 80 年里，仅仅经荷属东印度公司之手，就有 1600 万件以上的中国瓷器输往国外。有人估计，在明朝后期的瓷器出口中，仅有 16% 运往欧洲；其余的部分被出口到了日本和东南亚。（林士民《郑和下西洋与瓷器外销》）

洲，成为中国外销瓷的最早代名词。

从明万历年开始，外销瓷开始接受西方构图风格和图案元素，出现了一些崭新的构图样式，如克拉克瓷样式，这些瓷器的中间有一个主图案，外圈由多个开光图案组成边饰，主要是中国传统的花鸟、人物、吉祥图案等，后来也出现了具有异国情调的繁密纹饰、郁金香纹样、西方神话、宗教图案和西方人物、社会生活等画面。[①]

入清之后，随着海禁解除，广彩定烧瓷成为中国出口欧洲的主要商品。瑞典是欧洲著名的航海之国，从 1731 年至 1813 年间，瑞典东印度公司共进行了 132 次亚洲航行，除 3 次外，其余都是到广州贸易，并从广州进口了超过 5000 万件中国瓷器。

当时欧洲的王室、贵族、军团、公司等团体，往往都有自己特殊的标志和纹章，因此纹章瓷成为当时需求最多的中国瓷器。特别是太阳王路易十四，他在广东定制了大批纹章瓷。一份 18 世纪中期的统计中，英国定购了 299 套纹章瓷，瑞典定购了 300 多套。为了保证定制纹章的准确性，后来多直接定购白瓷，然后运到广州再按图样加工绘制。

① 在明清时期的中国外销瓷中，有一部分瓷器的器形或纹饰与基督教有关。这些器物主要是西方定制的，包括教堂使用的圣水瓶（瓶、碗、缸等）、耶稣会标志器物（瓶、罐等）、耶稣题材和《圣经》故事纹饰的器物、耶稣和圣母塑像等。这些与基督教有关的瓷器，通常被称为“耶稣瓷”。有趣的是，德化观音像在西方大受欢迎，后来德化窑制瓷者对中国观音像略加变化，加上十字架和圣婴，就变成了西方的圣母像。

从出口到定制，中国瓷器贸易在世界贸易中日渐成熟。明末清初，饮茶之风传到欧洲，进一步拉动了瓷器的销售。随着瓷器贸易的扩大，欧洲许多城市出现了专门经销中国瓷器的商号，仅在伦敦就有 52 家之多。

18 世纪正值中国康雍乾时期，西方贸易公司全面兴起，中国外销瓷达到顶峰，从 17 世纪每年输出约 20 万件，发展到 18 世纪最多时每年输出约达百万件。“大帆船贸易”将中国瓷器贩卖到世界各国。有一只瓷盘，是 1756 年专门为“弗里堡号”商船定制的，上面画着一艘商船在湛蓝色的海上扬帆航行，船尾飘扬着红白蓝三色荷兰国旗，船首是荷兰港口米德尔堡的旗帜，东印度公司的旗帜则高高悬挂于桅杆之上。这只瓷盘极其典型地为人们见证了一段大航海时代的中国瓷器史。

除了纹章瓷，输往欧洲的外销瓷中最普遍的品种是餐具、茶具、咖啡具。它们的器形、尺寸、图案，往往中西合璧，多静物画、山水画、人物画、西洋故事和《圣经》内容。由于陶瓷在欧洲大受欢迎，中国甚至出现了超大型的仿制品市场。

中国瓷器行销全世界，使中国获得极大的贸易入超，流入白银达 6 亿两，中国出口到西方的瓷器不可计数。相比生产瓷器的中国窑主和窑工，西方商人从瓷器中所获利润要大得多：以 1680 年在荷兰出售的 1500 只小茶罐为例，利润率高达801%；1758年，荷兰从瓷器贸易中获利达34519荷兰盾，利润率高达233%。

依靠中国瓷器，西方人建立起一个广阔的世界市场。正如英国大英博物馆馆长麦克格瑞格所说："瓷器是最早出现的全球性商品之一，瓷器的历史是全球对话的历史，其对制造技术和日常生活、人文风尚等方面的重大影响是双向的。"从单纯输入中国瓷器到定制瓷器，再到欧洲人模仿和自制瓷器，中国外销瓷经历了一个由盛到衰的过程。

康熙五十一年（1712年），法国传教士殷弘绪专程来到景德镇，他发现这里有3000座窑，"运瓷日夜忙，御器尽出此，官府如云来，商贾无闲暇"。拥挤的街头，到处都是挑夫的呐喊，"如同无时无刻不置身于狂欢节"；工人们昼夜忙碌，整座城镇犹如巨大的火炉，所以被称为"四时雷电镇"。

不久之后，殷弘绪将景德镇瓷器工序及配方秘密传回欧洲，中国垄断瓷器的历史即将结束。

东风西渐与西风东渐

清人吴宗慈在《江西通志考》中说："外人初来中国，初则见有佳瓷，不惜重金购去，精美者一瓶一碗贵至数千金，既而自募良工，刻意仿造，虽其式样古雅，终未逮中华。"从见到中国瓷器的那天起，欧洲人就希望自己也能制造昂贵而精美的瓷器。

马可·波罗或许是最早将中国瓷器带到欧洲的人。他在中国时，曾亲自参观了泉州的德化窑，并将烧瓷的过程写入他的游记中。马可·波罗这段描述瓷器制作工艺的简单文字，成为后来欧洲各国探寻制瓷技术的宝典，在欧洲社会影响甚广。[①] 德化瓷因此在欧洲被称为马可·波罗瓷。

1470 年，意大利人从《马可·波罗游记》中学习并钻研德化制瓷方法，生产出梅迪契瓷器。这实际上只是低温烧成的陶器。

文艺复兴时期，佛罗伦萨美第奇家族最早建立窑厂，对中国瓷器进行仿制，从 1575 年至 1587 年，他们以沙子、玻璃、水晶沙、黏土为原料，试制出 63 件瓷器。这些仿制的青花瓷貌似逼真，但其实是软质瓷，根本无法与中国瓷相提并论。1585 年，西班牙神父门多萨出版了《中华大帝国史》，风靡欧陆，该书对中国瓷器的制造过程有更为可信的记载——

---

①《马可·波罗游记》中写道："刺桐城（泉州）附近有一座别城，名称迪云州（德化），制造碗及瓷器，既多且美。这种瓷器的制作工艺程序如下：他们从地下挖取一种泥土，将它垒成一个大堆，任凭风吹雨打和日晒，从不翻动，历时三四十年。泥土经过这种处理，质地变得更加纯化精炼，适合制造上述各种器皿，然后抹上认为颜色合宜的釉，再将瓷器放入窑内或炉里烧制而成。因此，人们挖泥堆土，目的是替自己的儿孙储备制造瓷器的材料而已，大量瓷器是在城中出售，一个威尼斯银币能买到八个瓷杯。"现存威尼斯圣马可宝物陈列所的马可·波罗罐是目前有文献可证的最早由马可·波罗带回欧洲的中国瓷器。

制瓷用瓷土，把瓷土捣碎，磨细，倒入精致的石头水池中。在水中用力搅拌，浮在上层的瓷土用来做细瓷器；越往下，制成的瓷器越粗。瓷器式样和我们这里的一样，然后烘干，涂上他们喜欢的各种颜色，颜色永不消褪。最后入窑烧制完成。

在“中国风”热潮下，富于东方情调的中国瓷器炙手可热，荷兰小镇代尔夫特窑厂按照流行风格进行大量仿造。因为价格便宜，这种白釉蓝花的“山寨版”青花瓷开始部分取代昂贵的中国瓷器。对于新兴中产阶层来说，拥有一件仿青花瓷的“代尔夫特”陶器，仍不失为一种高雅的荣耀。

在“代尔夫特”的带动下，当时整个欧洲都在尝试仿制中国瓷器。不仅是意大利、法国、英国、德国和荷兰，连奥地利、瑞典、西班牙、瑞士等国也加入了仿制中国瓷器的浪潮中。不管仿制的效果如何，所有仿造品都会注明“中国制造”。但对 18 世纪的欧洲来说，“真正的瓷器制作工序仍然是一个严守的秘密”。

正宗的中国瓷器不仅是财富的象征，更是王室和贵族炫耀其地位的符号。那位疯狂的奥古斯都二世为了烧出自己的中国瓷器，不惜将年轻的炼金师贝特格囚禁在他的地牢中。1708 年 1 月 15 日，贝特格在数学家契恩豪斯的帮助下，终于制成了欧洲第一件瓷器——“梅森瓷”。梅森瓷很快就成为皇家御用精品，此后三百年历久不衰，且愈发精美贵重，至今仍是蜚声国际的顶级名瓷。

1708 年 4 月，奥古斯都签署法令并加盖印章，在德累斯顿建立了第一座瓷厂，这也是西方第一座瓷器制造厂。①

当梅森瓷和中国青花瓷的生产工艺已经不再是秘密时，工业化的欧洲迅速崛起，并取代中国，成为世界制瓷业的领导者。

英国人依靠锲而不舍的科学钻研，不仅攻克了中国瓷器的秘方，后来还通过技术革新创造出了以皇家道尔顿、韦奇伍德、皇家瓦赛斯为代表的骨瓷。在矿产资源丰富的普利茅斯，英国药剂师库克沃西通过一系列实验，经过亲手配制、研磨和烧制，于 1768 年 3 月 14 日制成第一只苹果酒杯。这是英国制成的第一件货真价实的硬瓷器。

韦奇伍德的出现，宣告中国瓷器时代距离结束的日子不远了。作为英国工业革命时期的成功企业家，韦奇伍德的流水线生产模式，出自他对景德镇的研究和借鉴。工业化大生产使韦奇伍德陶瓷不仅迅速占据了英国市场，而且不到 20 年，就将中国瓷器逐渐挤出欧洲，其出口率达到总

① 德累斯顿先是成立黄金屋（Goldhaus）作为国王实验室，汇聚了一批自然哲学家、科学家、炼金师、通晓矿物和采矿知识的人，这些人一起进行研究，通过对各种矿物质、矿石、泥土和黏土的分析和实验，来研制玻璃和瓷器。当时欧洲玻璃技术和光学原理发展迅速。契恩豪斯受命于制造瓷器，他坚信玻璃是通往瓷器的必经之路。

销量的80%。

随着工业时代的全面来临，垄断世界瓷器市场的中国时代，就这样不可逆转地走向终结。1792年，英国东印度公司停止了关于中国瓷器的一切贸易。

从16世纪到19世纪初期，约1.5亿～3亿件由中国制造的瓷器漂洋过海来到西方。由此可见，在当时中西方经济文化交流中，瓷器贸易占有多么重要的地位。值得注意的是，虽然此前所有的瓷器都出自中国，但中国在这场世界瓷器贸易中始终是被动的，或者说只是一个配角，中国仅仅承担了其中的生产环节，更重要的跨洋运输和市场营销，甚至有时连产品设计本身，都与中国无关。最不可思议的是，中国卖了几百年瓷器，却不知道欧洲在哪里，中国精英也几乎没有人去过欧洲。①

乾隆末期（1794年），因为禁止开采高岭土，景德镇瓷器品质严重下降，中国几乎失去欧洲市场。从鸦片战争以后的100多年中，因为各种原因，中国瓷器基本从世界上消失，曾经的荣耀与繁荣一去不复返。中国虽然自古重视历

① 罗荣渠先生在《现代化新论：世界与中国的现代化进程》中说："中国具有远洋航行的物质和技术条件，但却缺乏开拓海外市场和推动原始资本积累的内在动力（中国并不一般地反对商业和贸易）。"郑和以后，尤其是清代，中国海上交通工具——帆船的转载量一般都不大，不太适合海上远航。中国海船只限于往返日本或南洋地区，印度以西及太平洋的航路完全被欧美等西方列强支配。究其原因，一方面是中国商人习惯于近海航行，另一方面是当时中国人的世界知识非常有限，不敢轻易冒险。此外，还有西方列强海上争霸、清政府严厉限制国人定期回航等因素。

史，甚至说崇拜历史，但却从未发展出一个考古体系，人们对历史文物的认识往往停留在“古玩”的商业利益层面。在现代一些海底打捞品的拍卖中，人们依稀还能看见中国瓷器的往日风采。

1955 年，作为民主德国对中国技术援助的一部分，德国梅森的瓷器技师工人千里迢迢来到景德镇。如今，梅森和韦奇伍德已成为世界顶级瓷器品牌，在瓷器的消费文化层面，世界与中国同步。在一个文化日趋粗鄙的年代，量取代了质。自从 100 年前，中国用德国设备生产出第一件陶瓷马桶，如今，中国作为世界最大的卫生陶瓷生产国，每年生产的马桶数量超过 1.2 亿件。

古代工艺主要依赖经验，成功率极低。很多人在景德镇看到最多的不是完整的瓷器，而是瓷器的碎片。数百年的碎瓷片堆成了一座山，数以千万计的盆碟杯罐烧制失败，才得以成就一件完美的瓷器。如今先进科学的工业技术完全控制了瓷器生产的各个环节，基本做到了近乎 100% 的成功率。景德镇每年的瓷器产量达到 3 亿件，几乎包办了全世界的瓷器生产，但瓷器在世界范围内，已经沦为泥土般的寻常物。

茶叶

杯底的战争

中国是最早进行动植物驯化的国家之一，茶在中国的历史非常久远。

“武王既克殷，以其宗姬于巴，爵之以子……土植五谷，牲具六畜。桑、蚕、麻、苎、鱼、盐、铜、铁、丹、漆、茶、蜜……皆纳贡之……园有芳蒻、香茗。”[①] 如果这一记载可信，那么中国茶的历史从周武王算起，至今已有 3000 多年。如果根据传说，那么还可以再上推到史前的神农时代，“神农尝百草，日遇七十二毒，得茶而解之”。

最迟从先秦时代起，茶叶就已进入人们的生活。顾炎武在《日知录》中说：“自秦人取蜀而后，始有茗饮之事。”就南方而言，巴蜀是中国较早开发的地区，从秦汉到两晋，四

①（东晋）常璩《华阳国志 · 巴志》。

川一直是主要的茶叶产地。

饮茶真正成为社会风气，大约始于盛唐之时。[①]“茶，古不闻食之，近晋宋以降，吴人采其叶煮，是为茗粥，至开元、天宝之间，稍稍有茶，至德大历遂多，建中已后盛矣。”[②]进入唐代，特别是自从陆羽《茶经》问世，“天下益知饮茶矣”。“自从陆羽生人间，人间相学事春茶。”《茶经》开篇第一句说：“茶者，南方之嘉木也。”茶叶全部产自南方，特别集中在安徽、浙江、湖南、四川、福建和云南等地。

饮茶的兴起，或许与中国文化中心的南移有很大关系。随着北方的进一步没落，南方迅速成为中国历史的主要舞台。这种地利风土的原因，再加上禅宗在南方的兴起，茶作为一种文化媒介变成风尚。“南人好饮之，北人初不多饮。开元中，泰山灵岩寺有降魔师，大兴禅教，学禅务于不寐，又不夕食，皆许其饮茶，人自怀挟，到处煮饮，从此转相仿效，遂成风俗。”[③]关中法门寺出土的光彩夺目的茶具，也充分说明了茶在当时中国的普及程度。

白居易在《琵琶行》中写道：“商人重利轻别离，前月

---

① 许倬云先生认为：“茶作为饮料，于南北朝时已经风行。茶的原产地是中国西南部，汉代的‘槚’，实是茶的原名。在王褒的《僮约》中，四川武阳的茶已是商品，则饮茶也可能在汉代已是常事。”（参考许绰云《万古江河：中国历史文化的转折与开展》，湖南人民出版社，2017）

②（唐）杨晔《膳夫经手录》。

③（唐）封演《封氏闻见记》卷六《饮茶》。

浮梁买茶去。”因为隋炀帝的营造，南北大运河构成一个比较完善的水运体系。唐时南方茶叶被大量运销北方，许多大都市都有茶馆，茶已进入社会各个层面。时人感慨饮茶之盛，“起自邹、齐、沧、棣，渐至京邑城市，多开店铺，煎茶卖之。不问道俗，投钱取饮。其茶自江淮而来，舟车相继，所在山积，色类甚多”。①

从唐到宋，是中国茶文化走向成熟和普及的关键时期。喝茶无疑是凡勃伦所说的“有闲阶级”的产物：有闲阶级在心理上与劳动阶级不同，他们处处要显示自己的优越地位；他们不仅要过着有闲的生活，而且要通过生活方式的“炫耀性消费”，来显示自己的富足与阔气。②

或许是财富与文化的极度繁荣，宋代的茶叶产量和质量都远远超过了唐代。唐代多把茶叶放入水中煎服，而宋以后则烧开水后再注入茶叶；这样一来，喝茶的程序被大大简化。从“吃”茶到“泡”茶，说明了“人类与自然分野的步步深化”。至此，茶已经成为“举国之饮”。伴随着将“吃茶”转变为“品茶”的过程，同时也实现了由吃茶的实用性向品茶的审美性的转移。

茶的出现，使喝水这件事从生活中独立出来，变成一件重要的事情；甚至说，喝茶与解渴之间并没有太大关系，喝

---

①（唐）封演《封氏闻见记》卷六《饮茶》。

②（美）凡勃伦《有闲阶级论》，蔡受百译，商务印书馆，1964。

茶本身成为精神的需求，这与吃饭构成身体的需求类似。故而，唐人李珏说："茶为食物，无异米盐，于人所资，远近同俗，既祛竭乏，难舍斯须，田闾之间，嗜好尤切。"《红楼梦》里妙玉曾对宝玉说过，喝茶"一杯为品，二杯即是解渴的蠢物，三杯便是饮牛饮骡了"。鲁迅在《喝茶》一文中也说："有好茶喝，会喝好茶，是一种清福。不过要享这种清福，首先就须有工夫，其次是练习出来的特别的感觉。我想假使是一个使用筋力的工人，在喉干欲裂的时候，那么，即使给他龙井芽茶，珠兰窨片，恐怕他喝起来也未必觉得和热水有什么大区别吧。"

对唐代的人们来说，"累日不食犹得，不得一日无茶也"。入宋之后，此情更甚。王安石曾言："夫茶之为用，等于米盐，不可一日以无。"用茶待客也随之成为一种风俗，"客至则设茶，欲去则设汤，不知起于何时。然上自官府，下至闾里，莫之或废"。

宋时商业兴盛，经济发达，文化繁荣，民间奢靡成风，特别是城市的兴起，使茶楼和茶坊成为三教九流会聚之地——

大凡茶楼多有富室子弟、诸司下直等人会聚，习学乐器，上教曲赚之类，谓之挂牌儿。人情茶肆，本非以点茶汤为业，但将此为由，多觅茶金耳。又有茶肆专是五奴打聚处，亦有诸行借工卖伎人会聚行老，谓之市头。大街有三五家开茶肆，楼上专安着妓女，名曰花茶坊，如市西坊南潘节干、俞七郎茶坊，保佑坊北朱骷髅茶坊，太平坊郭四郎茶坊、太平坊北首张七相干茶坊，盖此五处多有炒闹，非君子驻足之地也。更有张卖面店隔壁黄尖嘴蹴毬茶坊，又中瓦内王妈妈家茶肆名一窟鬼茶坊，大街车儿茶肆、蒋检阅茶肆，皆士大夫期朋约友会聚之处。巷陌街坊，自有提茶瓶沿门点茶，或朔望日，如遇吉凶二事，点送邻里茶水，倩其往来传语。又有一等街司衙兵百司人，以茶水点送门面铺席，乞觅钱物，谓之龊茶。①

就地域而言，北方人饮茶远不如南方人那么普遍和讲究；或许是运输距离的缘故，南方人多喝绿茶，北方多喝红茶。北方有些地区还要在茶中加入其他调料，如盐、姜、奶等，蒙古的奶茶和西藏的酥油茶就是这样。苏辙曾说："北方俚人茗饮无不有，盐酪椒姜夸满口。"

茶叶在宋时已经传播到北方边远地区，当时的记载有"蕃部日饮酥酪，恃茶为命""戎俗食肉饮酪，故贵茶，而病于难得""蕃戎性嗜名山茶，日不可缺""宁可一日无油盐，不可一日无茶"，等等。这里的"蕃戎"是指西藏和北方的

---

①（宋）吴自牧《梦粱录》卷一六《茶肆》。

辽金。当时“辽人相见，其俗先点汤后点茶。至饮会亦先水饮，然后品味以进”[①]。河北宣化辽墓壁画中的茶事图，对当时契丹人烹茶、饮茶的境况，有非常细腻而逼真的描绘。金朝为了获得南宋的茶叶，每年需费银30余万两；元光二年（1214年），金宣宗以国蹙财竭为由，颁布茶叶禁令，但仍然无法阻止人们饮茶。

《神农食经》中说：“茶茗久服，令人有力、悦志。”茶叶不只是一种饮品，更重要的是一种瘾品。茶叶中有含量较高的咖啡因和茶碱，这些导致中枢兴奋作用的生物碱类化合物，会使人产生幸福感和愉悦感；因为刺激精神的作用短暂，所以必须不断地进行补充。按照经济学理论，瘾品无疑是最完美、最理想的商品，“瘾品这类产品本质上就会促使消费者不断掏出钱来，对作用短暂的瘾品上瘾的人更是如此”；此外，“瘾品的吸引力不但在于能刺激脑内的奖励机制，也在于社交方面的用处”。[②]这可用下面这个因茶破家、因茶结缘的荒唐事来作为证明——

潮州某富翁好茶尤甚，一日，有丐至，倚门立，睨翁而言曰：“闻君家茶甚精，能见赐一杯否？”富翁哂曰：“汝乞

①（宋）朱彧《萍洲可谈》卷一。
②（美）戴维·考特莱特《上瘾五百年：烟、酒、咖啡和鸦片的历史》，薛绚译，中信出版社，2014。

儿，亦解此乎？”丐曰：“我曩亦富人，以茶破家。今妻孥犹在，赖行乞自活。”富人因斟茶与之。丐饮竟，曰：“茶固佳矣，惜未极醇厚，盖壶太新故也。吾有一壶，昔所常用，今每出必携，虽冻馁，未尝舍。”索观之，洵精绝，色黝然。启盖，则香气清冽，不觉爱慕。假以煎茶，味果清醇，迥异于常，因欲购之。丐曰：“吾不能全售。此壶实值三千金，今当售半与君。君与吾一千五百金，取以布置家事，即可时至君斋，与君啜茗清谈，共享此壶，如何？”富翁欣然诺。丐取金归，自后果日至其家，烹茶对坐，若故交焉。[①]

以茶易马

茶叶的兴起，不仅极大地影响了社会层面，也在一定程度上通过经济变革，改写了传统政治格局。汉代以来的“盐铁”官营制度，在唐宋之后很快便由“盐茶”专卖取代。

作为当时中国独有的物产，茶叶一跃成为国家战略物资。茶叶使中国得以羁縻边远落后民族，而且通过以茶易马，即所谓“茶马”贸易，中国得到了自古以来极其紧缺的马匹。对于强调华夷之别的中原文明来说，“彼得茶而怀向顺，我得马而壮军威”。

① 徐珂编撰《清稗类钞》。

唐朝以前，中原常以丝绸从游牧民族那里换取马匹，唐朝之后逐渐以茶叶替换了丝绸。

唐贞观十五年（641 年），文成公主出嫁藏王松赞干布，把饮茶的习俗带到西藏。百余年后的唐肃宗至德和乾元年间（756—759 年），饮茶之风就已经传遍整个西北边疆。这些地区向来都是良马产地，随之，茶马交易成为一种典型的“华夷”交流方式。从历史的角度来看，这种交流始终伴随着双方在经济、文化、政治等诸方面的博弈。

自唐宋以来，茶叶作为西北游牧民族的必需品，完全依赖于中原地区供给；从某种意义上说，中央王朝因茶叶而掌握了“华夏边缘”[①]地区的命脉。

> 盖西边之藩篱，莫切于诸番；诸番之饮食，莫切于吾茶；得之则生，不得则死。故严法以禁之，易马以酬之：禁之而使彼有所畏，酬之而使彼有所慕；此所以制番人之死命，壮中国之藩篱，断匈奴之右臂者。其所系诚重且大，而非可以寻常处之也！[②]

宋时“关陕尽失，无法交易”，茶马互市的主要市场转移到西南，贯通滇、川、藏的“茶马古道”开始兴起。

① 王明珂《华夏边缘：历史记忆与族群认同》，浙江人民出版社，2013。

②《明经世文编》卷一〇六，梁材《议茶马事宜疏》。

北宋熙宁时，在四川设置茶马司，将四川茶叶运往甘肃和青海；每年买马达 15000 匹，输出茶叶近 3000 万斤，从而使青藏道由唐代的军事政治通道成为著名的“茶道”。

从明朝开始，川藏茶道正式形成。《明史·食货志》记载：“番人嗜乳酪，不得茶，则困以病。故唐、宋以来，行以茶易马法。”洪武初年，明朝政府“设茶马司于秦、洮、河、雅诸州，自碉门、黎、雅抵朵甘、乌思藏，行茶之地五千余里。山后归德诸州，西方诸部落，无不以马售者”①。当时有“用‘汉中茶’三百万斤，可得马三万匹”之说。汉中茶即陕茶。明朝政府为了垄断茶马贸易，在产茶区设置茶课司；同时，还建立茶叶的专卖制度，商人贩茶，必须持有“茶引”或“茶由”；“若茶无由引，及茶引相离者，听人告捕”。

洪武三十年（1397 年），安庆公主的驸马欧阳伦以都尉之职，“数遣私人赐茶出境，所至骚扰，虽大吏不敢问。有家奴周保者尤横”；朱元璋知道后大怒，将欧阳伦赐死，周保等尽皆伏诛。由此可见当时对茶叶管制之严厉。朱元璋曾说：“国家榷茶，本资易马。边吏失讥，私贩出境：惟易红缨杂物，使番人坐收渔利，而入中国者少，岂所以制戎狄哉？”②

---

①《明史》卷八十，《食货志·茶法》。

② 转引自：丁文《陕西茶史》，陕西旅游出版社，2007。

在某程度上，对茶叶的控制比之食盐有过之而无不及。这或许是因为内外之别，盐专卖对内，茶专卖对外。对于贩私茶者的惩罚确实比贩私盐要重得多，“私茶出境者斩”，对于边境守将也是死罪。早在元至正二十年（1360 年），当时朱元璋刚起事不久，在制定盐法之前，朱元璋就先制定了茶法，规定三十而税一。后来《大明律》进一步明确茶叶由国家专卖，商人须向官府交钱购买“茶引”，才许按照茶引，贩卖茶叶；若伪造茶引，本人处死，家产没官；贩卖无引茶叶者，惩罚同于贩私盐，犯者一般杖一百，徒三年。[1] 当时，不仅严禁茶叶自由买卖，还禁止民间囤积茶叶，“所蓄不得过一月用，多皆官卖。茶户私鬻者，籍其园入官”。

大明初兴的洪武、永乐年间，茶马贸易曾经盛极一时。“洪武中，川陕皆置茶马司，收巴茶易马，颇获其利”，同时“茶法通行，而无阻滞之患，番马茂盛，岁至万余之多”。明廷垄断茶马贸易以后，操纵茶马比价，“将茶价涌贵，番人受制，而良马亦有不可胜用者矣”。顾炎武诗云：

骏骨来蕃种，名茶出富阳。
年年天马至，岁岁酪奴忙。
蹴地秋云白，临垆早酎香。

① 蒲坚《中国法制史》，光明日报出版社，1987。

和戎真利国，烽火罢边防。[①]

垄断而无竞争的官营体制，无法摆脱官僚的低效与腐化，一方面故意提高茶叶价格，另一方面大大压低马价。洪武年间，上等马一匹最多换茶叶 120 斤；万历年间，则定上等马一匹换茶三十篦，中等二十，下等十五。依靠茶马剪刀差，明廷一度获利颇丰。但这种不公平交易使茶马贸易迅速衰落，造成大批茶叶壅积。洪熙元年（1425 年），官仓中的茶叶大量过剩，朝廷不得不将大批“积茶折官俸”。

宣德（1426 年）以后，吏治日益腐败，私茶盛行。“查得洪武、永乐年间兴贩私茶者处死，以故当时有蹈之者，间有一二私贩者，包藏裹挟，不过四五斤十斤而止，行则狼顾鼠探，畏人讦捕，岂如今之贩者，横行恣肆，略不知惮，沿边镇店，积聚如丘，外境夷方，载行如蚁。”景泰（1450 年）、成化（1465 年）以后，官府对贩私茶几乎已经无能为力，只能睁一只眼闭一只眼。既然无法禁止，只好选择有条件地允许其合法化。

弘治十七年（1504 年），督理陕西马政的杨一清给皇帝算了一笔账：用 1570 两银子收购 78820 斤茶叶，可换得 900 多匹马；如果直接买马的话，至少需要 7000 多两银子。现

①（明）顾炎武《从大同至西口》之三。

在一斤茶叶的价格是 0.02 两银子，一匹马的价格是 7.78 两，每匹马折成茶叶为 389 斤。而在这次交易中，每匹马仅需 87 斤茶叶，折算成白银为 1.74 两，净利 6.04 两，利润率达 347%。①

在杨一清等人的推动下，明廷开放“茶禁”，传统的茶叶官营改为“招商中茶”，“令陕西巡抚并布政司出榜招商报斤，给引赴巡茶御史处挂号，于产茶地方收买茶斤，运赴原定茶马司，以十分为率，六分听其货卖，四分验收入官”。茶马贸易正式从官营改为民营；也就是说，茶商一次可以贩运 30 引（3000 斤）的茶叶，其中 1200 斤交给官方，其余可以自由贩卖。

茶马贸易由此再度繁荣起来，在通往边疆地区的交通线上，“商贾满于关隘，而茶船遍于江河”。地处陕甘川三省交界的康县是这条“北茶马古道”的重要中转站。到明代中期，种茶面积大增。据杨一清统计，四川保宁等府，每年运送到西北西宁、河州、洮州三茶马司的茶叶达一百万斤之多，其中西宁茶马司 316970 斤，河州茶马司 454300 斤，洮州茶马司 229000 斤。②

茶叶是中国传统商帮的特色商品之一。明清之际，陕商一直执西北茶叶买卖之牛耳；清乾隆时取消茶马互市，陕商

---

① 李连利《白银帝国：翻翻明朝的老账》，华中科技大学出版社，2012。
② 北茶马古道研究会《中国北茶马古道研究》，世界知识出版社，2011。

基本垄断着四川边茶。晋商主要将茶叶贩往西域和俄罗斯；徽商依靠水运之便，主要经营华北和东北市场，清代北京的茶叶市场也基本被徽商垄断。

在中国古代文化交流史上，“茶马古道”与“丝绸之路”齐名。唐宋时期的茶马互市催生了西南地区的跨地区跨民族贸易，到明清以后达到鼎盛。茶马古道主流线路经由云南、四川到西藏，最远延伸到印度。因为地处高海拔区域，道路艰险，茶叶多以马帮驮运。云南普洱亦因茶而声名远播。[①] 贸易必然伴随文化交流，丝绸之路是汉传佛教的传播线路，汉传佛教又被称为“北传佛教”；茶马古道使“藏传佛教”从印度引入西藏，也让“南传佛教”进入缅甸及东南亚。

“百草之首，万木之花，贵之取蕊，重之摘芽，呼之茗草，号之作茶。”茶之初，皆采自野生；及饮茶之风习渐广，需要渐多，始有人工种植；到后来，人工种植的茶叶基本取代了野生茶叶。茶叶本身是带给人愉悦的美好东西，但茶叶的历史充满无尽的痛苦和悲伤。

在茶叶经济的巨大利益面前，明廷自然也加大了对茶叶产区的压榨和盘剥。正德年间（1506—1521 年），韩邦奇任浙江按察司佥事期间，愤于镇守太监王堂等人强征富春江的

① 古代云南茶叶初时没有固定名称，曾名“普茶”。明末清初，因云南茶叶运销集散地在普洱，故名普洱茶。普洱为哈尼族语，意为“水湾寨”。清雍正七年（1729 年）在这一带设府，因驻地为普洱，所以叫普洱府。2007 年思茅市更名为普洱市。

渔产和富阳一带的茶叶，写了一首《富春谣》：

富阳江之鱼，富阳山之茶。鱼肥卖我子，茶香破我家。采茶妇，捕鱼夫，官府拷掠无完肤。昊天何不仁，此地亦何辜！鱼胡不生别县，茶胡不生别都！富阳山，何日摧！富阳江，何日枯！山摧茶亦死，江枯鱼始无。于戏！山难摧，江难枯，我民不可苏！①

茶叶与瓷器

中国古代的三大外销商品，分别是丝绸、瓷器和茶叶。早在秦汉时代，中国与西方就被“丝绸之路”连为一体。唐宋以来，海路取代陆路，连接起东西方；在丝绸之外，茶叶和瓷器成为新的奢侈品。

丝绸属于比较昂贵的商品，重量轻，在海上运输过程中，一般存放在货舱的最上层。瓷器和茶叶在运输时，糅合得非常科学。为了最节约地完成运输，有些海外贸易商人特别定制了防潮防虫的樟木箱子，先在箱子里放满茶叶，再把易碎的珍贵瓷器埋在茶叶里，茶叶起到减震抗压的作用。为了保险起见，再把小箱子放进大货箱中，四周用稍次一等的

① 转引自：秦晖、韩敏、邵宏谟《陕西通史》（明清卷），陕西师范大学出版社，1997。

茶叶填充紧凑，这等于双重防震。这样装运，不仅大大节约了空间，还有效地保护了瓷器。

对中国人来说，喝茶要用到壶、杯等多种器具，还需配合一系列复杂的程序，器具之多，礼仪之繁，非其他任何一种饮料可比。唐宋时期，中国在瓷器技术上日臻完美，各种精美的细瓷为饮茶提供了物质前提。“茶汤在青花瓷盏里散发着热气。茶神站立在里面，犹如一位隐形的女神。青花瓷就这样跟茶叶构成奇妙的互生关系。它们是彼此印证的，仿佛是天然的联姻。”①

茶叶的大量输入，欧洲人饮茶风尚的流行，使得中国茶具成为西方必不可少的饮茶用具。青花瓷茶具成为外销瓷中的重要门类，后来的五彩瓷、粉彩瓷、广彩瓷也不乏茶具精品。早期出口欧洲的武夷茶属于绿茶，冲泡武夷茶最好的茶具，是紫砂壶或潮汕手拉坯壶，这种源自中国的茶文化，也随着茶叶的传入影响了欧洲市场，于是紫砂壶走出国门，走向世界。尤其是17—18世纪，即明代万历、崇祯至清代乾隆年间，是中国茶叶销往荷兰的黄金时期，也是宜兴紫砂壶畅销欧洲的时代。②

明、清时期，随着大航海而兴起的早期全球化运动，中

---

① 朱大可《茶、瓷、丝的三位一体：华夏帝国的器物贸易》，《环境与生活》，2008年第9期。

② 曾玲玲《瓷话中国：走向世界的中国外销瓷》，商务印书馆，2014。

国已成为世界贸易中重要的一环。“在明清间出口贸易中占据第一位的是丝货，尤其是生丝。到了康熙（1662—1722年）末叶，茶叶出口量激增，丝货的地位被茶叶抢夺了去，以后茶叶在海外贸易中都高居第一位。”①

1517年，最早来到中国的葡萄牙人，从海上将中国茶叶带回欧洲，茶叶迅速取代香料，成为欧洲最热衷的“东方香草”。在整个17世纪，茶叶缓慢但不可逆转地从葡萄牙传到荷兰、英国、法国，又相继传到德国、瑞典、丹麦、俄罗斯等国。到18世纪，饮茶之风已经风靡整个欧洲。伴随着移民运动，欧洲殖民者又将饮茶习俗带入南北美洲和大洋洲。1734年，一位纽约商人忧心忡忡地说：

> 我得到可靠消息，茶叶和瓷器令本州每年耗费近1万英镑，哪怕最拮据的人，也一定要买茶叶回去，即便家人要的是面包。别人告诉我，他们经常当掉自己的戒指和餐具，以满足这奢侈的嗜好。②

中国茶叶就这样传遍了全世界。

事实上，在整个西方资本主义扩张过程中，其真正的动

① 全汉昇《鸦片战争前的中英茶叶贸易》，载《中国近代经济史论丛》，中华书局，2011。
②（美）埃里克·杰·多林《美国和中国最初的相遇：航海时代奇异的中美关系史》，朱颖译，社会科学文献出版社，2013。

因会令许多人感到不可思议。这些冒险者并不是为了生存必需品，而是为了奢侈品，说白了，就是为了发财。连接起现代世界的，是亚洲的香料、茶与鸦片，是美洲的烟草、砂糖、毛皮、黄金和白银，是非洲的奴隶和钻石。所谓探险、发现、征服、贸易等，最终都是为了这些东西，这当中几乎没有一样是生活必需品；反过来，倒不乏毒品和罪恶，比如鸦片与贩奴。从道德意义上，现代和全球化差不多是以邪恶的面孔出现的。

随着茶叶越来越成为国际硬通货，人们以为洋人嗜吃牛羊肉，若无中国的茶叶，就会因消化不良而死。林则徐在给道光皇帝的奏疏中就说："茶叶大黄，外夷若不得此，即无以为命。"中国茶叶被欧洲人视为不可或缺的"香草"，宾汉在《远征中国纪实》的序言中写道：

> 中国一直把西方人当作半开化的野蛮人，用一种"香草"交换我们的产品，这种香草如今已成为我们生活中的必需品，它的芬芳充满了使人欢快而不使人迷醉的茶杯。

在某种程度上，中国是因为茶叶而卷入全球化大浪潮的，18—19世纪恰逢中国清朝的中后期，在当时政府财政收入中，茶叶税收占有非常重要的地位。同时，茶叶贸易也极大地刺激了中国传统经济。在清中期，仅瓯宁一邑，茶厂就不下千家，大者百余人，小者数十人，茶工上万。崇安县在“乾隆间，邑人邹茂章，以茶叶起家二百余万（两）”。①

在整个18世纪的世界贸易中，茶叶主要来自中国东南的武夷山，而茶叶出口交易只能通过广州粤海关“十三行”②进行。茶叶从大山深处离开枝头，被烘焙加工后装箱，然后经过水路和陆路，翻山越岭、千里迢迢地运往通商口岸。这一路上既需要木筏、小船和大船，也离不开人力搬运和长途驮运。有人计算过，从茶叶产地到广州口岸，这趟茶叶线路长达2885里，费时50天至60天，中间要换7次船，要交4次税。一担（100斤）武夷茶，从产地到广州的运费大约为3.8两银子，对欧洲商人的售价为9两，十三行的行商可坐地从中获取5两，可谓是暴利。③

乾隆五十八年（1793年），英国为了建立与中国的通商关系，派遣使节马戛尔尼对清朝进行了首次正式访问，茶叶无疑是最令他们关心的事情之一——

① 彭泽益编《中国近代手工业史资料》第一卷，生活·读书·新知三联书店，1957。

② 为了限制对外贸易，清代设立了“公行制度”，类似于前朝各代的“市舶司”。即所有进出口贸易均由官府指定的几个牙行（洋行）经营，并将其组成“公行”，也叫“十三行”，但其实并非只有13家牙行，最多时达26家，最少时只有4家。外商被禁止与中国官府直接交往，一切命令和文书均需经过公行转达。详见本书《十三行》一文。

③ 中国茶叶一直被禁止海运，虽然从江浙福建到广州的海运可以大大降低运输成本。清嘉庆年间一度允许海运，广州出口的茶叶就从嘉庆十八年（1813年）的76万余斤增长到嘉庆二十一年（1816年）的672万余斤，几乎暴涨了9倍。但从嘉庆二十三年（1818年）起，重新禁止茶叶海运广州。清政府这样做的原因主要是防止走私和偷税漏税，也便于管理和控制茶叶贸易。

在一切所见所闻中，令我最为吃惊的，是种茶人的劳动所获得的那么微薄的回报。在制作一些精细茶叶时，据说每片茶叶都必须用手一片一片揉搓，特别是那些出口欧洲市场的茶叶。除此之外，还要经过许多工序，例如，茶叶从茶树上一片一片采摘下来后，需要进行浸泡、晾干、翻转和包装。然而，在产茶叶的省份，一英磅茶叶的最初生产成本不能超过 4 便士到 2 先令，因为人们认为东印度公司对普通茶叶的收购价格每磅不超过 8 便士，最好的茶叶也仅仅是 2 先令 8 便士一磅。没有什么能够比为市场生产配制茶叶，更能说明中国人勤勤恳恳坚持不懈的工作态度了。一群在英国的商人竟然为一个蔑视商人、对通商设置种种障碍的国家的 100 多万人提供了就业机会，这不能不说是一种奇特的现象。①

进入 19 世纪后，中国茶叶出口继续平稳增长。直到鸦片战争前，广州每年出口英国的茶叶达 35 万担，价值 9445 万银元，占中国出口货值的 70%。

直至 19 世纪中后期，茶叶一直是中国占第一位的出口商品，其出口值甚至一度占中国总出口值的 80% 以上。对当

① (英) 约翰 · 巴罗《我看乾隆盛世》，李国庆、欧阳少春译，北京图书馆出版社，2007。

时摇摇欲坠的清朝来说，茶叶的重要地位是毋庸置疑的。即使英国在对华大量输入鸦片后，中国茶叶出口的优势仍可以使中国对外贸易保持顺差，基本能弥补因鸦片进口而造成的大量白银外流。①

茶叶在地方财政中同样扮演着不可取代的支柱角色。同治三年（1864年），湖广（湖南与湖北两省）将近70%的政府财政收入来源于商业税收，而主要就是茶厘；光绪十一年（1885年），湖北征收的茶厘银达20余万两，由此可见茶税对地方政府的重要性。

当茶叶遇见糖

在16世纪后半叶，咖啡、茶、巧克力，这三种异域食品几乎同时进入英国；“蔗糖作为甜味剂，是与其他三种进口货联系在一起以后而大放光彩的。其中，茶成了英国最重要的非酒精饮料。……在英国，茶甚至取代了家酿的淡啤酒，甚至对受人喜爱的含糖酒类以及杜松子酒等烈酒也构成

① 在1867—1894年，中国仅出口的茶叶价值即大致与进口的鸦片价值相当。1880—1891年，清政府茶叶关税收入总计5338.9万两，年均449万两，相当于同期海关出口税收的55.4%左右。在19世纪中后期，中国全部出口商品所换得的外汇有半数以上来自茶叶，中国全部进口商品所需要的外汇有半数以上要靠茶叶去支付。

了挑战。”[1] 作为印度阿萨姆茶园种植主的后代，麦克法兰在《绿金：茶叶帝国》一书中认为，与咖啡和可可相比，“只有茶叶成功地征服了全世界”。

布罗代尔认定，任何文明都需要奢侈的食品，和一系列带刺激的“兴奋剂”。1757 年，乔纳斯·汉威发表了《论茶、糖、白面包等现代奢侈品》，义正词严地批判茶这种“奢侈品”，会损害人们的健康、腐蚀人们的意志、浪费时间与金钱，甚至破坏英国的经济。休谟认为，奢侈是“满足感官享受的极大精美”；经济学家桑巴特认为，所有的个人奢侈都是从纯粹的感官快乐中生发的，任何使眼、耳、鼻、舌、身愉悦的东西，都趋向于在日常用品中找到更加完美的表现形式；说白了，奢侈“就是任何超出必要开支的花费”。毫无疑问，茶叶是典型的奢侈品。但桑巴特认为，奢侈品不仅不会损害经济，事实上恰好相反，资本主义完全是奢侈的产物，“奢侈促进了当时将要形成的经济形式，即资本主义经济的发展”。[2]

经济史中有一种现象，就是任何奢侈品最终都会发展成为必需品。英国人从 17 世纪 60 年代接触到中国茶叶。当时葡萄牙公主凯瑟琳嫁到了英国，因为她喜欢喝茶，饮

①（美）西敏司《甜与权力：糖在近代历史上的地位》，朱健刚、王超译，商务印书馆，2010。
②（德）维尔纳·桑巴特《奢侈与资本主义》，王燕平、侯小河译，上海人民出版社，2005。

茶之风很快便成为英国宫廷和贵族的时尚，喝“下午茶”（Afternoon Tea）甚至成为高贵的象征。一旦喝茶成为富裕家庭的固定习惯，比他们低的大众阶层就会群起而效仿。当时有人这样夸赞：“茶，提神并使人宁静，是沉默寡语者的天然饮品，它喝起来也方便，是一件给世上最糟的厨子们的天赐之物。”①

从1739年起，中国茶叶已经成为荷兰东印度公司船舶自东方运欧的价值最大的商品。开始时，英国人从荷兰进口茶叶；1689年（康熙二十八年），英国东印度公司首次将茶叶从中国运到伦敦。1699年，英国的茶叶进口量只有6吨，一个世纪之后就达到了11000吨；如果算上走私的话，大概还得再翻上一番。与此同时，茶叶进口税大幅下调，每磅茶叶的价钱则降到了100年前的1/20。到1750年左右，茶叶已经取代酒类，成为英国人的全民饮料。②在1757年的英国，人们对喝茶已经司空见惯，“夏日里，经常可以在里奇蒙的某个胡同看到乞丐端着杯子在喝茶，修路工人在喝茶，赶灰渣

①（美）西敏司《甜与权力：糖在近代历史上的地位》。

② 和许多商品一样，茶也经过了从少数人的奢侈品到大众必需品的过程。中国茶刚进入英国社会的时候，其售价大约为每磅3英镑。当时一位熟练技工的周薪尚不到1英镑，而一般体力劳动者只有40便士。因此对中国茶的消费仅限于上层贵族的小圈子。整个18世纪，100年时间，英国人的茶叶消费量大涨200倍。到了18世纪末，一个英国普通工人每星期要购买2盎司（28克）的茶叶，如果再加上购买白糖，喝茶的费用占全部家庭收入的1/10，几乎跟吃肉的支出相同，相比之下，啤酒支出仅占1/40。

车的车夫在喝茶，还可以看到晒干草的工人在买茶”。[①] 到 19 世纪，连监狱的囚犯也喝上茶了。

但有一点，英国人喝茶与中国人喝茶完全是两回事，或者说与唐宋之前的中国喝茶方式有些相似；只不过当时中国人是往茶里加盐，而英国人则往茶里加糖。对英国人来说，喝茶跟吃饭是一回事，或者说是吃饭的一部分——“一周两盎司的茶，花费为 8 便士或 9 便士，这就可以使一顿冷冰冰的晚餐变得热腾腾的。”[②] 英国人的茶杯里，不仅有茶叶，还有糖和牛奶，甚至还有鸡蛋；在一品脱茶里打上两个鸡蛋，是“劳累一天后最好的营养，喝下去马上就有饱餐一顿的感觉”。[③]

进入 18 世纪，英国的茶叶消费量剧增，这导致在同一时期食糖消费量也大幅增长。英国每年输入食糖，至少有一半用于饮茶；茶叶与食糖之间的关系是如此紧密，以至于人们常用食糖的消费量来计算茶叶的消费量。18 世纪下半叶，零售茶叶的业务被从药店转移到了食品杂货店，这反映了茶的角色从药品到饮料的转变。

“在我们的商贸系统中，茶从远东世界运来，而糖则

①（美）西敏司《甜与权力：糖在近代历史上的地位》。

②（美）西敏司《甜与权力：糖在近代历史上的地位》。

③ 1750 年前后，英国中产阶级的早餐中，已经少不了茶佐。当时“大部分人喝茶时都会加入一些奶油或加糖的牛奶。伦敦城里的仆人们，早餐已经基本上是黄油加面包，配奶茶，至于乡下，大概就只有根据不同条件，不同人家享用不同的早餐了”。茶一旦可以充饥，加上糖、牛奶、鸡蛋，就成为英国人的饮食结构中的必需品。

来自西印度，……但它们混成了一种比啤酒更为便宜的饮料。……茶和面包一起，每天构成了一个家庭的一餐饭，平均下来一周的花费也不会超过一个先令。”对工业革命早期的无产阶级来说，“这是他们生活的必需，如果现在把这些剥夺掉，那么他们便只剩下面包和白开水。喝茶并非穷人苦难的原因，而是结果。无论在欧洲哪个国家，普通民众居然不得不把地球上遥远的两端所进口的两种物品，当作他们的日常饮食，这都是非常奇怪的事”。[①]

在近代史上，茶叶和糖微妙地将世界联为一体，而英国就处于这个世界体系的中心。从某种意义上，这也是现代化和全球化的先声。

“当茶叶和蔗糖在人们的日常生活中变得愈加重要起来时，维持它们的供给就成了一个重要的政治问题和经济问题。”[②]中国的茶叶彻底改变了英国人的生活方式，甚至英国议会要求东印度公司必须保持一年的茶叶存货量。

自从中国茶叶来到英国之后，喝茶便在一定程度上逐渐取代了饮酒，甚至引发了后来的禁酒运动。茶叶因此也改变了英国社会粗鲁好斗的风气，使精英和大众都养成彬彬有礼的绅士风度。英国人甚至用“我的那杯茶”（my cup of tea）来称呼自己中意的东西。

---

①（美）西敏司《甜与权力：糖在近代历史上的地位》。

②（美）西敏司《甜与权力：糖在近代历史上的地位》。

"一杯甘甜温热的茶可以让人心情舒畅，重新恢复精力。在以人力为中心的工业化时代，一杯美好的茶已经成为人们工作的重要推动力，它的重要性犹如非人力机械时代的蒸汽机。"麦克法兰甚至宣称，"如果没有茶叶，大英帝国和英国工业化就不会出现。如果没有茶叶常规供应，英国企业将会倒闭。"

1800 年至 1833 年间，茶进口量从年平均 20000 担涨到 35000 担；茶在英国，像在西藏与西伯利亚那样，变成一种食品：家用浓茶，加许多牛奶与糖，成为早期工业革命时代长劳动时间与高出生率的社会生活的一种简单有效的基本营养品。[①]

绿色黄金

西方人在 20 世纪以前所寻求的中国商品中，只有茶叶长期居于支配地位。可以说，茶叶对大英帝国的方方面面都构成一种促进力量。

茶叶使英国成为世界贸易中心，茶叶贩运推动了英国造船业；甚至因为砂糖需求的激增，使美洲殖民地的甘蔗园经

① (新西兰) S.A.M. 艾兹赫德《世界历史中的中国》，姜智芹译，上海人民出版社，2009。

济和贩奴运动蔚然成风。在某种程度上，是茶叶贸易促进了英帝国在全球的迅速扩张，以英国为龙头的“世界贸易体系影响越来越大”——

一个必然的结果就是殖民地越来越重要，因为殖民地的产品，尤其是咖啡、糖、茶，在欧洲生活中越来越普及。这些商品的重要影响不仅在政治上，也表现在社会生活的结构上，影响不可估量。且不说贸易给整个国家带来的巨额资本与政府的高额税收，仅欧洲各首都的那些咖啡店，作为政治、商业、文化的交流中心或策源地，影响就非同小可。总之，没有这些产品，茶、咖啡、糖，西欧国家的文化与社会，就不是现在这个样子。①

茶叶为西方贸易商带来了巨额利润，他们认为：“茶叶就是上帝，在它面前其他东西都可以牺牲。”1715 年，英船“达特莫斯”号前往广州，茶叶仅占货值的 1/10；但从次年起，茶叶就成为中英贸易的重要商品。当年有两艘英船从广州返回，所装载的 3000 担茶叶价值 35085 镑，占总

---

① 德国史学家阿诺德 · 贺林之语。转引自周宁《茶与鸦片：污染世界现代化历史的毒品根源》，国学网，中国经济史论坛。

货值的 80%。[①]

18 世纪 20 年代以后，北欧的茶叶消费迅速增长，茶叶贸易成为所有欧洲东方贸易公司最重要的、盈利最大的贸易。一位法国商人说："茶叶是驱使他们前往中国的主要动力，其他的商品只是为了点缀商品种类。"中国茶叶的产量巨大，价格却又十分便宜。当时，绝大多数英国人饮用的茶叶来自武夷山地区，随着该地区茶叶产量的逐年增加，英国人购买茶叶的价格也逐年降低。[②]

"英国最初可能成为一个喝咖啡的国家，而东印度公司竟奇迹般地将其变成喝茶的国家，而这一切都是在短短的十来年间完成的。"在某种程度上，无疑是茶叶贸易成就了英国东印度公司。在结束对华贸易垄断权的 1833 年之前，"东印度公司每年获利在 100 万镑至 150 万镑之间，其利润全部来自华茶贸易"[③]。同时，"茶叶贸易长时间以来一直是英国政府获益最大的税收来源"；茶叶每年带给英国国库 330 万镑的税收，这占全部岁入的 1/10。茶叶税从 1660 年的每磅 6

---

① 18 世纪，英国通过东印度公司进口茶叶的数量：1668 年，100 磅（不到一担）；1710 年，1420 担；1731 年，8168 担；1761 年，26192 担；1784 年，86083 担。（维尔纳·桑巴特《奢侈与资本主义》）另外一组由中国输入英国的茶叶数据为：1760—1764 年，每年平均为 42065 担；1785—1789 年，每年平均为 138417 担；1800—1804 年，每年平均为 221027 担；1830—1833 年平均每年达 235840 担。（《中国近代经济史》上册，人民出版社，1976）

② 在 18 世纪欧洲国家，如法国、瑞典、丹麦等国的对华贸易中，茶叶所占的中国货值比率也高达 65%～75% 不等。

③ 全汉昇《鸦片战争前的中英茶叶贸易》。

便士，发展到1695年的每磅1先令，1745年的每磅4先令；在1784年大规模下调茶叶税之前，茶叶税率高达120%。拿破仑战争爆发后，英国再次将茶叶税率提到100%。“到19世纪40年代，即使最便宜的中国茶，也被课以400%的重税。”[①]1760年，茶叶关税超过500万英镑；到1800年，仅仅合法进口这一块的税入就超过2000万镑。在相当长的时期内，茶税一直是英国政府的财政支柱；甚至可以说，英国政府从茶叶贸易中所得到的利益，远比中国从中得到的高得多。

作为英国最早的公司之一，东印度公司“垄断了与中国茶叶贸易，完全控制了货源，限制英格兰的进口量，从而决定了价格；它不仅建立了世界上规模最大的茶叶垄断贸易，还使得茶叶成了英国人的标签”。[②]但实际上，东印度公司所提供的中国茶，无论在数量与价格上，都不能满足英国市场的需求。在18世纪中叶的英国，人们所消费的茶叶，有一半来自走私。

与中国古代的食盐一样，走私是高税收、垄断经营的必然产物。由于英国茶叶进口税高达100%，许多欧洲公司通过向英国走私中国茶叶获取暴利。走私茶大多来自荷兰。从18世纪20年代到90年代，茶叶是荷兰人从中国输出的最

①（美）西敏司《甜与权力：糖在近代历史上的地位》。
②（美）西敏司《甜与权力：糖在近代历史上的地位》。

重要商品。在这一时期，茶叶占荷兰进口的中国商品总值的70%～80%，有些年份甚至超过85%。为了与英国东印度公司竞争，荷兰东印度公司大量倾销茶叶，每磅只要7便士，即使最好的茶也才11便士，这使得整个英国海岸都在走私中国茶。

对于泛滥成灾的走私，当时的英国经济学家亚当·斯密深不以为然，他在《国富论》中认为，走私的存在虽然违反国家法律，但并不违反“自然正义”。①

既然无法禁止走私，英国议会遂于1784年通过抵代税条例，即《茶与窗户法案》，茶叶消费税从119%骤降至12.5%；茶叶减税造成的损失通过窗户税（按每户家庭的窗户数量征收）来弥补。降税之后，茶叶走私现象随之烟消云散，茶叶也更加廉价。通过海关进口的茶叶，从1784年的500万磅猛增至1875年的1300万磅。一本叫《英国人的茶》的书中写道：

① 亚当·斯密在《国富论》中的原话是：“走私者违犯国法，无疑应加重惩罚，但他常常是不会违犯自然正义的法律的人，假若国法没把大自然从未视为罪恶的一种行为定为罪恶，他也许在一切方面，都可以说是一个优良市民。在政府腐败，至少犯有任意支出、滥费公币嫌疑的国家，保障国家收入的法律，是不大为人民所尊重的。所以，如果不干犯伪誓罪而能找到容易安全的走私机会，许多人是会无所迟疑地进行走私的。假装着对购买走私物品心存顾忌，尽管购买这种物品明明是奖励人家去侵犯财政法规，是奖励几乎总是和侵犯财政法规分不开的伪誓罪，这样的人，在许多国家，都被视为卖弄伪善，不但不能博得称誉，更徒使其邻人疑为老奸巨猾。公众对于走私行为既如此宽容，走私者便常常受到鼓励，而继续其俨若无罪的职业。”

我们终于告别了茶叶走私分子，或许为了庆幸正常茶叶贸易的到来，还会冷不丁冒出一句“谢谢”。得益于贸易公司坚持不懈的默默进取，也得益于茶税的大幅下调，饮茶的风俗传到了联合王国最遥远的乡村，为生计发愁的人家也能喝上几杯热茶。①

此后的茶叶贸易基本为英国东印度公司所垄断。

茶叶战争

对英国东印度公司来说，其 90% 以上的利润都来自茶叶贸易，有时甚至是 100%。在茶叶贸易中，利润率从来不低于 30%。东印度公司每年从中国茶叶上获得的利润高达 350 万英镑。从 1775 年到 1799 年，东印度公司每年进口的中国茶叶，从 22574 担猛增到 157526 担。特别是在它垄断中国贸易的最后几年，茶叶几乎成为唯一的进口商品。

对英国人来说，茶叶已经获得了一种更为尊贵的地位，成了一种值得雄心勃勃的强者为之奋斗的奖励。茶叶是少数大宗商品之一，远超它在日常生活中的实用性。茶叶贸易跨越半个地球，带动了各种各样的经济齿轮转动起来。茶叶是

① 梅维恒、郝也麟《茶的世界史》，高文梅译，商务印书馆（香港），2013。

投机买卖的对象，是国家就业和税收的源泉，而其本身也可以作为一种货币，把握着世界经济的脉搏。一位议员宣称："在我们如此庞大的商业圈中，茶叶可能是最重要的货品。"[①]

"英国东印度公司除了在东印度拥有政治垄断权外，还拥有茶叶贸易、同中国的贸易和对欧洲往来货运的垄断权。"[②] 东印度公司的运茶船非常之大，如同古堡与库房的奇异组合。船在每年年初离开英国，绕过非洲好望角，然后乘着东南季风航行，到达中国时正好是秋季。这时茶叶已经收获，他们将茶叶填满船舱，然后在年底返航。

在帆船时代，航行时间是以年来计算的。即使一路顺风，中国茶叶到达英国也需要将近一年的时间；这就是说，英国人即使吃到的最新鲜的茶叶，其实也是去年的。这使得销往英国的茶叶基本都是红茶；为了品尝到新鲜的绿茶，后来出现了专门的快速帆船（Tea Clippers）和运茶竞赛（Tea Race）。

当茶叶从少数人的奢侈品沦为大众的日用品后，只有难得的新茶多少还保留着奢侈品的色彩。19 世纪的英国上流阶层，喜欢用重金购买从中国运来的第一船新茶；这种购买常常是通过拍卖获得，因此具有极大的炫耀感。

---

①（英）尼克·邦克《大英帝国的崩溃与美国的诞生》，银凡译，民主与建设出版社，2017。

②《马克思恩格斯全集》，人民出版社，1973。

每年中国新茶上市时，“中国茶叶飞剪船”就呈现出“千帆竞渡”的盛况，这种特意设计的快速运茶船可以将航程提前两个月，从而让英国人喝上当年的中国茶。1849 年，美国人制造的快速帆船“东方号”从香港到伦敦，全程只用了 97 天。每当中国新茶到港，整个伦敦为之兴奋；第二天，几乎每家商店里都会摆上最新鲜的中国茶。因为航行时间的缩短，从 1855 年到 1860 年，运往英国的茶叶，由 1579 万磅激增到 4000 万磅。

对英国人来说，茶叶贸易就是白银贸易。就跟英国人只要中国的茶叶一样，中国人也只要英国的白银。18 世纪的中国，既是茶叶的起点，也是白银的终点，甚至被称为“白银的坟墓”。对当时的中国人来说，几乎没有人关心这些白银是怎么来的。实际上，这些巨量的白银，几乎全部来自那个被哥伦布“发现”的“新大陆”，而且它们大多是英国人通过向美洲贩卖黑奴换来的“黑钱”。①

从 1760 年到 1800 年，英国经济飞速发展，英国与中国的贸易额在整个中国对外贸易总量中占到 78%。在接下来的将近一个世纪中，茶叶与英国，鸦片与中国——两种“上瘾品”与两个国家的命运发生了诡异的嬗变。

---

① 在加勒比海的英属殖民地中，白人不足 6 万人，与之相对，黑人奴隶有 46 万；毫无疑问，这些黑人全部来自非洲。每年有三四万黑人被贩运到美洲，常常有一半人死于运输途中。

1834 年，英国的茶叶消费量已经达到 5300 万磅，巨额的茶叶贸易完全是靠白银贸易来平衡的。在白银时代，英国的“三角贸易”是向美洲贩运非洲黑奴，美洲向中国输入白银，中国向英国输入茶叶。随着白银时代的结束，东印度公司在印度找到了白银的替代物——鸦片。

英国想要中国的茶叶，中国却不想要英国的鸦片。金钱战胜了道义，这场贸易争端最后以一场战争结束。

在《荷马史诗》中，一个女人引发了一场战争。[①] 在许多所谓的宏大叙述中，伟大的历史常常离不开一些微不足道的细节，这在后人看来，既荒唐又可悲。大清帝国与大英帝国，这两个位于地球两端的帝国之间，竟因为茶与鸦片——这两个生活中本来无足轻重的物品，而发生了改变世界近代史的不幸战争。一个帝国的成功，也意味着另一个帝国的失败。所谓鸦片战争，其实是茶叶战争。没有茶叶贸易，也就没有鸦片贸易；茶叶使英国欲罢不能，鸦片使中国不能自拔。

“如同其他成瘾性消费品一样，茶叶和鸦片既是早期经济全球化的产物，也是早期经济全球化的推动因素，19 世纪中国社会经济与这两种特殊商品密切相关。”[②] 清朝不仅在

① 在迈锡尼时期（公元前 12 世纪左右），希腊与特洛伊因为美女海伦发生了 10 年的围城战争，最终以“木马计”攻陷特洛伊城。

② 仲伟民《茶叶和鸦片导致中国 19 世纪的全面危机》，凤凰网，2009 年 12 月 17 日。

武力对抗中不堪一击，在商战中也同样一败涂地。鸦片进口税率一直比出口茶叶税低。以光绪十一年（1885 年）为例，鸦片进口税为 7.3%，茶叶出口税分别为红茶 9.9%、绿茶 11.55%、砖茶 12.45%，茶末更高达 27.1%～54.2%。

一个国家的诞生

如果细究起来，“美国人”喝茶的历史远比“美国”的历史早得多。

在 17 世纪中叶，当时纽约还是荷兰殖民地“新尼德兰”(New Nederland)，这些美洲的荷兰殖民者就已经开始喝茶——当然是中国茶。此后，随着大量英国人移民美洲，饮茶之风更甚。美洲人在喝茶的习惯上，和英国人几乎难分伯仲；甚至在喝茶器具上，也热衷于中国瓷器。这段时间，美洲殖民地年茶叶消耗量高达 570 万～650 万磅，相当于每人每天饮用 1.4～1.6 杯茶。

北美殖民地跟同一时期的英国本土一样，一方面茶叶需求旺盛，另一方面茶叶走私泛滥。在 18 世纪 60 年代，英国加大了对北美殖民地的税收征缴，先后于 1765 年出台了《印花税法》、1767 年出台了《唐森德条例》，对茶叶、玻璃、纸张、印刷品、铅和涂料等课以重税。这在北美引发广泛而强烈的反对。殖民地的白人精英们宣称：既然他们在国会没有代表，就没有义务缴税。

这当中最著名的当数波士顿“茶党”[①]。

以波士顿商人汉考克和知识分子亚当斯等为首，反抗者自发组成波士顿茶党，号召人们抵制具有英国政府背景的东印度公司和其经营的茶叶；同时，他们通过大量走私茶叶来逃避关税。这场“杯葛”[②]运动使东印度公司雪上加霜，本来他们经营的茶叶价格就高，再加上人们的抵制，茶叶销量便一落千丈。在这种情况下，英国于1773年通过《茶叶法案》，严禁茶叶走私行为，并赋予英属东印度公司茶叶贸易垄断权；同时免除其积压的2000万磅茶叶的关税，并允许其在北美殖民地低价倾销，价格比走私茶叶还低。这无疑威胁到许多茶叶走私商的利益。

1773年11月，东印度公司的4艘商船，装载着342箱茶叶开进波士顿港。[③]12月16日，波士顿数千人集会抗议，

---

① 按照社会学家和历史学家的解释，美国茶党（Tea party）并不是一个政党，而是指美国社会的草根运动。它最早发端于1773年的美国东北部的波士顿，几乎是美国革命的代名词。直至今天，美国茶党依然存在并保持着一定的社会影响力，比如2009年4月15日（美国纳税日），茶党发动的全美大游行，示威者高举“税收已经够多了”（Tax Enough Already）的横幅，口号三个词的首个字母拼在一起，正好是TEA（茶）。

② 杯葛（Boycott）原是一位前英国上尉的名字，他对英格兰的佃户们的控制过分严苛，而受到佃户们的联合反抗和抵制，后来“杯葛”便成了联合抵抗的代名词。美洲人“杯葛”的不是某个人，而是针对从英国进口的商品，特别是茶叶。

③ 当时东印度公司共有7艘装满茶叶的大型商船从英国前往殖民地，其中4艘开往波士顿，其他3艘分别前往纽约、查理斯顿和费城。然而纽约和费城两地的茶商拒绝接货，这两艘商船不得不开回英国；运往查理斯顿的茶叶被存放在该地的货舱未能销售。

要求东印度公司的运茶船离开港口，遭到拒绝。当天晚上，在波士顿茶党的策划下，100 多个所谓的“自由之子”装扮成印第安人，偷偷潜入停靠在“茶叶码头”的东印度公司商船，将船上价值 18000 英镑的 342 箱茶叶全部倒入港口——

每一箱茶叶都是原封不动从中国运来的，这些武夷茶每箱的重量至少有 335 磅。更好的茶叶装在小木箱里，但即便如此，那些小木箱每一箱也有 70 到 80 磅。要把每条船上的茶叶都运出来，凿开货箱并把茶叶倾倒进波士顿湾，需要近 3 个小时的高强度劳动。时值退潮，海水很浅，倒入海湾的茶叶呈长长的羽毛状向外扩散，漂向南方。①

那些来自中国的武夷茶，经过了 9 个月的海洋旅程，最终没有被冲入茶杯，而是被冲入了海洋。当时的《马萨诸塞时报》描述道：“涨潮时，水面上漂满了破碎的箱子和茶叶。自城市的南部一直延绵到多彻斯特湾，还有一部分被冲上岸……”

在倾茶时，有人趁机将茶叶揣入怀中，被发现后，立刻遭到围攻和暴打。虽然在当时，整个过程显得神不知鬼不觉，但后来的历史影响相当波澜壮阔。有人写过这样一

①（英）尼克 · 邦克《大英帝国的崩溃与美国的诞生》。

首诗：

有谁知道
一些微不足道的小事
竟会导致如此怨恨
如此可怕的事件

有谁知道
一些被扔进大海的茶叶
竟会使成千上万的人
流血牺牲①

波士顿倾茶事件很快传遍了整个殖民地区。人们只要发现中国茶叶就要不顾一切地毁掉。在新泽西最繁华的格林威治，原本驶往费城的“灰狗”号货船上所有茶叶都被卸下焚毁；在马萨诸塞的威斯顿，有人谣传说当地一家大篷车饭店销售茶叶，一群“爱国暴徒”便捣毁了饭店，虽然没有发现茶叶，但却将饭店里的烈酒喝了个精光。

1774 年 3 月，波士顿又发生了第二次倾茶事件，“财富”号商船上的 28 箱茶叶被倒入大海。随着事态越来越严重，

①（英）罗伊·莫克塞姆《茶：嗜好、开拓与帝国》，毕小青译，生活·读书·新知三联书店，2015。

英国政府下令关闭波士顿港，满载士兵的战船随之驶入殖民地。倾茶本身也受到来自各个方面的批评，新泽西州前州长本杰明·富兰克林认为应该赔偿被倾倒的茶叶，并表示愿意用自己的钱来赔。但英国政府认为，此举是对殖民政府的挑衅。次年，针对马萨诸塞州，出台的一系列“强制法案”，取消了马萨诸塞州的自治地位；同时，进一步加强了政府高压控制，规定英军可强行搜查民宅。

面对大英帝国的“不可容忍”，北美殖民地的人民也没有“容忍”；对抗的结果，终于在1775年4月19日，波士顿附近的莱克星顿打响了美国独立战争的第一枪。

从某种意义上可以说，美国的独立就是由茶叶而引起的；换言之，这是一场因为茶叶引发的战争。1840年的中英战争是由于鸦片走私引发的，被称为“鸦片战争”；美国独立战争的导火索则是“波士顿倾茶事件”，这一事件又是围绕茶叶的走私、征税、垄断和查禁而引发，从这个角度说，美国独立战争也可以称为“茶叶战争”。甚至说，美国茶党在波士顿港销毁英商的茶叶，与林则徐在虎门港销毁英商的鸦片也极其相似，并且都导致了一场改变历史的战争；不同的是，前者使一个现代民主国家得以诞生，后者却使一个腐朽专制帝国走向没落。

当美国还是英国的殖民地时，美国商人不被允许与中国直接进行贸易。美国刚刚获得新生，就积极加入茶叶贸易的行列，他们甚至将第一艘茶叶商船命名为“中国皇后”（Empress of China）号，而这艘载重360吨的商船就在波士顿建造完成。①

在很短的时间，美国就成为仅次于英国的第二大茶叶买主。1784年，“中国皇后”号首航广州，格林船长在8月28日的日志中写道：“‘中国皇后’号荣幸地升起了在这海域从未有人升起或看见过的第一面美国国旗。”这次历时15个月的远航，获得的利润达3万美元，其中茶叶为3022担（红茶2460担、绿茶562担），价值66100两白银，占该船总货值的92%。

有了这次“成果丰硕的航行”，此后前往中国的商船络绎不绝，所购商品仍以茶叶为大宗，并且增长迅猛，有一艘商船干脆叫作“茶树”号。从1784年到1814年，近300只美国船只向广州进行了618次航行。1784年中国输美茶叶仅为3022担，1799年达到33769担，增长10余倍；1833年超过10万担，1936年达到22万担。1840年，美船购买了1933万磅茶叶，占其在华购货总值的81%。

19世纪后半期，轮船大大缩短了海上运输时间，美国喝绿茶之风盛行，但这些绿茶并不来自中国，而主要来自开埠

① 可参阅：（美）埃里克·多林《美国和中国最初的相遇：航海时代奇异的中美关系史》。

不久的日本。①

茶叶时代的终结

鸦片战争后，中国进入世界自由贸易体系，条约口岸制度的建立，进一步促进了中国茶叶贸易的全球化，也激活了中国农业的近代化转型。当时欧洲人已经掌握了丝绸和瓷器技术，只有茶叶还是中国特有，一直保有独一无二的出口优势。

晚清时期，茶叶贸易呈现出最后的辉煌，出口规模成倍增长，从 19 世纪初每年 2000 万磅，上升到 19 世纪 80 年代 2.5 亿磅，达到晚清茶叶出口规模上的顶峰，占到了中国商品出口总量的 3/5，占到世界茶叶出口的 88%。②

英国人因为白银支付的紧张，发动了鸦片战争，但现在最担心的却是鸦片贸易的失控，即中国将鸦片种植合法化；假如鸦片在中国实现国产化，那么英国就没有合适的东西来换取中国茶叶了。对英国来说，最好的解决办法莫过于英国

---

① 1853 年，黑船事件打开日美通商的大门，茶叶和生丝成为日本贸易输出之大宗。借助国家现代化和工业化改革，日本在国际贸易领域很快便超过了抱残守缺的中国。1882 年日本生产 4650 万磅茶叶，其中 3600 万磅出口到美国。当时饮用绿茶在美国西海岸、中西部和纽约比较普遍，多是在晚餐以后饮用。当时美国人把日本绿茶当作富有异国风情的饮料，但是饮用方法有大问题：像喝红茶一样往里面加牛奶和糖，所以美国的绿茶消费高潮到 19 世纪末就跌落了。

② 苏小和《百年经济史笔记》，东方出版社，2016。

自己能生产茶叶。虽然英国本土不适合茶叶生长，但对这个日不落帝国来说，它们不乏各种气候带的殖民地，比如毗邻中国的印度。

1656 年，传教士卜弥格[①]在欧洲出版了《中国植物志》，其中就收录了中国茶树；不久之后出版的《中国图说》一书中，将中国茶树称之为“cha”。1753 年，瑞典植物分类学家林奈首次将茶树命名为“中国茶树”。1793 年，马戛尔尼结束对中国的访问回国时，“总督大人特许我们带走几棵茶树苗。树苗根部裹着一大坨泥。我非常中意这些树苗，将设法把它们带到孟加拉去”。据说这些从中国带回的茶树未能成活，但茶种在加尔各答的植物园中成功发芽。1824 年，英国人在印度东北部发现了野生大茶树，由此产生了关于茶树起源的历史争论。

1834 年，英国将茶叶列为国家发展计划，并成立了一个专门的茶叶委员会。1848 年，植物学家罗伯特·福钧受东印度公司委派，前往中国研究茶树——他实际上扮演了一位“植物猎人”的角色。福钧后来从中国带回了 2 万株小茶树和大约 1.7 万粒茶种，还有 8 名茶农和制茶师。“他的装备只有一把生锈的手枪和一根假辫子，但就在那些冷酷无情的中

① 卜弥格（Michel Boym，1612—1659），波兰人，天主教耶稣会传教士。1645 年来到中国，他曾受南明永历皇太后之托出使罗马。卜弥格对中国文化、历史、科学、地理、物种、医学都有相当研究，并将其著书传播到欧洲。

国军阀眼皮底下，他把茶叶的秘密盗走了。”[①]

最终，英国的茶叶计划获得了成功，来自印度的茶叶开始取代中国茶叶，成为世界茶叶贸易的新秀——

在跨越三代人的英国企业的努力下，大片印度的丛林被伐去，面积两百万英亩的土地上庞大的工业被建立起来，其中 3600 万英镑的资本投入到 788842 英亩土地上用于茶叶生产，每年产出了 432977916 磅的茶，雇用了近 125 万人；同时在不列颠境内创造了最可观的、以私人财富或国家税收为形式的利润回馈之源。[②]

1890 年的斯里兰卡正遭遇一场浩劫。曾经占据世界领先位置的斯里兰卡咖啡种植业，因咖啡锈病大面积绝收。绝望的种植园主们在无奈之中，只好改种茶树，这两种上瘾植物的生长环境基本相似。

随着茶叶种植在印度和斯里兰卡的大范围推广，依靠大资本支持的现代茶叶种植园，在产量和品质上都超越中国传统茶叶；再加上先进的机器加工技术，进一步降低了茶叶的

① 1850 年前，当罗伯特·福钧进入安徽的茶叶加工厂，记录茶叶加工程序时，他发现茶厂为了让绿茶看起来更好，工人们在加工中添加有毒的普鲁士蓝和石膏。可参阅：（美）萨拉·罗斯《茶叶大盗：改变世界史的中国茶》，孟驰译，社会科学文献出版社，2015。

②（美）西敏司《甜与权力：糖在近代历史上的地位》。

生产和加工成本。到 19 世纪末，印度茶叶已经占据英国 90% 的市场份额，仅通过立顿连锁店就销售了 600 万磅茶叶。基本上将中国茶叶驱逐出市场。

“漫漫数百年中，微不入眼的茶在诸多人类历史的十字路口扮演了略带神秘色彩的、匪夷所思的角色。在波士顿倾茶这一独幕剧中，茶只不过是个道具。这一舶来的暴利商品不经意间却成了统治者强加于劳苦大众的苛政、贪婪和不公的象征。英国人失去北美大陆后，印度成为帝国的又一颗宝石。在这里，茶扮演了双刃剑的角色，既是殖民者征服的工具，又是新产业和生计的支撑。”[①] 在英国人的精心策划下，印度茶不仅夺走了中国茶的国际市场，还步步紧逼，试图凭借交通和价格优势，夺取西藏茶叶市场。

19 世纪中期，英国控制了尼泊尔、锡金和不丹，然后发起对藏战争。1892 年（光绪十八年），四川总督刘秉璋在给总理衙门的电文中忧心忡忡——

“川茶全靠藏销，岁收十余万冲饷，而藏饷专指此款。印茶行藏，藏饷无着，是藏中切身之害。而川茶失此销路，川民失业，不为饿殍，即为盗贼。”[②]

在这种前所未有的竞争面前，风靡世界将近两个世纪的中国茶叶逐渐成为明日黄花。雪上加霜的是，清政府对茶叶

① 梅维恒、郝也麟《茶的世界史》。

② 转引自：周重林、太俊林《茶叶战争：茶叶与天朝的兴衰》。

出口征收的沉重关税，也加剧了国际市场的丧失，使茶叶在中国出口商品中的比值迅速跌落；从当年鼎盛时期的80%降到后来的50%，到19世纪最后10年降至不足30%；至20世纪初，更降至10%以下。

在这一过程中，茶叶的全球化正变成茶树的全球化。茶树在世界各地落地生根。从非洲到美洲，茶叶逐渐成为大多数热带、亚热带和温带国家的普通物产。

在此之前，英国已经制造出可以媲美中国瓷器的上等陶瓷，现代工业使韦奇伍德几乎成为瓷器的标志。从茶叶到茶杯，都已经与中国无关。中国茶叶和中国一样，在这个现代世界面前，被彻底边缘化。

长期以来，因为占据垄断优势，清政府都对茶叶运输雁过拔毛，对出口施加重税；中国茶商们为了赚取利润，也喜欢缺斤短两，以次充好。这样的"好日子"最终走到了尽头。颇为讽刺的是，中国本是茶叶的产地，印度是鸦片的产地，然而，双方后来却发生了大换位，印度成为世界第一茶叶产地[①]，中国成为世界第一鸦片产地，甚至中国茶叶常常要打上印度的标签。印度茶叶赶走了中国茶叶，中国鸦片赶走了印度鸦片；中国失去了茶叶，也失去了世界，而得到

① 英国东印度公司开辟的茶叶种植基地主要位于印度东北部的喜马拉雅地区，并用阿萨姆和大吉岭作为茶叶品牌，对高海拔山地的过度开垦，造成严重的森林被毁和水土流失，从而引发前所未有的洪灾，位于印度次大陆低洼三角洲的孟加拉国便遭了殃，每年死于洪灾的人不计其数，人民苦不堪言。

了鸦片，结果是“中国成为经济全球化过程中的看客和牺牲品”。[①]

与清朝的没落相反，曾经嗜好中国茶叶的大英帝国，依然主宰着世界茶叶贸易，但这个贸易体系中已然没有中国。直到今天，英国品牌依然是世界茶叶市场的主导者，即使英国本土不生产一片茶叶。[②]

---

① 仲伟民《茶叶与鸦片：十九世纪经济全球化中的中国》，生活·读书·新知三联书店，2010。

② 中国出口茶叶在国际市场上平均每公斤仅值 2 美元左右，平均茶价比印度低四成，比斯里兰卡低六成多，甚至比肯尼亚的茶叶价格还要低 20%。中国每年产茶 120 万吨，仅有 30 万吨出口，虽然产茶面积世界第一，但国际市场的影响力却较弱。中国每年茶产业产值为 300 亿元人民币，而立顿茶叶年产值约 230 亿元人民币，相当于中国茶产值的三分之二强。（《中国七万茶厂不敌一个立顿》，《北京商报》，2009 年 3 月 10 日。）

鸦片

天朝的毒药

清乾隆后期，正值英国工业革命高歌猛进；在自由贸易的旗帜下，英国商船遍及世界每一个角落。尤其是中国，已经成为英国贸易版图中重要的组成部分。从 1760 年到 1800 年，英国与中国的贸易额猛增了 10 倍以上，但英国长期处于贸易逆差。英国从中国进口的主要是茶叶，这些茶叶一般都是以白银来支付。随着贸易量的增加，东印度公司为了解决白银短缺问题，以鸦片作为白银的替代品，向中国输出，导致此后 100 年间，鸦片在中国泛滥成灾。

罂粟原产于南欧及小亚细亚，鸦片是从罂粟的蒴果中提炼而来的，主要作为药材使用。鸦片中的成分非常复杂，已知有 20 多种生物碱，占其总重量的 25%，其中最主要的成分是吗啡（10%）、可待因（0.5%）、蒂巴因（0.2%）、罂粟碱（1%）、诺斯克平（6%）等。现代社会几种主要毒品其实都是来自鸦片，鸦片堪称“毒品之母”。

中国人对鸦片并不完全陌生，从汉唐时期就已有鸦片沿丝绸之路进入中国，据说华佗曾用鸦片作为麻醉剂使用。明清时期，来自美洲的烟草传入中国，社会上层精英热衷于吸烟，这为鸦片的流行完成了重要的铺垫。刚开始时，人们常常将鸦片与烟草混合在一起吸食。据说明代万历皇帝朱翊钧就是一个瘾君子。

17世纪初，第一次出口到中国的非阿拉伯产鸦片，是来自葡萄牙人在果阿的居住地。原产于印度中西部独立的马拉地邦的马尔瓦鸦片，其贸易不久受到荷兰人的挑战，接着英国人参与其间，控制着鸦片的海上贸易。荷兰人取代葡萄牙人，从印度贩卖生鸦片到爪哇，然后再出口到中国。到了18世纪，英国人就超过了荷兰人，从此，一个新的鸦片时代开始了。①

雍正年间，民间吸食鸦片的现象就已经出现。因为印度鸦片比国产鸦片纯正，进口鸦片的数量一直在不断扩大。

“在中国，抽纯鸦片成了上流社会人士的标志。正如英国淑女们用中国瓷器表现她们的财富和贤淑，中国绅士用眼

①（美）马丁·布思《鸦片史》，任华梨译，海南出版社，1999。

花缭乱的吸烟片工具——雕花木盒、精美灯具、带装饰的勺子和吸管——来彰显自己的富裕和品位一样。”①

1799 年，嘉庆皇帝基于国防考量，专门颁布鸦片禁令；但对于英国这个素有海盗精神的商业帝国来说，任何禁令都不足以抵消利益的诱惑。随着大量印度鸦片通过走私渠道源源不断地流入中国，这种“洋药”在晚清时期风靡整个中国，并一举改写了中国历史。②

鸦片创造了一个新的三角贸易，在这个三角贸易中，英国居于主导地位，“印度鸦片输给中国，中国茶叶输给英国，英国统治印度”。当初白银因为茶叶而源源不断地流入中国，

①（英）莉齐 · 克林汉姆《饥饿帝国：食物塑造现代世界》，李燕译，北京联合出版公司，2018。

② 这里应当指出的是，鸦片会成瘾，对身体有害，现在是常识，但在 150 多年前并非如此。马丁 · 布思在《鸦片史》一书中指出，18、19 世纪的西方医学家把鸦片当作医治百病的“万应灵药”。在抑制病痛方面，鸦片的麻醉性与镇静性大有用武之地。“纵观整个 19 世纪，鸦片在英国、西欧和美国被广泛地应用，就像今天的阿司匹林或扑热息痛一样……”英国医学协会还设立奖章推动国产鸦片的培育。英国政府一方面把吗啡含量为 4% ~ 6% 的印度鸦片出口到中国，另一方面又进口吗啡含量高达 10% ~ 13% 的土耳其鸦片；英国人一方面认为因享乐而吸鸦片是“独特的东方习俗”，另一方面却以治病的名义毫无顾忌地把鸦片酊灌进自己的肚子里。在“鸦片无害”的假定下，一般人都把“药物上瘾”当作是解脱病痛的代价来接受。甚至身为国王的乔治三世也嗜食鸦片，乔治四世同样有鸦片瘾。鸦片在英伦三岛曾经如此普及，以至于布思认为“每一个英国人在他们生命的某一段时期都服用过鸦片”，“对于一般维多利亚时代的人们来说，服食鸦片就像喝酒或抽烟一样是生活的一部分”。即使中毒致命的情况发生，“也极少有医生愿意做证把死因归于鸦片，因为这会牵涉到他的同行或者会损害鸦片的使用”。医生和药商支持对华鸦片贸易，只不过是他们在对本国同行包庇纵容的延伸。这也解释了为什么教会人士反对鸦片贸易的呼声，在母国得不到专业人士的支持。直到 19 世纪末，随着特效新药的发展，医学界才开始解除对“鸦片治百病”的迷信，鸦片的适用范围这才得到相应的限制。英国人对鸦片贸易的默认与纵容，在前期主要是无知与误解，到 19 世纪末才真正是因为经济利益。

后来则因为鸦片而大量流失；这给清朝造成一场危机，但对英国来说，《南京条约》标志着鸦片这种帝国战略的成功。

鸦片战争

前文说过，英国东印度公司因茶叶暴利而起家。在获得中国茶叶贸易的垄断权之后，东印度公司于 1773 年又得到了在印度的鸦片专营权，接着又于 1797 年掌握了鸦片的生产垄断权。1833 年，东印度公司丧失对中国茶叶的垄断权，鸦片贸易便成为营利重点所在。他们向印度农民发放贷款，资助其生产鸦片，再将收购来的鸦片产品贩卖到中国，利润高达 400%。

早在 1773 年，英国商人就开始将印度鸦片运往广州。“在 1767 年以前，由印度输出的鸦片数量不超过 200 箱，每箱约重 133 磅。中国法律许可输入鸦片供医疗使用，每箱纳税 3 美元左右。”[①] 从 1780 年到 1790 年，东印度公司运往中国的鸦片在 10 年中翻了两番，从 1000 箱扩大到 4050 箱；到 1800 年，印度每年出口的鸦片已超过 24000 箱，几乎都是运往中国的。

乾隆五十八年（1793 年），访问中国的马戛尔尼使团

① 马克思《鸦片贸易史》，《马克思恩格斯全集》第 12 卷，人民出版社，1973。

发现，作为一种奢侈消费，鸦片在中国上流社会已经非常普遍——

广州道台在他最近颁布的一份公告中指出了吸食鸦片的种种害处，声称“外国人用这种卑鄙方式，以污秽不堪之物从中华帝国掠去厚利，而吾同胞竟盲目追逐这一破坏性的恶习，中计而不自知，至死而不醒悟，实乃可憎而又可悲”。可是，这位广州道台每天都从容不迫地吸食他的一份鸦片。①

应当指出的是，在鸦片之前的一段时间，来自印度的棉花曾对茶叶贸易平衡起到一定的作用。因为鸦片的出现，使英国—印度—中国之间的三角贸易在近代国际贸易史上占有突出的地位。从此以后，中国茶叶换回的不是白银，而是鸦片（还有棉花）。没用多久，鸦片在中国的流通程度就已经赶上了之前的白银。在 1835 年前的 10 年中，鸦片使印度的“土地价值提高了四倍”，使印度对英国制造品的消费量增加了 10 倍；鸦片收入占英印政府全部财政收入的七分之一。鸦片堪称 18 世纪晚期到 19 世纪中期中英印三角贸易的基石。

1832 年，两个英国人威廉·查顿和马地臣注册了怡和洋

①（英）约翰·巴罗《我看乾隆盛世》，李国庆、欧阳少春译，北京图书馆出版社，2007。

行，他们认为鸦片生意是“最安全的，也是世界上最绅士的投机生意”。他们依靠向中国贩卖鸦片都发了大财。但印度总督沃伦·黑斯廷斯说得一针见血：“鸦片根本不是什么生活必需品，而是罪恶的奢侈物品，只允许卖给远方的贸易伙伴。一个有远见的政府的首要任务，就是要把鸦片清除出本国的市场。”①

印度的鸦片虽然在全世界范围内销售，但似乎只在中国获得了如此大的成功。中国人将鸦片作为享乐性的奢侈品，鸦片从而迅速在中国上层社会普及。“从它的南边入口，广州的鸦片一路杀到帝国的最北边：通过小毒贩的货担和家养骆驼的背，通过山西和陕西商人的商队转运到新疆，通过赴京参加考试的考生行李带入北京。几乎在皇帝的臣民所到之处，只要能省出点钱，他们就随身携带鸦片。”②

茶叶和鸦片这两种外来物品，进入中国和英国社会生活的过程极其相似：从药品到奢侈品，再到大众消费品；从皇室显贵到富家子弟，再到下层平民。虽然都是上瘾品，但它们的后果却截然相反：茶进入英国社会，在民生、道德、经济、政治等各方面，都对现代文明进程产生了积极作用；鸦片进入中国后，则促使中华帝国更深一步地滑向腐朽与沉

---

①（英）希维尔布希《味觉乐园：看香料、咖啡、烟草、酒如何创造人间的私密天堂》，李公军、吴红光译，百花文艺出版社，2005。

②（英）蓝诗玲《鸦片战争：毒品、梦想与中国的涅槃》，刘悦斌译，新星出版社，2015。

迷。“英国通过东印度公司向中国销售鸦片，而利用卖鸦片的钱买回茶叶……就以 1833 年为例，东印度公司向中国销售了价值 1100 万英镑的鸦片，去掉各种开支净落 800 万英镑，他们就用这笔钱购买中国的茶叶了。”[①]

正像当年茶叶在英国的增长一样，19 世纪前 40 年，输入中国的鸦片贸易量增长了 10 倍；1839 年达到 3 万多箱，占英国 300 万英镑鸦片总交易额的 80%。鸦片远比茶叶更易成瘾，利润更高，而且中国市场也比英国更大，鸦片贸易的利润高达 900%，所获暴利比贩奴贸易更甚[②]，东印度公司获得极大贸易出超。此外，与合法的茶叶贸易不同，所有鸦片几乎都是通过走私进入中国的。正如马克思在《鸦片贸易史》中所言，当时“英国政府在印度的财政，实际上不只是依赖对中国的鸦片贸易，而且正是依赖这种贸易的走私性质。”

禁烟法令甚严，但送给主管官员金钱后，鸦片买卖就可以公开进行。东印度的“成功”引发了中国的不安，一是持

---

①（英）希维尔布希《味觉乐园：看香料、咖啡、烟草、酒如何创造人间的私密天堂》。

② 马克思在《鸦片贸易史》中，援引美国人蒙哥马利 · 马丁《论中国的政治、商业和社会》中的一段话说：“同鸦片贸易比较起来，奴隶贸易是仁慈的；我们没有摧残非洲人的肉体来为我们的直接利益要求保持他们的生命；我们没有败坏他们的品格，没有腐蚀他们的思想，没有扼杀他们的灵魂。可是鸦片贩子在腐蚀、败坏和毁灭了不幸的罪人的精神世界以后，还折磨他们的肉体；贪得无厌的摩洛赫时时刻刻都要求给自己贡献更多的牺牲品，而充当凶手的英国人和吸毒自杀的中国人彼此竞争着向摩洛赫的祭台贡献牺牲品。”

续贸易入超造成国内白银紧缺，二是鸦片走私造成大量关税损失。

接下来，就发生了所谓的“鸦片战争”，中国近代史从此开始。

值得玩味的是，虽然这场战争因鸦片而起，但结束这场战争的《南京条约》中却对“鸦片”只字未提。战争之后，鸦片走私仍然以半合法的状态继续，直到第二次鸦片战争时，鸦片贸易才正式合法化，这时，中国上下已经沉迷在鸦片中难以自拔。

> 鸦片自18世纪在中国的作用可以与咖啡自17世纪在欧洲的作用等量齐观：可以说，正是中国政治和社会生活的死气沉沉的状况，把人们逼入吸食鸦片的境地，这与西欧早期资本主义时期咖啡享受如出一辙。①

“让中国人放弃鸦片，比德国人戒掉烟草更难。”马克思在鸦片战争后不久就预言，如果中国政府使鸦片贸易合法化，这意味着英国国库遭到严重的损失，英国的鸦片贸易很快就会成为亏本生意。1871年，英国驻华领事阿礼国提醒英国议会说：“大量的罂粟种植在中国蔓延，中国政府正打着

---

①（英）希维尔布希《味觉乐园：看香料、咖啡、烟草、酒如何创造人间的私密天堂》。

如意算盘，如果中国不能与英国政府言归于好或共同协商的话，中国就会无节制地种植罂粟，使鸦片价格下跌，他们这样做是以为他们能用自己的鸦片挤走进口鸦片。”但英国政府似乎并不太相信中国本土鸦片能够取代进口鸦片。

鸦片支柱

正如唐德刚先生所说，“鸦片贸易”为当年英伦朝野，国脉民命，生计攸关，不可或缺之国际贸易。[①] 英国政府将印度殖民权从东印度公司褫夺之后，对印度鸦片按成本的300% 征税，仅此项税收就占殖民政府财政收入的 10% 以上。

从很多方面来说，鸦片对英帝国都很重要。在华南，鸦片换成白银，白银为英国公众购回茶叶，因而，鸦片扭转了英国在亚洲的贸易逆差，为英国人的茶叶嗜好提供了资金；相应地，茶叶交易的税收，又为皇家海军提供了很多费用。19 世纪 50 年代以后，向中国出售鸦片的收入，实际上负担

① 1891 年 4 月，英国议员在议会上提出禁止鸦片贸易的议案，主张英国政府不应该开放这种令人厌恶的东西，此后英国禁止鸦片的呼声越来越高。1906 年，主张禁止鸦片的英国自由党在大选中获胜，5 月，英国议会通过了鸦片禁运议案，从此在英国也逐渐禁止了鸦片贸易。1907 年 8 月，英国和清政府签署了《中英禁烟条件》，鸦片贸易的行为在中国也逐渐被禁止。但此时鸦片在英国依然是在非法与合法之间，酒吧、歌厅、商店、药店等都出售有鸦片酊，满大街还依然都是大烟馆，直到 1914 年，英国才全面禁止。

了英国统治印度时期的大部分费用，并为英国在印度洋沿岸的贸易提供了白银。19世纪，严格管理的鸦片生产还为新加坡提供了大部分的政府财政收入。[①]

有人做过测算，在1767年到1850年这不到100年的时间里，中国的鸦片消费翻了70倍。中国以世界25%的人口，消费了全世界85%的鸦片。美国传教士卢公明来到福州，他发现这个城市的居民中竟有如此多的瘾君子。据他说，同治二年（1863年），福州进口货物总值超过1050万美元，其中500多万美元是用来购买鸦片的。红茶是唯一重要的出口商品，而鸦片则是最大宗的进口货。福州的鸦片馆甚至比米店还多。卢公明写了一本中文小册子《劝戒鸦片论》，试图用上帝来取代鸦片在人们心中的位置。这让人想起马克思那句名言——“宗教是人民的鸦片”。

早些时候，美国人德拉诺在广州依靠茶叶贸易赚了上百万美元，回到美国几年后破产；1860年，他又回到中国，靠鸦片贸易东山再起。这位美国总统罗斯福的外祖父，在当年从中国写给家人的信中说：“我无意从道德与慈善的观点为鸦片贸易之诉讼辩护，但身为商人，我要强调这是公平、正当、合法的生意；如果从坏处说，这项贸易可能比葡

①（英）蓝诗玲《鸦片战争：毒品、梦想与中国的涅槃》。

萄酒、白兰地等烈酒进口到美英等国，更易遭到强烈地反对。”①

在中国人眼中，鸦片贩子德拉诺无疑是个唯利是图的恶棍。但事实上，鸦片贸易很快就在中国合法化了；既然无力阻止鸦片贸易，则不如堂而皇之地征税。咸丰八年（1858年）起开征“洋药税”，每百斤纳银30两；光绪二年（1876年），进口关税加厘金，每百斤鸦片纳银增至110两。

跟茶叶当年在英国的发展类似，中国每年进口的鸦片迅速增加，从1839年的2700吨增长到1879年的6800吨。以1855年上海海关为例，进口货物总值1262万两白银，其中鸦片占72%，价值911万两。在数量增加的同时，价格也直线下降，鸦片从富人的奢侈品变成大众消费品。《鸦片史》中有一段对吸食鸦片的描写：

要吸鸦片烟者斜躺着，一只手里拿着烟枪，另一只手里拿着一枚细金属钉或针，大约有15厘米长，把鸦片丸刺住。在鸦片烟馆里，准备鸦片的工作传统上由小孩来完成。这些小孩有的是抽大烟者的孩子。假如鸦片丸太潮，就要先放在一个特制的小酒精灯的火焰上烘烤。这种酒精灯能在坚硬的玻璃灯罩上产生一个强烈的高热点。一切就绪后，鸦片被铺

①（美）戴维·考特莱特《上瘾五百年：烟、酒、咖啡和鸦片的历史》。

在烟枪的碗底，或者先用细铁钉把碗上的小孔塞住，然后把鸦片放在小孔四周，再把铁钉拔去，抽大烟者用食指和中指拿稳烟管。然后把碗翻转搁到酒精灯上，鸦片开始熔化并汽化。这时，抽大烟者深深地吸上一口，通过烟管吸进了饱含鸦片的烟气。一些中国早期的烟管类似于水烟筒，其烟通过水或者有香味的液体而吸入。

清朝末年，鸦片消费几乎已经成为全民行为，从娼妓乞丐到官吏士兵，乃至慈禧太后，所谓“上自官府缙绅，下至工商优隶，以及妇女僧尼道士，随在吸食，置买烟具，方第日中”。同治年间，中国吸烟人口达 4000 万，将近总人口的 1/10。很多人因此陷入困境，“竭其终岁之操作，不足偿暗室之一灯”。

鸦片现象也部分造成了清帝国在 18—19 世纪西方著作中形象的重大变化，中国从“人类所有民族中的兄长”变成了“暴虐不公的政府”统治下的黑暗国度。对一个沉疴遍地的天朝来说，鸦片也扮演了特殊的角色：一方面，可以说清朝因鸦片而亡；另一方面，也可以说清朝又因鸦片而苟延。在 19 世纪后半期，巨额的鸦片税成为帝国财政的主要支柱。

鸦片战争后，印度鸦片种植先传入云南，继而一路北上和东进，最终遍及全国。到了 19 世纪六七十年代，罂粟种植已遍及全国各地，北至蒙古、西至甘陕，南至闽粤，东至富庶的江浙山东，各省皆有大量土地用来种植罂粟，甚至成为许多农民的主业。西方传教士理雅各曾从北京由陆路旅行到镇江，沿途所见，“黄河和长江之间的土地上都布满了罂粟田”。至19世纪80年代，国产鸦片数量已超过了进口鸦片。据数据统计，到1879年，全国鸦片的自给率竟达到80.12%。到1882年，中国本土鸦片不仅完全满足国内需要，而且可以出口了。

从国家利益来说，中英之间的冲突并非因为鸦片，而是因为白银。曾经以禁烟而著名的林则徐调任陕西巡抚后，对鸦片的认识发生根本性的改变，他在给友人文海的回信中说：“鄙意亦以内地栽种罂粟于事无妨，所恨者内地之民嗜洋烟而不嗜土烟。”在林则徐看来，如果本土鸦片“胜于洋贩”，百姓自然都会乐意购买本国鸦片吸食，不再购买洋烟；如此，白银只在本国之内流通，“如人一身血脉贯注，何碍之有？”①

从早期的林则徐到后来的李鸿章、张之洞，都提出“种烟驰禁”“以土抵洋”的解决方案。在知识分子眼里，国产鸦片战胜进口鸦片，是民族大义的胜利；在朝廷官员眼里，扶植国产鸦片，可以获取可观的财政收入。张之洞虽在口头上反对鸦片，但实际上他自己也是个瘾君子；他在《劝学

---

① 刘增合《鸦片税收与清末新政》，生活·读书·新知三联书店，2005。

篇》中痛陈鸦片之害，却在给朝廷的奏折里强调鸦片税收对兴办洋务的重要性。

在巨大的利益面前，禁烟只能沦为幌子，所谓“以征为禁”“寓禁于征”，其实征税才是真正目的。清朝对鸦片从严禁到鼓励，历史背景是洋务运动的兴起，所谓“自强”，是为了朝廷的强大，并非为了民众的健康——

> 因吸烟者一经成瘾，苟非施以强迫之压力，不易戒除，虽倾家荡产售妻鬻女，而鸦片不能不吸。故“寓禁于征”政策实行之结果，徒使吸烟者速至于“家败人亡”之地步而已。况所谓“寓禁于征”之主旨，乃在于“征”，而非在于“禁”。①

讽刺的是，晚清许多“自强”项目，或多或少与鸦片税厘有关，甚至就是靠鸦片税厘来建设的。饮鸩止渴的朝政几乎是将鸦片视为重要的经济支柱。直至清朝灭亡为止，每年的鸦片税厘都占中央财政的10%以上，光绪三十一年（1905年），清廷财政总收入1.5亿两，其中鸦片税厘收入就达2261万两。实际上，中央财政所得只是进口鸦片的税厘征收，占大头的本土鸦片税厘净落地方官府手中。从这个角度

① 于恩德《中国禁烟法令变迁史》，河南人民出版社，2016。

看，鸦片对晚清经济的支柱意义更加明显。

鸦片战争之后的40年间，国内的鸦片产量迅速超过进口量。1879年时，从外国进口的鸦片，总量约98535担。调制后转换成可吸食的鸦片，总共213624担。同一年中国境内的鸦片总产量是244400担，大约是进口量的2.5倍。国内外的总供应量是339975担（约2.5万吨）。有些鸦片抽过后，可以回收再抽一次（据说口感更佳），这些回收的数量约209612担。全部加起来，1879年中国的鸦片总吸食量是423236担。到1906年，外国进口的数量大减到54117担——几乎是1879年的一半，而国内的供应量却大增一倍，达到584800担，国内外合计613917担。经过调制后，加上二次回收的，全国的可吸食量是813990担，几乎是1879年的两倍。讽刺的是，1906还是"禁烟年"，也是中英商约禁止鸦片贸易的前一年。①

通过鸦片贸易，1800年以前欧洲人为获得茶叶、香料和丝绸所流入中国的白银，在1800年后基本倒流回欧洲，成就了大英帝国，颠覆了整个世界的贸易体系。1900年后，中国不仅是世界第一鸦片大国，而且生产和消费了全世界90%左右的鸦片。清廷迫于国内外道义方面的压力，于1906年宣布禁烟，这项断腕之举令严重依赖鸦片经济的各地方省府

① 英美等西方国家支持中国禁烟，并非出于良心发现，而是发现鸦片削弱了中国人的购买力，让他们的工业制品在中国难以销售。

痛感财政压力，遂与朝廷矛盾加剧。

遍地鸦片

对中国来说，种鸦片这事并非在英国人到来后才有的。早在鸦片战争之前，中国各地就有鸦片种植。

它是一种神奇的农作物：销路很好，年复一年地与棉花、豆类、玉米和水稻一起种植在同一片土地上。这种植物的几乎每一部分都有用场：汁液用来制造生鸦片，叶子用作蔬菜，茎用作燃料，籽用来榨油。根据后世学者测算，1 亩罂粟地大概能收获 50 两鸦片，1 两鸦片约值大洋 1 元，1 元大洋可以买 40 斤左右大米，一亩鸦片就能换来 2000 斤大米。到鸦片战争时，鸦片贸易已经遍及全国：吸食、运输、种植——从南方云南的荒僻山区到北方的新疆，遍及西部边疆地区。①

自从两次鸦片战争之后，中国的鸦片市场迅速扩张。与进口鸦片相比，国产鸦片产量增长非常快，到光绪初期已经达到 14500 吨，超过进口鸦片的两倍。对农业中国来说，种

①（英）蓝诗玲《鸦片战争：毒品、梦想与中国的涅槃》。

鸦片并不是什么难事。实际上，鸦片的种植和加工都比茶叶要简单得多，而其利润却比茶叶高得多，且南北皆宜。正如马克思所料，到 19 世纪末，印度鸦片被彻底挤出中国市场。

清末时期，中国的鸦片消费已经到了完全失控的程度。就全国而言，犹以四川鸦片为盛，四川的罂粟田一度占到全部耕地的 2/3，所产鸦片占全国产量的 40%，吸食鸦片的人口比例达 50%，男女老少都有。四川因此从粮食输出省变成粮食输入省。鸦片贸易催生了大量军阀、会党和黑社会组织，四川哥老会（属于袍哥组织）便是其中之一。袍哥是“鸦片国”中的实际统治者，完全靠鸦片利润滋养。川省烟馆甲天下，多半是袍哥成员所开，或由袍哥提供保护的，成都的袍哥大多没有正当职业，全靠黄赌毒为生。袍哥不仅在乡下种植鸦片，还广占良田，强迫农民种鸦片。江油的袍哥老大黄清源，公然对不肯种烟的农民征收“空土税”作为惩罚。当时的川军一手毛瑟枪，一手大烟枪，以“双枪”而著称。

种植鸦片需要充足的灌溉、肥沃的土壤和廉价的劳动力。对一个挣扎在温饱底线上的农业中国来说，鸦片最大的恶果便是饥荒的大规模、高频率地爆发。鸦片占用大量耕地，挤占本来就低至温饱的粮食生产。当时尚未进入石化时代，用于制作衣物的棉花和燃料同样需要占用大量耕地，使粮食空间更易受到挤压。晚清以后，粮食取代鸦片成为中国最大宗进口商品。[①] 近代中国不仅完全进入世界体系，甚至是靠世界来养活的。

鸦片战争以后，最令世界震惊的，便是发生在光绪初年的“丁戊奇荒”[②]。这场饥荒席卷整个北中国，包括陕西、山西、河南、直隶（今河北）、山东诸省，以及苏北、皖北、陇东、川北等地区，受到旱灾和饥荒严重影响的人数将近两亿，占当时全国人口的将近一半；直接死于饥荒者超过 1000 万人；逃亡灾民是死亡者的数倍。这些受灾地区“很大部分的可耕面积都播种了罂粟，因为人们发现这比种麦或其他谷物更有利；结果粮仓都是不满的，连一年旱灾的储备粮也没有存下”。

作为重灾区的山西，“自境内广种罂粟以来，民间蓄积渐耗，几无半岁之粮，猝遇凶荒，遂至无可措手”。“垣曲产烟最多，饿毙者亦最多。”张之洞上任山西巡抚，对山西发出“鬼国”之叹。

清末时期，中国男子中瘾君子比例一度高达 70%；关中也是吸食成风，“乃至老少奔波，男女争嗜。始而城镇，继

① 同治六年（1867 年）起，每年进口稻米 10 余万担；光绪三年（1877 年）增加为 100 余万担；民国以后，每年都在千万担以上；民国十八年（1929 年）达到 2000 万担。（参阅：邓云特《中国救荒史》，商务印书馆，2011）

② 这次旱灾导致的大饥荒以 1877 年（农历丁丑年）和 1878 年（农历戊寅年）为最严重，故人们称之为“丁戊奇荒”。（参阅：郝平《丁戊奇荒：光绪初年山西灾荒与救济研究》，北京大学出版社，2012）

及农村；始而富豪，继及贫窭。倚枕燃灯，俾昼作夜。而通都大邑之间，有斯癖者，竟十居五六焉。”①

从经济角度考虑，种植鸦片优于种植粮食，“如有田2亩，用以种粮，每年可得20元，尚不足以完税，如种鸦片，可得100元，即能盈余50～60元。”②1908年，仅四川一省的鸦片产值就高达3500万两。

鸦片经济的兴盛，一方面使无数农民因吸毒而致贫、致病，1901年来陕西调查灾情的美国人尼科尔斯就发现，“在陕西的道路旁，会看到很多以乞讨为生的人，其中大多数是鸦片吸食者”③。鸦片泛滥，另一方面也导致社会秩序的崩溃，当时俗语说：“男人吃上大烟瘾挖墙钻窟窿，女人吃上大烟瘾裤腰带子松。”为了满足无底洞般的烟瘾，人会变得不顾廉耻和是非，不择手段，无所不为，倾家荡产、家破人亡者，比比皆是。

进入民国后，屡禁不止的鸦片已经成为大众消费品，中国也已经成为全球最大的鸦片生产国、消费国和出口国。

陕西在清末就是中国鸦片的主要产地之一，民国时期种植面积进一步扩大，主要集中在肥沃的关中地区。“老百姓种烟是选用最上好的土地，靠着井，频频施肥，疏苗，中

---

①《续修陕西通志稿》卷三五。

②董成勋《中国农村复兴问题》，世界书局，1935。

③（美）弗朗西斯·亨利·尼科尔斯《穿越神秘的陕西》，史红帅译，三秦出版社，2009。

耕，锄草，若说种棉花是费工的，那么，种烟要比种棉花更加费工。冬日下种，入夏割烟，人工费用极大，捐税担负极重，平常每亩可割生烟四十至八十两，以一元二两计，每亩收入二十至四十元，这二十至四十元的收入近年来因为工贵税重已然不够开支。”①

民国时期，鸦片税成为地方政府的主要税源，鸦片甚至还具有货币功能。位于陕南的洋县，每年税收只有 15 万元，其中粮赋不到 2 万元，鸦片捐达到 13 万元。这些税收大多都进了官吏私人腰包。张某做了一年半洋县县长，就“赚”了 20 万元。

1920 年，陕西督军陈树藩与省长刘镇华推行鸦片经济，每亩大烟征税 30 元，仅一县之烟税便可得 150 万元左右。关中几乎无县不种鸦片，少则数百亩，多则数千亩，甚至上万亩。全省罂粟种植面积甚至一度达到农田总面积的 90%。②1925 年盩厔县植烟面积达到 30 万亩，全县的吸食者占总人口的 21%。③冯玉祥入陕后，以烟养兵，连六七岁的小孩也吸起鸦片。鸦片泛滥是导致民国十八年（1929 年）年馑的主要原因之一。党晴梵于民国二十年（1931 年）在《陕灾月刊》上撰文指出：“在关中西部的郿县，水田肥地皆种烟

---

① 杨博《长安道上》，南京师范大学出版社，2017。

②《中国烟祸年鉴》（第一辑）。

③ 化世太《陕西民国时期鸦片问题研究（1912—1927 年）》，《河南广播电视大学学报》，第 23 卷（2010 年）第 1 期。

苗，农民大多吸食鸦片，致使粮食异常缺乏，而农民体力又弱，一遇旱灾，即束手待毙。村落为墟，田地荒芜。”

1935 年的关中平原，随处可见罂粟田，到处是抽鸦片的人。鸦片在“公卖”制度下，价格极其低廉，一块钱可以买到四五两。朋友见面，互以鸦片相让，其态度之殷勤，实过于让香烟者数倍。假如有一个人，不会抽鸦片，那么他会被认为是个怪物——“为什么不会吸鸦片？那是顶上的补品呢！”

在烟鬼眼中，抽烟比吃饭更重要。当时交通不便，有的地方很难找到吃饭的饭馆，鸦片馆反而到处都是，甚至抬滑竿的苦力也把鸦片当作兴奋剂。“这些轿伕平日所赚的钱，一大半都花在吸鸦片上，在半路上休息时，无暇燃灯吸鸦片，便将小指粗细半寸长的生烟塞入口中，也不会中毒。”西安城内烟馆之多自不必说，即使偏远的汉中（南郑）也有 1500 多家烟馆，每家平均有 5 盏烟灯，生意都很红火。鸦片泛滥，连菩萨都无法免俗。在汉中城内，有不少亭子，亭子里塑着菩萨像，菩萨嘴角涂着一层鸦片烟。这原来是专为那些落魄的瘾君子提供鸦片救济的，若是一时烟瘾发作，没钱买鸦片，就从菩萨嘴上挖点鸦片过瘾，日后有钱时再加倍奉还，天长日久，就把菩萨弄成黑乎乎的鸦片菩萨了。①

---

① 杨博《长安道上》。

美国记者埃德加·斯诺到陕西时，沿途看到的也是类似的情景，到处都是等待收割的罂粟："陕西长期以来就以盛产鸦片闻名。几年前西北发生大饥荒，曾有300万人丧命，美国红十字会调查人员，把造成那场惨剧的主要原因归咎于鸦片的种植。当时贪婪的军阀强迫农民种植鸦片，最好的土地都种上了鸦片，一遇到干旱的年头，西北的主要粮食作物小米、麦子和玉米就会严重短缺。"①

从1924年起，国民党便在广州建立起鸦片专卖制度，并在不同层面上抽取包捐税。北伐战争的很大一部分资金就来自鸦片税收。

尽管国民政府对外声称禁烟，但事实却是蒋介石利用全国性的禁烟运动建立起自己的鸦片垄断。史迪威就曾一针见血地指出："鸦片是中国军政所有权力的主要支柱。"蒋介石依靠牢牢控制鸦片运输，得以加强对军阀割据省份的政治控制力，"如果不能从鸦片税收中分得一杯羹，任何地方政府都难以生存；如果中央政府能够控制某省的鸦片供应，那么这个省就别想成功地反抗。"②

①（美）埃德加·斯诺《西行漫记》，董乐山译，生活·读书·新知三联书店，1979。

②（加）卜正民、若林正编《鸦片政权：中国、英国和日本，1839—1952年》，黄山书社，2009。

鸦片余毒

作为鸦片战争的产物，香港开埠以来，一直是国际毒品贸易中心，三分之一的香港人都是离不开鸦片的瘾君子，鸦片垄断收入是香港地方财政的重要支柱。1918 年的鸦片销售利润为 800 万港元，几乎占财政收入的一半。到 1935 年禁止鸦片后，香港还有 2500 多家非法的鸦片烟馆，平均每个烟馆每天接待 40 位客人。这些烟馆成为警察和黑社会收取保护费的专属地盘。

中国因为鸦片战争而被迫走向开放，从此迅速融入一个弱肉强食的现代世界之中。19 世纪中后期，随着奴隶贸易在世界范围内被禁止，为了解决劳动力短缺问题，大批中国“苦力”流向世界各地。仅 1852 年一年，就有 3 万中国人经香港到了旧金山。作为一种陋习，鸦片也通过苦力贸易分散到世界各地。对这些身在异国他乡的苦力来说，鸦片不仅可以缓解体力劳动带来的疲劳，还可以抑制性欲，减轻思乡的痛苦。随着华人的扩散，服务于华人社团的华商不仅提供大米和佛像，也提供妓女和鸦片。

在秘鲁的华工依照合约一个星期可得 1 比索的报酬，华工可用所得来购买食物，但这些钱常常被用来买鸦片，这导致秘鲁向英国进口的鸦片量大增。1855 年的鸦片进口量为 16787 磅，而到了 1879 年，已达到 451691 磅，增加了 27 倍。

1854 年，美国修筑巴拿马铁路工程，华人劳工为此做出了重大贡献，“但是，这群中国劳工吸食鸦片成瘾，当纽约公司的一名会计因为成本和来源问题切断了他们的鸦片供应后，一百多名绝望的中国劳工选择了自杀。一些人选择在树上上吊身亡，或者身系石块投河自尽，还有些人则乞求马来人将自己砍死。”①

在某种程度上，正是华工吸食鸦片的恶习，引发了 19 世纪末的“排华风潮”。1882 年，美国政府出台臭名昭著的《排华法案》。②

1930 年 7 月，梁漱溟致信胡适：“大家公认中国的第一大仇敌是国际资本帝国主义，其次是国内封建军阀。您却认为不是，而是贫穷、疾病、愚昧、贪污、扰乱，这有什么道理。”胡适回答他：“什么都归结于帝国主义，张献忠、洪秀全又归咎于谁？鸦片固由外国引进，为何世界上长进民族不蒙其害？今日满天满地的罂粟，难道都是帝国主义强迫我们种的？帝国主义叩关门，为何日本借此一跃而起，成为世界强国？”

---

①（英）克里斯蒂安 · 沃尔玛尔《钢铁之路：技术、资本、战略的 200 年铁路史》，陈帅译，中信出版社，2017。

② 1882 年，美国国会通过“排华法案”，即《关于执行有关华人条约诸规定的法律》，这是美国历史上第一个限禁外来移民的法案，排华的主要依据之一是“华人有诸多的恶习和偏见，不可能在生活上美国化”。1904 年，美国国会通过将所有排华法案无限期延长的议案。第二次世界大战期间，美国国会废除所有排华法案。2012 年，美国国会通过决议，对排华法案致歉，只不过致歉文中所用的英文原词是“regret”（后悔）而不是“apology”（道歉）。

白银

从繁荣到危机

为了寻找黄金，哥伦布于1492年发现新大陆，欧洲从此成为现代世界的中心。在接下来的几个世纪，来自美洲的金银成为欧洲兴起的最大原始资本。尤其是白银，在世界现代史上扮演着更加重要的角色。

16世纪初，世界白银产量每年只有约150万盎司。在16世纪中期，即明嘉靖年间，随着美洲银矿和日本银矿的发现，世界白银产量提高到每年1000万盎司。直到18世纪中叶，即清乾隆年间，世界银产量一直保持在900万至1700万盎司之间。南美洲16至18世纪期间的白银产量，约占世界总产量的近80%。日本白银矿藏量也极大，在17世纪前，日本白银产量约占世界总产量的20%。

明代后期，在民间社会的压力下，白银成为中国法定货币。社会对白银需求巨大，但国内矿产资源不足，因此只能从海外输入，这些白银主要来自日本和美洲。有人做出推论，中国白银货币化推动了日本和美洲白银矿产的大开发。从更大意义上来说，中国通过出口丝绸、瓷器和茶叶，从西方贸易公司手中换取白银，由此引发了一场全球性的贸易活动。

白银时代的到来，将中国与世界紧密地联系在一起，在中国与世界之间，通过白银建立了一种密切的互动关系。

中国的白银化

中国古代盛行的非金属货币绢帛，在唐朝后半期流通渐衰，所替代使用的便是金、银；宋朝因金、银货币而势力大长，尤其是南宋时，阿拉伯商人每每大量携银前来中国。但在明朝初年，白银并不是合法货币，金银都被禁止用于交易。

据《明会典》所载，明朝典章制度中只有“钞法”“钱法”，根本没有“银法”。正统年间（1436—1449年），银禁渐开，“弛用银之禁”“朝野率皆用银”；景泰三年（1452年），京官年俸准价折银；正德（1506年）以后，以白银支付官吏俸给。嘉靖时，浙江巡按庞尚鹏奏请“一条鞭”法，租、役、贡都折合为银征收。至此，白银始大行其道。

对明朝来说，银禁与海禁几乎是一码事，因为白银都来自海外贸易。

明朝初期制定的海禁政策，一度严重阻碍了海外贸易的发展，所有对外贸易都必须纳入朝贡贸易范围内，才能合法进行。郑和之后，东南沿海的私人贸易兴起，官方屡禁不止，正德年间始行“抽分制”，即“十分抽二”，这等于承认了民间海外贸易的合法性，同时朝廷也得到了大量稳定的税收，因此才有了足够的白银用来发薪。嘉靖二年（1523 年）发生“争贡之役”①，再次实行海禁。福建沿海商民“往往交通外商，私易货物，以泛海为生”，民间海商纷纷结成集团进行走私贸易，浙江沿海的很多小岛甚至被开辟为吞吐货物的“自备港口”。为了对抗明廷镇压，海商集团中有不少日本浪人参与，于是从前的海商就变成“海寇”和“倭寇”。这场旷日持久的战乱，实质上是海禁与反海禁的斗争。

隆庆元年（1567 年），明朝解除海禁，“倭患”平息，海宇晏如，郑芝龙集团迅速崛起，“这期间，白银大量内流，银本位制得以确立，国内商品经济得到较快发展”②。同时明政府还颁布了白银货币法令：“买卖货物，值银一钱以上者，银钱兼使；一钱以下者，止许用钱。”明朝首次以法权形式

① 嘉靖二年，两批日本朝贡使同时到达宁波，互争真伪，遂发生冲突，大掠宁波，并杀死杀伤大量中国军民，所谓“两夷仇杀，毒流廛市”。事发后，皇帝震怒，明朝政府断绝对日朝贡贸易，废除福建、浙江市舶司，仅留广东市舶司一处，明朝与日本的贸易断绝，倭寇滋生，为后来的“东南倭祸”埋下了伏笔。因为中日贸易断绝，葡萄牙人和荷兰人便做起中间商，用中国丝绸换取日本白银，获利甚丰。

② 晁中辰《明代海禁与海外贸易》，人民出版社，2005。

肯定白银为合法货币。

白银货币化和私人海外贸易合法化，对中国历史的影响甚大，有人甚至以此将 1567 年称为中国近代史的起点。

万历九年（1581 年），在张居正力主下，“计亩征银，折办于官”的一条鞭法正式确立。白银从此成为国家的命脉所在，白银也深深地介入普通民众的生活中。

可以说，中国的白银货币化并不是一下子形成的，而是经历了循序渐进，从少到多，从民间到官方，从默许到正式承认的发展过程。日本学者上田信认为：“这并不是因为从某个地方提供了大量的白银才发生的变化，而是因为 14 世纪形成的里甲制、卫所制、开中法等各种制度出现矛盾，所以国家不得不依靠使用白银来经营。”① 即使如此，也不可否认白银大量输入构成外部条件。

白银成为货币之所以经过这么长时间，客观原因主要是白银短缺——仅仅依靠国产白银，根本不足以支撑起全国市场。

嘉靖时期海禁，明朝太仓银库一直处于入不敷出的状态，银根紧张可想而知。这种状态在隆庆五年（1571 年）有了根本的转变；这一年，恰恰是美洲白银大量开始输出的一年。曾有经济史学家提出“世界贸易”在 1571 年诞生的观

①（日）上田信《明清时代：海与帝国》，高莹莹译，广西师范大学出版社，2014。

点。这一年，西班牙人占领马尼拉，开启了四个大陆之间经常性稳定联系的时代。正是从那时起，一个世界贸易网络开始建立，白银作为“世界货币”，在世界经济一体化的历史进程中发挥了重要的作用。

世界白银的流动与中国的关系，也是中国商品和白银的交换关系。当时世界以白银作为支付手段的最大国家是中国，不是西方诸国。当初西方开始地理大冒险和海外贸易时，最想要的是黄金而不是白银。当时欧洲重金轻银，金银比价是 1∶12，中国银价较高，达到 1∶4，因此导致全世界的白银都流向中国。[①]

日本自 16 世纪中叶成为中国白银的主要来源国，17 世纪后期日本限制白银出口，中国白银转而依赖美洲。大量白银涌入，使中国的白银货币化步伐加快，白银渗透到社会的每一个角落和人们的日常生活中，商品市场日益活跃。这一时期，商业繁荣、商帮兴起、城市充满活力。白银引发了一系列制度变革和社会变迁，中国也从古代社会向近代社会转型。基于对白银的巨大需求，中国也开始全面走向世界。

大量增加的白银，为早期经济全球化注入了强大活力。

---

① 16 世纪初，在法国 13 两白银可以换到 1 两黄金，但在中国只要 7.5 两白银，就可换到 1 两黄金。换句话说，欧洲是“金贵银贱”，相对地，中国是“金贱银贵”。所以只要从拉丁美洲运 7.5 吨白银到中国，就可以换到 1 吨黄金，运回欧洲后可以换到 13 吨白银。夸张地说，运 1 船白银到中国所换到的黄金，载回欧洲后可以换到 2 船的白银。扣除运费与风险后，实际利润至少还有 60% 或 80%。到 1650 年时，中国的金银比价已高达 14∶1，和法国的 15∶1 相当接近。

作为当时世界上最大的经济体，中国采取银本位制，促使白银成为世界货币，围绕白银形成了一个世界贸易网络；或者说，第一个全球贸易体系出现了。这种以白银为国际贸易结算方式的世界经济体系，正是经济全球化的开端。

日本白银

葡萄牙人绕过大半个地球，开辟了东方航线，但他们刚到中国时，并没有多少白银资本，便利用自己的航海优势从事起中日中间贸易。嘉靖三十六年（1557 年），被称为“佛郎机”的葡萄牙人取得澳门作为定居点。在此之前，日本发现了多个银矿，白银产量迅速增加。葡萄牙商人将大量的中国生丝和丝织品运到日本，换取日本的白银；日本白银运到澳门，成为进行循环贸易的资本，大部分投入了中国市场，以换取中国的生丝和丝织品等商品。

日本向来对中国商品有极大的需求，但却一直缺乏可用于支付的硬通货。在石见银山等大型银矿开发前，由于无法解决贸易逆差问题，日本人甚至“铤而走险”，当海盗进行抢劫，形成臭名昭著的“倭寇”。

日本的白银时代始于 16 世纪，著名的石见银山于 1526 年（日本大永六年）开掘出银矿脉，当地统治者于 1533 年（日本天文二年）招徕工匠，以从中国学来的精炼技术“灰吹法”大幅提升了白银的产量。石见银山的银产量在17世纪初达到顶峰；据推算，产量达到当时世界银产量的1/3。这些银矿的开发，使得日本一跃成为世界最重要的白银产地之一。过去一直靠进口白银的日本，突然变成白银出口国。到16世纪末，日本白银产量已占世界总产量的1/4到1/3，鼎盛时年产量高达200吨，日本白银每年出口量约为33.75～48.75吨。

值得一提的是，日本的石见银山也成为丰臣秀吉入侵朝鲜的主要资金来源。

从1560年到1644年，日本生产的白银总计多达25429万两，粗估这80年流向中国的白银总量为7350～9450吨。根据统计，1580—1597年间，葡萄牙人从日本运出了750万～890万两白银，约60万公斤。1610年，葡萄牙、日本和中国之间由船只进行的贸易，导致大约8万公斤的白银从日本流入中国。1620年这个数字上升到10万公斤，1630年这个数字更是上升到13万公斤。随着1635年日本对船只进行海外贸易的限制，输入中国的白银又回到11万公斤的水平，在整个历史时期里只有1637年上升到最高值20万公斤。1639年大约仍有17万公斤的白银运到中国。1641年贸易量仍然维持在14.5万公斤，但1643年降低到7万公斤左右，1645年大约为10万公斤。

早在唐宋时期，中日之间的贸易就极其频繁，中国输出铜钱，换取日本的金、银。历史学家姚大中先生说：“宋朝已盛用银，国内积极开采尚不敷支应，须自国外日本等地输入补充。”[①]明朝后期，中日之间关系日益恶化，先是争贡之役，接着是倭寇之乱，后来是持续八年的壬辰战争，双方贸易几乎完全断绝。[②]葡萄牙人见缝插针，通过中日之间的丝绸白银贸易在东方立足，广州—澳门—长崎航线堪称白银航线。在利玛窦绘制的《坤舆万国全图》中，澳门被标注为“银岛”，日本也有一座同样的“银岛”。

据日本学者研究，从1600年至1706年，日本总共出口了黄金7192800两，白银112268700两，铜2000228997斤。这些贵金属主要流入中国，用来支付从中国进口生丝和丝绸所需。[③]自1540年（明嘉靖十九年）以来，日本白银大量流入中国，相应的中国钱币也流入日本，日本社会发生了一系列巨变；随着商业资本家崛起，日本进入战国时代。

任何商品交易的发生和影响都不会限于商品交易本身。

作为狂热的天主教徒，葡萄牙人在贩运白银的同时，也将传教士送到了东方。利玛窦在中国传教效果并不明显，但

① 姚大中《近代中国的成立》，华夏出版社，2017。

② 虽然明朝政府禁止对日贸易，但日本对中国海商却非常欢迎，即使后来德川幕府颁布“锁国令”，中国与日本通商仍属例外，日本长崎的“唐船贸易”十分活跃。明朝末期政局失控，对日海禁废弛，郑芝龙集团趁机垄断了中日贸易，成为东亚最大的海商集团。

③ 日本之所以有能力支付这么多货币金属，尤其是大量的银和铜，乃系拜16世纪以来金银铜矿大量发现和开采，并从中国和朝鲜引进冶炼技术之赐。可参阅陈国栋《东亚海域一千年：历史上的海洋中国与对外贸易》，山东画报出版社，2006。

是其他耶稣会士却在日本获得了极大成功，很短时间就发展了数十万基督徒。[①]日本德川幕府为了维护统治，大肆屠杀基督徒，连带葡萄牙人也被赶出日本。新教的荷兰人是最纯粹的现代商人，他们很快就取代葡萄牙人的位置，他们热爱白银绝对胜过上帝。被誉为“海上马车夫”的荷兰人，依靠台湾和巴达维亚，垄断了对日贸易；荷兰将大量的日本白银贩运到中国，甚至一度超过了拥有美洲银矿的西班牙。

郑芝龙年轻时，曾经在台湾为荷兰商馆担任翻译，后来成为著名的海商，他将中国的生丝直接运到日本换取白银，获利极丰。当他垄断了中国生丝后，荷兰人只好去越南寻找货源。郑芝龙靠中日之间的丝银贸易，积累了大量财富；他娶了一位日本妻子，当他的儿子在日本出生后，取了一个日本名字“福松”，这就是后来的郑成功。1662 年，郑成功把荷兰人赶出了台湾。

美洲白银

古代的西欧最初实行银本位制，15 世纪以后才逐渐过渡到金本位制；也就是说，白银一直是欧洲中世纪的主流货币。在法语中，“货币”一词“argent”本身就是“白银”；

① 可参阅：戚印平《耶稣会士与晚明海上贸易》，社会科学文献出版社，2017。

同样，“英镑”一词“sterling”也是白银的意思。

在整个中世纪，欧洲社会也和中国一样，一直受到货币短缺的困扰。中国白银产量在最高年份也不过10吨左右，欧洲白银产量在1530年达到历史最高，为90吨。需要说明的是，在地理大发现之前，欧洲每年为购买东方香料，就要用去65吨白银。

在相当长的一段时间里，欧洲的黄金要比白银宽裕得多，因此出现了金贱银贵的局面。从1540年开始，来自南美的白银如潮水一般涌入欧洲，白银急速贬值，这导致黄金反被珍藏起来。此后的数十年间，白银造成欧洲前所未有的通货膨胀，日耳曼银矿倒闭，英国和尼兰德依靠手工业和贸易崛起，现代银行业由此诞生。

作为大航海运动的先行者，葡萄牙人建立了一个全球贸易网。他们以澳门为远东的贸易中转站，将丝绸等中国商品贩运到世界各地，当时主要有三条商业航线：一是经由果阿销往欧洲，二是通过长崎销往日本，三是经马尼拉销往美洲的西班牙殖民地。经由葡萄牙人之手，中国商品走向世界，世界各地的白银则汇到中国，这条“海上丝银之路”连接起了一个现代世界。

在葡萄牙人之后，西班牙人也纷至沓来，他们于1571年（明隆庆五年）占领吕宋岛，以西班牙国王腓力二世（Philip Ⅱ）的名字命名为“菲律宾”（Pilipinas）。西班牙人以马尼拉为基地，开始对华贸易，白银仍是唯一的支付手段。长期从事南洋贸易的福建海商往返于马尼拉和月港（今厦门），返程都满载着这些来自美洲的白银。小小的月港竟成“天子之南库”。

白银——而不是黄金——可能是哥伦布发现新大陆最大的财富收获，人们甚至用白银直接给一个新国家命名——在西班牙语中，“阿根廷”是白银的意思。在发现新大陆 50 年后，来自美洲的新财富开始发挥出巨大的威力。美洲银矿的白银产量远远超过之前的欧洲和日本。

著名的波托西银矿于 1545 年开始开采，萨卡特卡斯和瓜纳华托则分别在 1548 年和 1558 年开始开采；刚开始产量不高，在 1563 年采用水银分离纯银的方法后，这些银矿开采量出现了井喷式增长。[①]“尽管波托西四周自然环境恶劣，除了岩石和皑皑的白雪外，可以说没有任何景观，但还是在短短几十年内迅速扩张到与伦敦大小相当的规模。”[②]1581—1600 年，仅波托西银矿每年就能生产白银 254 吨，约占全世

---

① 位于今天玻利维亚安第斯山脉的波托西在一座死火山脚下，地质条件让它几乎成为一座纯银山。1563 年在万卡韦力卡发现的汞矿几乎和波托西的银矿同等重要。汞对加工银矿至关重要。在万卡韦力卡得到汞之前，殖民地必须花很高的代价从欧洲进口汞，并越过安第斯山脉运送。而秘鲁的银矿和汞矿相距不远，使进一步开发利用殖民地的矿产财富成为可能。波托西周围是几乎寸草不生的寒冷高原，这里没有农业，也缺少生火的木柴，但因为白银，这里在 17 世纪中期成为全美洲最大、人口最稠密的喧嚣都市。16 万人生活在这里，所有的物品都必须从远处运来，糟糕的治安和污染，使这里的欧洲人在半个世纪中生不出一个孩子。

②（美）查尔斯·曼恩《1493：物种大交换开创的世界史》，朱菲译，中信出版社，2016。

界产量的 60%。

值得注意的是，美洲白银产量刚刚开始激增，恰好阿卡普尔科—马尼拉航线也建立起来。

在此后的一个多世纪中，美洲白银源源不断地流向了中国。中国如同一个白银的黑洞，美洲白银不仅从马尼拉直接流向中国，即使运到欧洲的白银，也从塞维利亚经由印度果阿，再流入中国。

眼见西班牙的运宝船浩浩荡荡，满载美洲白银，荷兰人和英国人纷纷开启海盗生涯，靠劫掠来获得跟中国进行贸易的资本。一时之间，大西洋和太平洋变成一个丛林世界。1523 年，法国海盗比·盾在亚速尔群岛抢劫了两艘满载美洲金银的西班牙货船。当西班牙国王查理五世向弗朗西斯一世提出抗议时，这位法国国王不屑一顾地回答道："请您给我看看，在《圣经》上哪处地方说把那边的一切都分派给陛下您的呢？"

被荷兰政府授予特权的麦哲伦海峡公司公开以海盗掠夺作为主要目的，而荷兰西印度公司更是明目张胆地设立了走私贸易与海盗掠夺两个业务部门。英国的海盗活动由于深受国王的纵容、支持和资助，所以最为猖獗。海盗们在英吉利海峡和大西洋上经常拦截来自美洲的西班牙"银船"，并趁机劫掠。劫掠通常带有官方的指令，采用联合参股的方式筹集资金，最后按投资比例瓜分财物。商人阶级作为其中十分重要和活跃的投资者，获利甚多。其中1577年到1580年的几次劫夺活动，仅集资了5000镑，最终掠夺的金银财宝价值竟多达470万镑。伊丽莎白女王本人也公开投资这类海盗活动，分取大量美洲白银。在一次德雷克成功抢劫了巨额金银返航后，女王亲自登船，为之举行隆重的授职仪式，并分享了至少263790英镑的“战利品”。[①]1588年，西班牙无敌舰队征讨英国，结果在英吉利海峡全军覆没，英国海盗船在这次海战中居功甚著。

当时，美洲劳动力短缺极大地刺激了跨大西洋的奴隶贸易。因为在非洲，贝壳被视为主要货币，所以，大量奴隶交易费用都是用印度洋的贝壳货币支付的。但其中不少贝壳都是用美洲白银从印度洋岛国换取的。据金融史学家金德尔伯格估算，美洲白银最高年产量为300吨。美洲通过欧洲转手运到东方的白银大约有8000吨，其中大部分流入了中国，估计约有5000吨。通过太平洋运到马尼拉，再转至中国的这条白银输入渠道，是美洲白银输入中国的主要渠道。据估计，1565—1820年，墨西哥向马尼拉输送白银高达4亿比索，绝大部分都进入了中国。面对大量白银从海外流入，中国人都以为南海吕宋有一座神秘的“银山”。明末时期，有一些华商乘坐西班牙人的马尼拉大帆船，跨越太平洋远赴墨

① 张宇燕、高程《美洲金银和西方世界的兴起》，中信出版社，2004。

西哥，他们被当地人称为“购银人”。利玛窦在绘制《坤舆万国全图》时，将波托西直接意译为“银山”。

从明到清，白银让中国与世界紧密地联系在一起。无论是葡萄牙人、西班牙人，还是荷兰人、英国人，无论他们要中国的丝绸、瓷器还是茶叶，唯一可以被中国人接受的只有白银。

白银的充足供应，使中国的白银货币化成为可能。中国货币体系从传统的铜钱，向贵金属白银转换，这意味着中国经济由自给自足的农业经济，开始向货币经济转型。明清时期，南方沿海地区因为白银经济而变得富裕奢华，这个出现在前现代的“消费社会”，被很多人称为“资本主义的萌芽”。

白银时代

在世界货币史中，普遍采用金属作为货币，西方货币大多都采用金银类的贵金属，而且经过精心铸造，在币面饰以人物或鸟兽植物。古代中国的货币长期以铜钱为主，“唐宋以前，上下通行之货，一皆以钱而已，未尝用银。”（顾炎武《日知录》）明清以后，随着白银的大量流入，货币体系发生了巨变，白银成为主要货币。

中国在宋代就已经出现了纸币，元代统治时间虽然不长，但基本以纸币为主，明朝初期也是流行纸币。白银的胜利反过来看，也是纸币的失败，因为当权力不受制约时，依赖于权力的纸币也就失去了信用和价值，人们不得不选择自然的白银。

现代研究表明，白银对中国经济和政治的影响之大，远远超出一般人的想象。亚当·斯密说过，当社会财富增长时，对白银的需求有两个层面的动力，一是作为货币促进商品的流通，二是作为奢侈品的标志。对当时堪称世界最大经济体的中国来说，对白银的需求主要源于第一种动力。因为商品经济的飞速发展，使传统上低价值的铜钱越来越不能适应市场交易，这导致没有一个国家像中国那样迫切地需要白银。

中国一直缺乏金银等贵金属的矿产资源。云南作为白银和铜等金属的主要产地，被称为帝国的“钱仓”，茶马古道其实也是银铜古道。但相对于中国经济总量而言，中国自产白银仍比较有限。虽然白银从宋元时期就已经被当作货币使用，但直到明中叶以后，随着来自日本和墨西哥的白银大量流入，白银才成为中国主流货币。

万历九年（1581年），张居正推行“一条鞭法”，规定所有的朝廷赋税一律以白银结算。白银打破了铜钱货币的传统格局，从此成为官方结算货币。相比低价值的铜钱，白银属于高价值货币；因此，白银的进入，使货币供应日益宽松，激发了明清两代的商业繁荣，特别是沿海地区的手工业和对外贸易。

入清以后，白银的主币地位更加明显。据清代的宫廷档案记载，“大抵自宋迄明，于铜钱之外，皆兼以钞为币。本朝始专以银为币”，“嗣后官发银两之处，除工部应发钱文者仍用钱外，其支用银两，俱即以银给发，至民间日用，亦当以银为重”。

按照弗兰克在《白银资本》一书中的估算，自从张居正实施“一条鞭法”之后的百年间，由欧亚贸易流入中国的白银为7000～10000吨，约占当时世界白银总产量的1/3。据东印度公司统计，从康熙三十九年（1700年）到道光十年（1830年），流入中国至少有5亿两白银；这些外国银元价值合1亿英镑。17世纪中叶以后，直到18世纪末，银元一直是英国东印度公司输华的主要商品。银元主要源自西班牙的美洲属地，通常被装箱输往中国，每箱装4000个银元。1708—1712年，英国每年对华出口商品值仅5000镑，而出口白银则高达50000镑。从18世纪中叶，白银占英国东印度公司对华输出货值的90%。

与西方单一货币体系不同，中国拥有悠久的铜钱货币史，白银的进入并没有导致传统铜钱退出流通，而是白银与铜钱同时作为法定货币使用；尤其是日常生活和社会底层，铜钱几乎占有不可取代的地位，白银更多的是作为大额交易或储值工具使用。这种双货币体制最大的缺陷是稳定性较差；也就是说，随着白银与铜钱之间的供应量的变化，银子与铜钱的购买力长期处于波动之中。明清以来，银钱之间的这种不稳定，长期威胁到经济和政治的平稳发展。白银多的时候，铜钱的购买力就上升；反之，铜钱就贬值。同时，因为白银大多来自海外，这造成偏远内陆地区银子奇缺，铜钱流失严重。明末的王夫之说："自银之用流行于天下，役粟帛而操钱之重轻也，天下之害不可讫矣。"

古代中国还没有银行之类的现代金融机构，货币本身也是一种商品，白银和铜钱在不同地区之间的供需变化，便成为一种商机，很多民间商帮投入其中，获利甚为丰厚。

与传统商品相比，白银价值更大，需求更广，因其成色、来源不一，规格和品种繁多，再加上不同地区和时间的价格波动，白银贸易利润高，交易量大。但白银交易也有一定的技术门槛，一个学徒需要多年，才可以掌握白银的鉴别技能。白银很快取代传统的盐、茶、马、布，成为中国商帮的主要商品。18 世纪末，从事银钱交换、跨区汇兑、收受存款、出放贷款的私人钱庄和票号大量涌现，这反过来，也促进了白银在全国范围内的流通，使各地的银钱兑换比例逐渐趋于一致。

白银因其重量大，且价值较高，在长途运输中风险极大，因此导致镖局（镖行）兴起。但随着票号实现了远程汇兑，镖局很快便又没落了。

同时，由于征收来的碎银熔化为上解给朝廷的银锭时，会有些微损耗，地方官吏就以此为借口，在正税之外附加“火耗”，附加率远超正常损耗，这成为明清时期官场贪污的普遍现象。华东师范大学历史系教授王家范先生在《世纪大讲堂》中曾说：

白银不光具有流通的价值，还有一个功能，容易储藏，所以到了白银时代，官僚层的贪欲是实物经济时代所无法比拟的。明中叶以来，无休止的权力斗争，皇族带头，上下经商，官商勾结，都跟白银的巨大的诱惑相关，白银权力化，权力白银化。所以，从明中叶开始，直到清亡，除了顺治跟康熙前期以及雍正一代比较收敛，其他的我们可以看到，贪污、贿赂的规模是一拨比一拨扩大，官场腐败，人心不古，吏制每况而愈下。

白银战争

明清时期，白银成为全民崇拜，也导致了“白银中毒”。对晚明王朝来说，白银已经构成一种政治威胁，因为朝廷既无法控制白银贸易，也无法掌握其来源。明朝对白银贸易的依赖，最终将自己推到了悬崖边缘。

对清朝来说，白银既是国内结算货币，也是国际贸易的交易货币；这使中国的对外贸易，随时都会冲击国内市场，甚至南美独立运动，也会引发中国严重的货币动荡。

明清的几百年间，中国都在为交换白银而生产丝绸、瓷器和茶叶，因为朝廷发行的纸币一文不值。当时中国人所忽略的是，这些白银——尤其是银元，大都来自地球另一头的美洲，而且大多是通过欧洲人的贩奴贸易所得。“一只南美洲亚马逊河流域热带雨林中的蝴蝶，偶尔扇动几下翅膀，可以在两周以后引起美国得克萨斯州的一场龙卷风。”当中国成为世界的一部分，国际世界云谲波诡，任何一点风吹草动，必然也会在遥远的中国引起蝴蝶效应——引发中国市场的白银波动，甚至导致灭顶之灾。①

从某种程度上，白银短缺是明王朝覆灭的重要原因之一。“和西班牙国王一样，明朝皇帝的军事开支依靠西班牙银元，他的臣民也必须用西班牙银元来缴税。”②美洲新大陆出产的白银，有一半多流入中国，加上每年来自日本的15万到18.7万公斤的白银，在17世纪前30年，每年流入中国的白银总量达25万公斤以上。1639年（明崇祯十二年），马尼拉的中国商人遭到大屠杀；1640年（崇祯十三年），日本

① 17世纪中期，在世界各地都发生了大规模的危机，暴动、旱灾、饥荒、侵略、战争、弑君等一系列事件与灾难蔓延全球，据当时的估计，该时间段世界人口死亡了1/3。中国的明清易代就发生在这个时期。可参阅：国家清史编纂委员会编译组编著，“清史译丛”第十一辑《中国与17世纪危机》，商务印书馆，2013。

②（美）查尔斯·曼恩《1493：物种大交换开创的世界史》。

断绝与澳门的贸易往来；1641 年（崇祯十四年），荷兰占领马六甲。这一连串事件致使中国的白银进口量骤然跌落。朝廷无饷可派，民变、兵变全面爆发；据说崇祯皇帝上吊时，明朝库存白银只剩下不足三万两。

同时，海外白银流入的地理位置偏重于江南和东南沿海地区，使得西北和山东半岛的白银严重缺乏；因此才会出现顾炎武在西北那样的经历，丰年也要卖妻卖子。李自成、张献忠从陕北起兵造反，山东的明军主力因欠饷而叛明降清，就与此有关。

明清时期的中国没有银行和中央银行，大量白银货币被民间埋入地下，从而造成货币短缺。“银日用而日亏，别无补益之路”。据史料记载，至明朝结束时，民间窖藏的白银就达到 2.5 亿两之多。李自成军占领北京后，从官吏家中搜出来的白银数量达到 7000 万两左右。此外，进入中国的白银由东向西流动，盛产奇木玉石的西南山地因为缺乏白银交易机会，许多白银被制作成妇女饰品，从而失去货币功能。大量白银的储藏沉淀，减少了市场上白银的流通量，使得货币体系极不稳定。如果说中国历史上大多数的王朝是亡于通货膨胀，那明代则相反，是亡于财政紧缩。

清朝初年，因为实行海禁，同样导致白银供应紧张，为此不得不将征服郑成功作为头等大事。康熙二十三年（1684 年），台湾收复，海禁取消，北起辽宁，南到广东，开放的大小港口有100多处，它吸引着世界各国商船赴华贸易，几乎所有亚洲、欧洲、美洲的主要国家都与中国发生了直接贸易的关系。

进入康雍乾盛世，中国传统的茶叶、瓷器、丝绸和纺织品在国际市场大受欢迎，白银大量流入，商业繁荣，人口以翻番速度增长。在与中国的贸易中，东印度公司占有重要的地位。但进入18世纪下半叶，七年战争（1756—1763年）把欧洲各国拖入泥潭。交战一方是英国、普鲁士和汉诺威，另一方是奥地利、法兰西、俄罗斯、瑞典和萨克森。战争结束时，法国在美洲的大片殖民地被迫拱手相让，向远东供应白银的来源因此被切断。英国东印度公司向来财大气粗，但在1764年也因资金枯竭，不得不向澳门的私人银行家紧急融资。从1775年开始，美国独立战争又全面爆发，直到1783年才结束，这进一步加剧了白银危机。从1779年至1785年的几年间，“没有一块银元从英国运到中国”。

美国独立后，情况也没有多少好转。虽然“中国皇后”号去中国时勉强凑了2万西班牙银元，但后来的运往广州的银元便越来越少，毛皮、西洋参、檀香成为大宗。

1807年，英国和美国宣布禁止贩卖黑奴；1811年，作为白银产地的西属美洲爆发独立运动。对于长期从事白银贸易的欧洲公司来说，黑奴贸易的衰落，本来就已经使白银收入骤减；一场持续15年的战争又摧毁了很多银矿；雪上加霜的是，美洲的白银产量也大不如前。也就是说，从乾隆时代后期开始，国际白银贸易开始衰落，到嘉庆道光年间，白银不仅不再流入中国，反倒开始不断流出。

当时欧洲对中国茶叶非常依赖，茶叶销量在增长，白银却在减少；因为白银短缺，英国不得不寻求鸦片作为替代品，用来支付巨额茶叶贸易，输华的白银随之剧减，接着就发展为白银倒流，即“纹银为内地之至宝，今外夷烟土不以货物与我易，必以纹银向之买”。鸦片战争其实是白银战争，与其说是因为鸦片，不如说是因为白银。若不是白银出超，中国或许不会禁烟；同样，若不是白银出超，英商也可能不那么急切地向中国贩卖鸦片。

由于对鸦片的需求上升，但供应仍相对稳定，鸦片价格也就扶摇直上。从1805至1809年，进口的鸦片数量维持在4000箱左右，大多数时候，每箱单价已经超过1000西班牙银元。在这一时期，准确地说是在1806年，鸦片贸易和公司其他货物交易所得的白银第一次超过了购买中国商品的成本，英国人终于不用再将白银送入中国，白银头一次回流到英国，中国历史上第一次出现贸易赤字，在后来的多年里只增不减。白银的坟墓终于打开。①

①（美）埃里克·杰·多林《美国与中国最初的相遇：航海时代奇异的中美关系史》。

鸦片战争前后，白银流失有多严重，可以看两组数据：1793 年，也就是乾隆五十八年，清政府国库储备的白银是 7000 万两；到了 1820 年，也就是嘉庆驾崩、道光即位的时候，国库储备只有 1000 万两。19 世纪第一个十年，英国向中国出口 983 吨白银；而战争后的第一个十年，中国反而向英国出口了 366 吨白银。真可谓“三十年河东，三十年河西”。①

曾经参加鸦片战争的英国海军军官艾略特·宾汉在《远征中国纪实》中写道：“目前许多人心里，都对我们在中国的行动的正义性发生怀疑，实际上，鸦片战争，这个流行的名字本身就是错的，这是中国人的观点，他们声称厉禁鸦片贸易，是因为鸦片坏人心、败风俗，可事实上中国人民的道德与健康并不是真正的原因，真正的原因可能是——‘中华白银外流’。”

从 16 世纪白银大量流入中国，几乎是只进不出，以至于欧洲人将中国看成“白银的坟墓”，从后面的历史来看，白银似乎真的成了中国的坟墓。

---

① 历史学家林满红在《银线：19 世纪的中国与世界》一书中认为，鸦片进口并未导致白银始终外流，鸦片战争那段期间是白银外流，但在鸦片战争，尤其是太平天国战争之后，白银其实是从国外流向中国的。如果以 1850 年为节点，1814 年到 1850 年，1850 年到 1887 年，都是 37 年，后面的 37 年进口白银的数量是前面 37 年白银出口量的 2 倍，后面 37 年进口鸦片的量又是前面 37 年的 2 倍。

当初大量白银的流入，使中国货币体系得以完善，而后来的白银又大量流失，整个货币体系则面临崩溃的危险，这不仅动摇了整个经济体系，也严重危及天朝的统治。从嘉庆年间开始，全国各地大规模的民变和起义此起彼伏，究其根源，也与白银短缺有很大关系。

白银危机

从18世纪初开始，来自西方的银元逐渐改变了中国的货币格局，主要是破坏了银钱之间的平衡。根据当时的记录，“番银自嘉庆时入中国，其初每钱值六七百文，道光间盛行，公私出入，非此不济，值亦渐长至千二三百文。”晚清时期的鸦片贸易和对外赔款使白银大量外流，造成“银贵铜贱”。银钱之比从1807年的1比970，增加到1840年的1比1644，1849年更是达到1比2355。一些地方官员甚至规定8000铜钱才能兑换一两银子，从而将民众的税负重压提高了4倍。[①]

铜钱贬值，招致人们销钱铸器，使铜钱更加短缺；“钱

① 在距清帝国首都不远的地方，海关税兑换率为每两银子换2000铜钱。某一天，知县却把它涨到4000铜钱。不久，麻烦就爆发了。新上任的知县把兑换率上涨到5000铜钱才能兑换1两银子，乡人默默地承受了。知县因此误认为农民不敢反抗，因而在几个月后，又把1两银子的兑换率提高到6000铜钱。这时，乡人不满的情绪虽然高涨，但仍然照付。而知县还不满足，又提高到7000铜钱。此时，乡人谈论组织反抗，但还没有采取实际行动。知县还未满足，在自己任期到来之前，又进一步提高兑换率，规定8000铜钱才能兑换1两银子。这已经是法律规定的4倍了。（萧公权《中国乡村：19世纪的帝国控制》，张皓、张升译，九州出版社，2018）

贱银昂，商民交困”。农民、手工业者和商人平时所得皆为铜钱，缴纳各种赋税则需折成白银，民众负担加重；各省拖欠赋税日多，造成清政府财政危机。1851 年，南方爆发大规模的洪秀全起义，北方则有捻军作乱。

总体来说，19 世纪上半叶，白银一直在从中国向外流出，这导致中国财富损失近半。19 世纪下半叶，西方国家纷纷采用金本位作为货币体系，白银失去货币功能，又重新流入中国，中国白银危机才得以缓解。

值得一提的是，由于白银外流，无数中国人为了赚取白银而流向海外。作为奴隶贸易的代替品，“苦力贸易”使华人被动地走向一个陌生的现代世界。有人说，“如果从人的历史而不是国家的历史来看，19 世纪是中国人在全球化舞台上，扩展生活范围，铺展社会、经济关系网络的一个世纪。”①

有意思的是，在中国，白银虽然作为货币使用，但并没有像铜钱一样经过严格而统一的加工，白银完全按照其本来的重量计算其价值，稍大的被制成银条，或者被制成标准大小的银锭，一般称为“元宝”。白银一直没有作为铸币使用，而是银两、碎银、银元并行，又因重量纯度不同，“实银两”与“虚银两”并存，不同地区用银也各不相同。

---

①（日）上田信《明清时代：海与帝国》，高莹莹译，广西师范大学出版社，2014。

在西方人看来，“中国币制的紊乱情形，实为西方各国所未有。”机器压铸的外国银币，无论成色还是重量，都非常统一；而中国银锭每次交易，都需要称重和鉴定成色，因此后者逐渐被前者淘汰。特别是墨西哥制造的西班牙银元（“鹰洋”），最受欢迎。道光时期，西方银元已经成为中国的法定货币，被各省用来缴纳赋税。

外国银元不但制作精美、分量标准，而且便于计枚核值，使用方便。外币影响日甚，朝廷大员便“提议自铸银元，以抵制外银之输入”。1887 年（光绪十三年），两广总督张之洞从英国伯明翰引进冲床和技术人员，设立广东造币厂，开始铸造法定银元“龙洋”。此后各省纷纷效仿，一时银元供应过剩，且良莠不齐，导致龙洋反不如鹰洋之通用程度。1910 年（宣统二年），清政府颁布《币制则例》，采用“元”为单位。民国三年（1923 年），“袁头币”（也称“袁大头”）上市；根据《国币条例》，“一元银币，总重七钱二分，银九铜一”。

当时的一块银元的购买力如何？一块银元可以兑换 128 枚铜元，不妨用铜元来做个对比——

当时一个铜元，用处极大，可以买糖十粒八粒，可以买大饼油条各一件，或是买生梨一二枚、马蹄二串。记得小时候，到城隍庙去游玩，一个铜元可以买一块百草梨膏糖……

城隍庙的酒酿圆子，是每碗铜元二枚，吃一碗肉面是四个铜元，一块肉又大又厚。汽水称为荷兰水，每瓶二个铜元。鸡蛋一块钱可以买到150余只，已经算是很贵的了。①

在铸造银币的同时，张之洞还发行了与银两等价的纸币。中国由此拉开了现代纸币时代的序幕。1897年（光绪二十三年），中国第一家现代银行成立，这就是“中国通商银行”，对外称“中华帝国银行”。

在古代中国，“银行”一般是指经营金银等贵重金属及其制品的店铺；有时也叫“金银行”，主营银器，属于“三十六行”之一。“银行”一词具有现代金融机构的意思，出自日本。日本早在1775年就开始制造银币，这些制币厂被称为“银座”。明治维新后，日本仿照美国，制定《国立银行条例》；甲午战争后，中国又仿照日本，建立了现代银行制度，“银行”一变成为现代金融机构的代名词。“银行”的出现，使传统钱庄和票号日落西山。

作为世界上最后且最大的以白银为货币的国家，中国的白银货币几乎全靠进口国外白银来维持，国际银价的剧烈下跌或上涨都对中国经济造成严重影响。

20世纪以来，世界主流国家都采用金本位制；白银失去

① 陈存仁《银元时代的生活史》，广西师范大学出版社，2007。

货币功能后，作为金属流向国际市场，引起银价下跌。1929年，世界经济危机爆发，中国作为世界白银的求购者，也是“世界唯一重要的银本位国家”，国际白银商品价格的下跌，有利于中国商品出口和货币储备，但同时也加重了外债负担。1931年到1933年，英美日等国纷纷放弃金本位，国际银价随之翻番上涨，引发中国的“白银危机”，巨量白银通过合法与走私的渠道流入国外白银市场，中国银元体系濒临崩溃。

中国的白银货币开始以惊人的速度和数量流向国外。1934年6月有价值1300万美元的白银流出中国，7月和8月分别增加到2400万美元和7900万美元，9月白银出口额为4600万美元，10月上升到5000万美元。①

《中美白银协定》签署后，国民政府于1935年推行法币改革，白银作为中国通货的历史到此终结。在中国货币史上，法币的诞生具有进步意义。延续千年的银钱制度结束了，从银到纸，从金属货币到信用货币，标志着中国从传统经济转向现代信用经济。

白银作为贵金属货币，最大的特点是数量有限，不可能

① 李爱《白银危机与币制改革》，社会科学文献出版社，2014。

在短期内被制造出来，从而能抑制通货膨胀。白银被废除后，失控的法币成为政府掠夺民间财富的捷径。信用货币贵在信用，没有信用便是废纸，中国是世界上最早发明纸币的国家，白银之所以战胜纸币，其实是市场战胜权力的结果。

权力的任性妄为，使法币很快重蹈北洋政府滥发纸币的覆辙，像宋朝和元朝末期一样，陷入通货膨胀的恶性循环。金融是经济的命脉，货币崩溃引发经济崩溃，经济崩溃引发政治崩溃……从法币到金圆券，政府主导的纸币改革最终都归于失败，人们重新又回到白银时代，甚至以物易物。

一部中国白银史，从进口白银开始，以收缴白银结束。中国的白银时代已经终结，建立在现代金融体系下的“银行时代”开始了。

准备生丝

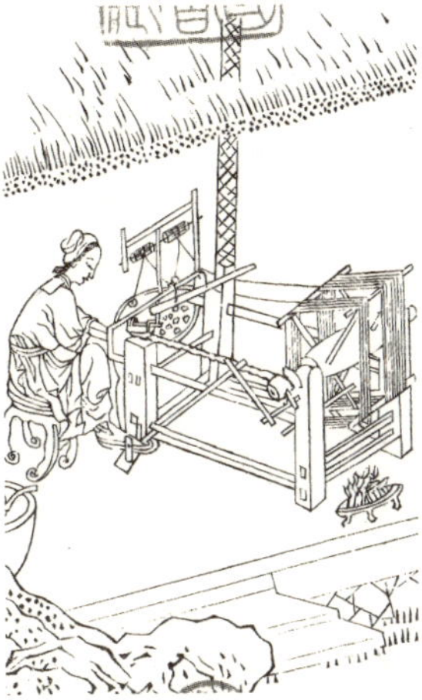

《桑蚕农书》之织丝

西洋版画中的中国瓷器

路易为蒙特斯潘夫人建造的特里亚农瓷宫（蚀刻版画）

荷兰东印度公司遣使谒见中国皇帝

喝茶的英国女人

吸食鸦片的清朝人

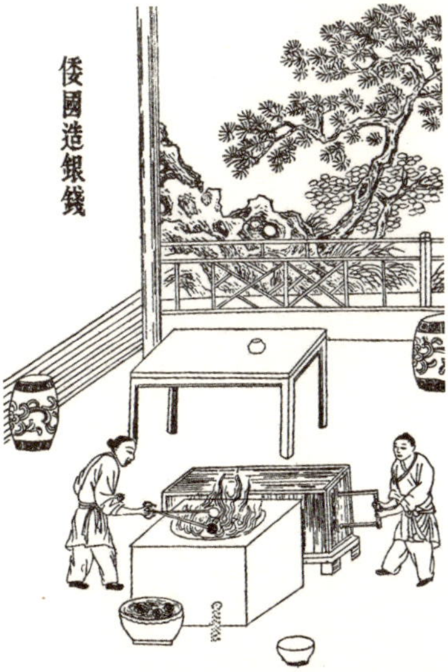

《天工开物》中的
“倭国造银钱”

盛产白银的波托西

运送白银的羊驼

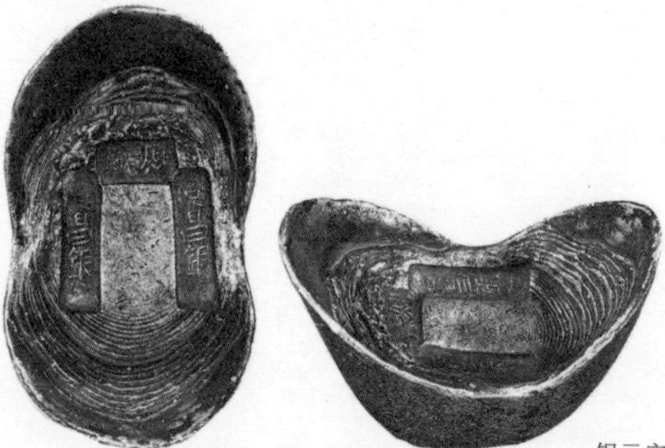

银元宝

永乐银锭

鹰洋与袁大头

第二章

神奇新大陆

直到大约两亿年前，欧亚大陆和美洲大陆还被绑在同一个陆地板块上——地质学家称为联合古陆。后来，联合古陆分崩离析，欧亚大陆与美洲大陆分别沿着不同的轨迹进化，两地动植物之间的差异之大，曾使哥伦布极为震惊："此间所有树木都与本土不同，有如日夜之异。"

哥伦布是第一个目睹欧美两大洲之间的生物鸿沟的人。他的到访启动了将联合古陆各地裂缝连接在一起的进程。自从 1492 年开始，随着全球化的开始，各大半球变得越来越相似了。

印度的蔗糖和阿拉伯的咖啡成了中美洲主要出口的农产品；中美洲的玉米成了非洲的主粮；马来西亚长满了原产于亚马逊地区的橡胶树；安第斯地区的土豆给爱尔兰带来了温饱，也带来了饥荒……这就是克罗斯比所称的"哥伦布大交换"。

哥伦布横渡大西洋，无论是对美洲，还是对欧洲、亚洲和非洲，都标志着地球全新时代的开始。商品种类与价格的巨大差异，激发了汹涌的全球贸易，借助海上通道，人群、商品、文化、动植物，乃至微生物等，都出现了全球扩散。

为了黄金和香料，哥伦布弥合了地球最大的裂缝。美洲的烟草让全人类都变成了一种吸烟动物，也给某些国家提供了一种类似古代食盐的财政支柱。秘鲁的鸟类推动了一场农业革命；没有一粒小麦的北美平原摇身一变，成为世界最大的小麦产地和"世界粮仓"。

从安第斯山脉开采出来的白银，远渡重洋，流入中国，使中国成为一个"白银帝国"。来自安第斯山区的土豆、红薯和玉米，在中国制造了一场前所未有的"人口大爆炸"和"人口大迁移"；从前荒无人烟的南方和西部山区，人满为患，吃饱的穷人掀起一场场席卷平原和城市的革命。

欧洲人对蔗糖、烟草和咖啡的嗜好，以及对棉花和鸟粪的需求，使无数非洲人和华人被贩运到美洲。旧大陆的枪炮、钢铁和病菌几乎灭绝了美洲原住民，而美洲烟草害人之多，亦无可计数。

在 1500 年左右，似乎世界各国间的贫富差距并不大。在达 · 伽马到达印度和哥伦布发现美洲之后，如今的贫富分化格局才基本开始成形。从“哥伦布大交换”开始，300 多年来，植物一直处于欧洲的权力和贸易中心。从香料、烟草、甘蔗、茶、罂粟，到棉花、橡胶、金鸡纳，植物构成殖民的最大动机和目的。“哥伦布大交换”本身就充分证明了植物可怕的影响力。与玉米、红薯、花生、土豆等粮食作物相比，上瘾性植物对历史和世界格局的改变更加直接。

人类在很大程度上依赖植物而生存；因为植物，文化和文明诞生了。经济史学家布罗代尔说，植物的机遇也是一种文化的机遇——“烟草的迅速传播，并非因为它一开始就有某个生产市场充当后盾，我们指的是有一种文明作凭借，如胡椒在其遥远的起源地印度，茶在中国，咖啡在伊斯兰国家，甚至巧克力也曾在新西班牙依托一种高度发展的文化。”

黄金

天生的货币

人类社会进入文明之后，财富便成为进步的最大诱惑和动力。在长期的历史中，黄金一直是财富的典型象征；换句话说，在一定程度上，人类对黄金的渴望推动了文明的发展。

虽然黄金曾让人备感神秘，但其实黄金本身是极为“单纯”的。与其他金属不同，黄金在自然界中是以单质而非化合物存在的。黄金的性质极为稳定，因此它的光泽是永恒的，其化学符号“Au”源自“Aurora”（欧若拉），拉丁文的原意为“灿烂的黎明”。在所有金属中，黄金的价值极高。同样重量黄金的价格是钢铁的1万倍。钢铁可供我们建造大楼、桥梁、汽车等，而黄金在实用性上却百无一能，但当钢铁锈迹斑斑的时候，黄金却历久弥新；正是这种永恒的光芒，使人们渴望黄金。

实际上，黄金不仅外表迷人，还具有不可思议的可塑性；一盎司黄金可以拉成将近100千米长的金丝，也可以轻易地被制成将近10平方米的金箔。虽然黄金遍布世界各地，但因为数量稀少，要开采到可观的黄金是非常不易的。整块的黄金非常罕见，一般都隐藏在沙石中，“千淘万漉虽辛苦，吹尽狂沙始到金”。

古代几乎所有的政治和宗教仪式中，都是少不了用黄金做装饰的，因为只有黄金才能炫耀其权力、财富与神圣。在古埃及，使用黄金是一种王室的特权，除了法老，任何人不得使用。法老依靠黄金装饰，承担了类似于上帝的角色，受众人崇拜。公元前1286年，埃及法老拉美西斯二世乘坐他的黄金战车，一举击溃了赫梯军队，并缔结了人类历史上第一个两国互不侵犯的《银板条约》。有人统计，在《圣经》中，有400多处提到黄金，由此可见在圣经时代（公元前4000年），黄金是多么重要和丰裕。上帝指示要将家具、器物以及诸如小天使等一切东西都覆以黄金。事实上，拜占庭帝国（即东罗马帝国）确实用无数黄金打造出了一座美轮美奂的索菲亚大教堂。

从古到今，人们对黄金的崇拜始终未变。柏拉图想象的亚特兰蒂斯就“被无数黄金与白银装饰着”。在古希腊神话中，有金羊毛的传说，还有一个点石成金的故事：迈达斯国王贫穷而善良，酒神赐予他这种神奇能力，但可怜的迈达斯却陷入黄金的困境——当他碰到食物时，食物变成了黄金；当他拥抱女儿时，女儿也变成了黄金……

而在历史上，黄金主要承担了两种社会角色：最早只是用作装饰物，以显其富足与权力；后来逐渐发展到作为高价值的货币。

黄金大饥荒

作为促进交换的手段，货币是一种十分古老的发明。没有交换就没有社会。人类社会有两种基本的货币形式：一种是商品本位制，即金（银）本位制；一种是信用货币，即纸币。纸币本身没有任何使用价值，只能作为货币使用。

在人类早期商业中，很多商品都扮演过货币角色，比如玉石、海贝、丝绸、粮食、家畜（如牛）等。黄金作为货币出现得相对较晚，但很快就成为最完美最理想的货币。和其他许多货币比起来，黄金不会生锈、发芽、发霉、破碎、死亡或被吃掉，它有美丽的光泽，数量稀少而稳定；黄金可以被任意分割，其重量和纯度很容易被鉴别，携带也很方便。与其他品种的货币相比，黄金简直天然地就是货币。

早在2500年前，古希腊时代的克洛伊索斯就已经用金币取代贝壳、珍珠、铜等传统货币，并把自己的头像印在上面。鉴于黄金价值过高，小额交易不适用，一般同时以白银为辅币；金银两种贵金属一起，构成一个完整的货币体系，这基本上是古代世界的经济主流。一般而言，金和银的兑换比例为 1∶10 左右，即一两黄金相当于十两白银的购买力。中国在秦汉时期，黄金曾经非常普遍，秦时“黄金万镒为用”，汉初“黄金的应用总数量在百万斤以上”。[①] 当时黄金与白银的价值仅为 1∶3。汉以后，黄金大为减少[②]，逐渐退出主货币行列，历代均长期以铜钱为主币。而在西方，波斯帝国和罗马帝国，一般都将金币作为法定货币。

在欧洲中世纪，每个国王都把自己头像印在金币上，当作权力合法性的标志。虽然金币上的头像不断变换，但黄金作为商品交易的货币地位雷打不动。

中世纪晚期，随着一大批世俗化的城市兴起，商品经济越来越充满活力；换句话说，就是出现了资本主义萌芽。随着社会自由程度的提高，新兴阶级越来越看重货币的作用，

① 顾炎武《日知录》卷十一“黄金”词条原文：汉时黄金上下通行。故文帝赐周勃至五千斤；宣帝赐霍光至七千斤；而武帝以公主妻栾大，至赍金万斤；卫青出塞，斩捕首虏之士，受赐黄金二十余万斤。……宋太祖问学士杜镐曰：“两汉赐予，多用黄金，而后代遂为难得之货，何也？”对曰：“当时佛事未兴，故金价甚贱。”

② 关于汉代以后黄金消失之谜，历来有不同解释，主要为外贸流失、佛教耗费、陪葬以及窖藏等原因。宋人杜镐说：“后世黄金日少，金价亦日贵。盖由中土产金之地，已发掘净尽，而自佛教入中国后，塑像涂金，大而通都大邑，小而穷乡僻壤，无不有佛寺，无不用金涂。以天下计之，无虑几千万万。加以风俗侈靡，泥金写经，贴金作榜，积少成多，日消月耗。泥金涂金则不复还本，此所以日少一日也。”（《宋史·杜镐传》）赵翼在《廿二史札记》第三卷《汉多黄金》中也持此看法。经济史学者唐任伍在《西汉巨量黄金消失之谜考》一文中指出，西汉巨量黄金入东汉后突然退出流通领域而消失，是因为汉代厚葬之风盛行，大量黄金作为随葬品被埋入地下。2015 年在西汉海昏侯墓中发掘出土的金器达 378 件之多，重量超过 80 公斤。作为西汉都城故地的陕西西安，也曾出土过 219 枚金饼。

货币取代土地而成为社会的主要财富，也成为人们认同的普遍支付手段。人们相信，只要有钱，什么东西都可以买到。拜金主义大行其道。从国王、贵族到骑士、教士，人们竞相追求奢华，尤其是对黄金的狂热，丝毫不逊色于对上帝的崇拜。当时炼金术风靡西方，据说可以用石头炼出黄金和白银。

“十字军”东征时期，东方陷入战乱，许多难民在危急情况下将黄金吞下。为了掠取黄金，疯狂的骑士们剖开死人的肚皮，到肠胃里去寻找。后来，因死人太多，他们干脆把死人堆架起来，烧成灰烬，再从骨灰里扒寻黄金。

当时欧洲每年的黄金产量非常低，而且因为购买东方的奢侈品，如丝绸和香料等，流出的黄金有增无减；此外，还有大量的黄金因教堂的装饰和各种私藏、船难等减少，黄金严重短缺。这被经济史学家约翰·戴伊称为“15 世纪金银大饥荒”，“1409 年，巴黎的钱商们异口同声地抗议，无论出价多高，他们已经无法为铸币厂提供金银了。……巴黎的金匠公会迅速地衰亡了”。

货币的短缺，对商品贸易交割造成很多困难，甚至出现了以物易物的原始状态。

在香料经济兴起的背景下，珍贵的胡椒粉一度扮演起黄金的临时货币角色。一些银行家甚至被人们戏称为“胡椒人”。与黄金的稳定性相比，胡椒的供应量起伏不定：一场船难或许会导致通货紧缩；几船胡椒同时到港，马上就会引发一场规模不大不小的通货膨胀。

讽刺的是，正是为了购买这些来自东方的香料，才导致黄金大量流失。长期的贸易逆差，迫使欧洲人将本来储量就极其有限的金矿几乎开掘殆尽。为了追求黄金，开辟新市场和新矿藏成为剩下的选择。当时欧洲人的信条就是："没有黄金就不能维持下去，有了黄金就会拥有一切。"

在这种背景下，黄金价格持续上涨，偏居一隅的欧洲人对遥远东方的最大想象，就是遍地铺满黄金，这在《马可·波罗行记》中被渲染到极致——

> 我们欧洲房子与教堂的屋顶是用铅覆盖的，而日本皇宫的屋顶则是用纯金覆盖的。其价值难以估算，而且所有寝宫都铺陈着两指厚的纯金，门厅和窗户以及宫殿的其他每一处地方，都同样地装饰着黄金。

在亨利王子的支持下，葡萄牙对非洲大陆的探险导致了黄金海岸的发现。通过在非洲沿岸的一系列贸易战，葡萄牙王室很快买到了当时世界黄金产量的10%。他们一般用奴隶来交换黄金，而这些奴隶则会被用来挖金矿。正是西非黄金资助了达·伽马1497—1499年从好望角航海抵达印度的环球航行。到了1500年，每月都有一艘轻快帆船满载黄金驶往葡萄牙。经过16世纪最初20年的努力，葡萄牙商人掌控了西非黄金年产量的近四分之一。

在一定意义上，正是黄金的诱惑，使15世纪的地理大发现成为一种历史必然。①恩格斯在《论封建制度的瓦解和民族国家的产生》一文中说："葡萄牙人在非洲海岸、印度和整个远东寻找的是黄金；黄金一词是驱使西班牙人横渡大西洋到美洲去的咒语；黄金是白人刚踏上一个新发现的海岸时所要的第一件东西。"

黄金新大陆

1492年8月3日，哥伦布和他的舰队开始了一场前所未有的探险之旅。

---

① 西方探寻新航路的一个重要原因是对于黄金的需求而不是白银。或者可以说，黄金是他们的首选。当1492年哥伦布航行出发时，他的目的是寻求财富，而在当时欧洲人眼里，财富首先是黄金，并不是白银。随着《马可·波罗游记》在欧洲的广为流传，书中对东方的描述使哥伦布相信东方遍地都是黄金，于是他带着这本游记开始航行。在西班牙塞维利亚的纪念馆里，至今还保存着哥伦布阅读过的一本《马可·波罗游记》，上面布满了小字批注，达数百处之多。因此，黄金是欧洲人踏上新发现土地时所追求的头一项重要东西，当是没有疑义的。这一点也为以下的事实所证明，即在美洲发现和开发的早期，这条航线上运回欧洲的货物也首先是黄金。西班牙人在美洲到处寻找黄金来源，并开始在附近河流淘选黄金。1510年左右，在圣多明各的淘金达到高峰时，波多黎各、巴拿马和古巴才开始生产黄金；而到1520年左右，这里的生产才逐渐放慢。这以后，墨西哥和中美洲又开始生产。当那里进入顶峰时，秘鲁也开始了生产黄金。麦克劳德认为，西班牙在美洲的黄金生产在1550年前一两年达到最高水平。据统计，第一个周期运往西班牙的黄金约为25~30吨，1540年前墨西哥生产了20吨，而在这一周期结束前，秘鲁的产量可能与之相当。

在此之前，天文学家兼地理学家托斯康内利曾告诉哥伦布："通过大西洋到黄金和香料王国，是一条比葡萄牙人所发现的沿非洲西海岸的道路更短的途径。"哥伦布在写给西班牙国王和王后的信中写道："黄金是一切商品中最宝贵的，黄金是财富，谁占有黄金，谁就能获得他在世界上所需的一切。同时也就取得把灵魂从炼狱中拯救出来、并使灵魂重享天堂之乐的手段。"

1492 年 10 月 12 日，哥伦布发现了新大陆；1493 年 3 月 15 日，哥伦布返回西班牙。在此期间的日记中，他 65 次写到黄金。但实际上哥伦布并没有找到黄金，最后郁郁而终。后来者科尔特斯和皮萨罗都无意于去发现什么，而是去征服、去掠夺，这两个职业刽子手意志坚毅、手段残忍，富于领袖气质。皮萨罗毫不掩饰地宣称："我来此的目的就是为了夺取黄金！"

作为新大陆一个古老国度，印加帝国包括如今的中南美洲，这个拥有 350 万人口的文明帝国，竟被皮萨罗和他的 200 名西班牙流氓军人一举征服。在征服者眼中，印加人没有火药、没有马、没有钢铁，甚至没有轮子，但他们有黄金；而正是因为黄金，印加人和阿兹特克人一样，才遭遇到这场灭顶之灾。

皮萨罗以谈判为名，劫持了印加帝国的皇帝阿达瓦尔帕，然后提出条件说，如果印加人想要回他们的皇帝，必须用黄金填满关押阿达瓦尔帕的屋子。虽然在此之前，这些西班牙人已经将印加洗劫一空，但印加人最终还是凑够了整整5吨黄金，足以赎回他们的皇帝。1533年8月29日，皮萨罗在得到黄金后食言，将阿达瓦尔帕活活烧死，在历史上留下臭名昭著的“阿达瓦尔帕囚室”。

在英文中，黄金（GLOD）与上帝（GOD）只相差一个字母。虽然欧洲人自称新大陆探险的初衷是传播上帝福音，实际上黄金是更现实的理由。正如亚当·斯密所言，探险者征服新大陆的唯一动机，就是这种“宗教化的黄金渴望”。对他们来说，黄金才是真正的上帝。

在欧洲人眼中，新大陆就是一座没有主人的“金山”。

从16世纪开始，新大陆的黄金和白银源源不断地流向欧洲；每年有50万磅白银和1万磅黄金来自美洲。到16世纪末，欧洲黄金和白银的储存量就增加了整整4倍。在后来的几个世纪，欧洲货币存量仍一直保持着优势的增长。

在整个16世纪，西班牙垄断了全世界黄金产量的83%。① 通过对新大陆的巧取豪夺，西班牙帝国一夜暴富。但到了16世纪下半叶，西班牙却连续出现债务拖欠的情况，至少有四次无法偿还债款。这就像一个中了头彩的穷光蛋，

① 据统计，从1502年到1660年，西班牙从美洲得到了1.86万吨白银和200吨黄金。到16世纪末，世界贵金属开采量的85%都为西班牙所有。在占领拉美的300年间，西班牙从那里掠夺的黄金累计数百万千克，白银上亿千克。

只知道将这笔“横财”挥霍在以前买不起的奢侈品上。这么多黄金，让西班牙人忘乎所以，大肆挥霍，加上穷兵黩武，来得快，去得也快，并没有给西班牙带来长久的繁荣。

有些时候，黄金是一种毒药。西班牙人如同一个抢劫银行或者中头彩的暴发户，只知道挥霍，而不是投资、创造和生产。暴增的货币供应反而导致通货膨胀，这场“物价革命”持续了一个多世纪。西班牙的物价总共上涨了 4 倍多。[①]虽然所有的商品、食品和各种原材料都在不停涨价，但人们的货币购买力和劳动收入却在不断恶化，传统的农业和手工业一片萧条。依靠地租的传统贵族收入锐减，走向没落，新生的资产阶级应运而生。

当美洲金银资源逐渐枯竭时，奢靡无度的西班牙王室已经入不敷出、债台高筑。西班牙国王腓力二世在财政上的破产，导致他的雇佣军兵变，西班牙的军队统帅一度连午餐费都拿不出。这与同一时期的明朝境况惊人的相似。随着“无敌舰队”折戟沉沙，一个曾经横行世界的日不落帝国，转眼之间就沦落为一个二流国家。

讽刺的是，这些不义之财最终流进了善于经商的荷兰

① 大量美洲金银的意外供给，在 16 世纪引发了一场轰轰烈烈的“价格革命”。这场“革命”首先在西班牙爆发，随后波及西欧主要国家。就欧洲物价总水平而言，1600 年比 1500 年增长了 2 ~ 3 倍。16 世纪末西班牙物价比该世纪初上涨了 4.2 倍。在此之后，黄金和白银通过贸易和走私等渠道流入邻国，英、法、荷等欧洲主要国家也出现了价格波动。

人、英国人和中国人的腰包。荷兰和英国甚至组建了许多海盗船，对运输金银的西班牙宝船进行明目张胆的劫掠。

黄金没有成就传统的西班牙，却成就了现代的荷兰和英国。在亚当·斯密眼中，人对财富有一种本能的渴望，黄金就是现代人的上帝，扮演着“看不见的手”的角色，让秩序从混乱中产生，将良善从邪恶里带出来，使人类进步，摆脱贫穷。在自由竞争的市场下，一个社会会自然地向前发展。这条“黄金法则”成为现代英美及西方国家迅速崛起的重要支柱。

“物价革命”引发了一场社会财富的重新大分配，依赖地租的传统旧贵族走向衰落，从事外贸和掠夺的商人群体崛起，后者通过税收和资助君主获得政治地位，使国家倾向于新兴的资产阶级。国家的强大与商人的富裕互为表里，“重商主义”成为当时世界的标准模式。因为劳动成本和土地成本大为降低，商人依靠资本优势，可以以极低的生产成本获得较高的利润，迅速完成原始积累，这使资产阶级得以迅速形成并扩大，国债、股票、银行和投资市场的形成，进一步增强了他们的经济实力和政治影响力。

就这样，代表“现代社会”文明的资本主义，通过一条黄金道路，顺利地走上历史舞台。经济学家凯恩斯说过，“我们的现代世纪是通过资本累积所创造的，这些资本就来自于新世界的黄金和白银”。

金本位的起源

从人类文明史伊始，黄金就是财富的象征。它的声誉永远是如此坚实，以至于其他任何金属几乎都无法与它相媲美。马克思说："金银天然不是货币，但货币天然是金银。"只有黄金才是货币的终极形式和标准。

黄金不会遭遇通货膨胀，但黄金也不会产生利息。金本位其实是黄金与纸币相结合的产物，它既具有黄金的声誉，又有纸币的便捷，金本位制度就建立在早期人类对这种熠熠发光的贵金属的原始信赖上。基于金本位，人们可以知道自己手中货币的含金量——这才是货币真正的购买力和价值。

明清时期，中国以白银和铜钱为流通货币，而欧洲的流通货币则是黄金和白银。当时英国的货币换算方式是：1 磅白银 =20 先令 =240 便士。1694 年，新成立的英格兰银行开始发行纸币，作为重量单位的"英磅"就演变成货币单位"英镑"，但在英文中都是"pound"。与黄金相比，白银的存量和产量都要高得多；在金银复本位体制下，白银的剧增或骤减，都会影响货币的稳定。18 世纪初，随着大量白银流向中国，英国货币体系受到极大冲击，放弃传统的金银复本位成为一种选择。

牛顿不仅是发现万有引力的科学家，也是金本位制的奠基者。在担任英国铸币厂厂长的 30 年间，牛顿帮助英国率先建立起金本位制，从而确立了英镑的世界货币地位。

牛顿在科学上创建无数，但大半生都很清贫，后来他谋得英国皇家造币局的高官，从此步入英国上流社会。牛顿通过对国际金银走向的认真分析，对英国货币政策做出很大调整，他建议英国不必再铸造银币，同时将黄金的价格定为每盎司（纯度为 0.9）3 英镑 17 先令 10 又 1/2 便士。1717 年，英国开始事实上的金本位制。1819 年，在英国议会就金本位问题的辩论中，著名经济学家李嘉图最初支持银本位，但听了技术人员的话之后，他认识到“机械特别适合于银矿使用，因此非常容易导致这种金属量的增加，从而使其价值发生变动”，最终他选择支持更稳定的黄金。

英国正式采用金本位制是在 1821 年，纸币英镑成为标准货币单位，每英镑含 7.32238 克纯金。用诺贝尔经济学奖得主罗伯特·蒙代尔的话说就是：“货币仅仅是一定重量黄金的名称。”据英国经济学家斯坦利·杰文斯观察，1875 年伦敦银行清算所每日所交易的 2000 万英镑，若以金币支付，则重达 157 吨，需要 80 匹马来驮载。

英国依靠雄厚的黄金储备，率先建立起金本位制，但对于欧洲其他国家来说，黄金仍然比较匮乏，在传统的金银复本位体制下，他们不得不苦苦维持金银固定比价，这就给了英国人套利空间。英国人将越来越便宜的白银运过去，然后按照固定比价换回黄金，通过这种金银套购，英国进一步获取了大量黄金。

当时中国实际上属于银本位制，即以白银为官方货币。通过国际贸易，英国的白银流入欧洲其他国家，欧洲的白银流入中国；反过来，中国的黄金流入欧洲，欧洲其他国家的黄金流入英国。由于白银的产量增长远远高于经济的增长，中国因货币制度遭受了巨大损失，而英国则坐收渔利。这些流入英国的黄金在英国沉淀下来，形成了巨额的黄金储备，使英国的金融霸主地位更加坚实。甚至可以说，英国在滑铁卢战役中战胜法国，也与其优势的金本位制有关，毕竟战争是一件特别花钱的事情。

1850 年左右，加利福尼亚和澳大利亚发现黄金[①]，使全球黄金供应突然大幅增加，从而使得黄金作为单一本位货币满足欧洲经济发展的需要成为可能。于是，在英国之后，欧洲各国一个接一个转向了金本位制。到了 1880 年，各主要工业国家都实行了金本位制。到 19 世纪末，除了中国和印度，世界大多数国家基本都实现了金本位的货币体系。

1886 年，在南非中部的约翰内斯堡发现了世界上最大的黄金矿。这一重大发现引来成千上万的欧洲淘金者，最后引

① 加利福尼亚（California）出自 16 世纪一本名为《西班牙历险记》的小说，那是一个盛产黄金的神秘小岛。但西班牙人从未在加利福尼亚发现过黄金，直到美墨战争后，加利福尼亚成为美国的领土，黄金才被瀑布从山中冲出来。上天就是如此眷顾美利坚。黄金的发现引来淘金热，随着大量华工到来，加州这座黄金城市就被称为“金山”。不久又在澳大利亚发现金矿，墨尔本被称为“新金山”，而美国的“金山”也就成了“旧金山”。

发旷日持久的“布尔战争”。随着兰德金矿被英国把持，英国得以控制全球经济命脉。来自南非的黄金使得伦敦迅速成为全球金融业和黄金交易的中心。

到20世纪初，世界领土被西方列强瓜分完毕，英国所占份额最大。到1914年，英国统治着全球1/4的人口和超过英国本土面积100多倍的领地，成为名副其实的“日不落帝国”。英镑伴随着米字旗，成为全球通行的世界货币。英国以此可以向全世界征收铸币税，并通过对全球货币的调控权来攫取巨额利益。

纸币本身毫无价值，但黄金不仅赋予纸币以价值，还给予其可靠信誉；纸币与黄金之间按照固定汇率可以进行自由兑换，这是金本位制的基本特征。为了维持金本位制，不仅要保证自由兑换，而且要保持固定汇率。这在经济高涨时期没有任何问题，但当遭遇经济衰退时，支撑金本位就要付出很大代价。对英国和欧洲来说，世界大战是一场不期而至的灾难。随着大英帝国盛极而衰，金本位日渐成为外表光鲜却备感沉重的“黄金镣铐”。

1931年，英国不得不放弃了金本位制。著名经济学家凯恩斯说：“黄金不再在人们手上传来传去。人们贪婪的手掌再也无缘接触它。黄金如今沉睡在地下，再也看不见。当众神不再身着金黄色的盛装在地上漫步时，我们便开始理性地看待它们。”

即使如此，作为最重要的世界金融中心之一，伦敦的黄金市场直到今天仍牢牢掌握着黄金的定价权，其黄金交易量占全球黄金交易总量的 80%。

美国的金库

人们常常把货币比作国家的名片，一种货币的兴衰往往与它所代表的国家势力有着密切的关系。

大英帝国如日中天时，英镑是绝对的硬通货；大英帝国日薄西山，英镑也就失去了往日的光彩。发生在 20 世纪上半叶的两次世界大战使英国经济遭受了重创，黄金大量流入美国，美元取代英镑，成为全球通行的世界货币。

第一次世界大战中，欧洲陷入一片战火，而美国大发战争财，欧洲黄金源源不断地流向美国，全球 1/3 的黄金流入美国。战后欧洲一片废墟，参战国无不债台高筑，老牌的大英帝国虚弱不堪；相比之下，刚刚崛起的美国则强大无比。美国的黄金储备是英国的 6 倍，美国纽约也取代伦敦，成为全球最具影响力的金融中心。美国从 1900 年正式实施《金本位法案》，依靠统一和完善的货币体系，美元成为响当当的硬通货。实际上，只有美国才是完整金本位，英法是金块本位，而其他国家则是金兑换本位。[①]

“一战”之后不久，欧洲再次爆发战争，美国又成为战争的受益国。等到“二战”结束时，全世界将近 75% 的黄金都掌握在美国人手中，美国官方的黄金储备高达 21682 吨。依靠黄金的支撑，战后新的国际经济体制不得不将美元置于整个框架结构的中心。

在著名的布雷顿森林会议上，代表英国的凯恩斯建议美国效仿英国，废弃金本位制度；他认为，黄金的供应取决于自然，而不是经济的发展，相对于经济发展来说，黄金不是过多就是过少。凯恩斯的提议并没有被美国接受。布雷顿森林会议最终确定了新的货币体系：美元与黄金挂钩，其他成员国货币与美元挂钩。1945 年 12 月 27 日，参加会议的 22 国代表在《布雷顿森林协定》上签字，正式成立国际货币基金组织和世界银行。

布雷顿森林会议建立了新的世界金融秩序，仍将黄金作为维稳因素。根据新协议，美国是国际上仅有的一个允许其货币按照规定汇率自由兑换黄金的国家，美元取代了之前英镑的中心地位，而世界上其他国家的货币——包括英镑——则只能跟随美元。得黄金者得天下，就这样，凭借手中紧握

① 金本位指某种货币和一定数量黄金之间存在着固定兑换比价，金块本位意味着金币不流通，然而当局同意，见票即以固定价格卖出黄金、收回流通货币。金兑换本位意味着外国政府持有美元和英镑作储备——而不是黄金本身——这些货币可兑换为黄金。

的黄金，美元“挟天子以令诸侯”，终于击败了英镑，取得了号令天下货币的权力。现代人成为美元的奴隶，这就如同古人曾经是黄金的奴隶一样。①

按照金本位原则，1 盎司黄金可兑换 35 美元，即 1 美元可以兑换黄金 0.888671 克。由于固定了美元与黄金的兑换比例，美元在很大程度上被人们当作黄金来使用，所以人们习惯性地称美元为“美金”。从另一个层面来说，这意味着一般债权人失去了兑换黄金的要求权，个人家庭也被迫交出黄金。在布雷顿森林体系之下，黄金遭到抛弃。为照顾美元，黄金的国内兑换非法，黄金的货币用途严格受限。美国后来彻底放弃金本位的举动，实际上是“布雷顿森林”剧情的自然发展。

布雷顿森林会议之后，执政的国民党政府在中国发起“币制改革”，强制推行基于金本位的“金圆券”。按照规定，金圆券每元相当于黄金 0.22217 克，发行额以 20 亿为限，并限期要求民众将所持黄金和白银全部兑换为金圆券，过期不交者，一律强制没收。用这种办法，政府很快就获得了达 2 亿美元的金银外币总值。接下来物价飞涨，货币贬值，金圆券对黄金的比价一减再减，最后沦为废纸。从某种程度上来说，金圆券的失败直接导致了国民党统治的崩溃。

---

①（美）本·斯泰尔《布雷顿森林货币战：美元如何统治世界》，符荆捷、陈盈译，机械工业出版社，2014。

在金本位体制下，美元与黄金挂钩，而其他货币与美元挂钩，其他国家以美元作为结算与储备货币，这必然导致美元不断流出美国，并留在其他国家，对美国来说，这就形成一种贸易逆差。长此以往，美国入不敷出，美元必然无法维持与黄金的固定汇率，或出现贬值。为了防止出现“美元危机”，美国联合英国、瑞士、法国、联邦德国、意大利、荷兰、比利时等国，于1961年10月建立了黄金总库，八国央行共拿出2.7亿美元的黄金，由英格兰银行作为黄金总库的代理机关，负责维持伦敦黄金价格，并采取各种手段，以阻止外国政府持美元外汇向美国兑换黄金。

但后来的事还是被凯恩斯不幸言中。到了20世纪六七十年代，受越战的拖累，美国债台高筑，美元危机全面爆发。

因为流失严重，美国黄金储备已经到了山穷水尽的地步。许多国家为了降低美元风险，纷纷要求将其巨额的美元储备兑换成黄金。面对这场危机，时任美国总统的尼克松不得不单方面宣布实行“新经济政策”，其实质内容，就是美元与黄金脱钩，从此以后，美国也不再向任何国家兑换黄金。

在金本位制下，无论英镑还是美元，就好比是“挟天子以令诸侯”的“权臣”，而黄金则是“天子”。无论权臣的势力多大，至少在形式上也要以天子的名义行事。放弃金本位，其实就是废除了黄金的“帝位”，纸币直接自封为王。布雷顿森林体系解体，从此以后，美元打破了“黄金枷锁”，不再受到黄金储备的任何约束，成为真正的“世界之王”。

作为世界唯一的超级大国，美国可以通过发行美元来向全世界征税，而且不受任何约束。之所以如此，是因为没有一个国家的货币可以取代美元的国际地位。从更深层次来说，美元统治下的国际货币体系之所以如此根深蒂固，不仅是由于战后美国的一强独大，更重要的是与美联储在货币管理中所表现出的非凡的娴熟技巧有关。在美元最强势的时候，《纽约时报》甚至刊登出这样的文章：“当我们拥有格林斯潘时，谁还会需要黄金？”但格林斯潘曾经说：“没有金本位制度，就没办法保护储蓄免受通胀掠夺。安全的价值储藏也不复存在。”

今天在位于纽约的美国联邦储备银行的地下金库，储存着全世界将近 1/3 的黄金，总重量达 8273 吨，价值 3000 亿美元。它们分别属于世界 60 多个国家和组织，其中有 600 吨属于中国。但有一点，无论这些黄金属于谁，都永远不能离开美国。美国唯一做的就是免除黄金所有者的存放费用。这座金库无疑是世界最大的真正“金库”；更准确地说，它完全是一座黄金的坟墓。

香料

地理大发现的经济动因

香料作为食物调味料，虽然在人们的实际生活中不太起眼，但在人类历史上，古老的香料贸易却有着举足轻重的作用；尤其是中世纪的欧洲，对香料的渴望直接催生了地理大发现。换言之，香料和黄金、传教一起，构成欧洲地理大发现的主要动因。

与稍早时期的“十字军”东征不同，“欧洲人入侵印度的第一推动力，完全是世俗的和功利的：那就是对香料的极大的需求”[①]。澳大利亚学者杰克·特纳在《香料传奇》中这样解释：“香料是探索发现的催化剂，扩大一些，用通俗历史学家有些滥用的词语来说，它们重塑了世界。”

威尼斯人在陆地上几乎没有立锥之地，也无法从事农

①（奥）斯蒂芬·茨威格《麦哲伦纪事：孤独英雄不归之航》，苏惠玲译，希望出版社，2009。

耕，他们不得不从海上进口生活必需品；换句话说，威尼斯人只能靠贸易谋生。在中世纪，威尼斯是世界上唯一一个为了贸易而组织起来的国家，威尼斯人是纯粹的商人，他们以科学的精确性评估风险，计算收益和利益。在漫长的中世纪，威尼斯商人通过贸易积累起极其惊人的财富，香料便是其主要贸易商品之一。13 世纪，一位阿拉伯旅行者路过莱茵河时惊叹："这个地方在遥远的西方，却能找到一些本应只能在远东发现的香料——胡椒、丁香、甘松、闭鞘姜和高良姜，这些商品在这里都有大量存货。"①

在东方只用作辅助烹调的印度香料，在西方却成为不可或缺的神秘之物。可以说，摆脱威尼斯商人与阿拉伯商人对香料的垄断，是西班牙和葡萄牙开启大航海时代的动因之一。香料群岛也因欧洲列强对东南亚的争夺而得名；从遥远的东方运送香料到欧洲的贸易线路被称为"香料之路"。

继葡西两国之后，许多欧洲国家出于对香料的渴望，大兴造船业，争先恐后发展航海业，成立殖民公司，到亚洲掠夺香料。"最早到亚洲去的英国人的确是去寻找香料的"，这或许是鸦片战争时期的中国人做梦也想不到的。

"葡萄牙、英国、荷兰在亚洲的领地，略微夸张一点说，乃是由寻找桂皮、丁香、胡椒、肉豆蔻仁和肉豆蔻皮等始而

①（英）罗杰·克劳利《财富之城：威尼斯海洋霸权》，陆大鹏、张骋译，社会科学文献出版社，2015。

形成的，而美国的领地也多少如此。”正是因为香料的吸引与推动，人类历史由此迈进了一个现代的全球化时代。

香料之谜

“要了解香料的魅力及其价值，很重要的一点是要知道人们曾相信它们是某种非俗世之物。”①在圣经时代，有约瑟曾被亲兄弟卖给香料商人为奴的记载。依《圣经》的典故，香料是介于今生与来世、天堂与凡尘之间的东西，“人们相信不但天堂飘着香料的气味，那些众神本身也都带有香料气。”②

据说，欧洲人最早认识香料，是在公元前331年，即亚历山大大帝征服埃及时。希腊人自埃及获得香料植物的知识后，广泛用于生活之中。他们发现这种散发着香气的植物，可以用来调制出美味的食品，可以美容，还可以使空气芬

①（澳）杰克·特纳《香料传奇》，周子平译，生活·读书·新知三联书店，2015。从亚历山大时代，人们便喜欢在圣坛上大量烧香，后来，烧香在罗马的重要礼仪中也始终占据有核心地位。罗马广场的提图斯凯旋门雕塑，描绘罗马皇帝于公元70年占领耶路撒冷后班师回到罗马，便带着一支香脂树枝。

② 在哥伦布和他的同伴们重新勾画世界地图之前，香料所具有的分量是我们这些卫星和全球定位系统时代的人难以想象的。产自那神奇又神秘的东方，它们是来自另一世界的东西，人们认为香料是生长于天堂之物。香料之所以被如此看待，并不是出自一种虔诚的虚构，事实上，它是一种接近于福音真理的东西，是自基督宗教早期就有的一种信仰之物。到21世纪，香料昔日的光彩已大多失去，很大一部分原因是围绕它们的贸易和产地的那种神秘感已不复存在。天堂不是作为一个地点而是作为一种象征被传之后世的。

芳。此后，香料使用迅速传遍欧洲。

香料，主要是指胡椒、肉桂、丁香和肉豆蔻。[①]在当时欧洲，香料的价值几乎与黄金相当，英语中“香料”(spice)一词源于拉丁语“species”，常指代贵重但量小的物品。被称作“黑色黄金”的胡椒，不仅是贵重的贸易货物，还常常作为实物货币使用。哥特王阿拉列克在408年对罗马提出的赎金，其中便包括3000磅黑胡椒。

在古代西方，香料主要用于巫术仪式、咒语、净化、防腐、化妆、香水、治疗，甚至春药和毒药，此外还用来烹饪和调味。[②]最常用的肉桂就是一种敬神祭祀仪式上的主要香料，同时也是一种感官奢侈品。从营养学的角度来看，香料并不是必需品，但它可以刺激人的胃口，使人更加贪吃。香料的出现，无疑颠覆了西塞罗的信条：面对食物，最好的香料是饥饿。

① 除了肉桂、胡椒、丁香和肉豆蔻这“四大香料”，一般还包括甘松香、檀香、龙涎香、樟脑、苦艾、姜和辣椒等。肉桂在中国有时也被称为桂皮。

② 至于欧洲人为何如此崇拜香料，常见的说法是欧洲人用香料来去除肉类的腥味，和防止食物腐烂（没有冷藏技术和一定的卫生条件，食物是很容易变质的）。但没有证据支持这一说法，历史学家指出，在中世纪，作为奢侈品的胡椒只有富人才买得起，而富人们显然也不会吃腐烂的肉。同样的，胡椒曾被大规模地作为防腐剂使用的说法也是有问题的：胡椒所含的化合物胡椒碱的确有一些杀菌的作用，但作为香料使用的胡椒所含的胡椒碱浓度很低，影响力微乎其微。相比之下，食盐是更有效的防腐剂，而咸肉也是常见的食物，特别是在冬季。不过，长时间保存的肉类也许需要胡椒和其他香料来改善其味道。但实际上，更有可能的答案，或许是因为香料神奇的香味。此外还有一点，就是它们都来自神秘而遥远的东方，在欧洲这种潮冷的地方显然无法生长。

对香料的欲望，最为确切地概括了消费主义的发展，香料对食物储存并无助益（只有盐有这个功能），但被中世纪人们归类为香料的种类繁多的食品——胡椒、姜、小豆蔻、丁香、肉桂、糖以及其他数十种——能让菜肴更加美味可口，而且可以增添烹调的趣味，并展示财富。……香料是世界贸易的第一种表现，也是其理想的商品。香料重量小，价值高，体积小，几乎不会变质；它可以同骆驼和船只作长途运输，可以用小袋重新包装，然后几乎可以无限期地贮存。[①]

香料贸易可谓源远流长，直到中世纪，欧洲人仍然将肉桂当作梦寐以求的奢侈品和非常贵重的交易品。苏格兰国王在 1194 年访问英格兰国王理查德一世的时候，得到每天两磅胡椒和四磅桂皮的特殊供奉。在 1248 年的英国，1 磅肉豆蔻皮价值 4 先令 7 便士，相当于购买 3 只羊的价钱；这对于家境富裕的农民来说，也是极其昂贵的。大约在同一时期，1 磅肉豆蔻可以换回半头牛。中世纪的贵族们热衷于宴会待客，其中香料的花费，往往是宴席开支中最大的一项，食物总是被覆盖在厚厚的香料下面。

物以稀为贵。长期以来，香料这种奢侈品只有少数富人才买得起。对他们来说，香料的挥霍性消费，是一种展示个

①（英）罗杰·克劳利《财富之城：威尼斯海洋霸权》，陆大鹏、张骋译，社会科学文献出版社，2015。

人财富、权力和慷慨的标志。人们把“大款”称作“胡椒袋”，而用“没有胡椒”来嘲笑某人一文不名。罗马帝国就沉迷在这种贪婪虚荣和口腹之欲中不能自拔。老普林尼抱怨说，印度的香料和奢侈品将罗马变成一个懦夫的城市——

> 想想香料唯一带给人的乐趣，就是浓烈的气息，而我们为了得到它，居然要跋山涉水跑到印度！胡椒和姜在它们各自的国家都是野生的，但在买卖的过程中，却要像金银一样计算重量。……阿拉伯一年所生产的香料数量，还不及尼禄皇帝在他妻子的葬礼上一天烧掉的多。①

实际上，从普林尼时代往后，香料的价格一直在上涨。因为香料只能在特定的地方找到，这使香料成为长距离贸易的理想商品，而且送得越远，就越受欢迎，越发昂贵。

在古代交通条件下，产自亚洲的香料往往要经过多方转手，历经两年多，才能到达遥远的欧洲。这其中，埃及的亚历山大港长期扮演着主要贸易中转站的角色。亚历山大港的商人或许也不知道香料的具体来源，因此关于香料有很多天方夜谭般的传说。

古希腊历史之父希罗多德写道：“我们不知道肉桂生长

①（美）威廉·伯恩斯坦《贸易改变世界》，李晖译，海南出版社，2010。

在哪个国家。阿拉伯人说，肉桂是由大鸟带到阿拉伯的。大鸟用肉桂枝在悬崖上筑巢，人们为了获得它，用肉块来引诱大鸟，大鸟将肉块衔到鸟巢，以至鸟巢被压垮，掉在地上，人们因此拾取肉桂，把它贩运到其他国家。”稍晚一些的老普林尼对此不以为然，认为这是阿拉伯人编出来骗人的，以让这些稀有商品的来历显得神秘。

正是无数类似这样充满异域浪漫色彩的神话传说，为闭塞的欧洲人虚构了一个东方的香料与黄金之国。马可·波罗在他的游记中对东方“遍地黄金，香料盈野”的描述，激起了无数人的贪欲。①意大利思想家康帕内拉在他的共产主义乌托邦著作《太阳城》中写道：“太阳城的人民大量地使用香料。他们早晨起来，大家都把头发梳匀，并用冷水洗脸、洗手；然后咀嚼或用手抹擦薄荷、洋荽或莳萝，老人则抹擦神香。”②

商品的传播有时比信息传播要超前得多。在肉豆蔻、肉豆蔻干皮和干丁香花苞出现在西方后的1000年里，欧洲人和穆斯林都对它们的来源一无所知。事实上，这些香料几乎全部都来自南亚和东南亚一带。肉桂和桂皮产于锡兰（今斯

---

① 在欧洲风靡一时的《马可·波罗游记》写道：“秦海（今南海）中共有7459座岛屿……有种类很多的调味香料，例如胡椒，颜色像雪一样白，产量十分巨大，多到不可计数。”“爪哇大岛（加里曼丹）：此岛十分富裕，出产黑胡椒、肉豆蔻、高良姜、生姜、丁香以及其他种类的香料。”

②（意）康帕内拉《太阳城》，陈大维、黎思复、黎廷弼译，商务印书馆，1960。

里兰卡）和缅甸一带；胡椒产于南印度卡利卡特（现多译为“科泽科德”，中国古籍中明朝时称作“古里”）一带；豆蔻仁和丁香分别产自印度尼西亚的班达海诸岛和马鲁古群岛。因为这些地区相近，气候又都属于亚热带，因此不同的香料在各地都有广泛的种植。因为盛产香料，咖喱在这些地区都特别流行。①

在16和17世纪，从重要性来讲，胡椒名列东南亚出口货物的榜首，卡利卡特也因此成为东西方海商汇聚之地，中国称之为古里。直至18世纪晚期，马鲁古群岛一直是几种重要经济香料的唯一来源，包括丁香、豆蔻仁、肉豆蔻等。欧洲人所称的“香料群岛”一般指马鲁古群岛（旧称摩鹿加群岛）。

产于印度南部地区的胡椒，在欧洲名声最为响亮，直到中世纪末期，它仍旧是一种稀罕的贵重商品。一个勃艮第的农奴若想获得自由，必须向当地的修道院院长缴纳1磅胡椒；在15世纪的英国，一磅胡椒的价值与一头猪相等……在一些表现中世纪商业的文艺作品中，人们常常能看到天平上胡椒的另一边是金子。歌谣中这样唱道：“关起窗来别让风吹跑，财主手拿镊子数胡椒，一颗一颗又一颗。”

---

① 咖喱起源于印度。“咖喱（Kulry）”一词来源于泰米尔语，意思是指“许多的香料加在一起煮”或“以不同香辛料制成的酱汁”。咖喱是多种香料的结晶。印度作为咖喱的鼻祖，地道的印度咖喱会以丁香、小茴香子、胡荽子、芥末子、黄姜粉和辣椒等香料调配而成，不同的香料配比往往形成不同口味和不同颜色的咖喱。

在16和17世纪，胡椒贸易占了世界香料贸易的七成左右，其他如肉桂、豆蔻和肉豆蔻的贸易量比较小，但它们在市场上占有不成比例的重要地位，同样为贸易商创造了极高的利润。

郑和的收获

在中国，香料贸易的历史也极为悠久。丝绸之路开通后，中国一方面出口了大量丝绸，另一方面也导致许多“番货入华”，其中主要就包括了香料。因此，丝绸之路也是香料之路，尤其对海上丝绸之路来说更是如此。

汉代文献中提到外来的苏合香，到南北朝时期，日南和天竺的香木、安息的苏合香、大秦的熏陆香，陆续被运入中国。香料进口量日增，使其从达官显贵的奢侈品，逐渐成为市井日常的消费品。唐朝鉴真和尚路过广州，发现这里“停泊着婆罗门、波斯人和马来人的大商船，不可胜数，满满地装着香料、药品以及一些稀有、珍贵的东西，这些货物堆得像山一样”。①

唐大历十二年（777年），权倾朝野的宰相元载倒台，从他家中抄出胡椒八百石，约合现代计量的64吨，一个火车皮都装不下。这让元载在中国历史上臭名昭著，明朝廉吏于

① 转引自：（新西兰）S.A.M. 艾兹赫德《世界历史中的中国》。

谦讽以“胡椒八百斛，千载遗腥臊”；清人丁耀亢在《天史》中感叹：“人生中寿六十，除去老少不堪之年，能快乐者四十多年耳。即极意温饱，亦不至食用胡椒八百石也。惟愚生贪，贪转生愚。黄金虽积，不救燃脐之祸，三窟徒营，难解排墙之危，事于此侪，亦大生怜悯矣。”

宋代海外贸易繁荣。南宋时，关税收入占到岁入的20%强；仅香料税收一项，最高时竟占整个财政收入的10%。因为香料利润高，所以被列为“禁榷”专卖品的一类；掌握了独占权，政府对香料加以收购后再行转卖，获得暴利。《宋史·食货志》说：“宋之经费，茶、盐、矾之外，惟香之为利博。”宋元时代，从海外进口的商品以“香药”为主，尤其是产自东南亚的沉香和乳香。①

南宋末期，著名的阿拉伯海商蒲寿庚担任市舶司提举，这种亦官亦商的身份，使其垄断泉州香料海外贸易近30年。蒲寿庚“以善贾往来海上，致产巨万，家僮数千”。蒲寿庚拥有大量海船，这些海船在最后的宋元决战中，直接改变了双方的力量对比，导致了宋朝的灭亡。1973年，在泉州后渚港发掘出水的一艘南宋远洋货船，载重量达200多吨；船上香料遗存丰富，有降真香、檀香、沉香、乳香、龙涎香、胡

①《宋史·食货志》记载：“以金、银、缗钱、铅、锡、杂色帛、精粗瓷器，易香药犀象……苏木之物。”宋人叶梦得《石林燕语》卷二“内香药库”记载：“内香药库在謻门外，凡二十八库。真宗赐御制七言二韵诗一首为库额曰：每岁沉檀来远裔，累朝珠玉实皇居；今辰内府初开处，充牣尤宜史笔书。”

椒等。一些学者认为，这艘海船可能是蒲氏家族的香料船，或者至少与蒲家香料贸易有密切的联系。

《元史》记载，元朝大开海贸，对香料极其看重，忽必烈下令泉州市舶司，“每岁招集舶商，于蕃邦博易珠翠香货等物，及次年回帆，依例抽解，然后听其货卖”。根据汪大渊《岛夷志略》的描述，中国商船主要活动范围都在印度洋，香料是其中重要的商品。每次出海，都要用瓷器丝绸换回大量的苏木和胡椒等香料。尤其是在印度西南部的古里（下里），“地产胡椒，冠于各番，不可胜计。椒木满山，蔓衍如藤萝，冬花而夏实。民采而蒸曝，以干为度。其味辣，采者多不禁。其味之触人甚，至以川芎煎汤解之。他番之有胡椒者，皆此国流波之余也”。

在1470年之前，来自班达群岛的香料更多是出口到亚洲，尤其是中国，而非欧洲市场。马可·波罗曾宣称，在亚历山大城，每有一艘意大利船停泊，同时就有100艘满载香料的商船在泉州靠岸。在蒲寿庚之后，蒲氏家族主宰泉州海运长达100多年。汪大渊每次出海，都是从泉州出发。元末明初，蒲氏家族遭到清算，但泉州仍是接下来郑和船队远航的主要港口。①

① 泉州自北宋末期开港，南宋时因为杭州较近，超越广州成为中国乃至世界最大的外贸港口。吴自牧《梦粱录》：“若欲船泛外国买卖，则是泉州便可出洋。”泉州在马可·波罗和白图泰笔下称为“刺桐”，“该城的港口是世界大港之一，甚至是最大的港口。我看到港内停有大艟克约百艘，小船多得无数。这个港口是一个伸入陆地的巨大港湾，以至与大江汇合。”

作为一场规模浩大的航海运动，郑和下西洋的壮举其实也与香料有关。有研究者认为，郑和下西洋的主要目的就是“透过官营贸易与推动朝贡贸易，实现苏木和胡椒的供给”。①

明代时，胡椒和苏木在中国属于奢侈品；朝廷甚至用胡椒和苏木来替代薪俸。明宪宗时期，“北京和南京的官员，前半年发白银，后半年发苏木和胡椒。”据说当时的胡椒与苏木，比黄金还要贵重；而郑和下西洋时，胡椒在中国的价格是原产地的 10 到 20 倍。②郑和船队输出丝绸、瓷器等，输入香料等，“其去也，以一倍而博百倍之息；其来也，又以一倍而博百倍之息”，真是一本万利。③

一种比较普遍的说法是郑和下西洋因为经济上的失败而

---

① 蒙古人统治中国时，胡椒被大量用作肉类的防腐剂及调味料，促成胡椒消费的普及。到明初，已成民生必需品。苏木常用作红色染料，宋元时期推广棉花，明时棉布已很普及，苏木作为棉布最好的红色染料，全部依靠进口。苏木和胡椒都是人们衣食所需，当人们发现不用远赴印度洋，在东南亚即可得到苏木和胡椒时，官方大规模的远洋航行便停止了。可参阅陈国栋《东亚海域一千年：历史上的海洋中国与对外贸易》。

②《瀛涯胜览》记载，胡椒在其产地苏门答腊的价格仅为 0.01 两 / 斤；而据《明会典》所述，胡椒在洪武年间的国内市值高达 0.2 两 / 斤，差价 20 倍于产地。

③ 郑和多次下西洋，从海外带回大量的香料，这些香料常常被当作珍稀的中药材使用。如苏合香被用作外擦药；没药用于外伤活血；安息香和乳香都是活血化瘀、祛风止痛的药物。苏木既可作为红色颜料，也可以用作止泻药，像豆子一样，不易变质，便于携带，价值超高。除了苏合香、没药、安息香和乳香，被引进作为药材的还有胡椒、芍药、丁香、豆蔻、沉香、木香、龙脑香等，以及大风子、蘗澄茄、血竭、硫黄、犀角和羚羊角等，这些中药材在中国都非常稀缺。郑和船队采购的商品中还有一种叫苏麻离青的矿石，它产于中东，是制造青花瓷器所必须使用的一种青色调料。跟随郑和下西洋的马欢在《瀛涯胜览》之“祖法儿国”中写道：“……土产乳香，其香乃树脂也。……彼人每砍树取香而卖。中国宝船到彼，开读赏赐毕，其王差头目遍谕国人，皆将乳香、血竭、芦荟、没药、安息香、苏合油、木别子之类来换易纻丝、瓷器等物。”

最终放弃，但如果考虑到香料经济的暴利，那么就有必要重新审视这种论断。毕竟郑和下西洋并非一次两次，而是持续不断地进行了七次。至少在早期的几次远航中，郑和船队是名利双收的。史料中也称郑和下西洋使“贫民致富”，而奢侈品“国用充足”。①

郑和下西洋后，大量胡椒、苏木的输入“充溢库市”，明朝以此折赏和折俸，特别是折成文武官员、军士人等的俸禄，一直到成化七年（1471 年）才用完，持续半个世纪之久。②朝廷以香料作为货币代用品，以解救钞法败坏的危机和货币政策的失败，时人评价是“不扰中国之民，而得外邦之助”。③

不可否认，郑和下西洋有猎奇的成分，为皇帝搜寻外国的奇珍异宝。对中国来说，胡椒和苏木属于珍奇，也就非常好理解了。因为郑和大量采购胡椒和苏木，这也使得盛产胡椒和苏木的满剌加成为远东最大的商品集散地。摩洛哥旅行

① 黄仁宇先生在《中国大历史》中说：“（郑和）这些船舶所载出口商品为绸缎、铜钱、瓷器和樟脑，回程的入口商品有香料、珍宝、刀剪、油膏、药料及奇禽异兽，此类物品可以增加宫廷生活之色彩，却不适用于大众化市场。即使胡椒与苏木被政府使用当作文武官员薪俸的一部分，其价格仍不值得建造和维持如此巨大舰队。”明代后期士人严从简在其《殊域周咨录》中曾记载道：“又自永乐改元，遣使四出，招谕海番，贡献毕至。奇货重宝，前代所希，充溢库市。贫民承令博买，或多致富，而国用亦羡裕矣。”

②《明英宗实录》卷十五记载：“正统元年（1436 年）三月甲申，敕（南京守备太监）王景弘等，于官库支胡椒、苏木共三百万斤，遣官运至北京交纳。”郑和下西洋结束（1433 年）三年后，南京官库中至少还有 300 多万斤胡椒、苏木。

③（美）李露晔《当中国称霸海上》，邱仲麟译，广西师范大学出版社，2004。

家伊本·白图泰（1304—1377 年）曾游历到此，他在游记中写道："沿河的树木都是肉桂树和苏木，这是当地的劈柴，我们一路上就用它烧火煮饭。"可见当地香料之廉价。不过在中国则是物以稀为贵，后来胡椒和苏木大量涌入中国，这些香料也就逐渐失去了原先的价值。到郑和最后一次下西洋时，靠贩运香料或许已经难以取得像以前那样的暴利。

胡椒从海外大量涌入中国，市场趋于饱和，胡椒价格开始持续走低。两个世纪之后，西方也出现了类似的现象。到 17 世纪初，英国东印度公司也把来自海外的大量胡椒配给股东，带来市场价格的低落，而英国皇家也曾因积存胡椒太多而备感棘手。

郑和船队采购的胡椒、苏木后来大量积压，为了清理库存，朝廷便想出了"折赏""折俸"的办法。在具体折算时，折价往往会高于市场价，这就等于扣减了官吏的薪俸，势必引发官僚群体的不满。与其他朝代相比，明代官吏薪俸原本就不高，如此一来，郑和下西洋就成为众矢之的，以至于后来连一份官方档案都未能保存下来，据说是被愤怒的官员付之一炬。①

---

① 永乐二十二年（1424 年），胡椒的市值已经低于 0.1 两 / 斤的情况下，折俸时仍取洪武年间 0.2 两 / 斤的价位，而宣德九年（1434 年）的"折俸"创下了历史新高，达到 1 两 / 斤。这种折算几乎等于将官俸标准下降了 90%。终明一朝，通过"折俸"克扣工资的做法从未停止过。可参阅陶禹廷《郑和下西洋的经济账》，《国学》，2015 年第 6 期；万明《中国融入世界的步履：明与清前期海外政策比较研究》，社会科学文献出版社，2000。

明朝初期海禁甚严，片木寸板不得下海；郑和下西洋虽属朝贡贸易，但无疑开创了一个前所未有的壮举，来自海外的大量信息传播到社会，引发了民间向海外发展的冲动。通过郑和带回的香料等异域奢侈品，人们发现海外贸易利润之高，远非国内生意可比，甚至高达几十倍上百倍，这必然刺激了民间进行航海贸易的冲动和热情。郑和以后，私人商团纷纷下海，华人遍布整个东南亚，使明朝的海禁名存实亡。因为所谓的海禁法令，国家不能合法征税，走私贸易利润非常可观。①

宣德八年，即1433年，郑和在古里去世，终年62岁。古里是印度西海岸一个重要的海港城市，那里出产的豆蔻、肉桂、生姜、姜黄，尤其是胡椒等香料，使其成为东西商人最愿意光顾的大型香料集散地，形成所谓“西洋诸番之会”。65年后，达·伽马来到了这里，也是为了香料。正如一位历史学家所说：“在香料市场上，中国买下了绝大部分份额，而欧洲一直处于不利的地位。欧洲人不得不长途跋涉，且还要经许多中间商之手，才能获得余下的份额。”②

① 明代在永乐以后逐渐变成一纸空文的海禁法令，唯一结果就是把海外贸易的高额利润全部拱手让于私人。到了晚明，海外贸易已经繁盛之极。张燮《东西洋考》记载：“成弘之际，豪门巨室间有乘巨舰贸易海外者，奸人阴开其利窦，而官人不得显收其利权，初亦渐享奇赢，久乃勾引为乱，至嘉靖而弊极矣。”

②（英）菲利普·费尔南多-阿梅斯托《1492：世界的开端》，赵俊、李明英译，东方出版中心，2013。

香料之路

一般来说，世界历史学家都将大航海运动（尤其是哥伦布发现新大陆的1492年）作为世界近现代史的起点。但也有学者将这个节点往前推到文艺复兴时期，甚至更早的蒙古帝国时期。日本一些学者就认为蒙古帝国通过连接中国与欧洲的草原通道，将欧亚大陆所有人联系在一起。还有学者以蒙古帝国的解体（尤其是元朝的灭亡，即1368年）作为世界近代史的起点。由此出现的东亚世界、伊斯兰世界和西欧世界三种文明相互博弈，才造成了西欧的兴起。西欧借助经蒙古帝国之手传来的东方科技，开启了“大航海时代”，在全世界进行商业贸易，实行殖民主义，传播基督教，建立霸权。在14至17世纪，摆脱蒙古“黄祸”阴影的西方，掀起以资本主义文明为主导的单向全球化进程，成为近代世界的历史推动者与主宰者。①

自中世纪以来，香料贸易之于欧洲就是重要的经济支柱。热那亚和威尼斯为了争夺香料贸易长期争斗不已。1204年，为了控制香料贸易，威尼斯人授意“十字军”洗劫了东罗马帝国的首都君士坦丁堡。从那以后，威尼斯的犹太商人就成为欧洲香料的实际控制者。

① 赵现海《世界近代史的起点与明代中国的历史分流》，《中国史研究动态》，2016年第5期。

很长一段时间内，犹太人是唯一能够跨越基督徒和伊斯兰教界限，并从中获利的民族。1200 年至 1500 年，传统的陆路运输屡屡被蒙古人和土耳其人阻断。在整个运输香料的路线中，阿拉伯人控制了当时唯一的水上和陆地的联运地段，并征收高达商品价值 35% 的关税，正所谓“香料是基督徒的恋物，因此也成了伊斯兰教徒的摇钱树”。单是埃及，据估计每年由此就能获得数十万达卡的收入。

在这一时期，从事香料贩运的阿拉伯人将伊斯兰教传入印度西岸、非洲东岸和更远的马来群岛，以及中国的沿海港口。据说先知穆罕默德本人就是一个商人，多次循着将香料从印度洋运送到地中海的陆上路线旅行到叙利亚。香料贸易传播了伊斯兰教，伊斯兰教也促进了香料贸易的繁荣。在 12 世纪末，拥有最多穆斯林人口的国家是中国和印尼，它们都远在伊斯兰军事征服的领域之外，这都是因为商业的力量。

在远东的香料群岛，当地人先采集香料并由阿拉伯人买下，用独木舟运到马六甲，然后沿着印度西海岸运到霍尔木兹或亚丁湾，再由埃及的驼队穿越沙漠，运到尼罗河口，最后才由威尼斯商人运过地中海。层层倒手，香料价格翻番上涨。据说在印度价格不到 3 杜卡的胡椒，在开罗涨到 68 杜卡，到了威尼斯，价格达到印度的 50 倍。

因为威尼斯和阿拉伯世界的贸易协定，使得香料的价格被人为控制，昂贵无比，西欧与南亚之间的香料价格相差有几十倍之多，威尼斯人因此聚敛了大量的财富。那些保留至今的宫殿和公共建筑，大多都是用香料贸易的利润修建的。

发生在 14 世纪中期的黑死病，曾导致欧洲三分之一的人口死亡，人们纷纷将香料当作救命良药，香料更加奇货可居。颇为讽刺的是，这场旷世瘟疫的传染源，就是那些贩运香料的商船。

当时，从欧洲前往东方的通路被控制整个北非和中东的穆斯林势力所阻断，对欧洲人来说，地中海是一所牢狱，而不是一条通途。因此，除了作为中间人牟利的威尼斯人之外，欧洲人都渴望找到一条“通往香料产地东印度群岛”的新路。①

香料的暴利吸引了新兴的葡萄牙和西班牙。为了打破威尼斯的垄断，就必须发现一条绕过地中海的新航路，一场轰轰烈烈的大航海运动因此拉开帷幕。“在整个 14 世纪和 15 世纪期间，航海家们只是想完成一件事，就是想找到一条舒适而安全的航路，通往中国、日本和香料群岛。”②

在亨利王子的主导下，葡萄牙从 1440 年开始，一步步沿着非洲西海岸一路南下，试图绕过非洲，到达东方。1460

---

①（美）斯塔夫里阿诺斯《全球通史》，吴象婴、梁赤民、董书慧、王昶译，北京大学出版社，2012。

②（美）房龙《人类的故事》，生活·读书·新知三联书店，2010。

年，他们在利比里亚一带发现了大量胡椒，这就是所谓的“胡椒海岸”。这一探险持续了很长时间，直到 1488 年，迪亚士才发现了非洲最南端的好望角。

与此同时，哥伦布接受了西班牙的委派。天文学家兼地理学家托斯康内利曾告诉哥伦布：“通过大西洋到黄金和香料王国，是一条比葡萄牙人所发现的沿非洲西海岸的道路更短的途径。”哥伦布误打误撞，竟然因此而发现了新大陆——“哥伦布只要遇到一种新植物，就会闻闻它的树皮是否有肉桂的味道，尝尝它的花蕾希望发现它是丁香，刮擦它的树根寻找生姜。然后，他会把注意力转移到它的种子上，希望它们能产出最贵重的香料——肉豆蔻、肉豆蔻干皮和胡椒。”①

哥伦布以为这里就是“印度”，但却没有发现任何香料。②后来的探险者也没有找到香料，但却发现从未见过的玉米、土豆、烟草、番茄和可可。

相比哥伦布，葡萄牙人开拓的非洲航线貌似更加“成功”。1498 年 5 月，经过两万多公里的航行，葡萄牙航海家

---

①（美）索尔·汉森《种子的胜利：谷物、坚果、果仁、豆类和核籽如何征服植物王国，塑造人类历史》，杨婷婷译，中信出版社，2017。

② 哥伦布第二次出航后，是戴着镣铐回到西班牙的。哥伦布在 1503 年第三次航行通信中写道：“当我发现印度群岛的时候，我说它们是世界上最富庶的领地，我谈及那里的黄金、珠宝、钻石和香料，连同它们的贸易和市场。因为这一切都没有马上出现，我遂成了人们嘲笑谩骂的对象。”事实上，哥伦布从新大陆带回了一种红辣椒，这比印度辣椒要辣得多，但因为红辣椒和后来的玉米、土豆一样，都极易栽培，因此并没有成为香料那样的贸易品。

达·伽马率领的船队绕过好望角，终于抵达印度的卡利卡特港。这是欧洲船第一次光临印度洋。70 年前，这里是郑和船队炫耀中国威仪和财富的地方。

达·伽马发现了一条前所未有的香料之路。一名葡萄牙书记员为这次航行撰写了《东方列国志》，其中写道："神为檀香造了帝汶，为肉豆蔻皮造了班达，为丁香造了马鲁古，这些商品在世上其他地方闻所未闻。"

在达·迦马到来之后，承平数千年的印度洋再无宁日。达·迦马依仗炮舰之利，在印度洋大开杀戒，试图赶走统治印度洋近千年的阿拉伯商人，建立葡萄牙对东方香料的垄断地位。达·伽马第一次返航时，满载胡椒、桂皮、干丁香和肉豆蔻，这船货的价值相当于整个远征队费用的 20 倍。一年之后，达·伽马又一次乘着印度洋的东北季风满载而归，这次以暴力掠夺所获的纯利竟超过总航行费用的 60 倍。从 1504 年起，每年至少有 12 艘船只从里斯本出发前往东方，香料几乎是唯一的货物。①

在 16 世纪的前五年，葡萄牙人的香料贸易价值量迅速增长，从 1501 年的 22.4 万英镑上升到 1503—1506 年的年均

① 葡萄牙使威尼斯的香料贸易岌岌可危，威尼斯人便帮助埃及人和阿拉伯人组织了一只反葡联合舰队，双方在 1509 年发生了第乌海战。葡萄牙以少胜多，从而彻底占领了果阿、霍尔木兹、马六甲在内的印度洋沿岸地区，并建设了许多沿海要塞。葡萄牙人宣布，胡椒贸易为他们的专利，不容他人染指；凡是在印度洋航行的船只，都必须持有他们颁发的通行证。

230 万英镑，成为当时的海上贸易强国。但在 1511 年占据东南亚著名港口马六甲之前，葡萄牙人自己运抵欧洲的香料仍不及穆斯林船队运输量的四分之一。“葡萄牙人不渴望成为一个贸易帝国，而是做些收取保护费和敲诈勒索的买卖，他们逼迫当地商人以低于市场价的价格出售香料和其他货物。”① 从 1513 年到 1530 年，葡萄牙人平均每年转运 30 多吨丁香和 10 吨肉豆蔻，从而主宰了欧洲市场。

1511 年，葡萄牙来到香料群岛。三年之后，葡萄牙人的船第一次来到中国南海，时值明武宗正德九年。数年之后，葡萄牙人“暂借”了澳门半岛。西班牙也不甘落后，航海家麦哲伦接受委托，去寻找一条跨越大西洋到达亚洲的航道；与其说这是对哥伦布发现的继续，不如说这是人类第一次环球航行。

伏尔泰曾说：“自 1500 年以后，在印度取得的胡椒没有未被血染红的。”在 15—16 世纪，一小袋胡椒比一条人命更值钱，而那时不值钱的人命多的是。与达·伽马同一时期去往东方的海船有 114 艘，只有不到一半船只绕过好望角平安归来；1506 年威尼斯议会的一份报告称：“19 艘满载香料的货船已确认全部沉没，另外那 40 艘船至今下落不明。”②

①（美）威廉·伯恩斯坦《贸易改变世界》。

②（英）彼得·弗兰科潘《丝绸之路：一部全新的世界史》，邵旭东、孙芳译，浙江大学出版社，2016。

1519 年，麦哲伦率船队离开西班牙，船队在三年后返航，在这个人类历史上首次环球航行中，麦哲伦本人命丧于途。1521 年 11 月 8 日，他们终于找到了传说中的“香料群岛”。虽然船队 256 人中，只有 18 人幸免于难，当初的 5 艘帆船也只剩下一艘漏得跟筛子似的“维多利亚号”，但他们装载的 381 袋丁香和 27.3 吨其他香料，却足以支付所有的代价和损失，甚至绰绰有余。“维多利亚号”船长德尔 · 卡诺获得了西班牙国王查理一世授予的一枚纹章。纹章下半部是互相交叉的肉桂枝，周围是 3 个肉豆蔻果和 12 朵丁香花，上面是一个地球，地球飘带上用拉丁文写着一句话：“你第一次环绕我航行。”

1529 年，葡萄牙为争夺香料群岛的归属权，不得不向西班牙支付 35 万杜卡特金币；而实际上，麦哲伦是葡萄牙人。到 1580 年，西班牙王室与葡萄牙王室合并。

香料帝国

16 世纪初，由于葡萄牙人垄断了绕过非洲到亚洲的东印度航线，迫使西班牙只能另辟他途，即向西越过大西洋，经过墨西哥西渡太平洋，再到亚洲。因此，16 世纪的太平洋被称为“西班牙海”。1529 年，西班牙与葡萄牙签订《萨拉戈萨条约》，以马鲁古以东 17 度划分两国势力范围。出于香料贸易和打开亚洲市场的动机，1565 年西班牙殖民者在菲律宾宿务登陆，建立了第一个殖民点；同年 6 月，西班牙“圣 · 巴布洛号”大帆船满载亚洲香料和货物，从宿务返回墨西哥阿卡普尔科。

1571 年，西班牙建立了马尼拉城。西班牙人的初衷只想建立一个获取香料的基地，但它很快就成了一座大城市，一个亚洲与美洲之间的联络点。现在货物无须先经过欧洲，而是直接跨越太平洋运达，阿卡普尔科 - 马尼拉之间的大帆船贸易日趋繁荣。有人说，马尼拉成为“世界上首座全球性城市”。

葡萄牙一直试图保守香料群岛的秘密。麦哲伦的航行，使香料群岛出现在所有的世界地图上。1570 年后，马鲁古群岛的丁香生产开始向外转移，葡萄牙人对新的丁香产地逐渐失去控制。由于葡萄牙本土资源匮乏，人口较少，只能控制部分航线和港口贸易集散地，而无力强化，使其完成一定数量的香料贸易。因此，大量香料通过葡萄牙人无法控制的陆路进行贸易。但即使如此，阿拉伯人还是一蹶不振。在此后的 4 个世纪，穆斯林商人被彻底赶走，欧洲人垄断了丁香和豆蔻的世界贸易。

葡萄牙卓有成效的发现，以及“香料帝国”的建立，深深刺激了其他欧洲列强，包括西班牙、荷兰、法国、英国等国，都试图打破葡萄牙的垄断地位，取而代之。由此开始了欧洲海上列强争夺全球市场资源的百年混战，荷兰和英国不惜扮演海盗的角色；英国甚至对海盗颁发“抢劫特许状”。为了香料贸易，“东印度公司”成立了，这种制度创新远远超出了葡萄牙人的想象。荷兰人占领了大阪达岛和那拉岛；英国人占领了腾岛。

随着荷兰人在东印度势力的崛起，很快他们就支配了整个香料群岛——现代的印度尼西亚。

1596 年到 1599 年，先后有两支荷兰船队从香料群岛载着沉甸甸的胡椒回到阿姆斯特丹，利润率高达 400%，人们惊叹：“自从荷兰作为一个国家以来，从未见过装着这么多财宝的船。”短短几年间，荷兰就出现了 14 家贸易公司，致力于亚洲香料贸易。为了防止互相恶意竞争，在荷兰官方的斡旋下，这些公司联合成立了东印度公司。

在联合东印度公司于 1602 年成立后的 50 年间，胡椒和香料这两种商品，在进口商品中以压倒性的优势占据着重要的地位。以进口金额计算，仅仅是这两项商品，就占据了当时进口总额的 70%～75%。

1603 年，荷兰在新加坡虏获了一艘葡萄牙商船，船上的香料瓷器等商品在荷兰拍卖了 300 万荷兰盾。在荷兰东印度公司的授意下，格劳修斯撰写《海洋自由论》，论述了这一虏获行为的合法性，并阐述了一种崭新的现代公海以及贸易自由概念：根据国际法，任何人可以自由航海至任何地方；荷兰人航海至印度并与印度人进行贸易是合法的；任何国家到任何他国并与之贸易都是合法的。

1611年，荷兰东印度公司的船长亨利克·布劳威尔绕过好望角后，向东南方驶入浩瀚的印度洋，从而成功利用咆哮西风带的风速和温和气候到达香料群岛。在击败葡萄牙之后，荷兰控制了香料群岛，并占领了台湾（1624年）。为了独占香料，荷兰人从英国人手里夺去了岚屿岛（1621年）[①]，最后占领了重要的贸易通道马六甲（1641年），完成了葡萄牙始终没有完成的香料垄断。

17世纪时，荷兰东印度公司从万丹及巴邻旁（明代称“旧港”，今称“巨港”）购买苏门答腊产的胡椒，他们也在马拉巴尔取得胡椒。二者加起来，每年他们运回欧洲的胡椒就高达600万荷兰磅，约合270万公斤。进口胡椒及其他香辛料运到欧洲，为公司带来约60%的利润。[②]

按照传统的“重商主义”思想，商人不是通过商品的流通，而是通过限制商品的流通来获得利润。荷兰人发现，当一批商品从价格低的地方运到价格高的地方后，因商品数量增加，低价处的商品价格就会升高，而高价处的商品价格会降低。每次一整船香料运抵阿姆斯特丹，这里的香料价格就会下降；而当他们的商船到达香料的产出地马六甲时，香料

① 为了安慰英国，荷兰将新阿姆斯特丹给了英国。英国将其更名为新约克，即纽约（New York）。历史学家尔斯·米尔顿后来说，荷兰人“抢走了英国人的肉豆蔻，却送给他们一个最大的苹果”。

② 陈国栋《东亚海域一千年：历史上的海洋中国与对外贸易》。

的价格就会上升。产销两地的价差减小，也就等于减少了他们可获取的利润，于是最好通过限制商品的流量，来维持价差和他们的利润。为了达到这个目的，荷兰人禁止其他国家商人染指香料贸易。

荷兰垄断香料贸易之后，严格控制香料的产量和供应，以此维持市场的稳定，从而获得较高的利润。每当产量发生波动时，总会有大量香料被人为销毁，甚至要摧毁数以万计的豆蔻树。销毁香料的活动一度成为定期的香料篝火晚会，仅在 1735 年，阿姆斯特丹就焚烧了 125 万磅肉豆蔻。篝火里流出的香料油，甚至浸湿了围观者的鞋子；有人因为从火中偷了一把肉豆蔻，便被处以绞刑。

在最辉煌的 17 世纪，荷兰将丁香和肉豆蔻的价格哄抬了 20 倍。为了防止香料种子外流，他们将所有的香料都进行了处理，使其不能发芽。但即使如此，相比从前，香料还是大量地涌入欧洲。只是失去香料货源的威尼斯彻底走向没落。

从 1498 年开始，威尼斯的香料贸易就江河日下，13 年之间，暴跌了 75%。大量的香料通过好望角到达里斯本，然后是北欧的安特卫普。价格下跌后，消费量开始上升。欧洲人每年消费的胡椒量，从 1497 年的 200 万磅，增长到 1560 年的 700 万磅。

1602 年，英国东印度公司刚刚成立，就派出 4 艘舰艇从伦敦出发，前往苏门答腊的亚齐；一年后，船队运回了103万磅胡椒，相当于英国4年的胡椒消费量，这让伦敦的胡椒市场一片混乱。

整个17世纪，英国东印度公司与荷兰东印度公司，为争夺欧洲市场斗得昏天暗地，胡椒价格持续下跌。到18世纪，没有了暴利，胡椒贸易一蹶不振。1763年，德那地岛的火山剧烈喷发，一度对马鲁古群岛的香料树造成灭顶之灾。1800年，荷兰东印度公司宣布破产，留下高达18亿荷兰盾的债务。

英国人一直受到荷兰公司的排挤，为了弥补香料货品空缺，英国东印度公司便开始从卡利卡特（Calicut）贩运印度棉布，这些富有东方色彩的印花布被称为“卡利卡（calico）”。印度棉布在英国风靡一时，随即引发了一场轰轰烈烈的纺织业工业革命。1792年，英国将卡利卡特据为殖民地。

香消玉殒

几个世纪以来，香料一直都是东南亚一带岛国的主要经济作物，也是印度洋长途贸易的主打商品。从马鲁古到爪哇、望加锡或马六甲海峡，再到印度、中东、欧洲或中国，前后转手不下几十次。为了得到香料，欧洲人与中国人、穆斯林等买主之间，彼此竞争，香料价格与数量在 17 世纪前期都达到了最高峰。财富不断涌入，为沿途十几个贸易港口注入了巨大的活力。

香料贸易引发的大航海运动，彻底改变了传统世界的格局，东西方商业贸易的主导权，从伊斯兰各国和意大利转移到西班牙和葡萄牙；到了 17 世纪以后，又进一步转移到了荷兰和英国。

15 世纪，葡萄牙人发现了桂皮的真正来源——斯里兰卡茂密的肉桂树林。葡萄牙人如获至宝，马上和当地人达成了协议，就此垄断了桂皮贸易，为了保险起见，他们还在当地建造了一座城堡。即使如此，荷兰人还是于 1658 年从葡萄牙人口中抢走了这块肥肉。螳螂捕蝉，黄雀在后。到了 1796 年，荷兰人又被英国人赶出了斯里兰卡。但那时，世界各地都不乏肉桂树的身影，没人再觉得桂皮是多么不得了的奢侈品。

为了争夺香料，荷兰与英国之间多次发生战争。荷兰曾经一度将英国控制的岚屿岛上的肉豆蔻树全部砍倒，这导致欧洲市场的肉豆蔻价格平地上涨了 60 倍。

在东南亚的贸易时代，胡椒是最有价值的出口商品。当 17 世纪 40 年代其价格仍然高昂时，每年仅此一项的收入约等于 25 吨白银，而这些银子大部分用于购买进口货。到 1670 年左右，尽管价值下滑，生产却继续上升，每年出口

8000吨的胡椒。此后胡椒价格和数量都直线下滑，东南亚的种植者们开始纷纷转向种植粮食作物。

荷兰东印度公司为了获得暴利不惜涸泽而渔，他们除了以低于市场价格购买香料，还垄断了香料群岛的货物供应权，这使马鲁古的米价飙升了5倍，结果很多人都放弃了香料改种水稻。由于香料群岛的民众越来越穷，荷兰东印度公司贩运过来的印度棉布也几乎无人问津。英国人抱怨说："由于不再种植胡椒这个本地唯一商品，这里的人们一贫如洗，许多人除了偷盗外没有其他生计。"①

在整个香料贸易中，其他香料的绝对数量要比胡椒少得多，但荷兰东印度公司对肉豆蔻和丁香的成功垄断，都是对东南亚贸易的严重打击。在荷兰人的垄断下，生产者的价格被固定在最低水平，所有亚洲中间商和中转港口全部被排除在外。17世纪中叶，荷兰人将他们从马鲁古购入的香料，在欧洲以17倍、在印度以14倍的高价出售，却没有一分利润能落入亚洲人的腰包。

为了维持暴利，荷兰人对待香料群岛的原住民极其严酷。任何人如敢反抗，荷兰殖民者就会将其中所有15岁以上的男子全部抓来斩首示众。荷兰东印度公司刚到班达亚齐时，这座岛屿原住民大约有15000人，仅仅过了15年，岛上

①（澳）安东尼·瑞德《东南亚的贸易时代：1450—1680年》，吴小安、孙来臣、李塔娜译，商务印书馆，2010。

的居民就只剩下600人了。如果说从前香料确实给人们带来了财富，那么后来给岛上的居民带来的只有痛苦和灾难。一些香料岛为了避免遭到欧洲人的觊觎或陷入欧洲殖民者之间的兵燹之灾，不得不忍痛割爱，毁掉了香料树。

英国诗人弥尔顿在《失乐园》中写道："从德那第岛到泰德岛，商人们带来了香料和药草。"荷兰人占领香料群岛后，英国和法国无法分一杯羹，只好另辟蹊径。

1769年，法国园艺家皮埃尔·普瓦夫尔从班达岛成功走私了一些肉豆蔻种子到毛里求斯，最终结束了荷兰人垄断肉豆蔻的历史。英国东印度公司后来在槟城、新加坡、印度、西印度群岛、马达加斯加和格林纳达都进行了肉豆蔻种植。

香料种植一旦扩散到全世界，香料便成为普通的商品，不再只是东南亚的特产，甚至连曾经盛产香料的印尼也成了香料进口国。如今，位于加勒比海的格林纳达是世界第二大肉豆蔻产地，格林纳达的国旗甚至以肉豆蔻作为标志。

随着现代科学技术的普及，神秘的香料逐渐祛魅化，化学合成的香料和油料成为廉价的替代品。四处开花的香料很快从昔日的奢侈品变成了寻常的大众日用消费品，由多种香料调制而成的咖喱已成为欧洲人的普通食品。

历史体现的是时间的力量。时间可以把丑陋的黑炭化为钻石，也可以使闪亮的金属成为一堆铁锈。

近代晚期，随着蔗糖、茶叶和咖啡的风靡，大大消解了欧洲人对香料这种重口味的嗜好，很多西餐食谱反而禁止使用香料。现代以来，香料已经从富人的奢侈品变成穷人的必需品，有人甚至将辛辣刺激的食物视为贫困落后民族的饮食习惯。

从绝对数量来说，香料贸易从中世纪到近代，一直在不断增加，但它们对世界的影响却走向式微。

1976年英国女王访问美国时，纽约一家教堂居然赠送了她279粒胡椒，以此来象征性地偿还自英王威廉三世以来美国所欠的租金。这件逸事只能作为一个西方幽默来理解。

长久以来，一直被西方人魂牵梦绕的香料群岛不再神秘，在历史的长河中逐渐烟消云散——“为了香料的原因，财富聚了又散，帝国建了又毁，以致一个新世界由之发现。千百年来，这种饮食上的欲求驱使人们横跨这个星球，从而也改变着这个星球。”①

①（澳）杰克·特纳《香料传奇》。

土豆

饥荒与拯救

美国著名历史作家房龙曾这样概括说："人类的历史就是饥饿的动物寻找食物的历史。"换句话说，人类的历史也是饥荒的历史。饥荒的历史要比农业的出现更为久远，在某种程度上可以说，农业或许是人类为了应对饥荒而不得已的发明，但农业也没有终结饥荒；甚至说，农业反而使饥荒的灾难更加可怕。

事实上，从狩猎采集到定居性的农业，人类更易遭到自然灾害（特别是干旱）的威胁，因为食物的储存总是有限的。农业改变了作物的基因结构，这些动植物变得在自然环境下无法生存，只能与人类相依为命。这些被人类驯化的植物的遗传基因是如此单一，以致一种新的病虫害就可能摧毁大部分收成，从而造成大规模的饥馑。农业社会的食物基础仍然是不稳定的。

中世纪欧洲因为农业条件较差，基本以低产的小麦和燕麦为主食，人口一直增长缓慢，而且战乱和饥荒连年不断。那时，饥饿对欧洲人而言并不陌生。即使到了工业革命时期，这种饥荒压力仍未有多少减弱。据历史学家布罗代尔研究，法国在16世纪到19世纪间，曾发生过40次全国性的大饥荒，相当于每10年就发生不止一次；英格兰则更为频繁。仅靠农业本身，欧洲这片土地根本无法实现自给自足。

1492年常常被历史学家视为现代世界史的起点，哥伦布于这一年发现了新大陆。哥伦布给美洲原住民带来毁灭他们的瘟疫，却给欧洲和亚洲带回了美洲的玉米、土豆、花生和红薯。这些生命力顽强的高产作物，使欧亚大陆的粮食产量大增，人口也随之大增——世界人口在16世纪的增长率为11.9%，17世纪为47.5%，18世纪为80.6%。

从1700年到1900年，虽然有近4000万人口移民美洲或其他地区，欧洲人口（包括俄罗斯在内）依然增长3倍多，从1.22亿增长到4.21亿。同一时期，中国人口增长3倍，从1.5亿上升到4.36亿；印度人口也几乎翻了一番，达到2.9亿。撒哈拉以南的非洲地区的人口也几乎翻番，从6100万发展到1.1亿，虽然奴隶贸易让非洲失去了几千万人口。

相比之下，这一时期最大的人口增长出现在新大陆。1700年，美洲人口刚刚恢复到哥伦布到来之前的1200万左右，到1900年，美洲人口已经达到1.65亿，是原来的12倍还多。[①]

土豆的拯救

土豆被哥伦布带回西班牙后，在很短的时间内就传入意大利和欧洲各地，很快也传入处于明朝的中国。

面对一个新物种，人们总要给它命名。土豆或许是世界上名字最多的物种之一：意大利叫它“地豆”，法国叫它“地苹果”，德国叫它“地梨”，俄国叫它“荷兰薯”；至于中国，叫法更是五花八门，如洋芋、香芋、土芋、山药蛋、洋山药、爪哇薯、馍馍蛋、薯仔等，正式的学名叫马铃薯，但土豆最为常用。

第一个吃螃蟹的人是勇敢的，人们接受新事物总要有一个过程。刚开始见到土豆时，欧洲人都很反感这种《圣经》上没有记载的怪异物种，人们相信小麦是高贵的和美的，而土豆则是黑暗的和丑陋的，甚至是邪恶的。正如迈克尔·波伦所描述的：“小麦是向上指，指向太阳和文明；土豆却是向下指，它是地府的，在地下看不见地长成它那些没有区别的褐色块茎，懒散地长出一些藤叶趴在地面上。”[②] 直到今天，

---

①（美）唐纳德·休斯《世界环境史：人类在地球生命中的角色》，赵长凤、王宁、张爱萍译，电子工业出版社，2014。

②（美）迈克尔·波伦《植物的欲望》，王毅译，上海人民出版社，2005。

英语中的“小土豆”（small potato），仍然用来形容无足轻重的小人物。

大航海时代，坏血病是对船员最大的威胁，土豆含有丰富的维生素 C，可以防治坏血病，因此土豆很快就成为航海必备的食物，而且土豆非常容易储存，不容易变质。

据说是海盗德雷克最早将土豆带到英国，这让孤陋寡闻的法国人认为是英国人发明了这种奇怪的物种。法国人将土豆视为对其民族传统烹饪的无耻进攻，直到 100 多年后，法国人仍相信这种带土的球根可引起麻风病。在瑞士，人们认为可怕的土豆会引起淋巴结核。1774 年，普鲁士国王腓特烈二世把土豆送给瑞士人，以帮助他们缓解饥荒，但饥民宁愿饿死，也不吃“有毒”的土豆。这样的事情在德国和法国也发生过。为了推广土豆，意大利政府甚至利用教会影响力，在弥撒中教人们种土豆。

土豆虽然不起眼，但移植到欧洲后，它比起其他农作物更易生长，产量更高，收成要比小麦和大麦高三四倍。谷类作物一般有 50% 部分可供人食用，而相比之下，土豆这种作物的可食用部分高达 85%，更重要的是它最少只需 50 天就能成熟。因此它的到来恰逢其时。

刚刚走出中世纪的欧洲列国纷争、战火不断。战争往往伴随着饥荒，而土豆的出现，成了战争难民的救命稻草。发生于 1756—1763 年的“七年战争”，尽管法国、俄国和奥匈帝国多次入侵普鲁士，并摧毁了地表上的所有农作物，但普鲁士人却靠生长在地下的土豆躲过了这场灾难。侵略者也无不为这种神奇的作物而惊叹。土豆使普鲁士从战争的废墟中迅速恢复过来。1778 年到 1779 年，普鲁士和奥地利在波西米亚发生一场“土豆战争”：双方军队在绝大多数时间里都是在地里拼命寻找土豆，当埋在地里的土豆被彻底挖光之后，战争也就结束了。

在诸国竞争的态势下，土豆很快就被欧洲各国当作提升国力的重要对象。德国皇帝腓特烈一世用行政命令的手段，强迫农民种土豆，违者将遭到惩罚；他的儿子腓特烈二世更甚，在 1764 年修改法令，规定农民必须把十五分之一的土地用来种土豆。俄罗斯从彼得大帝时期就引进了土豆，到 19 世纪中期，沙皇颁发命令：农民必须大规模种土豆，并以土豆为食，土豆种得好的农民可得到奖励。因为沙皇强制农民种植土豆，引发大规模农民起义，后人称之为“土豆暴动”。土豆终于伴随着枪声和血泪在俄国安家落户。若干年后，“土豆加牛肉”还成为苏联人幸福生活的象征。

土豆对于美国人来说也有特殊的意义。当初清教徒首次移民美洲大陆，因为储存的粮食吃光，几乎被活活饿死，幸亏印第安人热心帮助，这就是“感恩节”的来由。后来到美国的欧洲移民因为善于种土豆，在向大陆深处拓荒时，轻易就能解决食物问题。对没有叉子和平底锅的创业者来说，土豆用水煮一下或者用火烤一下，就可以直接用手拿着吃，因此美国人对土豆的接纳毫不迟疑。现在的美式快餐店多以薯条为主，一般也不需要刀叉之类的餐具。这对讲究餐桌礼仪的欧洲贵族来说，简直是不可思议的。

17—19 世纪，欧洲正经历一场史无前例的农业革命和工业革命，大量新增人口带来的压力，使土豆成为重要的食物来源。因此土豆常常被歌颂为“拯救了欧洲的食物”。

18 世纪末，英国正为饥荒所苦。在 19 世纪的前 30 年间，土豆已成为英国的主粮。1836 年前，据说英国有 200 万人在缺面粉时都以土豆作为主食；1836 年后，这些人已全部靠土豆维生。19 世纪中期，光是在伦敦，每个星期就要吃掉 3000 吨土豆。土豆和蔗糖一起，为工业时代的工厂劳工提供了廉价而又高热量的粮食。

从现代经济史的角度来说，土豆对欧洲近现代的经济大跃进的影响远远超出人们想象。它不仅暂时缓解了持续不断的饥荒，而且使人口大量增加，从而为新兴的工业革命提供了充足的劳动力。

英国的土地不太适合种植小麦，而土豆为人口大幅度增长提供了可能。17 世纪中叶，英国人口只有 600 万，到 1900 年时达到 4160 万，增长了近 7 倍；在英格兰和威尔士这样的土豆高产地区，1750—1850 年，人口增长了 3 倍，尤其是平民阶层比其他阶层增长更为迅速。接下来，人口压力又促使欧洲向海外扩张，从而重塑了现代世界。历史学家威廉·麦克尼尔说："土豆通过养活迅速增加的人口，使少数欧洲国家得以在1750年至1950年统治世界的绝大多数地方。"

1776年，即中国历史上的清朝乾隆四十一年，英国经济学家亚当·斯密出版了《国富论》。在这部经济学经典巨著中，斯密评述道：

就数量而言，一块土豆田所生产的食物，不亚于一块水稻田，而远胜过一块小麦田。一公顷土豆田能生产7500公斤固态食粮，是一公顷小麦田的3倍。如果这种根茎类植物在欧洲任何地方成为最受人欢迎的普通作物，就像稻米在某些稻米国家一般，因而占据与目前的小麦和其他谷类作物同等比例的耕地，那么，同样面积的耕地将供养更多的人，人口也必将会增加。

穷人的食物

"哥伦布大交换"作为一场革命，是人类对自然界的一场大规模调节和修整。在生态学家看来，这是恐龙灭绝后最重大的事件。从远古以来，被大海隔离的各个大陆沿着不同的途径独立演化，彼此差异越来越大；哥伦布的到来，让割裂的地球重新变为一体，各大陆互相融合，取长补短，自然世界发生了一场天翻地覆的巨变。

美国的大草原在17世纪时还没有一粒小麦，19世纪开始大规模种植，很快就成为全球最大的小麦产地和“世界的面包篮”；哺育了印加文明的土豆供养了孟加拉和爱尔兰，一顿孟加拉餐里若没有土豆、西红柿和辣椒，绝对是不可想象的。来自美洲的向日葵在旧大陆风靡数百年，凡·高画过各种各样的向日葵，苏联更是把向日葵奉为国花，顶礼膜拜。

玛雅人创造的玉米，一举改变了巴尔干半岛的政治格局。18世纪以来，那些高海拔山区因为广种玉米而形成人口密集的社区，这里不再受到土耳其精英阶层的宰制，收税的官吏根本到不了这里。由牧业转为农业后，这些富于自治色彩的社区，培育出未来的希腊、塞尔维亚和罗马尼亚独立政体，而罗马尼亚更成为欧洲的粮仓之一。土耳其人被逐出匈牙利后，大量新移民来到匈牙利，他们不再像以前一样以牧牛为生，而是种植玉米；到18世纪结束时，这里已经变成人口众多的玉米王国。19世纪的哈布斯堡帝国崛起，也与此有关。

在法国南部，玉米的到来让那些闲置的土地和劳动力得到利用，约翰·洛克于1670年在此看到，“好几处都有玉米田，乡民称之为‘西班牙小麦’，并且告诉我，这是给穷人做面包吃的”。1780年的一份报告称：“没有玉米，就必须休耕；休耕就会让人饥饿困顿。任何乡间农民，只要有玉米，就能为小麦种植季节做好准备，同时还让牲口保持强壮，这是一种无法取代的优势。”

值得一提的是，玉米也是支撑奴隶贸易的一个重要因素。17 世纪时，玉米已经在非洲的大西洋海岸和内陆地区广为种植；无论在跨越大洋的航行中还是在陆地上，玉米都是奴隶的一日三餐。因玉米高能量且可防止坏血症，在奴隶贸易中很难找到取代玉米的食物。从非洲到美洲的跨洋航行需要约 45 天，如果一条船载有 250 个奴隶，每人每天消耗 2 磅玉米，那么每条运奴船至少需要 13 吨玉米。考虑到贩奴船如此之多，玉米在奴隶贸易时代就已经成为当时世界交易量最大的谷物。

进入现代之后，玉米也使欧洲白人全面殖民非洲大陆成为可能——“对病虫害的抵抗能力、短暂的成熟期、广泛的用途、低廉的劳动力和资本投入，以及丰富的产量，使玉米成为理想的殖民作物，在扎伊尔、肯尼亚、安哥拉、莫桑比克、津巴布韦、赞比亚、马达加斯加和其他新的殖民地区，白人移民把玉米作为主要作物种植。……在土地廉价而广阔的陆地上，对于白人定居者而言，种植玉米是最合理、经济而高效的选择。”①

①（墨）阿图洛·瓦尔曼《玉米与资本主义：一个实现了全球霸权的植物杂种的故事》，谷晓静译，华东师范大学出版社，2005。

布罗代尔曾说，假如没有玉米，玛雅人或阿兹特克人的巨大金字塔、库斯科的长城或马丘比丘的壮观奇迹都不可能存在。按照“地理环境决定论”[①]，玉米文化所带来的文明终归是脆弱和畸形的。

美国作为现代世界最大的玉米产地，玉米产量是中国的两三倍，尤其是五大湖以南的平原，是世界上面积最大、产量最高的玉米产区，被称为“玉米带”。1959 年，赫鲁晓夫访美期间到此参观，大受刺激，回到苏联后就发起一场“玉米运动”，他提出要在 1960 年使玉米的种植面积达到 2800 万公顷。由于苏联地理条件（主要是光照）差，玉米不结棒子；计划经济下，玉米种植挤掉了冬小麦等作物，导致了一场粮食危机，苏联不得不从西方进口粮食。此事成为赫鲁晓夫的笑柄，人们给他起了个外号叫“苞谷棒子”。事实上，当时深受饥荒困扰的中国也将玉米和红薯推到至高无上的地位，它们成为大跃进运动中的超级明星。而在 20 世纪末，朝鲜出现严重的粮食短缺，大面积推广种植土豆。金正日提出“土豆就是大米”的号召，朝鲜掀起了一场轰轰烈烈的“土豆革命”。

① 亚里士多德认为，地理位置、气候、土壤等影响个别民族特性与社会性质。孟德斯鸠将亚里士多德的论证扩展到不同气候的特殊性对各民族生理、心理、气质、宗教信仰、政治制度的决定性作用，他认为，“气候王国才是一切王国的第一位”，热带地方通常为专制主义笼罩，温带形成强盛与自由之民族。地理环境决定论作为社会学中的一个学派，认为地理因素，特别是气候和空间位置，是人们的体质和心理差异、意识和文化不同的直接原因，并决定着各个国家的社会组织、经济发展和历史命运。

土豆起源于美洲高海拔的安第斯山脉，这里土地贫瘠，低温，干燥，日短。土豆这种令人惊叹的生存能力和高热量、高产量，对欧洲北部的瑞典、爱尔兰、普鲁士和俄国等高寒地带来说，如同雪中送炭，种植土豆几乎不约而同地成为各国的国家策略。

虽然土豆影响甚广，但如果要找一个最典型的案例，莫过于发生在爱尔兰的土豆史。可以说，土豆彻底改写了爱尔兰的近现代史。

爱尔兰位于欧洲西北部的岛国，面积不到 7 万平方公里，相当于两个海南岛，但这里潮湿寒冷，冬季漫长，土地极其贫瘠，因此农业一直很落后。从 17 世纪起，爱尔兰就开始种植土豆。1728 年，因为燕麦歉收，爱尔兰有数千人在饥荒中饿死，而不少农民却依靠储存的土豆逃过了饥荒；此后，土豆便在耕地奇缺的爱尔兰迅速扩散。

1801 年，爱尔兰被英国吞并，许多中上等耕地被英国人霸占。爱尔兰人口中，有三分之二是贫穷的佃农，他们耕种的土地不仅贫瘠，而且面积非常小，只能用来种植土豆。这样一来，土豆就成为爱尔兰人的唯一食品，欧洲人甚至因此把土豆叫作“爱尔兰苹果”，但爱尔兰人则有句自嘲的歇后语：“穷人的餐点——除了大土豆，就是小土豆。”

从食物角度来说，土豆大约四分之三是水分，四分之一是淀粉，此外还富含维生素及许多人体必需的矿物质。只要有足够的土豆，爱尔兰的穷人即使在最艰难的时期，也能保持基本的营养。土豆储存维生素C的能力，使爱尔兰消灭了长期存在的坏血症；当它与牛奶混合时，合成的土豆泥还含有维生素A和维生素D。在爱尔兰人看来，土豆是完美的食品，人们早、中、晚三餐都离不开它。

土豆的最大优势是产量。同样的土地，种植土豆比种植谷物收获更多，一个爱尔兰家庭只靠1英亩地的土豆，就可以养活6到10个孩子。一个英国人在一间茅屋里看见了一大群面色红润的孩子，便向父亲问道："您用什么办法养育了这样健壮的孩子？"这位农民回答说："这是上帝的恩赐，也就是土豆。"①

确实，在爱尔兰人看来，土豆真是上帝专门赐给他们这些穷人的礼物。

土豆收获之后，很容易储存，随便挖个地窖即可，根本不怕潮湿。小麦需要脱粒晒干，磨成面粉才能食用，而土豆直接煮熟就能吃。很多爱尔兰家庭穷得只有一口锅，没有任何餐具和餐桌，土豆煮熟之后，他们就把锅子翻过来当桌

---

① 大龄青年数量锐减，婚龄普遍降低。土豆普及前，爱尔兰小伙子结婚前的一项沉重负担便是攒钱买地，买一块足够维持家庭生计的土地。这对许多人来说，并不是一件轻而易举的事。为此，不少家庭经济条件较差的爱尔兰小伙子在攒钱买地的过程中，不知不觉地变成了大龄青年。土豆的普及为适龄青年带来福音，一小块种植土豆的土地便能养家糊口，因而，用以结婚成家的土地面积得以缩小，攒钱买地的时间便大大缩短，结果是婚龄普遍降低。土豆的高产和婚龄的降低直接导致了人口剧增。

子；他们也不需要昂贵的刀叉，用指甲就可以剥土豆皮。祖克曼在《马铃薯：改变世界的平民美馔》里说："从大的层面来说，土豆能够影响人口爆炸及饥荒等问题；从较小的层面来说，则与一般家务及人们指甲生长的长度息息相关。"在欧洲贵族看来，用手抓东西吃是不懂礼仪、没有教养的。

土豆使得爱尔兰人口迅速增加，但有一点，土豆并没有让人们变得更富裕。19 世纪 40 年代中期，一位英国观察家评论道："土豆已经产生了数百万贫民，虽然他们有饭吃，但无衣可穿，结婚但不工作；除了盘中的土豆外，他们不关心其他任何事情。"

据统计，在 1660 年，爱尔兰约有 50 万人口，到 1760 年人口约 150 万，到了 1841 年，竟然猛增到 810 万；也就是说，180 年中，人口增加了 17 倍，用"人口爆炸"来形容毫不为过。

以《人口原理》而名垂青史的马尔萨斯，在 1808 年就注意到爱尔兰人口的快速增长，并预感到灾难为之不远。他说："对一个社会来说，确实很难想象，还有什么会比爱尔兰的人口问题同时伴随着有限的维生方式更令人感到震惊呢？"可以想象，如果没有土豆，以爱尔兰的贫瘠土地和落后的农业技术，根本不可能生产出足够的谷物，来养活这么多人口。

据统计，"在农村，农业工人每天消费的土豆为 6.3 公斤，妇女和10岁以上的儿童大约为2.3公斤……1840年，人所消耗的土豆全年总计增加到700万吨左右”。①

爱尔兰饥荒

从历史经验来说，食物的单一化，不仅带来营养问题，也暗藏着歉收的危险；在爱尔兰的土豆时代，土豆带来的巨量人口同时又放大了饥荒的灾难程度。对爱尔兰来说，真可谓成也土豆，败也土豆。

自1728年之后，爱尔兰至少发生过24次歉收，饥荒程度也是一次比一次严重。1740年，爱尔兰出现罕见的严冬，几乎将储存的土豆都冻坏了，完全依赖土豆的爱尔兰人束手无策，至少有20万到40万人饿死。之后的1780—1840年的60年间，土豆使爱尔兰人口翻了一番，达到800万。接下来，1845年一场土豆晚疫病，使爱尔兰遭到毁灭性打击，发生了一场导致100多万人死亡的大饥荒惨剧。专家认为，这场饥荒的源头就出自遥远的新大陆：来自秘鲁的土豆给爱尔兰人带来了更多人口，而来自秘鲁的鸟粪也带来了导致土豆绝收的“晚疫病疫霉”，最终演变成一场旷世未有的大饥荒。

1845年刚开始发生虫害时，爱尔兰200万英亩土地全部

①（英）彼得·格雷《爱尔兰大饥荒》，邵明、刘宇宁译，上海人民出版社，2005。

种上了土豆，尤其是在劳动力密集、人均占地不足1英亩的地方，土豆是仅有的作物。这次虫害就像14世纪遍及欧洲的黑死病那样引人瞩目。当年有一半的作物被毁，第二年所有的作物都颗粒无收；再后来两年（1847年和1848年），虫害又卷土重来。农民失去了土豆这种主要食物，开始挨饿，饥饿引起抵抗力下降，一些疾病如斑疹伤寒、坏血症随之而来。1846—1847年的冬天，严寒又加重了土豆虫害及斑疹伤寒的传染，使成千上万的人死亡。许多儿童因缺乏钙及维生素D而患干眼病导致失明。

失控的饥荒让整个社会濒临崩溃，饥饿的人们吃老鼠和树皮，为了食物而抢劫、殴斗，甚至杀人，或者聚众抢劫有食物的富人。各种犯罪层出不穷，唯独强奸案案发率直线下降，因为连坏人也缺乏足够的体力。

1845年至1852年，在这7年的时间内，爱尔兰人口锐减了将近四分之一；除了大量饿死、病死者，还有近200万爱尔兰人因灾荒而移居海外，主要是美国。曾当选为美国总统的肯尼迪和里根都是爱尔兰饥民的后裔，他们的曾祖父在那场饥荒中移民美国。[①]

当时蒸汽轮船尚未普及，横渡大西洋的帆船在海上要漂

① 目前，世界各地的爱尔兰裔人有8000万人，其中美国有4100万，相比之下，而爱尔兰本国人口仅445万（2009）。爱尔兰移民彻底改变了美国的人口结构，今天美国人热衷的万圣节也是随爱尔兰移民传到美国去的。

泊月余。在装满爱尔兰饥民的“棺材船”里，人们挤在一起，没有光线，没有空气，饥寒交迫，很多人还没有到达目的地，便饿死在船上，被抛入海中的死者之多，甚至被当作航标。饥荒和随之而来的移民，使爱尔兰人口在二十多年间缩减了几乎 50%。此后，爱尔兰的人口数量一直维持在 400 多万。

英国经济学家罗伯特·吉芬（1837—1910 年）通过对爱尔兰大饥荒的统计观察，发现了一个诡异的现象，当土豆价格上涨的时候，人们消费更多的土豆。这个现象就是著名的“吉芬反论”，也叫“吉芬之谜”，类似土豆这种商品在经济学上被称为“吉芬商品”。很多历史学家认为，造成这场大饥荒的深层原因，是英国对爱尔兰全面掠夺的殖民政策所导致的贫困。美国经济学家杰里米·里夫金说：“英国统治爱尔兰后，为了满足其国内市场对牛肉的巨大需求，便将爱尔兰作为其‘牧场’。爱尔兰农民为了生存，只能用小片土地种植马铃薯糊口。”

当时英国国力为世界翘楚，而且正在筹办人类历史上首届世博会。灾难发生后，英国政府却无动于衷，任由灾情蔓延和爱尔兰人民哀鸿遍野，甚至对各种自发的救助也横加阻拦。英国在大饥荒期间废除了《谷物法》，占有大量爱尔兰耕地的英国地主，将种植小麦改为经营畜牧业，更加重了饥荒的蔓延。而在饥荒最严重的几年间，爱尔兰仍然向英国本土出口粮食；而且整个饥荒期间，爱尔兰都是粮食净出口地区。[①] 实际上，“爱尔兰农民在最肥沃、最易耕种的田地上劳作，以生产英格兰所需的粮食，但他们通常只拥有一小块贫瘠的土地，用来种土豆供自家人维生。简言之，英格兰人之所以能够继续吃面包，完全是因为爱尔兰人在吃土豆。通过供养爱尔兰的农场工人，土豆助长了最初数十年的英国工业革命”[②]。

不过，爱尔兰饥荒也不能简单地归结为帝国主义的罪行。濒临温饱线的社会极其脆弱，尤其是当农业严重依赖单一物种时，往往最容易引发极大的生存风险。爱尔兰的土豆晚疫病传到欧洲各地，整整两年时间，全欧洲都没有了土豆的踪迹。到了1867—1868年，比利时和芬兰也发生了类似的土豆大饥荒。

浪漫的法国人常说，爱情和土豆一样珍贵。爱尔兰有句俗话：世界上有两样东西开不得玩笑，一个是婚姻，一个是土豆。不幸的是，现在看来，土豆真的跟爱尔兰人开了一场致命的玩笑。对爱尔兰人来说，土豆无疑是一个醒目乃至刺

---

① 这场罕见的土豆大饥荒对爱尔兰社会造成永远无法抚平的深远影响。爱尔兰人在这场饥荒中开始觉醒，逐步走向民族解放和自决道路，并最终赢得独立。但这场大饥荒导致古老的凯尔特语几乎消亡。英国对爱尔兰饥荒的冷酷反应，导致爱尔兰人在后来的时间里长期对英国人充满强烈仇恨。1997年，英国首相托尼·布莱尔为英国政府对马铃薯饥荒饿死无数爱尔兰人正式道歉。2005年，爱尔兰举行了盛大的纪念仪式，纪念大饥荒150年。

②（美）汤姆·斯坦迪奇《舌尖上的历史：食物、世界大事件与人类文明的脚步》，杨雅婷译，中信出版社，2014。

眼的字眼，它不仅改写了爱尔兰的历史，也因此改写了英国和美国的历史。

与贵族化的英国不同，美国文化极富平民精神，这极其典型地体现为麦当劳和乐事的成功，它们完全依靠炸薯条和炸薯片完成了土豆的全球化。这两种土豆食品具有可口和高热量的特点，可以迅速为人体提供能量，大大节约了准备食物和就餐的时间，非常适合快节奏的现代生活。①从某种意义上说，麦当劳和乐事已经使土豆成为现代文化的一种象征；也可以夸张一点说，没有土豆，就没有今天的美国。

玉米与地瓜

如果说土豆在西方获得了成功，那么中国人似乎更喜欢番薯（也叫红薯）。这两种高产的薯类作物都是新大陆的恩赐。克罗斯比在《哥伦布大交换》中说："在旧世界，没有哪个大规模的人类群体比中国人更快地接纳了美洲的粮食作物。"

西班牙征服吕宋（菲律宾）后，中国从吕宋获得了番

① 在炸薯片成为大众食品之前，土豆就已经成为一种速食食品。现代人的肥胖病与土豆并没有必然关系，从前爱尔兰人以土豆为生（主要是烧或者煮），很少有人发胖。薯条和薯片的高热量主要来自油脂而非土豆。一只土豆被做成炸薯条之后，其热量是一只烤土豆的 200 倍。可见令人发胖的不是土豆本身，而是人们食用土豆的方式。经过油炸之后的土豆，能量与热量暴增。有人说，对土豆的油炸以及条片化改造，是资本主义生产方式的一次具有代表意义的自我增值。

薯。据说西班牙人“珍其种，不与中国人”，华商陈振龙费尽周折，终于将番薯种子带回福建，并引种成功。不久福建遭逢大旱，“野草无青，禾无收，饿民遍野”。福建巡抚金学曾立即晓谕闽南各县，将番薯广为栽植。短短几个月之后，番薯大获丰收，饥民“足果其腹，灾不为荒”。

就这样，来自美洲的作物使“客家人”对中国南部山区亚热带森林的改造成为可能。

和土豆一样，番薯也非常耐储存，粗生贱养，不怕蝗灾，兼抗干旱，不与其他作物争地，无论是沙土地、丘陵地，还是红土地，苗入地即活，东西南北，无地不宜。番薯产量极高，“上地一亩约收万余斤，中地约收七八千斤，下地约收五六千斤”。

福建“田狭民稠”，多是山地，素有“八山一水一分田”之称；常因土地贫瘠、零碎，“秋收甚薄”。番薯的出现，顿时改变了福建的农业格局，番薯“初种于漳郡，渐及泉州，渐及莆（田）”，很快，福建全省“遍地皆种，物多价廉，三餐当饭而食，小民赖之”。陈振龙甚至因此而成为福州民众心中的城隍神，被封为“水部尚书”。

经济史学家何炳棣认为，中国近千年来，总共发生过两次粮食革命，一次是北宋时因海外贸易输入的占城稻；另一次是明朝美洲作物的传入，使中国粮食作物的品种大幅度增加。[1]这场通过美洲粮食作物的传播而实现的土地利用和粮食生产的革命，到今天仍在一定程度上继续。

以花生为例，虽然算不上重要的食物来源，但花生对沙化严重的耕地和盐碱地都有极强的适应性；花生根系有固氮作用，“其田不粪而自肥饶”。花生生长期短，亩产高，尤其是油脂含量极高，属于高热量食物（相当于大米的3倍）。花生含有30%的碳水化合物和多达50%的油脂，是富含蛋白质和铁质的食品。以蛋白质和重量的比例而论，花生高于其他很多作物。向日葵同样具有这些优势，这对地瘠人贫的北方偏远地区非常有利。

直到今天，中国仍是世界最主要的花生、向日葵、玉米和红薯生产国兼消费国。位于胶州湾的山东胶州都是河岸沙地，自古以来因为沙地透水而无法耕种，花生传入后，很快就让这些荒地变成宝地。临近的安丘县也是如此。道光年间的《安丘新志》记载：“落花生，俗名长生果，嘉庆十年以后始有种者，获利无算，汶河两岸废田尽成膏沃。”

再来说说玉米。种植玉米除了比番薯需要更少的劳动力外，还有一些其他优点，它可以在一年中的绝大部分时间里进行种植，无论在稻米嫌太干还是小麦嫌太湿的区域，玉米都可以欣欣向荣。

---

① 何炳棣《美洲作物的引进、传播及其对中国粮食生产的影响》，《世界农业》，1979年第4期。

玉米恰好位于小麦和水稻的生长带之间，玉米的平均产量是小麦的两倍，而且生长很快，成熟时间不到小麦的一半。很少有其他植物能像玉米这般，短短一个生长季就能提供如此高的碳水化合物、糖分和脂肪。在整个生长期内，玉米都不太需要人照料；玉米的秸秆高大，可以保护它免遭水涝或虫害。玉米收获后还可以直接挂在房梁上或屋檐下晾干储存，而不像麦子大米一样需要花钱为它们修建粮仓。玉米食用方式也很随便，可以在新鲜时煮着或烤着吃，也可以磨成粉食用，也可以酿成酒，玉米芯还可以喂猪，正所谓“瓤煮以饲豕，秆干以供炊，无弃物”。清朝时期，许多从平原迁移到山区开垦的棚民“布种苞芦，获利倍蓰，是以趋之若骛”。①

在爱尔兰发生土豆大饥荒时，也就是19世纪中期，在中国一些高山区，特别是在四川盆地边缘和汉水流域，土豆已成了重要作物。与番薯不同的是，土豆很少与玉米竞争，因为它能适应玉米和甘薯都不适合的气候和土壤条件。就像在东南沿海的番薯那样，土豆可以鲜食或晒干后磨成粉食用，成为山区贫民的主食。

19世纪晚期和20世纪前期，土豆在黄土高原更贫瘠的地区，如陕北、陕南、山西以及甘肃、内蒙古和东北等地得

①（美）马立博《中国环境史：从史前到现代》，关永强、高丽洁译，中国人民大学出版社，2015。

到普遍种植，当地人称为“山药蛋”。1872年，法国传教士谭卫道住在陕南山区，他每天的饭菜就是土豆，“我们小屋附近种植的唯一作物就是土豆，玉米和土豆是山区人民的日常食粮。”①

中国虽然土地广袤，但水土肥美、适合小麦和水稻生长的良田所占比例非常低。为了增加水田，古代中国在水利技术方面极其发达，被历史学家魏特夫称为“水利社会”。②花生、玉米、番薯和土豆等都是适合山地、坡地和旱地生长的“低贱作物”，这些毫无价值的荒地利用起来，对饥寒交迫、青黄不接的穷人和游民来说，无异于雪中送炭，可谓意义重大。“山之阳宜于苞粟，山之阴宜于番薯”，“岭地，本属荒山，不宜五谷，近来贪利愚民，沿山开垦，法宜严禁。其稍能蓄留水泽遇山水涨发亦不甚坏事者，亦只宜种包谷。取其易于成熟，亦不大需粪力也。”③

人口革命

有研究者认为，明代中后期引进新作物，虽然能弥补一

---

① 谭卫道（1826—1900），原名阿尔芒德·戴维，法国天主教遣使会会士。他在中国生活了12年，1869年在四川雅安发现熊猫，他将熊猫标本送到法国后轰动世界，他也因此而成为加载史册的生物学家，荣膺法兰西科学院院士、法国地理学会大师、法国社会学学会大师。著有《戴维日记》。

② 魏特夫认为，建设复杂的大型水利工程，需要组织大量劳动力，所以形成了一个压制个人的官僚体制，即所谓的“东方专制主义”。

③（清）吴树声《沂水桑麻话》。

般农产品的不足，可以增加总产量，但万历之后政治腐败日盛，加赋加税，多少抵消了新作物产生的作用。[①]

美洲新作物在“康雍乾盛世”发挥了明显的作用。康熙五十一年（1712 年），“滋生人丁，永不加赋”，人口数量暴增。为了多产粮食，人们一再减少稻米和小麦的播种面积，腾出土地来种植番薯和玉米。到 1800 年，无论南方还是北方，番薯都已成了穷人的主粮；在多山的山东沿海，番薯常常是穷人近半年的食粮，当地人称为“地瓜”。

在山东很多地方，番薯占到耕地总面积的一半左右，很多原来不适合种庄稼的地方被种上了番薯。平度的番薯分为春播和夏播，已经做到两年三熟。光绪年间的《平度志要》记载：

> 野薯蓣，俗名地瓜，麦收而栽，霜降而出，三月栽者，名曰春瓜，最宜沙田，山地、近洼地亦盛栽矣，以其不畏旱潦，易为食，且耐久，兼无弃物，煮而食之，甘如饴。掘地做井，深部及泉，藏于井中可食经年。丰收而不胜食，切而晒之，犹易藏，且易饱。秋叶盛时，茎叶采而干之，可做菜蔬。其蔓喂猪，易肥。山居约十亩之产，率以其半栽地瓜矣。

① 李德甫《明代人口与经济发展》，中国社会科学出版社，2008。

中国从公元2年人口达到6000万之后，即使在如日中天的盛唐时期，中国人口也很少再达到这个数字。[①]但从明万历年开始，番薯和玉米等新作物却使中国人口以几何倍数增长。康熙初年，山东人口只有600万，咸丰时达到2300多万。四川在明末清初的战乱中几乎人口灭绝，成都十室九空，连老虎也大摇大摆地从青羊宫到浣花溪喝水，到清末时已成中国人口第一大省；人口从康熙二十四年（1685年）1.8万人增长到道光三十年（1850年）的4416.4万人。虽然移民是人口增加的一个重要因素，但适宜山地种植的番薯和玉米无疑发挥了巨大的作用。何炳棣说："该省肥沃的红壤尤其适宜玉米和甘薯的生长。"蓬溪、盐亭、西充等川北一带被称为"苕国"。晚清士人王闿运从万县到成都，便见蓬溪一带到处都是"红苕"，"土民乏粮，多恃薯蕷芦菔为食"。

就全国人口数量来说，明末天启三年（1623年），在籍人口为五千多万人，而到清顺治八年（1651年），只剩下三千余万人。从康熙到乾隆，几乎增长了近10倍，道光时期达到不可思议的4亿。据明洪武二十六年（1393年）的记载，相当于今天华北六省地区的人口总数为1500万左右，相当于今天南方六省地区的人口总数是3500万，南方人口是北方的两倍还多。到了乾隆五十二年（1787年），因为适

① 有统计显示，宋朝人口曾超过1亿。

合北方旱地种植的美洲作物引进，同样这两个地区的总人口数分别为1.03亿和1.36亿，北方人口基本与南方持平。[①]

因官府按人丁收税，民间普遍隐瞒人口，但这并不能改变清代人口倍增的事实，而且从中国人口史来看，这种剧增是前所未有的。乾隆皇帝对此颇为担心，他说人口太多，田地有限，人们会越来越穷，“为农者十倍于前而田不加增，为商贾者十倍于前而货不加增”。[②]对中国来说，耕地的限制一直导致民食不足。人口剧增，可耕地仍然有限，为了养活更多的人，红薯、玉米便迅速得到推广，以替代的形式排挤了一些中国传统农作物。以前种植稻子、麦子、谷子和高粱的田地，现在都种上了更高产的土豆、玉米和红薯。曹树基先生通过对清代以来山东东部农业史的研究，指出“北方玉米、番薯大量种植导致作物品种由多样性趋向于简单化”。[③]

食物与人，常常互为因果。人口数量的增加，也在一定程度上降低了人们的生活水平，许多人的饮食从“肉食”降

---

① 何炳棣《明初以降人口及其相关问题1368—1953》，葛剑雄译，生活·读书·新知三联书店，2000。

②《清史稿·食货志》记载：“康熙五十年，二千四百六十万一千三百二十四口；六十年，二千九百一十四万八千三百五十九口，又滋生丁四十六万七千八百五十口；雍正十二年，二千六百四十一万七千九百三十二口，又滋生丁九十三万七千五百三十口；乾隆二十九年，二万五百五十九万一千一十七口；六十年，二万九千六百九十六万五百四十五口；嘉庆二十四年，三万一百二十六万五百四十五口；道光二十九年，四万一千二百九十八万六千六百四十九口。”“……高宗谕内阁曰：朕查上年各省奏报民数，较之康熙年间，计增十余倍。承平日久，生齿日繁，盖藏自不能如前充裕。且庐舍所占田土，亦不啻倍蓗。生之者寡，食之者众，朕甚忧之。”

③ 曹树基、王保宁《清至民国山东东部玉米、番薯的分布——兼论新进作物与原作物的竞争》，《中国历史地理论丛》第24卷第4辑，2009年10月。

为“素食”，再降为“粗食”。如《燕京岁时记》所载，乾隆以后，京中无论贫富，都以煮番薯为美食。

番薯和玉米等新作物之所以在清代能够大面积推广和普及，这完全是清政府不遗余力支持和鼓励的结果。“康熙时，圣祖命于中州等地，给种教艺，俾佐粒食，自此广布蕃滋，直隶、江苏、山东等省亦皆种之。”[①] 在政策的推动下，玉米、番薯逐渐在全国推广：根据地方志，在观察的 266 个府级政区中，1776 年，还有 118 个没有种植玉米，1820 年降为 72 个，1851 年则仅有 40 个。因此有人将康乾盛世称为“番薯盛世”。

陈志武在《量化历史研究告诉我们什么》中引述宫启圣教授的研究并认为：“从 1776 年到 1910 年间，中国 14.12% 的人口增长是由玉米所致。而从 16 世纪初到 20 世纪初，中国粮食增量的 55% 是由于这三项新作物（玉米、番薯和土豆）。……按照 1776 年、1820 年、1851 年、1890 年、1910 年几个时间点看，在每个时期，已经采用玉米的县人口密度明显高于还没采用玉米的县，而且一个县已经种植玉米的年份越长，其人口密度高出的就越多。种玉米的时间每多十年，其人口密度就多增 5%～6%。经过各种严格计量方法的验证，他们得出的结论为：是玉米带动了中国的人口增长，

① 徐珂编撰《清稗类钞 · 植物类》。

而不是人口增长压力迫使中国引进玉米、番薯。”①

清代的农业发展史说明，中国农业在很大程度上，正是依赖这些来自美洲的作物品种，征服了一块又一块原本令人沮丧的土地——花生的种植，让人们征服了沙地；番薯的种植，让人们征服了瘠地；玉米和土豆的种植，让人们征服了旱地。这些美洲高产农作物渐次普及推广，让人们在只有耕牛和铁木工具可资利用的条件下，接近于徒手般地，充分起用了因自然条件不是很好而令使用价值十分有限的低劣土地。最终，这场“作物革命”彻底改变中国传统农业和社会状况。

中国农业最早起源于黄河和渭河流域，北方汉民族的兴起与谷物（主要是小麦）密不可分。唐宋以后，经济中心全面南移，“水稻汉人”渐成中国人口的主流，与北方的“小麦汉人”分庭抗礼。

与美洲作物相比，小麦是一种极其娇贵和脆弱的作物，而种植水稻需要大量的劳动力投入以及积肥工作，并且严重依赖灌溉。最重要的是，小麦与水稻作为平原性贵族作物，

---

① 侯杨方在《美洲作物造就了康乾盛世？》（发表于 2013 年 11 月 2 日《南方周末》）一文中对陈志武的观点提出批评，认为将清朝人口空前的增长主要归因于美洲作物，“这完全是一种没有根据的臆断”。文章列举了一些统计数字：1914—1918 年，玉米与薯类（包括番薯、土豆以及中国本土的芋头等在内）种植面积占全国耕地总面积的 7.2%，两者合计的产量占粮食总产量约为 7.67%；20 世纪 20 年代，玉米、番薯包括中国本土的各种芋类在内的产量合计占全国粮食产量的 9%；1957 年，玉米和薯类的种植面积不到全国粮食种植面积的 20%。然而，这些数据并未提供明确的出处。

产量较低（尤其是北方的小麦），形成不可逾越的人口瓶颈；同时，依靠精耕细作和灌溉农业的汉人，也只能聚居在交通方便的平原或盆地。

美洲作物进入以后，中国人口暴增10倍，出自“穷山恶水”的大量“棚民”和“游民”，形成数量巨大但极其贫穷的“番薯汉人”[①]：他们四处迁移，快速繁衍，在封闭边远的贫瘠山区或高寒荒漠地带，以刀耕火种的粗放方式开荒种植高产高热量的玉米、番薯、土豆、花生、向日葵和辣椒等美洲作物；从习惯上，他们抛弃了节俭惜物、安土重迁的传统，转向对环境的破坏和掠夺。换句话说，在自古就存在的“城里人”和“乡下人”之外，突然出现了新的“山里人”和“边疆人”，他们依靠美洲作物生存和繁衍。

近代以来，番薯汉人迅速成为中国人口的主流，他们以高出几倍的数量优势，压倒古老而精英化的小麦汉人和水稻汉人，成为改变并主宰时代的新生力量。同时，美洲作物对干旱荒漠的强大适应能力，使番薯汉人通过蚕食原先不适合农业的边远地带，尤其是北方草原，彻底淹没和消解了一直对汉民族构成暴力压力的北方游牧民族。随着游牧边疆转向农业边疆，“华夏边缘”地带的一些少数民族，也被迫从传

① 正如有人将“康乾盛世”称为“番薯盛世”，“番薯汉人”并非单指依靠番薯生存的人，而是泛指以种植番薯、玉米、花生、土豆和辣椒等美洲作物，并以此为主要食物的农民。

统的狩猎和游牧转向粗放式农耕，逐渐转变成“番薯汉人”。从成吉思汗到嘎达梅林，历史转变得太快。①

在中国古代，东北向来是高寒蛮荒之地，只有少量的女真人和通古斯人在此半猎半耕，人口从未超过百万。清人入关后，东北只留下不到 10 万人。乾隆时期，华北人口密度达到每平方公里 129 人，东北仅为 0.7 人。晚清以后，大量山东饥民不顾禁令“闯”入东北，这里迅速变成中国的“玉米王国”。进入民国，“闯关东”达到高潮；到日本撤离东北时，这里的人口已经暴增 400 倍，达到 4000 万，占中国总人口的 10%。

何炳棣的发现

中国自古以来，人与地的关系都非常紧张。明万历年间，全国在册耕地为 80 多万顷，到清顺治八年（1651 年），只剩下 50 多万顷了。在土地减少的同时，土地兼并也非常严重，康熙后期，“一邑之中，有田者十一，无田者十九”。

清中期以后，人口压力加大，玉米、番薯和土豆为扩展适合粮食生产的耕地面积提供了可能。中国传统上只有中原

---

① 民国初期，大兴“蒙垦”，引发蒙古牧民一系列抵制和抗争，嘎达梅林（1892—1931 年）就是其中一个牧民领袖，后被张学良政府捕杀。从后来的历史来看，鄂尔多斯、科尔沁、呼伦贝尔等草原均因开垦而沙化。

和江南两大中心区，近代以来，持续向西南、西北、东北等周边地区移民开发，向内陆地区的林区、丘陵、山地、草原扩展，人口分布越来越广。山地的开发极大地增加了耕地面积，这种剧增也是革命性的。当时的地方史志和文人笔记中记载："崇山峻岭，尺寸开辟，其不宜黍稷者，艺薯芋杂以为食"；"山头地角，开垦无遗"。

"摊丁入亩"[①]大大增强了农民的流动性。为了增加可利用的土地，清政府多次发布开垦令。如乾隆五年（1740年）谕令："嗣后凡边省，内地零星地土可以开垦者，悉听本地民夷垦种，免其升科。"嘉庆五年（1800年）颁诏："将南山老林等处可以耕种之区，拨给开垦，数年之内，免其纳粮，俟垦有成效，再行酌量升科。"[②]

但有一点，人口的增加速度远远大于土地的增加速度。从17世纪中叶到19世纪中叶，全国人口总量增长了近10倍，农田总量仅翻了一番。1661年顺治末年，全国农田只有5.4亿亩，1724年（雍正二年）达到6.8亿亩，1766年（乾隆三十一年）为7.4亿亩，1812年（嘉庆十七年）增至7.9亿亩。但比较1753年和1812年的数据，全国人均耕地面积

① 摊丁入亩，又称作摊丁入地、地丁合一，草创于明代，是清朝政府将历代相沿的丁银并入田赋征收的一种赋税制度。清朝康熙、雍正、乾隆年间普遍实行。其主要内容为废除人头税，客观上是对最底层农民人身控制的放松，是中国封建社会后期赋役制度的一次重要改革，将中国实行两千多年的人头税（丁税）废除，而并入土地税。

② 转引自：彭世奖《中国作物栽培简史》，中国农业出版社，2012。

却从 0.7 亩下降到 0.4 亩，降幅达 43%。

中国农耕自古都以平原为主，这是因为山区的自然生态极其脆弱，不适宜进行农耕。南方山地森林植被茂密，在开垦初期，因为土地肥沃，不需施肥，种植番薯和玉米的经济收益很大；但随着地力下降，灾难就接踵而至。“山民伐林开垦，阴翳肥沃，一二年内，杂粮必倍至，四五年后土既挖松，山又陡峻，夏秋骤雨冲洗，水痕条条，只存石骨，又需寻地垦种。”[①] 大面积的水土流失，致使山地“沃土无存”，垦种者便陷入困境。

何炳棣先生对此有专门研究，他认为，开垦原始的丘陵和山岭的行动首先由沿海的福建和广东农民开始，然后逐渐扩展到内地。江西和湖南的丘陵山区有深厚的红色表土，覆盖着森林植被，在刚刚开垦为玉米、红薯地时是相当肥沃的，这吸引了很多外来移民。明代晚期，湖南人口还不到 200 万，到民国时已经超过 3100 万。随着农民从人多地少的平原地区迁往山区垦殖，形成大规模的移民现象，仅江西武宁县，在乾隆年间就接纳了 10 余万湖北移民。由于玉米和甘薯经济上的好处越来越明显，连本地的贫苦农民也向山区迁移。山地原有的林木被砍伐一光。

毁林并不限于江西、湖南。18 世纪中叶之前，浙江西北

---

① 嘉庆《汉南续修郡志》卷二十一《风俗》，嘉庆十九年刻本。转引自：田培栋《陕西社会经济史》，三秦出版社，2007。

的山区就成了移民们兴旺的农业垦区，这些移民来自浙南沿海粮食紧缺的温州府，他们在这里开辟了大片山地，用来种植玉米、甘薯和花生等美洲作物。皖南山区在 18 世纪中叶同样变为玉米生产地。

玉米在 16 世纪由缅甸传入中国，云南作为玉米在中国的第一个落脚点，开垦山地、种植玉米的浪潮一直持续到 19 世纪中叶。最南部的开化、广南和普洱三府中，曾以疟疾流行闻名的原始森林，在道光三十年（1850 年）前已经被湖南、湖北、四川和贵州的移民砍伐殆尽；甚至在云南最西部与缅甸接壤的地区，直到 19 世纪前半期，还在吸收来自长江中游种植玉米的移民。在 19 世纪，广西北部主要由少数民族居住的地区，许多山地也被来自湖北、湖南、广东和福建的移民垦殖。玉米对贵州全省土地利用的贡献是如此之大，以至于成为 19 世纪贵州一位著名诗人一首长篇颂歌的主题。贵州人口数量从清初的 50 万增加到清末的超千万，增加了 20 倍多。

这些地区性的例证意在说明，这场因美洲作物而引起的土地利用革命，其规模是何等巨大。由于广大长江流域大多是丘陵山地，这里成为种植玉米、番薯的重点区域，新增加的农田总数更加可观。

长江流域高地的开发带来严重后果和代价。玉米属于根系粗大的农作物，汉人是传统的平原、河谷民族，由于缺乏在山地耕作的经验，以深耕、条播方法种玉米，起初几年获得了丰收，但大雨很快冲走了表土，土壤侵蚀便成为严重的问题。这导致在皖南和浙西一带，19 世纪时不得不禁种玉米，山地全部改作茶园。其实，大面积的茶园同样会带来水土流失。

新作物引发大规模的移民浪潮。明朝时期，陕西、广西、江西、贵州、湖南、湖北、四川、云南等地区的很多山地尚无人烟，清朝时这些偏远地区全部人满为患。晚清士人汪士铎说："今深山穷谷皆成通衢。"

直到康熙三十九年（1700 年），位于秦岭南麓的汉水流域，依然人烟稀少，大多为原始森林覆盖。之所以长期未能开发，或许就在于缺乏适宜于高山地形的作物。玉米和番薯在 18 世纪传入后，立刻引起剧烈的社会变化。大量移民蜂拥而至，位于鄂西高原边缘的当阳县，移民建起不少会馆，不仅有河南、山西、陕西、甘肃会馆，甚至还有福建会馆。

这一时期，南方山区移民与原住民之间"土客冲突"非常普遍。湘西山区向来是苗族人的家园，但在 18 世纪汉人移民为开垦而大量侵入，到 19 世纪初，汉人移民对土地的开垦已经到达了云南最偏远的山区，他们迅速地砍伐树木并在山区引入新作物种植，连土著族群也放弃了山区的狩猎和采集。①

湖北房县与陕西接壤，在同治年间的县志中记载："玉麦（玉米）自乾隆十七年（1752年）大收数岁，山农恃为命，家家种植"。最迟到嘉庆五年（1800年），整个秦岭山脉和汉水流域基本都已开发，玉米已成为最主要的作物和山民主食，番薯则成为重要的补充。秦岭的山阳县"向来树木丛杂，人烟稀少，不过一万余口。近则各省客民渐来开山，加至十倍之多，五方杂处，良莠不一"，道光三年（1823年）人口达到10多万。这在秦岭山区基本是一种普遍现象，"土著者不过十之一二，客民十居八九"。②

随着后来土豆的传入，新增移民对秦岭山地开发越来越接近极限，便受报酬递减之困。道光二十三年的《紫阳县志》哀叹："迩来民生日繁，地日浇薄，谷粮所出，渐见减少。嗟我斯民，困苦将何所底极也。"③

19世纪，陕南和鄂西北的所有地方志都可以证实，原始森林遭到无情砍伐，在山坡上以竖行密集而连续地种植玉米，引发整个汉水流域日益严重的水土流失。从山上冲刷下来的沙砾、碎石和底层泥土，毁坏了平地良田，导致江湖淤浅，无法行船，传统商运水路断绝，洪涝频繁发生。有人统

①（美）马立博《中国环境史：从史前到现代》，关永强、高丽洁，中国人民大学出版社，2015。

②（清）卢坤《秦疆治略》。

③ 何炳棣《明初以降人口及其相关问题 1368—1953》。

计，清朝共发生了16384起洪灾，其中13537起发生在长江和黄河下游；从1841年到1911年，清朝每年要应对13场大洪灾。

马尔萨斯陷阱

在工业化之前，人类始终无法摆脱“马尔萨斯陷阱”①，中国也不例外。新作物并没有让人跳出陷阱，反而进一步放大了这个陷阱。新作物引发的山区开发，增加了大量贫穷人口，同时导致大量天然植被遭到毁坏，并造成严重的水土流失。洪涝旱灾越发频繁，人口愈多，番薯愈多，灾害愈多，饥荒愈多，暴动愈多，这样的恶性循环，构成近现代中国历史的重要主题。晚清时期，社会流动加大，商品经济兴起，传统农业也发生了巨变，许多良田中，经济作物取代了谷物等粮食的主导地位，尤其是棉花、烟草、鸦片、甘蔗和茶叶，这大大压缩了粮食空间，引发了饥荒。

粗放高产的美洲作物制造出大量赤贫而又健壮的穷人，

---

① 英国经济学家马尔萨斯在《人口论》中提出两个级数的理论：人口增长是按照几何级数增长的，而生存资料仅仅是按照算术级数增长的，多增加的人口总是要以某种方式（如战争、饥荒、瘟疫等）被消灭掉，人口不能超出相应的农业发展水平。有学者指出，马尔萨斯危机并不是人口增长的直接结果，而是专业分工削弱所致，专业分工可以让有限的资源养活更多的人口。如果商品交换受到限制，专业分工削弱，自给自足就会导致贫困和文明倒退，回到纯粹的农业社会。除了清代的洪亮吉，更早的《礼记·大学》中也有类似的观点：“生财有大道，生之者众，食之者寡，为之者疾，用之者舒，则财恒足矣。”

这既像王学泰先生所说的“游民”[①]，又颇似马克斯·韦伯所说的“贱民”，——对他们来说，他们之所以贫穷，不是自己的错，而是这个世界错了，他们要为这个错误的世界建造正确的秩序。农业革命遂变成了社会革命。

嘉庆年间（1795—1820年），汉水流域的山地爆发白莲教起义，秦岭爆发岐山木工起义[②]；咸丰年间，广西爆发太平天国起义，山东爆发捻军起义，这两场大规模的民变主体都是山地垦荒的流民。实际上，太平天国运动与广东广西的客家人械斗有很大关系，都是为了争夺有限资源。其他如同治年间的云南民变和陕西民变，也都是底层农民的暴力运动。当时，身处生存边缘的民众为了吃上一口饱饭，很容易被

---

① 王学泰先生在《游民文化和中国社会》中提出“游民”这一概念。按照他的说法，游民与传统士、农、工、商“四民”不同，他们脱离了主流社会，失去了自己的角色位置。许多游民无妻无子，没有为人夫、为人父的职责，没有宗亲故旧的监督，也就不必顾及面子，更不会有耻辱的感觉。他们是没有根柢，随着时势浮沉游荡的一群；他们没有地位，失去了社会的尊重。因此，他们是反对现存的社会秩序的，也不必考虑角色位置为人们所做的种种规定。他们极端重视眼前利益，不太顾及离现实较远的后果。他们很少文化教养，也就没有了文饰的习惯。一些社会舆论所不容，被通行道德所鄙视的行为，他们常常不以为非，而且为了达到眼前的目的也很少有固定的是非观念；一些士大夫甚至普通人都要掩饰的观念和性格，在游民看来没有掩饰的必要。总而言之，游民身上赤裸裸地表现出中国文化传统的阴暗面。王学泰还发现，明中叶后，人口规模总量上接近饱和，超出中国农业的承载力，在那些人口饱和地区，过剩人口溢出宗族乡村流落他乡，全国迁徙人口泛滥，产生了一个庞大的无产阶级移民，这就是游民。

② 清嘉庆年间，关中无地农民纷纷到渭河南的秦岭山区开荒度日。商人也在此开办木厂、纸厂和铁厂等，他们仅以很少的玉米便可雇用农民做工获利。嘉庆十八年（1814年），秦岭山区粮食减产，粮价大涨，木厂停产，造成许多农民失业。三才峡木厂工头万五率众抢粮，引来周边山区伐木工加入，变成一场大规模暴动，一年后才被清军平息。

动员起来。随着人口增多，战争和饥荒的规模呈几何倍数增长；在近代史上，一场场动辄导致数百万人死亡的饥荒比比皆是。①

1750 年，中国土地的森林覆盖率大约为 25%，到 1950 年时减小到 5%～10%。从 1840 年到 1940 年这一个世纪中，中国发生了剧烈而频繁的旱灾和水灾；1847 年河南大旱，1849 年湖北、安徽、江苏和山东等数省洪涝，1849 年广西大饥荒，1852 年黄河改道，淹没了山东大片地区，等等。尤其是 1928—1930 年的“民国十八年年馑”，蔓延至北方 9 省，5700 万人受灾，导致上千万人死亡。

“人多之害，山顶已植黍稷，江中已有洲田，川中已辟老林，苗洞已开深菁，犹不足养，天地之力穷矣。”② 人口压力之下，民间自发的移民运动成为晚清的典型现象：河南和山东等北方农民迁往东北，即“闯关东”；山西人迁往内蒙，即“走西口”③；福建和广东等省的农民流向台湾和海外，即“下南洋”和“苦力贸易”。④ 晋商、陕商、徽商和甬商的兴

---

① 可参阅：张研《17—19 世纪中国的人口与生存环境》，黄山书社，2008。

②（清）汪士铎《乙丙日记》。

③ 清朝“蒙禁”甚严，蒙古王公活佛进京朝觐及领取年俸，只许从山海关、喜峰口、古北口、张家口、独石口、杀虎口六处入关，守军对入关蒙古人登记造册，出关时对照人数放行。其他蒙古人不许入关，汉人不许出关。清末放松移民之禁，汉人移民多从张家口（东口）、杀虎口（西口）二地进入蒙古草原到归化、绥远、库伦、多伦，以及新疆等地。

④ 东北人口在 1781 年时只有约 100 万，1940 年达到 4000 万；内蒙古人口从 1912 年的 200 万增至 1990 年的 2100 万。台湾在 17 世纪中叶时只有 10 万左右人口，到 1811 年人口总量猛增至 190 万。19 世纪初，云南接受了 130 多万农业移民，此外还有 100 万矿工。

起，也与土地匮乏有内在的联系，就连绍兴也出现出卖智力的师爷群体。

话说回来，玉米和番薯虽然没有消除中国的饥荒困境，但至少消除了长期以来的“慢性饥荒”，这些高产的粗粮作物使饥荒变得规模更大，也更加暴烈。有学者通过对一些家族历史的研究发现，16 世纪之前，农作物青黄不接之时，死亡率就会上升，但是 17 世纪后半期以后，就几乎见不到这种季节性死亡率的变化了；与此同时，出现的是死亡率平均化的现象。16 世纪以前，中国社会无法摆脱慢性的饥荒状况，即便丰收之年能够克服，但在歉收的年份，由于营养不良引起的疾病也使死亡率格外高。17 世纪后半期以后，社会逐渐从慢性饥荒中摆脱出来。①

布罗代尔在谈到中国时曾说，长期以来，中国人口与整个欧洲的人口基本持平；中国的“人口革命”发生于 1680 年之后，从 1680 年的 1 亿暴增到 1850 年的 4.3 亿，除了人口向东北、西北和蒙古扩张之外，“在其本土的范围内，中国当时正埋头从事极其紧张的垦殖事业。所有的低洼地和可灌溉的丘陵都被利用起来，山区烧荒垦地的情形也日渐增多。由葡萄牙人于 16 世纪引进的新作物有了显著的发展，如花生、红薯等，特别是玉米；来自欧洲的土豆要到 19 世

①（日）上田信《明清时代：海与帝国》。

纪才变得重要起来，这项垦殖事业顺利地延续到 1740 年。后来，留给每人的土地逐渐减少，这大概因为人口增长比耕地面积的增加要迅速得多。这些深刻的演变促使中国在经历一场有力的人口革命的同时，出现一场‘农业革命’”。

历史上，中国与世界都曾面临严重的人口问题，都须对空前的人口压力做出反应。布罗代尔指出：“15 世纪到 18 世纪，一切都随人口的增加或减少而变化。如果人口增长了，生产和交换就会增加；在荒地、树林、沼泽或高山的边远地带的种植业就会发展；手工工厂就会兴旺；村庄和城市——特别是城市的规模就会变大；流动人口会增多。人口增长的压力越大，人们做出的建设性反应也越多，这是无声的命令。”随着人口的空前增长，“人们用占有的地域、拥有的资源的关系也发生变化”，“过重的人口负荷往往会——在过去始终会——超过社会的食物供应能力”。

人口在增长的过程中要跨过几个“临界域”，“每跨过一次，它的全部结构都势必改组”。结构重组则意味着人口与资源、劳动力与就业就会达到新的平衡。其传统的途径无非是：1. 开垦更多的土地；2. 高产作物的推广，土地丰力的提高；3. 经济作物的种植，手工业的发展；4. 向外扩张、开拓疆土；5. 移民和殖民等。最后，在上述均不能奏效的情况下，则借暴乱、战争、饥荒和瘟疫之手，消灭过剩人口，强行调节。树木和野兽侵入过去欣欣向荣的乡村，幸存者重新有大片荒地可供支配，但是，人口很快又大量繁衍，夺回被野兽、荒草侵占的家园，清除耕地中的石块，铲除大小树木。人口增长又成为负担，再次制造出贫困，单调的历史重新开始，计时器的沙漏倒转过来。人只是在片刻间得到幸福，等他刚刚醒悟过来，已经为时太晚了。

这些，布罗代尔称之为“在十八世纪以前纯属老生常谈的道理”[①]。

①（法）费尔南·布罗代尔《十五至十八世纪的物质文明、经济和资本主义》，顾良、施康强译，商务印书馆，2017。

蔗糖

甜蜜与罪恶

人类天生喜欢甜味。

从甘蔗中提取的蔗糖，曾被中世纪的欧洲人看作灵丹妙药和奢侈品。虽然蔗糖有古老历史，但在近500年才流传开来，并迅速风靡世界。来自异域的糖和咖啡、茶、巧克力一起，不仅改变了欧洲人的饮食以及欧洲社会，也催生了资本主义和产业革命的发生。

正如季羡林先生在《糖史》一书中所说，糖这种看起来似乎微不足道的东西背后，竟然“隐藏着一部十分复杂的，十分具体生动的文化交流的历史”。

在后哥伦布时代，源自亚洲的甘蔗种植与蔗糖制造技术，被欧洲殖民者传播到美洲，引发了“蔗糖革命”与“人口大迁移”，催生出种植园经济和殖民地奴隶制度。

蔗糖的产业化，使其从贵族生活的象征，逐渐变为城市劳工的生活元素。蔗糖大量流入欧洲，为工业革命中的英国人提供了重要的能量。有人说，蔗糖强化了工业革命的基础，其重要性不亚于蒸汽机，而西印度群岛种植园的蔗糖生产模式，也可以说是现代工业化生产的雏形，尽管它所依赖的是奴役。

奢侈的蔗糖

酸、甜、苦、辣、咸，这五味中，最特殊的是甜。人从生下来吃到的第一口母乳，再到各种熟透的水果，其中的甜味都带给人一种最为愉悦的满足感。从生理来说，当人吃甜食时，人脑中的多巴胺神经元会被激活，使人有上瘾的快感，因此，甜食会让人胃口大开，越吃越想吃。另一方面，吃糖不会出现脸红、头晕、麻醉、胡言乱语和行动变形等症状，因此蔗糖很少受到像茶、酒、咖啡和烟草那样的谴责。

很长时间里，蜂蜜几乎是人类所知唯一的天然甜味剂；蔗糖出现和普及以后，人们才获得了最广泛和最彻底的甜蜜满足。野生甘蔗最早起源于东南亚和印度次大陆。刚开始时，人们仅仅是通过咀嚼来吮吸甘蔗的汁液，后来学会通过煮沸甘蔗汁，来进行蒸馏、提纯和干燥等程序，从而制出了固体的糖。

中世纪早期，阿拉伯人将印度的甘蔗带入埃及和地中海沿岸。之后的“十字军”东征运动，使欧洲人首次尝到了糖的甜味。从 13 世纪到 18 世纪，糖在欧洲一直是重要的治病良药，没有一个处方里会少了糖，一家没有糖的药店就算不上真正的药店。除了作为药剂，当时糖属于珍稀的奢侈品，只有在欧洲王室、贵族和高级神职人员的餐桌上，才能看到天价进口的糖。事实上，这些糖基本都是用来炫耀权力和财富的神秘食物。

在 13 世纪，蔗糖价格昂贵，人们用精美的甜食和糖雕来显示自己的富有和尊贵。这种风气一直延续到 16 世纪，商人也开始用糖这种奢侈品来作为自己身份的象征。这时，蔗糖已经成为国王享用的贡品，变成平民的高级消费，或者说沦为一种暴发户的“身份提升器”。

随着蔗糖的传播越来越广，消费者越来越底层，它就失去了其有关身份的象征意义。到了 18 世纪，由于蔗糖的生产和海运走向国际化，蔗糖成为穷人的能量来源。至此，关于糖的特殊含义彻底消失了，人们关心的只有利润。

大约在 1420 年，葡萄牙人把甘蔗带到了新发现的马德拉群岛，并且很快传播到加纳利群岛、亚速尔群岛和西非。到 1460 年，马德拉已成为世界最大的蔗糖产地，它有适合蔗糖生长的理想气候，从非洲西海岸还可获得大量奴隶；此外，它位于已知世界的边缘，欧洲消费者不会看到蔗糖生产过程的残酷——

随着糖的生产，人口增加了。在1455年，马德拉岛有800人，而到了那个世纪末，便有了17000~20000人，包括至少2000名奴隶在内。[①]

到哥伦布出海之时，马德拉群岛已拥有每年300多万磅的甘蔗产量，“大西洋诸岛是制糖业从旧世界迈向新世界的垫脚石，新世界的制糖业的原型便是在这些岛上得以完善的”。

早在1478年，哥伦布就曾从马德拉运糖往热内亚，他第一任妻子的母亲在马德拉拥有糖产。1493年，哥伦布随船将甘蔗带到伊斯帕尼奥拉，结果甘蔗在美洲土地上长得极好；然而接下来，制糖产业的成长则要慢得多。后来查理五世亲自下令从加纳利群岛聘请制糖的技术人员，并投资在伊斯帕尼奥拉建造糖厂。到16世纪30年代，这座岛上已经有了43座厂房，蔗糖也成为其重要产业。

16世纪下半叶，整个美洲大陆几乎都被西班牙殖民者征服，只要有炎热的阳光与充足的雨水，西班牙人都种起甘蔗。在墨西哥和秘鲁的低地深谷地区，甘蔗如雨后春笋般生长，如春风野火般蔓延。到17世纪初，巴拉圭亚森松的糖

---

①（美）艾尔弗雷德·W. 克罗斯比《生态扩张主义：欧洲900~1900年的生态扩张》，许友民、许学征译，辽宁教育出版社，2001。

厂已经多达200座，整个西班牙帝国可谓糖满为患。一位神父写道："全宇宙之内，没有任何一个地区能消耗这么多糖，还有这么多运糖船驶往西班牙。"①

虽然西班牙人在新大陆拥有大片殖民地，但富有经验的葡萄牙人还是在蔗糖产业上更胜一筹。葡萄牙人发现巴西之后，很快便将马德拉的制糖模式复制放大到了新大陆；接下来就是蔚为壮观的巴西蔗糖时代。巴西是当时世界最大的甘蔗基地和产糖地。1585年，单单是东北部奥林达垦殖区一地，就有66家糖厂；到1610年，巴西共有400座糖厂，年产5.7万吨蔗糖。

因为甘蔗无可估量的经济重要性，甘蔗种植园在美洲迅速扩展。到1700年，美洲新大陆已经变成了一个巨大的蔗糖生产和加工基地。

工人们被分成专门的种植队、除草队和切割队。收获甘蔗和研磨甘蔗有严格的时间要求，切割队必须与蔗糖厂的工人们同步工作，后者往巨大的碾压机（由五或六头公牛带动）里放甘蔗，榨出甘蔗汁。这个系统让工人沦为大型机器里一个又一个的机械零件。即使是把甘蔗从地里运到碾压机的骡子都成了自动机器人，艰难地往前往后，根本不需要人

①（美）艾尔弗雷德·W.克罗斯比《哥伦布大交换：1492年以后的生物影响和文化冲击》，郑明萱译，中国环境科学出版社，2010。

牵引。[①]

作为典型的热带植物，甘蔗生长周期在一年半左右，这中间需要大量的灌溉和劳动力投入；成熟的甘蔗必须立即收割，否则其糖分就会因为腐烂变质而迅速流失。因此，从甘蔗的收割、榨汁到提炼蔗糖都必须争分夺秒，甚至需要就地、就近完成整个加工流程。不经过蒸煮、除沫和脱水等步骤，就无法将蔗糖制成颗粒状，而假如不精通使蔗糖固体化的技术，特别是温度控制方面的技术，那么上述制作流程就不可能完成。在蔗糖生产中，工厂和农场紧密地结合在一起；同时，粗放的田间劳动和专业化的知识也都是必需的。

从历史角度来说，甘蔗园堪称世界上最早的资本主义：它结合了原始的劳动力和现代资本，并采用现代工厂生产线的管理模式，不同分工的奴隶必须严守纪律，依靠先进的提炼技术和机械设备；特别是生产蔗糖需要使用滚轴式碾轧机来压榨甘蔗。比起传统上手工将甘蔗秆切碎，再捣碎它，或是使用螺旋压榨机，碾轧机可以更有效率地榨出汁液。碾轧机适合连续的生产过程：碾压过的甘蔗秆，可以在下一阶段作为炼制蔗糖的锅炉的燃料。此外，为了制造蔗糖而研发的机械由风力、水力或牲口驱动，这是当时最复杂也最昂贵的

①（英）莉齐·克林汉姆《饥饿帝国：食物塑造现代世界》，李燕译，北京联合出版公司，2018。

工业科技，它预示了后来用于纺织、钢铁、机械加工和造纸工业的机器发展趋势。

作为一种高效整合的生产性组织形式，甘蔗种植园一开始便是典型的工业化企业。建立甘蔗种植园，需要巨额资本和流动资金，以支付土地、建筑、机器和奴隶等所需费用。当时有人算过，一个种植园主需要种植至少二百英亩的甘蔗才能获得纯利润，而且，在这之前还必须投入巨资修建磨坊和煮房——因此，到了1650年，巴巴多斯岛上的土地集中在不到300位种植园主的少数精英手里。

当欧洲国家在殖民地大肆兴建甘蔗种植园时，他们首先想到从非洲运进大量奴隶来进行劳作。随着甘蔗种植园的不断增加，欧洲人的甜与非洲奴隶的苦紧密联系在一起。

作为一种劳动密集型产业，甘蔗种植和糖的生产结合了亚洲植物、欧洲资本、非洲劳动力、美洲土地，甘蔗就这样成为“国际性作物”。作为欧非美“三角贸易”的组成部分，蔗糖贸易见证了全球化早期的苦难历程。所谓“三角贸易”，就是通过大西洋的帆船，把欧洲工业品（包括朗姆酒和枪支）贩到非洲，再把非洲奴隶贩到美洲殖民地，然后把蔗糖从美洲运到欧洲。

长距离的海上运输成本很低，蔗糖尤其适合与棉花或烟草同船运输，蔗糖因为重量大可作为压舱物。

此外，利用西印度群岛甘蔗种植园的下脚料糖浆酿制的朗姆酒，也成为当时极其风靡的商品。在三角贸易的角色中，朗姆酒几乎与蔗糖一样重要，在非洲可以换取大量奴隶。在北美，为了得到朗姆酒，上瘾的印第安人不仅卖给白人数不尽的动物毛皮，甚至连土地也卖给了白人。

不仅海盗们离不开朗姆酒，就连英国海军也有朗姆酒配给制度。1808 年，澳大利亚新南威尔士总督禁止用朗姆酒交换日用品，结果引发当地军团哗变，史称“朗姆酒叛乱”。

蔗糖革命

欧洲人对糖极其嗜好，或者说上了瘾，但欧洲本土却无法种植甘蔗，殖民地便成了一种弥补。对奉行重商主义的欧洲各国政府来说，糖很容易就成为垄断下收取重税的理想商品，这可以为当时的殖民竞赛和军备竞争筹集大量资金。

在 17 世纪 40 年代的最后两年，巴巴多斯出口了价值超过三百万英镑的蔗糖，一跃成为英格兰最富裕的殖民地。对那些种植园主来说，他们在殖民地大发其财后，再带着孩子和财富回到欧洲，从此过上梦寐以求的贵族生活。确实，有不少靠蔗糖牟利，成为大富翁的种植园主，后来都过着堪与国王比肩的奢靡生活。①

①（日）川北稔《一粒砂糖里的世界史》，赵可译，南海出版公司，2018。

新大陆被发现之后，哥伦布于1493年首次把甘蔗带到了圣多明各。在甘蔗到来不久，第一批奴隶也被运到这里。葡萄牙人在巴西的甘蔗产业极其成功，从而主宰世界蔗糖生产长达一个世纪；当时有句俗话是“糖是讲葡萄牙语的”。进入17世纪后半叶，英国和法国也陆续卷入蔗糖狂潮中。

1640年以后，英国在中美洲加勒比获得了巴巴多斯和牙买加等新殖民地，立即建立了许多甘蔗种植园。在仅有430平方公里的巴巴多斯岛上，竟有900多个甘蔗种植园。而在整个18世纪，巴巴多斯接受了25万非洲奴隶，牙买加则接受了66万。

巴巴多斯的大种植园将蔗糖的种植与加工一体化，主要依靠非洲奴隶劳动，为后来牙买加、海地和所有美洲地区的殖民者提供了一个样板。1700年，西印度群岛超过巴西成为世界头号产糖地区和奴隶输送的目的地。

荷兰人曾经一度垄断了非洲奴隶贸易。后来英国政府也成立了皇家非洲公司，拥有在非洲的奴隶专营权，公司股东包括国王、皇室成员、贵族、商人，甚至还有著名哲学家约翰·洛克。皇家非洲公司在西非海岸建立了大约17个要塞和贸易站，从1672年到1689年，公司代理商购买了近9万名非洲奴隶，运到英属美洲殖民地出售。英国还从荷兰人那里学习到了种植甘蔗的技术，通过不断压低蔗糖售价，逐渐在英国和北欧市场上排挤了葡萄牙人的“巴西糖”。

到1750年，蔗糖已是欧洲贸易中最有价值的商品。1714—1773年，英国从西印度群岛的殖民地进口了价值101264818英镑的货物，主要就是蔗糖。在18世纪的英国，五个家庭中就有一个依靠贸易为生，而英格兰西部的很多大家族，其财富几乎都是建立在蔗糖贸易的利润上。据估计，每一名在美洲甘蔗种植园驱使奴隶工作的英国人，比在国内的同行为英国带来多出20倍的净利润。有人认为，来自蔗糖与奴隶贸易的利润，为英国接下来的工业化提供了所需的大部分运作资金。

原产印度的甘蔗在西印度群岛经过精心培育，产量大大提高，蔗糖价格也随之下降，糖逐渐成为大众食物；糖的零售价在1630年到1680年间降低了一半。在18世纪的前40年，英国的蔗糖消费增长了4倍以上，之后的40年又翻了两番。从1663年到1775年，英格兰的糖消费增长了将近20倍。

这场发生在17世纪的商业革命和蔗糖革命，几乎是一个世纪之后的工业革命的预演，它们都在英国以及其他国家发展了人们消费由机器制造的便宜货的新习惯。

美洲的甘蔗彻底改变了欧洲，尤其是英国人的消费和饮食结构。

在1660年之后，英国进口的蔗糖经常超出它进口的其他殖民地产品之总和。蔗糖从最初的奢侈品、珍稀品，摇身一变成为一种大量生产的无产阶级劳动者生活必需的舶来品。用统计数字来说，1700 年，英国人年均食用 4 磅糖；1800 年，年均食用 18 磅；到了 1900 年上升到 90 磅。一份 1797 年的家庭账单显示，一户人家每周需要用 2 英镑来买糖，一年的花费达 100 英镑。毫无疑问，人人爱糖的英国成为世界上最大的蔗糖市场。①

对欧洲人来说，糖不仅仅是调味品这么简单，糖还被作为热量来源和脂肪代用品。整个 19 世纪，英国人的蔗糖消费增长了整整 5 倍，蔗糖所提供的热量，相对于英国人摄取的总热量，其比例高得惊人——从 1800 年的 4%，增加到 1900 年的 22%；也就是说，糖这种“快速能量”在英国人的日常饮食中提供了超过 1/5 的热量。如果将这些进口蔗糖所提供的热量，换算成普通的面包，那么要生产出同样热量的面包，所需要种植小麦的土地面积在 1800 年为 52.6 万公顷，在 1830 年上升为 100 万公顷，1900 年则增至 800 万公顷。正是依靠如此巨大的“鬼田”②，英国能够以很少的土地养活

---

① 明清时期，蔗糖也是中国主要出口商品之一；从明末开始，中国糖就广泛销往亚洲、欧洲和美洲各地。1641 年销往日本的各种糖共 5726500 斤，1645 年从长崎输往日本的糖是 3377900 斤。从英国记载的贸易资料看，1820—1833 年，从广州出口的糖数量巨大，1830 年的出口量达到 763845.9 担，1829 年，东印度公司输往英国的中国糖就达 1700 万斤。可参阅周正庆《中国糖业的发展与中国社会生活研究：16 世纪中叶至 20 世纪 30 年代》，上海古籍出版社，2006。

② 鬼田（ghost acres）一词由生态学家格奥尔格 · 博斯特罗姆于 1965 提出，意指一个国家通过贸易或渔业而获得食物，这些食物如果完全在本国进行生产的话，需要多少面积的耕地。通过进口食物，实际等于得到了超过本国耕地面积的土地。

大量的产业工人，推动工业革命的发展。

蔗糖经大西洋流入英国，工业品经大西洋流向世界。制造工业品不需要太多土地，生产粮食却需要大量土地，以工业品来换取食物，英国摆脱了有限的土地面积束缚，从而跳出了“马尔萨斯陷阱”。

与普通粮食作物相比，蔗糖是最高效的热量生产形式，1 英亩甘蔗可提供 800 万单位热量，是土豆的 4 倍，是小麦的 10 倍。对人体来说，糖也是最容易被吸收的能量储存形式。但与此同时，蔗糖提供热量的增长，是以损失其他更好的营养为代价的；以蔗糖为主的食物，大大减少了在制作和食用方面花费的时间，只是从营养健康方面乏善可陈。

在 1850 年以后，蔗糖的最大消费群体是穷人，相反在 1750 年前则是富人。这一转变标志着糖从稀有品最终转化成了日常用品，转化成了第一个充斥着资本主义劳动生产力和消费之间相互关系的消费品。①

相对于传统农耕时代的盐，作为工业产品的糖以其甜美和高热量，在今天人们生活中的地位更加显赫；在很大程度

①（美）西敏司《甜与权力：糖在近代历史上的地位》。

上，糖也成为现代化和工业化时代人类生活方式的标志。①

与其他上瘾性商品不同，糖具有更好的亲和力，男女老少都能接受。正是由于糖的广泛使用，像可可、咖啡、茶这些刺激物才被全欧洲迅速地接受。经济学家桑巴特认为，糖和其他奢侈品一起导致了资本主义的兴起。

回顾蔗糖的历史，可以说是因为甜味的诱惑，欧洲掀起狂热的殖民运动。

蔗糖作为一种经济现象，直接推动了跨越洲际的人口大迁徙，结果完全改变了加勒比海地区乃至南美地区的人口构成，也改变了生态与地貌。

第一个“糖岛”马德拉就是一个活生生的样板。这里曾经覆盖了大片的原始森林，“马德拉”的原意就是“森林之岛”，经过一个世纪的蔗糖革命，马德拉被变成了一个秃岛。

煮沸和蒸馏足够的甘蔗汁获取 0.45 公斤重的蔗糖，至少需要 23 公斤的木柴。为了将饱含水分的甘蔗转变成糖浆和糖块，榨糖厂建在马德拉群岛中心，奴隶们将甘蔗都运往这里。在巅峰时期，为了给锅炉提供燃料，马德拉群岛的榨糖业每年要用 500 公顷的森林。然而好景不长，从 16 世纪初产量达到高峰，不到 30 年时间，所有煮糖的火炉就都熄了

① 今天的西餐——尤其是快餐（有时被称为“垃圾食品”）和饮料——都离不开糖，并大多都以糖为主要原料。因为现代人对糖摄入过多，肥胖病和糖尿病已经成为严重的社会灾难，“无（蔗）糖”反倒成为一种新潮流。此外，吃糖过多也容易导致龋齿。

火，因为岛上的树木都被砍光了。就这样，欧洲人吃掉了蔗糖，而蔗糖吃掉了一座岛。

蔗糖生产戛然而止，好在这时又发现了新大陆。新大陆的甘蔗园为殖民者带来更大的收益，因为那里有“永远砍伐不完”的热带原始森林。

海地与夏威夷

从1500年开始，糖开始征服世界，但自然和人类却为此付出了惨重的代价。

欧洲人的风帆所至，一座又一座热带岛屿被砍掉森林，开垦成辽阔的甘蔗园。在这些所谓的“糖之岛”，除了甘蔗，几乎不再有其他任何植物；岛上的居民只能依靠进口粮食而生存。单一化的种植园成为殖民经济的主要形式。

对殖民当局而言，铲除了其他作物而单种甘蔗，规模效益会更大；同时，因为岛上不种粮食，种植园主可以通过控制粮食，来控制奴隶和工人，即使有奴隶造反或逃走，他们也坚持不了多久。但对长久以来与世隔绝的无数原住民来说，单一的蔗糖经济不仅会给他们带来无法挽回的生态灾难，更使其丧失家园和传统，甚至遭遇灭顶之灾。

给原住民带来灾难的不仅是屠杀和财产掠夺，还有来自欧洲的疾病。历史学家认为，因为缺乏欧洲人那样的免疫力，有超过 90% 的美洲原住民死于各种瘟疫和疾病。①

西印度群岛殖民者原本招募契约佣工来从事生产，后来契约佣工逐渐被非洲奴隶代替。对于奴隶工人来说，他们比马克思笔下的欧洲无产阶级处境更加悲惨，他们没有任何东西可以出卖，他们本身就是买卖和交易的对象。在甘蔗种植园，奴隶们要完成累断腰杆的一系列工作：冒着热带的高温砍下甘蔗，把它们运到风力运转的磨坊，在那里进行粉碎、煮沸、提纯，最后出来的蔗糖漂洋过海，被运到欧洲。19 世纪的古巴有句俗话："糖是用血造出来的。"

残酷的蔗糖经济，引起很多欧洲知识分子的批判，这些反糖人士将矛头指向每个蔗糖的消费者："我们消费这些商品的行为，与它们带来的人间悲剧密不可分，因此，每吃一磅糖（这是从非洲运来的奴隶血汗的结晶），就等于吸两盎司的人血。"

这一时期，葡萄牙一直垄断着大西洋奴隶贸易。到 1630 年，大约有 17 万非洲奴隶抵达巴西，甘蔗基本上成了黑奴作物。16～19 世纪，英国运输奴隶约 326 万人，而葡萄牙向巴西运输奴隶约 585 万人。

① 美洲作物使旧大陆人口暴增，旧大陆的病菌却让美洲人口近乎灭绝。学者对前哥伦布时代（即 1493 年之前）美洲人口估计差异较大，从 900 万到 1 亿都有，一般认为是 5000 万，到 1650 年，这个数字因疾病和战争而降至 800 万左右。美洲人口锐减，大量非洲移民和欧洲移民逐渐成为美洲的主流。以巴西为例，1818 年巴西有 350 万居民，其中 100 万为白人，50 万为白人与黑人的混血儿，剩下的 200 万为黑人，印第安原住民之少几乎不值一提。可参阅：（美）贾雷德·戴蒙德《枪炮、病菌与钢铁：人类社会的命运》，谢延光译，上海世纪出版集团，2006。

17—18世纪，巴西的欧洲殖民者大规模种植甘蔗，已经形成了巴西特有的大农场种植模式；与此同时，奴隶们被迫在惨无人道的环境下超负荷劳作，他们的平均劳动寿命只有7年。当时的奴隶主为了赚取更多的利润，宁愿引进新的奴隶，也不愿意给生病的奴隶治病。就这样，不断扩张的甘蔗最终把巴西东北部地区变成了一片荒原。①

在加勒比地区，特别是海地，蔗糖业的发展达到巅峰。这座热带岛屿不仅是一座大型甘蔗种植园，也是最大的奴隶监狱，岛上有3万名白人和48万名奴隶。种植园经济残酷而致命，因为奴隶死亡的速度要大大超过奴隶儿童出生的速度，这就使得贩奴贸易能够持续。奴隶贸易和对奴隶的剥削，让欧洲人积累了大量财富。这一庞大的贸易体系背后，是欧洲人日益强盛的航海、探险、贸易和殖民能力，及其所带来的对人力资源的强烈需求。②

---

①（美）马克·彭德格拉斯特《左手咖啡，右手世界：一部咖啡的商业史》，张瑞译，机械工业出版社，2013。

② 在当时非洲，奴隶贸易非常普遍，欧洲奴隶贩子甚至不用进入内陆，在海岸就可以交换到奴隶。非洲大陆存在大量的部落国家，互相之间战争频繁，战败的一方，不管是军人还是平民，都会被获胜的一方作为奴隶出售。奴隶主或者说贩卖奴隶的黑人，在和欧洲商人的交易中获得枪支弹药、贝壳（充当货币）、纺织品、酒、烟草等。同时，非洲的各国间也会有奴隶贸易，热带气候和非洲贫瘠的土地限制了农业生产，出售壮丁为奴比用壮丁种地可获得更高的收入。此外，新世界制糖业兴起后，需要大量劳力，非洲人比其他世界各地人都能抵抗热带甘蔗园的各种疾病。可参阅：（美）丽莎·A. 琳赛《海上囚徒：奴隶贸易四百年》，杨志译，中国人民大学出版社，2014。

“没有蔗糖就没有黑奴。”蔗糖催生了奴隶贸易。据估算，从1500年到1840年，有1170万非洲人从非洲被绑架到美洲。在同一个时间段，大约有340万欧洲人移民到了美洲。也就是说，每当一个欧洲人来到美洲的时候，就有三名非洲人被抓上了奴隶贩子的船。这些被贩运到美洲的黑奴，绝大多数被卖到甘蔗园工作，其中又以海地为多；海地进口的黑奴数量比美国进口量的两倍还多。1767年，海地向欧洲出口了7200万磅粗糖和5200万磅白糖，提供了欧洲市场上40%的蔗糖和60%的咖啡。

从1500年到1800年，也就是从哥伦布发现新大陆到英国工业革命这段历史，常常被历史学家称为重商主义时期。在这300年间，美洲开始被殖民并向欧洲输出白银、糖和烟草；非洲人被运往美洲充当奴隶，成为大批量商品的生产者；亚洲则将香料、茶叶、纺织品和瓷器运往欧洲。主要欧洲国家不断获取新的殖民地，并采用关税和战争手段阻挠其他国家与殖民地开展贸易，企图以此来增加本国的贸易收入；换言之，是以牺牲殖民地的发展为代价，来换取欧洲制造业的进步。对大英帝国来说，它对美洲殖民地的经济发展并没有太多责任和义务。

在狭隘的重商主义思想下，为了限制新英格兰从法属海地等糖岛进口蔗糖，英国政府先后颁布《蔗糖法案》(1764)和《茶税法》(1773)，结果引起殖民地人民的反抗；在《独立宣言》的炮声中，美国诞生了。

美国革命引发了多米诺骨牌效应。

18世纪晚期，欧美世界掀起一场“大西洋革命”的狂潮，英国、法国、荷兰、西班牙、葡萄牙等欧洲列强统治下的殖民地纷纷掀起独立浪潮。整个世界陷入前所未有的动荡之中。海地的独立运动引起了大规模的杀戮和死亡，导致海地几乎从世界贸易地图上消失。

在美国独立运动和法国革命之后，海地于1804年取得了独立，所有奴隶都获得了解放，没有来得及逃走的白人几乎都遭到屠杀，10万人在这场浩劫中丧生，180多座甘蔗种植园和糖厂被彻底摧毁。但奴隶制的惩罚很快就被饥饿和贫穷的惩罚所取代。白人被赶走之后，资本、技术和管理没有了，土壤养分已被甘蔗种植彻底耗尽，水土流失极其严重。蔗糖产业的没落，使“解放”的海地在政治、经济、社会和生态等各方面均陷入崩溃的悲惨境地；时至今日，海地依然没有摆脱动乱与贫困。

在蔗糖时代，有数百万非洲奴隶被贩卖到美洲南部、加勒比、圭亚那和巴西。进入19世纪，以英国为首，奴隶制度陆续被废除，美国为此甚至发生了极其惨烈的内战。作为主要的蔗糖殖民地，巴西和古巴直到1888年和1886年才废除了奴隶制度。其后，包括中国人在内的许多东南亚移民也纷至沓来，他们的境遇与非洲奴隶基本没什么两样。1852

年，仅仅在古巴的糖厂就有近万名中国奴工。

无数华工漂洋过海，散布于东南亚和太平洋诸岛，其中尤以夏威夷群岛为多。1778年，英国探险家库克船长发现了位于太平洋的夏威夷群岛。随着美国西部的开发，许多美国人来到夏威夷，在这里购买土地，开垦为甘蔗园，然后大量招募华工。到19世纪末期，夏威夷的原住民从30万骤减为5万；与此同时，从中国引进的契约工数量已经远远超过了原住民。

1876年，美国与夏威夷王国签署贸易互惠条约；在接下来的20年中，夏威夷的蔗糖产量暴增了将近20倍，几乎全部出口美国。

蔗糖经济的繁荣，使美国人基本掌控了夏威夷，3万多原住民既不拥有糖业公司，也不在甘蔗园工作，他们甚至不拥有土地——大多数土地都卖给了美国种植园主。就这样，原住民不仅成为少数人，甚至更像是一无所有的异乡客。1898年，夏威夷终于被并入美国版图，当时的《民族》杂志抨击这场兼并其实就是“为了糖”。

咖啡

品尝现代的味道

咖啡的历史虽然悠久，但它成为世界饮品，却是人类跨入全球化和现代化的产物。从这个意义上来说，一部咖啡史，已不仅仅是一部经济史，更是一部文化史和社会史。

一位法国哲人曾说，咖啡的出现，给欧洲人带来了最伟大的文明，其意义仅次于火的使用。从历史来说，咖啡在西方世界和伊斯兰世界的演变中都扮演了重要的角色。

咖啡作为舶来品，对传统的中国人来说多少有些陌生，但对现代中国人来说，咖啡则是现代文化的化身。

发现咖啡

人类喜欢创造，不仅喜欢创造新事物，也喜欢创造故事，而每一个新事物，都免不了故事作为注脚。对咖啡来说，更是如此。在无数发现咖啡的传说中，“牧羊人的故事”最令人津津乐道——

公元6世纪时，在非洲的埃塞俄比亚高原，有个牧羊人经常发现羊群会时不时地疯狂喧闹，有时兴奋起来会持续几个小时。经过仔细探查，他发现每当羊群吃了一种野生灌木的种子之后，就会出现这种状况。这个牧羊人出于好奇，就亲自品尝，这些小小的红色果实味道甘美香甜，吃过之后精神格外振奋舒爽。这件事传开后，就连附近寺院的僧侣也喜欢用这些果子作为提神药，这就是最早的“咖啡豆”。

对于这种新奇的咖啡豆，人们先是咀嚼，后来用水煮着喝。一旦形成风气，咖啡很快就从埃塞俄比亚传到阿拉伯各国，每个品尝过咖啡的人都为之着迷。咖啡随之成为伊斯兰教国家的代表性饮料。

有的宗教界人士认为这种饮料刺激神经，违反教义，曾一度关闭了咖啡店，但埃及、苏丹认为咖啡并不违反教义。禁令解除后，咖啡饮便在阿拉伯地区流行开来。

咖啡被人类发现后，便从它原先生长的埃塞俄比亚一隅扩散到红海对面的阿拉伯。咖啡因此常以阿拉伯特产的形象为世人所知，当时咖啡确实在阿拉伯广为种植和饮用。在经历了几次重要的传播之后，咖啡最终散布到几乎世界的每一个角落，成为一种世界性的经济类农作物。Coffee（咖啡）这个词，最早来源于阿拉伯语Qahwa，原意是“植物饮料”。

除了这个牧羊人的故事，咖啡还有另外一个传说。说是有一群衔着咖啡豆的大鸟，在飞越红海时，把咖啡豆掉落在也门，就这样在也门生长起来。事实上，也门确实是世界主要咖啡出产地，尤其是在咖啡诞生后的最早几百年里。

在历史上，埃塞俄比亚曾于525年入侵阿拉伯半岛的南端，并统治也门达半个世纪之久。虽然有证据证明，咖啡于575年开始在也门种植，但直到15世纪，也门的咖啡种植业才有了较大发展，然后从这里开始了咖啡周游世界的伟大历程。

15世纪时，咖啡作为一种大众饮料已经在阿拉伯社会广为人知。1475年，最早的咖啡馆KavehKanes在麦加开张。1530年在大马士革，1532年在阿勒颇，也相继出现了咖啡馆。到16世纪末，伊斯坦布尔大大小小的咖啡馆已经有600多家。当时流行的诗歌中说："咖啡是我们的黄金，在任何用咖啡招待客人的地方，我们都会交到最高贵、最宽容的朋友。"

在15世纪以前，咖啡长期被阿拉伯世界所垄断，仅在伊斯兰教国家间流传；当时咖啡主要被用在医学和宗教方面，人们认为咖啡具有提神、醒脑、健胃、强身、止血等功效。

关于咖啡传入欧洲的历程，一直以来流传着一种说法，说是1570年土耳其军队围攻维也纳，失败撤退时，遗留下一只装满咖啡的口袋，当时谁也不知道这是什么东西。一个曾在土耳其生活过的波兰人拿走了这袋咖啡，用它在维也纳开了欧洲第一家咖啡店。

如果按照另一种说法，咖啡出现在欧洲的时间就要晚100年。说是17世纪的土耳其大使苏里曼经常用咖啡招待他的巴黎客人，虽然他的外交使命失败了，但咖啡却获得了“成功”。除此之外，还有记载说，咖啡于16世纪末通过意大利开始传入欧洲；当时教皇克莱门八世品尝后大为赞赏，并于1600年为咖啡举行洗礼，咖啡从此流行欧洲。

根据布罗代尔的记述，咖啡1615年抵达威尼斯，1644年，马赛商人拉洛克把咖啡带到他的城市，同时带来了咖啡杯和咖啡壶。1643年，新饮料在巴黎出现；在伦敦出现的日期可能是1651年。但这些日期只标志着咖啡初次不引人注目地出现，并不表示它开始出名或成为大众消费品。

咖啡刚进入欧洲时，消费者必然只限于极少数人。口感馥郁、香气迷魅的黑色饮料充满神秘的东方色彩，当时咖啡的身价之高，以至于有“黑金”之谓。也只有欧洲上层人物才能享受得起咖啡。

“事实上，任何文明都需要奢侈的食品和一系列带刺激性的‘兴奋剂’。12和13世纪迷上香料和胡椒；16世纪出现烧酒；然后是茶和咖啡。”① 上瘾品的传播非常迅速。在接下

①（法）布罗代尔《十五至十八世纪的物质文明、经济和资本主义》（第一卷）。

来风起云涌的大航海时代，借由工业化生产和海运的传播，几乎全世界都被纳入了咖啡的生产和消费版图中。

“咖啡贸易的先锋是（英国）霍金斯家族和米德尔顿家族等大海盗家族。他们率领东印度公司的贸易商船队，停靠摩卡港和亚丁港，摸索着不依靠威尼斯商人已建立的渠道，直接进口咖啡。”[①]17 世纪，英国的东印度公司经过非洲南部的好望角，将帆船暂停于摩卡港，直接从土耳其商人手中购买咖啡，由此开拓了一个可以大量并且稳定地进口咖啡的新渠道。

相比英国，在十六七世纪的时候，荷兰是世界上最强大的殖民国家，他们庞大的商船和战舰航行在世界许多重要的航线上，不仅对外开疆拓土，还进行规模巨大的贸易活动。荷兰东印度公司是当时世界上最大的殖民贸易公司，他们发现咖啡利润极高，于是他们设想，假如能够有自己的咖啡生产基地，那就可以最大限度地摄取咖啡贸易中的利润。荷兰人经过周密的策划，终于在 1616 年，将咖啡苗木和种子偷偷运出戒备森严的摩卡港。荷兰人得到咖啡树苗和种子后，就在温室中进行培育和种植，并最终取得了成功。

与蔗糖、鸦片、烟草等商品一样，咖啡在历史上一直与殖民主义携手并行。随着殖民活动的进行，荷兰人把咖啡种

---

①（日）竹田勇《创造世界历史的海盗》，阿部罗浩译，浙江大学出版社，2017。

子带向了世界，尤其是热带地区。阿拉伯人没能使咖啡在亚洲传播开来，荷兰人做到了。在对外殖民的过程中，他们先在印度的马拉巴种植咖啡，而后又在1699年将咖啡带到了印尼爪哇的巴达维亚（直到今天，印度尼西亚还是世界上主要的咖啡出口国之一）。

荷兰的海外殖民地很快取代阿拉伯地区，成为欧洲咖啡贸易的主要供应地。因大量生产而价格下降的咖啡开始成为欧洲人的重要饮料。

因为英国东印度公司独占性地在阿拉伯半岛收购摩卡咖啡，英国在早些时候一直是欧洲“咖啡热”的领导者，但后来眼看荷兰咖啡种植策略走向成功，在18世纪中期，英国断然放弃了咖啡，转而以中国茶叶全面取代咖啡，从“咖啡之国”变成“红茶之国”。

当时德国没有殖民地，必须从国外进口咖啡，这导致了一场声势浩大的反对非本土饮品的运动。当啤酒和葡萄酒最终不能抵制人们对咖啡的狂热嗜好的时候，代用的菊苣咖啡被发现了。在当时，人们除了喝“豆咖啡”之外，也喝这种代用咖啡。

血色咖啡

“各位先生，你们或许以为咖啡和糖是西印度群岛的自然作物。然而，两百年前的西印度群岛，跟贸易毫无关系的自然界里实际上连一棵咖啡树、一株甘蔗也没有长出来过。”马克思说这番话的时候，西印度群岛的咖啡种植业已经开始没落，刚刚获得独立的巴西一跃成为世界最大的“咖啡王国”。

18 世纪 20 年代，咖啡首次在美洲种植——又是荷兰人最先将咖啡传到了中美洲和南美洲。咖啡由荷兰的殖民地传到了法属圭亚那和巴西，后来又由英国人带到了牙买加。从此咖啡在南美洲迅速蔓延。到了 19 世纪，种植咖啡已成为中美洲和南美洲的传统。

咖啡之所以能够在这些美洲国家迅速传播，并非只是因为气候原因，最重要的是这些国家都拥有大量奴隶，这使它们能够以惊人的速度建立起咖啡种植园。

18 世纪时，作为法国殖民地的多米尼加最为富有，它的咖啡生产量占世界总量的一半左右，那里有 45 万黑奴和 4 万白人。1791 年，这个不幸的岛屿爆发了奴隶起义，这里变成了后来富于拉美色彩的政治事件上演的炼狱般的舞台，战争、疾病、革命、侵略、独立、殖民、独裁、解放、镇压、逃亡、种族冲突，等等。奴隶起义让咖啡生产难以为继，白人咖啡种植园主纷纷逃往临近的古巴，因为那里还有更多肥沃的土地以及温顺的奴隶。

相对而言，巴西不仅气候非常适宜咖啡生长，而且国土辽阔，一旦发展咖啡产业，便一下子改变了世界咖啡产业的格局。与此同时，咖啡也改变了巴西，不仅使巴西成为一个“奴隶之国”，也使巴西的生态环境遭遇到一场浩劫。

葡萄牙人于1752年将咖啡引入巴西，但在整个18世纪，蔗糖一直是巴西的主要产业。19世纪20年代以后，蔗糖价格大跌，于是大量资金和劳动力向东南部转移，人们开始在帕拉伊巴山谷扩展咖啡种植。最早有人在巴西北部靠近赤道的巴拉种植咖啡，效果比较一般。1774年，比利时传教士在巴西偏南、气候较温和的里约热内卢附近山上种植咖啡，结果大获丰收。从此以后，咖啡就主要在南部种植。

咖啡种植需要大量的劳动力，来自非洲的奴隶便成为咖啡经济的牺牲品，正如一位议员所说：“巴西离不开咖啡，而咖啡离不开黑奴。”随着咖啡种植业的进一步扩大，里约热内卢的奴隶进口数量激增，从1825年的26245人增至1828年的43555人。当时，整个巴西引进的奴隶数量已经超过100万，占巴西总人口的1/3。到1850年禁止奴隶制度时，巴西的奴隶达200万之多。

咖啡庄园主后来又以更高效的农奴制取代了奴隶制，巴西的咖啡种植面积和产量顿时暴增。到20世纪初，仅圣保罗州就有超过5亿棵咖啡树，巴西咖啡席卷全世界。为了更便捷地出口咖啡，巴西大力发展铁路，到1889年，巴西建成近1万千米的铁路，专门用来运送咖啡。因为过度依赖咖啡，富饶的巴西竟然连粮食都无法自给，只好依赖进口。

葡萄牙人刚刚发现巴西时，巴西几乎完全处于原始状态，森林茂盛，水草肥美，一位神父赞叹道："如果人间有天堂，那么这片天堂一定是在巴西。"虽然殖民者一直在破坏巴西的环境，但直到蔗糖和咖啡种植业兴起，巴西雨林才面临毁灭性的打击。

为了开辟种植园，大量的热带雨林被毁，参天大树遭到乱砍滥伐，伐倒的树木被付之一炬，"经过斧头和火把的洗礼，这片雨林就像是一座现代的杀戮战场，整个山地一片焦黑、阴森而荒凉"。咖啡就以这种刀耕火种的方式在巴西土地上生长。

因为海拔低、阳光和雨水充足，咖啡树在巴西生长非常迅速，每年可以开三四次花，也就能收获三四次咖啡豆，但这种丰收也会让土地的肥力很快耗尽。在头几年，咖啡往往会取得不错的收成，后来随着地力的耗竭，咖啡就会开始歉收。这时候，咖啡种植者就会重新开垦新地，仍以这种方式毁坏更多的原始森林。热带雨林生态系统极其脆弱，一旦遭到破坏，往往很难恢复。到 19 世纪末，里约的咖啡田已经枯竭，咖啡种植业只能转移到西南部的圣保罗高原。

巴西咖啡无疑是全球化的产物。咖啡贸易的兴起，很快便成为国际资本投机市场的新宠，咖啡行情随着天气、政治、战争等因素而发生剧烈波动。

1812年，国际咖啡价格为每磅1美元。随着咖啡产量增加，到1817年，咖啡价格降到每磅不到20美分；随后几年，国际咖啡价格开始上涨，达到每磅30美元。1823年，欧洲战云密布，人们预期咖啡价格必将大涨，于是四处抢购囤积，结果是“战争没有来，四面八方来的咖啡却到处都是”。这时，巴西恰好赶上史无前例的咖啡大丰收，国际咖啡价格急转直下，一夜之间，无数经营咖啡的企业破产，百万富翁变成“负翁”，跳楼自杀者达上百人。

在第一次世界大战前的10年里，巴西的咖啡生产量达到顶峰，占国内生产总值的90%。大多数咖啡出口到美国，其次是德国。巴西的咖啡产量是它的邻国兼竞争对手委内瑞拉的10倍；产量达到顶峰时，曾占世界市场份额的90%。巴西如今仍是世界上最大的咖啡生产国，约占全球咖啡产量的30%；而哥伦比亚则是第二大咖啡生产国，占全球咖啡产量的12%左右。

咖啡馆时代

从社会学来说，咖啡能够迅速传遍全球，正是西方殖民主义推动现代化发展的结果。咖啡作为一种现代化的符号，跨越了不同文化的藩篱，潜移默化地影响着不同文化传统的民族。

欧洲人几乎将咖啡置于文化和政治事件中心，他们不仅接受了一种阿拉伯饮品，也接受了这种民间聚会的生活方式。在消费社会中，“喝什么”不一定是生理需求的选择，而更有可能是社会意义的选择。咖啡是实现身份认同的符号，人们通过咖啡，将自己归类为一种特定群体，从而将自己与其他群体区分开来。

1645 年，威尼斯诞生了欧洲第一家公开的街头咖啡馆。1650 年，黎巴嫩人雅各布在英国的牛津大学附近开了英国第一家咖啡屋，取名为“雅各布咖啡馆”，深受学生的欢迎；两年后伦敦也出现了咖啡馆——“罗杰咖啡馆”一炮而红。咖啡馆在英国如雨后春笋般出现，尤其是在首都伦敦。1663 年，伦敦的咖啡馆数量达到 82 家；1700 年后暴增至 3000 多家，对于一个拥有 60 万人口的城市来说，这意味着每 200 人就有一家咖啡馆。18 世纪前期，伦敦及周边地区共有 8000 多家的咖啡店。伦敦作为世界“咖啡之都”，不仅在欧洲大陆，在奥斯曼帝国也是盛名卓著。

咖啡馆作为一种新生事物，引起社会各方面关注。

英国皇家学会成员约翰·霍顿认为，咖啡馆能减少社会恶行，促进文明的进步，“咖啡馆是公民的学院”。他指出，“咖啡馆给各色人等提供社交场合，富人和穷人、有学问的和没有学问的人，都在这里会面；它促进了艺术、商业和其他各种知识的发展”；因此，“咖啡馆与大学一起，共同促进了有益知识的增进”。人们甚至把咖啡馆称为“一便士大学”，当时的咖啡馆消费不高，一杯咖啡只要一便士，但知识上的收获却大得多，在这里能够“听君一席话，胜读十年书”。

对于西方资本主义历史上现代经济和文化机构的兴起，咖啡馆文化发生了不可替代的作用。著名的“罗杰咖啡馆”，当时位于伦敦塔西北边的商业中心和证券交易所附近，具有相同商业利益的人不约而同聚集在这里，咖啡馆就顺理成章，演变成商业交易中心；在交易所内无法取得的情报，可以间接在咖啡店内得知，咖啡馆俨然成了伦敦第二交易所。事实上，今天的伦敦证券交易所，正是从一家名为约翰逊的咖啡馆发展而来；世界上最大的保险商——伦敦罗依德公司也是由咖啡馆起家。劳爱德咖啡馆兴旺的最大原因，在于给英国东印度公司相关人员提供了办公和休息的场所，这在当时可谓是划时代的经营手法，它“采用了不设休息日，24 小时营业的经营体系”。

咖啡馆出现以后，深深地影响了英国后来 200 年的社会生态与商业活动。咖啡馆催生了一种建立在聊天和讨论之上、以聚会娱乐为目的的社会交往新风尚。作家、记者、艺术家、科学家、商人、政治活动家，等等，很多人都成为这种新风尚的追捧者；新闻报社、银行业和证券交易所等也都在咖啡馆寻找自己的发展机遇——这与现在的互联网非常相似。

正是咖啡馆里的一场争论，催生了科学革命最伟大的著作。……现代科学的奠基之作——牛顿的《原理》——起源于咖啡馆，同样，经济学中具有同等意义的著作——苏格兰经济学家亚当·斯密的《国富论》——也是在咖啡馆中诞生的。《国富论》的大部分内容都是斯密在大英咖啡馆里写成的，这家咖啡馆是他在伦敦的基地和通信地址，来自苏格兰的学者都喜欢在这里聚会，斯密就是在这里把写好的各个章节分发给他们阅读，听取批评意见的。……人们在这里聚会，思想的碰撞产生了意料不到的效果，促成了现代世界的一系列发明创造。①

咖啡馆很容易形成一种圈子文化。从一开始，知识分子就对咖啡馆很感兴趣。咖啡馆的闲聊推动了世界第一批现代报纸的诞生，《闲谈者》和《旁观者》就是将这些道听途说的消息加以汇总提炼，从而一纸风行。

英国《观察者报》在1711年3月的卷首语中写道：“有人说苏格拉底把哲学从天上拉到了地上与人共居，我的野心是希望有人说，我把哲学引出私室、书房、学校、大学，让

---

①（英）汤姆·斯丹迪奇《从莎草纸到互联网：社交媒体2000年》，林华译，中信出版社，2015。

它进了俱乐部和会议厅，停留在下午茶桌上和咖啡馆里。”语言学家塞缪尔·约翰逊将咖啡馆提升到形而上的高度，他说，咖啡馆是一种思想，一种生活方式，一种社交模型，一种哲学理念。

在现代文明风云激荡的几百年里，咖啡馆里总是群贤毕至，高朋满座。在咖啡桌上，兴起了启蒙运动；在大革命时期，涌现出一批“作家咖啡馆”“政治咖啡馆”。伏尔泰、卢梭、狄德罗，还有罗伯斯庇尔、拿破仑，他们都是普蔻咖啡馆的常客。这些工业时代的“咖啡宫殿”也成为许多艺术家的天堂。贝多芬、培根、萨特、马勒都嗜好咖啡。凡·高生前有个心愿：“也许有那么一天，我的画能在一间咖啡馆里展出。”

“我不在家，就在咖啡馆；不在咖啡馆，就在去咖啡馆的路上。”说这话的巴尔扎克一生喝下 5 万杯咖啡，平均每天 6～7 杯。对他来说，没有咖啡就不能写作。他做过这样的比喻：“咖啡像引擎开动一样，推动了我持续不断地进行写作。”[①] 匈牙利数学家保罗·埃尔德什把咖啡看作人体燃料，这样才能使他持续工作。他自诩说：“数学家就是一台把咖

---

① 巴尔扎克嗜咖啡如命，导致慢性咖啡中毒，最终死于咖啡。巴尔扎克曾以文学笔法这样形容喝咖啡的神奇体验：“咖啡泻到人的胃里，把全身都动员起来。人的思想列成纵队开路，有如三军的先锋。回忆扛着旗帜，跑步前进，率领队伍投入战斗。轻骑兵跃马上阵。逻辑犹如炮兵，带着辎重车辆和炮弹，隆隆而过。高明的见解好似狙击手，参加作战。各色人物，袍笏登场。纸张上墨迹斑斑，这场战役始终倾泻着黑色的液体，有如一个真正的战场，笼罩在黑色的硝烟之中。”

啡因变成定理的机器。”[①]

“我们在咖啡馆见！”这是在欧洲流行了300多年的社交方式。1673年，一本题为《咖啡馆的特征》的小册子写道：

> 每个人似乎都是平等派，都把自己看成一介平民，完全不论地位和等级。所以你经常可以看到一个愚蠢的纨绔子弟，一个可敬的法官，一个自命不凡的家伙，一个举止得体的市民，一个知名的律师，以及四处转悠的扒手、非国教徒、虚伪的江湖骗子。所有这些人都聚在一起，组成了一个鱼龙混杂的大杂烩。

值得一提的是，女权兴起是20世纪的事情，在此之前，西方世界仍然是一个男权社会，尤其是在类似咖啡馆这样的公共场所。那时女人如果出现在咖啡馆，通常被认为很堕落，几乎与妓女没什么两样。讽刺的是，怀特巧克力咖啡馆有一个男性服务员叫托马斯，性格极其粗暴，但他竟然有一

---

① 据说贝多芬早餐时喝咖啡，他一定要每杯咖啡中有60粒咖啡豆，他通常会一粒粒地数。伏尔泰每天要喝50杯咖啡。丹麦哲学家克尔凯郭尔喝咖啡的方式也很特别：他会拿过糖袋子，往咖啡杯里倒糖，直到糖溢出杯子的边缘。然后倒入黑色的浓咖啡，白糖金字塔慢慢融化、倒塌。导演大卫·林奇曾经有七年，经常光顾洛杉矶一家餐厅，点一份巧克力奶昔，四到七杯咖啡，大量加糖。然后灵感迸发，赶紧写在餐巾纸上。

个“托马斯爵士”的绰号。①

咖啡里的民主

现代生物研究表明，咖啡树的叶子和花朵所含咖啡因不到 1%，但种子（即咖啡豆）内则含有 3% 的咖啡因。咖啡因是一种天然的杀虫剂，高咖啡因含量可以保护种子免遭侵袭，结果，人类这种上瘾性动物却迷上咖啡。

醉翁之意不在酒。人们去咖啡馆并不全是为了喝咖啡，更重要的是在咖啡馆能遇见什么人。不管是英国的宪政运动、美国的独立运动，还是“二战”后的流行文化，咖啡馆都是人们不分阶级地平等交流思想的社交中心。咖啡因对思维的刺激固然是咖啡馆受欢迎的原因，但更主要的还在于人与人之间交流的愿望。

早期的咖啡馆不只卖咖啡，有时候也卖中国茶。事实上，正是咖啡馆将茶叶推荐给英国人，以至于后来英国对茶叶的喜欢的程度要远胜于咖啡。1700 年时，伦敦就已经有 500 多家咖啡馆卖中国茶。

无论茶叶还是咖啡，都含有让人上瘾的咖啡因。咖啡因并非真的给人们提供了能量，它只是弱化了人们感受疲惫的

---

①（英）马克曼·艾利斯《咖啡馆的文化史》，孟丽译，广西师范大学出版社，2007。

能力。一本叫作《咖啡因优势》的书中说，咖啡因是世界上最受欢迎的毒品——

如果咖啡不包括咖啡因，它还会是我们热衷的饮料吗？它还会是我们文化中最为重要的饮料吗？回答再简单不过，它不会。你知道地球上所有受大众欢迎的饮料，不管口味各自有多迥异，都不约而同地含有咖啡因，这不会是“纯属巧合”。

需要说明的是，早期人们喝咖啡的方式与现在并不一样。17 世纪的英国人喝咖啡的习惯，不是放奶油和糖，而是放芥末。咖啡最原始的做法就是煮着喝的，如今咖啡都被拿铁、卡布奇诺或其他花式咖啡所替代，但土耳其还依旧使用着最原始最古老的方法煮制咖啡。

在 17 世纪的英格兰，咖啡是启蒙运动的催化剂。历史学家乔治·马考莱·屈维廉在《英国社会史》中指出，“英国普遍的言论自由”是咖啡馆生活的精粹所在。咖啡馆舆论对政治的影响是不言而喻的。虽然有些咖啡馆因为谈论政治而遭到打压，但这种活力很快就在其他地方冒了出来。在某种程度上，英国现代民主思想便是在咖啡馆孕育的。

“1679 年 5 月，当控制新闻媒体的许可证体制结束之后，报刊、小册和讽刺文章铺天盖地地涌入咖啡馆。”[1]作为1660年复辟的斯图亚特王朝，英国查理二世一直认为咖啡馆是“叛乱的温床”，曾先后于1675年12月29日和1676年1月8日两次发布取缔咖啡馆的国王文告。这些禁令实际上都无法顺利执行，最后只能不了了之。历史学家大卫·休谟后来对此事评论说：“国王注意到民众的不满情绪正在加剧，于是决定向咖啡商人的请愿让步，撤回了该项文告。”

进入18世纪后，尽管英国政府当局出于稳定统治的需要，仍密切注视咖啡馆的社交言论和活动，不时加强对咖啡馆的监视和控制，但是咖啡馆的经营和消费已经获得了合法地位。在安娜女王执政时，英国咖啡馆迎来了一段黄金时期，宽容、理性和温和正蔚然成风。

如果说英国开创了改变世界的现代文明，那么咖啡馆的历史意义就无须赘言。一位英国历史学家说，欧洲的城市咖啡馆具备了未来饭店的许多特点，那些农民工的小酒馆逐渐变成了由书、小册子、最新的报纸构成的一个公共空间。商人、旅行者、政客和知识分子啜饮着“醇厚的、有益健康的液体”，在咖啡馆里小憩。咖啡馆因此可以称得上“国际文化文本交流的网络节点”。

从17世纪开始，咖啡这一种商品改写了城市生活的种

①（英）马克曼·艾利斯《咖啡馆的文化史》。

种体验。在工业革命时期，咖啡让人思维敏捷，能更好地完成工作，工厂主发现为工人提供免费咖啡，可以大幅提高生产率。随着现代文明的扩展，咖啡伴随西方社会的成长，已经成为一种意识形态的“物化”和象征。

如果说茶馆表现了东方文化的清静无为，那么咖啡馆则是西方文化的一种象征；咖啡的苦涩香醇，对应着现代历程中的革命与民主。

从历史来说，咖啡馆确实是西方政治与思想革命的密谋之地。法国历史学家朱勒·米什莱说：“那些整天泡在咖啡馆里的人们，透过那深黑色的液体，看到了革命的曙光。”1789 年 7 月 12 日，卡米尔·德穆兰站在咖啡馆的一张桌子上，挥舞着双枪大声高呼：“公民们，武装起来！”两天后，巴士底狱被巴黎人民攻陷，法国大革命开始了。

17 世纪的英国，因为政治迫害，许多清教徒来到美洲新大陆，与这些天路客一起到来的还有咖啡。与英国本土不同，在美洲，咖啡从来都不受权力的打压。如同某种历史隐喻，美国与咖啡这个新事物简直是天生的盟友关系。绿龙咖啡馆长期以来被美国历史学家看作“美国革命的总部”。

当英国本土沉迷于饮茶时，“美国人”以“波士顿倾茶事件”宣告起义，并以喝咖啡来表示与“英国人”身份的决裂。茶叶被看成英国压迫的象征，正如接受咖啡是爱国的表现。1774 年，约翰·亚当斯在给妻子的信中写道：“一定要赶紧改掉喝茶的习惯，我自己迟早要戒掉茶瘾。”

在美国独立运动中，美洲殖民地的咖啡销量从 1772 年的人均 0.19 磅猛增到 1799 年的人均 1.14 磅，足足增长了 7 倍。在某种意义上，美国咖啡馆成为美国社会自治精神的重要标志。在纽约的布拉德福咖啡馆，经常有各种社会组织和慈善组织在此召开会议，而且不乏国会议员和总统光临。

星巴克的全球化

现代以来，咖啡风靡整个欧洲。有一位法国哲学家说，咖啡的出现，带给了欧洲人自使用火以来最伟大的文明。咖啡被人们称为最伟大的饮料。作为欧洲的移民，更为富裕发达的北美消费的咖啡最多；如果说石油是美国的“生命线”，那咖啡就是美国人的“生命线”。

从波士顿倾茶事件后，咖啡在美国迅速流行起来；这主要归功于便宜的巴西咖啡涌入美国。到 1790 年，美国咖啡的进口量比茶叶进口量多了三分之一；10 年后，咖啡进口量已经是茶叶的 10 倍。此后，咖啡的消费量还在不断增长：美国每年的人均咖啡消费量，从 1830 年的 3 磅发展到 1850 年的 5.5 磅，1859 年达到 8 磅。不仅白人，连美国印第安人也喜欢上了这种“黑药”，他们宁愿用一件毛皮大衣去换一杯咖啡。

1861—1865 年的美国南北战争期间，北方联邦政府为每个官兵每天配给 0.1 磅咖啡豆，即每人每年 36 磅，这绝不是个小数字。与此同时，北方军封锁了南部港口，切断了南方军队的咖啡供应。有历史学家说："咖啡是美国内战期间最宝贵的军饷之一。不敢说是咖啡助北方联邦军取得战争胜利，但至少咖啡让联邦军更有耐力取得胜利。"当时咖啡被征以重税，价格颇高，北方是每磅 40 美分，但在南方却达到每磅 5 美元。南方军因缺少咖啡，只好以栎树果、蒲公英根、秋葵和菊苣来作为咖啡的替代品。①

1909 年，美国人均消费咖啡超过 5 千克，全世界 40% 的咖啡被美国人喝掉。到 1950 年，美国人喝掉的咖啡比世界其他地方所喝掉的咖啡总和还要多出 20%。美国咖啡市场每年的经营总额为 190 亿美元，消费者达 1.6 亿，涉及 15 万人的就业。美国专业协会估计：如果把从咖啡机生产到泡沫咖啡杯制造等所有职业计算在内，那么咖啡业的就业人数会高达 1500 万。即使在意大利，也有 11 万家咖啡馆，容纳的工作人员超过 30 万，他们一天卖出的香浓咖啡达 7000 万杯之多。②

今天的美国无疑是全球咖啡消耗量最大的国家，大多数

①（美）马克 · 彭德格拉斯特《左手咖啡，右手世界：一部咖啡的商业史》。

②（美）安东尼 · 威尔蒂《咖啡：黑色的历史》，赵铁峰译，东北师范大学出版社，2008。

美国人每天都要喝咖啡，平均每人喝三到四杯；全国每天喝掉的咖啡达 3.3 亿杯，差不多占全世界咖啡产量的三分之一。咖啡可谓是“美国人的润滑剂”。在美国社会，咖啡对于人际关系必不可少。有人说，在美国人的生活中，除了空气和水，咖啡是第三个必需品；美国人一天 24 小时，几乎都泡在咖啡里。不论是在家里还是在办公室，都少不了咖啡炉；在公共场合和路边，也有咖啡自动贩卖机。有人对波士顿港口进行的水质化验发现，其中竟然也含有大量咖啡因。①

与麦当劳薯条、肯德基炸鸡、必胜客比萨一样，作为“口味创造者”的“星巴克咖啡”也是美国大众文化的重要标志之一。

“星巴克不只是咖啡馆，”一位星巴克的消费者说，“你在星巴克会见朋友，在炎热的夏天为孩子点一些冷饮。你在这里学习，用电脑工作，阅读或者仅仅是在舒适的扶手椅上安静地打发时间。这家星巴克已成为我们社区的一部分。”②

近年来，星巴克在世界范围内开疆拓土，发展了 12000 多家标准化和流水线化的咖啡店；这一数字每天还在不断地增长。星巴克把咖啡重新定义为“消费得起的奢侈品”，并

---

① 人体对咖啡因不能完全吸收，对喝咖啡的人来说，大约有 10% 的咖啡因会经由泌尿系统排出体外，从而进入城市下水道。这样导致人口密集的波士顿港口附近水域存在大量的咖啡因残留。

②（美）泰勒·克拉克《星巴克：关于咖啡、商业和文化的传奇》，米拉译，中信出版社，2014。

为沉迷于其中的消费者提供了一种惬意的环境。

星巴克的成功，并不意味着咖啡文化的堕落，它显示当代人早已放弃了咖啡馆这个思想交流平台。今天的咖啡被加入了大量的乳制品，味道更加香甜，咖啡文化也已经无关革命与反叛。有人感叹世风日下、社会堕落，从前的人在咖啡馆谈论文学和艺术，现在的人只谈论咖啡的味道。在一个消费时代，消费者就是上帝，开得最大、赚钱最多的咖啡馆才是最好的咖啡馆。

无论从文化上、政治上还是经济上，咖啡都可以被看作西方资本主义的标志。西方的工业文明史也是一部资本主义廉价史。无论是自然资源还是人们的劳动乃至生命，其价值免不了被廉价化。“廉价”不仅意味着低成本，它更是资本主义为最大限度攫取财富而采用的一种战略和手段。

作为一家影响力巨大的全球企业，星巴克常常以比其他许多公司更高的价格购入更好的咖啡，试图将它的企业文化传递到世界各地。但另一方面，星巴克常常被作为全球化的象征而遭到各种批评与抵制。

咖啡这种成功的世界商品，将不同国家之间的差距清晰地揭示出来。咖啡的种植者都是世界上的穷国，而且无一例外都是热带的发展中国家，而咖啡的消费者都是欧美等西方发达国家，这种贫穷与富足之间的沟壑一直在不断加深。20世纪80年代后期，全球的咖啡销量盘旋在300亿美元左右，咖啡农可以得到其中 100 亿美元；此后，随着品牌咖啡的发展，市场规模翻倍，飙升至 700 亿美元，但咖啡农的收入反倒下降到 62 亿美元。咖啡贸易中日益增强的不平等，冷峻地展现出全球化经济体系中，拥有者与一无所有者之间不断扩大的鸿沟。一些有识之士担心，曾经在全球化的兴起中扮演了重要角色的咖啡，似乎正在成为全球化的牺牲品。

作为咖啡的重要生产基地，拉丁美洲国家在近现代经常爆发革命与镇压的悲惨事件。对中美洲各国来说，社会形态从 19 世纪就深受咖啡种植的影响，这种影响至今犹未消散。正如一位国际咖啡组织的专业人士所说，“咖啡的历史就是危机的历史”。

咖啡的社会结构实际上就是南美洲、中美洲和非洲的小农场结构。在这些国家中，整个经济都在依赖屈指可数的几种农作物，例如咖啡、香蕉、甘蔗等。像乌干达、埃塞俄比亚、萨尔瓦多这些国家，咖啡一直占出口总收入的半数以上，这也是这些国家的政局非常不稳的原因所在。咖啡价格骤降可能导致萨尔瓦多这样的国家陷入极度贫困，甚至发生暴乱。①

①（美）泰勒 · 克拉克《星巴克：关于咖啡、商业和文化的传奇》。

1954年7月，巴西咖啡豆价格受国际咖啡行情影响剧挫。为了收购过剩的咖啡豆，巴西总统瓦加斯向美国银行借钱，遭到拒绝，巴西因此陷入经济危机。在内外交困之下，瓦加斯饮弹自尽。他在遗书中写道："数十年来，国际财团不停地蹂躏我国，试图阻碍我为国家创造财富并干涉我国自主权，我们一旦为居高不下的咖啡豆价做辩护，就会遭到难以承受的压力，终于屈服。因此而今除了鲜血外，我没有任何东西献给祖国。"

烟草
上瘾的文化

一种既不能吃，也不能用，甚至在野生情况下几乎无法生存的植物，阴差阳错，竟然变成近现代史上最为成功的物种，并不可思议地改变了人类文明史的进程，成为现代文化和现代经济中最耀眼的明星。它从进入人类世界以来，便是一种近乎完美的消费品，它充满异域风味，给人带来满足和快感，并使人上瘾，它就是烟草。

烟草与咖啡非常类似。在17世纪，欧洲人的观念里，它也属于“饮品”；烟草常常装在鼻烟壶里，可以随时拿出来嗅一嗅。后来人们把它装进烟斗，进行吸食；进入快速发展的工业时代，烟草才以香烟和雪茄的形式被普遍接受。

烟草的传播

烟草最早源于美洲。美洲人很早就有咀嚼和吸食烟草的嗜好。[①]哥伦布到达新大陆后，就惊奇地看见了这一幕。他在《航海日记》中写道："两个西班牙基督徒在路上遇到许多进出村落的土著人，男男女女手里都拿着一根燃烧的木棍和一些植物的叶子。他们用木棍点燃卷起来的植物叶子，用鼻孔吸取它冒出的烟。"[②]

哥伦布从新大陆不仅带回了玉米、番薯和花生等农作物，还带回了烟草。起初，人们将这种新大陆的"圣草"当作治疗疾病的良药。一位西班牙医生宣称："在艰难环境中，士兵们只要吸烟，就能防止感冒、饥饿、口渴，西印度的所有人都能通过吸食这种上帝赐予的药草，而减缓热带地区的身体不适。"[③]

1560年，法国驻葡萄牙大使尼古特把烟草当作药物寄到

---

① 考古学家认为，迄今发现人类使用烟草最早的证据是在墨西哥南部恰帕斯州倍伦克的一座建于公元432年的神殿里的一幅浮雕。它是一张半浮雕画，浮雕上画着一个叼着长烟管烟袋的玛雅人，在举行祭祖典礼时，以管吹烟和吸烟的情景，头部还用烟叶裹着。考古学家还在美国亚利桑那州北部印第安人居住过的洞穴中，发现了遗留的烟草和烟斗中吸剩的烟灰，据考证这些遗物的年代在公元650年左右。而有记载发现人类吸食烟草是在14世纪的萨尔瓦多。

② 哥伦布《航海日记》，孙家堃译，译林出版社，2011。航海史学家裴南蒂斯·奥威图所著的1535年出版的《印第安通史》是这样记载的："在其他的邪恶的习惯里，印第安人有种特别有害的嗜好便是去吸某一种烟……以便产生不省人事的麻醉状态。他们的酋长使用一种状如丫的管子，将有丫的两端插入鼻孔，在管子的一端装着燃烧的野草，他们用这种办法吸烟，直到失去知觉，伸着四肢躺在地上像个酒醉微睡的人一样……我很难想象他们从这种习惯里究竟获得了什么快乐，除非在吸烟之前就已经是喝了酒。"

③ 据说烟草能治疗阵发性哮喘等病症。1881年间，西班牙一家医院接生了一个"死婴"，医生吸了口雪茄烟，朝婴儿脸上一喷，本来静止的婴儿竟开始抽动，接着脸部一扭，哭出声来。这婴儿就是毕加索。

法国。接下来的一个世纪中，烟草以各种各样的方式传遍了整个欧洲，后来又通过殖民地传向全世界。到 18 世纪，从马德里到马尼拉，从摩洛哥到印度尼西亚，从伦敦到北京，亚欧大陆和非洲几乎所有国家，上至王宫贵族，下至平民百姓，烟草几乎成了人们必不可少的日用之物。

一部发表于 1815 年的《烟草论》的著作中写道：

> 烟草已经征服了全人类：阿拉伯人在沙漠里种植它；日本人、印度人和中国人都在追捧它；无论是在炽热的非洲地区还是在其他的寒冷地带，它的身影无处不在。吸烟已然成为地球上每一个文明社会都不可或缺的风俗。①

对旧大陆来说，吸烟是一种前所未有的怪异行为。从一开始，吸烟便遭到传统政治和文化的反对和抵制。1642 年，罗马教皇乌尔班八世发布敕令——吸烟者将被革除教籍。与此同时，欧洲各君主国也以烟草是一种外来的“恶臭植物”，且有损健康而对其严加禁止。实际上，从欧洲的法国、瑞典、俄国到亚洲的土耳其、印度、中国、日本和朝鲜，几乎都出现禁烟令，甚至以死刑对待吸烟者，但都无法阻止烟草的传播。

---

①（法）迪迪埃·努里松《烟火撩人：香烟的历史》，陈睿、李敏译，生活·读书·新知三联书店，2013。

烟草和玉米、番薯一样，都是从西班牙殖民地菲律宾传入中国的，时间是 17 世纪，准确地说，是万历年间（1573—1620 年）。明末有记载说："烟草自古所未闻，近自我明万历时，出于闽广之间，自后吴楚地土皆种植之。"[①] 崇祯皇帝数次下旨禁烟，甚至"敕禁私贩，至论死"，仍无济于事。[②] 清朝从入关前就已经盛行吸烟，一边是皇帝在禁烟，一边是王爷贝勒个个都是"大烟鬼"。[③]

入清后，烟草种植已经遍布整个中国。福建"烟草之植，耗地十之六七"。广西平南县"今种烟之家，十居其半，大家种烟一二万株，小家亦不减二三千"。[④] 乾隆时期，人口增长迅速，而耕地并没有增加，方苞在奏章中提出禁止种烟：

---

①（明）张景岳《景岳全书》。

② 据史书记载，崇祯十一年（1638 年）和十四年（1641 年）都曾有诏谕禁止吸烟和种烟。"崇祯初重法禁之不止，末年遂遍地种矣。余儿时见食此者尚少，适二十年后，男女老少，无不手一管，腰一囊"——《寒夜丛谈》；"崇祯末我地遍处栽种，虽三岁童子莫不食烟，风俗顿改"——（王逋《蚓庵琐语》），连当时民谣都唱"天下兵起，遍地皆烟"。

③ 入关之前，皇太极明令吃卖"丹白桂"（即满语的烟草）者，要处以"以贼盗论，枷号八日，游示八门，除鞭挞穿耳外，仍罚银九两"，如果某地有人种植烟草而该地官员不禁或不曾发现，更要"必问其（官员）应得之罪"，"打五十鞭"。据说是因为有八旗士兵为了买烟而变卖武器。后来禁烟令得不到有效执行，又改成许自用而不许买卖，"凡欲用烟者，惟许人自种而用之，若出边货买者处死"。这实际上等于承认了吸烟的合法化。直到乾隆四十一年（1776 年），还颁布了"禁水烟令"。

④ 广东《鹤山县志》载："种烟村落甚多……田一亩，约种烟一千四百斤，叶干后约得三百余斤作烟"。陕西"城固滑水以北，沃土腴田，尽植烟苗，盛夏晴霁，弥望野绿，皆此物也"。

夺农家上腴之田，耗衣食急需之费，未有如烟者也。民用之最切者莫如盐，丁男匹妇食盐之费，日不及一钱，而弱女稚男之烟费则倍之。自通都大邑以及穷乡下户，老少男女无不以烟相矜诩，由是种烟之利独厚，视百蔬则倍之，视五谷则三之。以臣所目见，江南、山东、直隶上腴之地，无不种烟，而耳闻于他省者亦如之。又种烟之后更种蔬谷，皆苦恶不可食，败国土而耗民财……①

作为一种成功的经济作物，种烟得利“过稻麦三倍”；甚至有烟一亩“可抵田四十亩者”。有清一代，虽有人不断提出禁烟，但历代皇帝多是“烟鬼”，均对禁烟一事不置可否。乾隆在一份禁烟奏折上批道：“民间酿酒种烟等事，所在皆有，势难禁止。”嘉庆时军机处议定：“查树艺五谷农田为重，然民间食烟习非一日，所种之地，不过农田千百之一二，不足以伤农。且以不屑禁止之事琐琐烦扰，徒属无谓，应毋庸议。”②

值得一提的是，中国人最初吸鸦片也是从吸烟衍生而来的，鸦片传入中国初期，瘾君子们用烟丝混合半精炼的鸦片一起吸。到了大约1760年，才有了调制的纯鸦片膏，吸鸦

① 方苞《请定经制札子》。转引自：杨国安《中国烟草文化集林》，西北大学出版社，1990。

②（日）川床邦夫《中国烟草的世界》，张静译，商务印书馆，2011。

片的人逐渐就抛弃烟草了。

烟草文化史

1584年，英国冒险家沃尔特·雷利在北美洲东海岸建立了至今仍以烟草著称于世的弗吉尼亚殖民区；次年，雷利带着烟斗回到英国，斗烟很快就传播开来，青年人无不以吸烟来显示自己的绅士风度。

人们通常认为，烟草起镇定作用，咖啡起刺激作用，似乎这两种东西会互相抵消；但实际上，咖啡和烟草互相补充，成为很多脑力劳动者最热衷的东西。

烟草一旦介入人类的生活，便形成一种烟草文化。烟草的影响体现在生理、心理和社会三个方面。在生理上，人会对尼古丁产生依赖，也就是上瘾。① 在心理上，持续重复地吸

---

① 烟草对大脑的影响：尼古丁通过肺黏膜和口腔黏膜扩散到全身，进入大脑之后，尼古丁能模仿乙酰胆碱这种神经传递物质作用，同许多神经元表面的尼古丁受体结合在一起。尼古丁对中枢神经系统具有刺激作用，在“奖赏回路”内作用尤为明显。它能通过激活相关神经来释放更多的多巴胺。而烟草中所含的哈尔明和降哈尔明则能通过一直分解酶的活动，使神经突触内的多巴胺、血清素和去甲肾上腺素保持在高浓度水平。随着多巴胺、血清素和去甲肾上腺素保持的作用得到强化，人的清醒程度就更高、注意力更为集中，从而更能缓解忧虑、忍耐饥饿。烟草可导致恶心、眩晕、头痛。耐受性和依赖性：经常吸烟会使大脑中的尼古丁含量始终处于很高水平。神经元受体对尼古丁越来越不敏感，对多巴胺释放的刺激作用也出现减弱，原来的烟量再也不能满足吸烟者的快感，吸烟者由此对尼古丁产生耐受性。当吸烟者停止吸烟数小时（睡眠时间）后，体内尼古丁含量出现下降，神经元受体变得异常敏感。此时乙酰胆碱的活性超出正常水平，使吸烟者变得烦躁，并很想抽烟。这时候吸烟会过度刺激神经元受体，并促使多巴胺大量释放。通过这一现象，我们可以明白为什么每天的第一支烟能给“老烟枪”带来莫大的快感，吸烟者也因此陷入烟瘾增强的恶性循环。

烟会形成一种固定的生活习惯。在社会上，香烟常常被当作社会活动的见面礼，甚至成为某种身份的标志。

人们吸食烟草的方式一般有三种：嗅烟、嚼烟和吸烟。在早期阶段，鼻烟在贵族中很流行。热衷于社交活动的法国宫廷将鼻烟视为一种时尚，据说拿破仑每月需要耗费7磅多鼻烟。鼻烟在中国满蒙贵族中同样受到热捧，并创造了盛极一时的鼻烟壶文化。到了清中期，中国鼻烟壶甚至跟西方的钟表一样，成为最尊贵的国礼，流传世界。

相比嗅烟和嚼烟，借助燃烧的吸烟更易为人们所接受，因为这样可产生高浓度的尼古丁烟雾，并通过呼吸系统立刻被人体吸收，使吸烟者得到即时满足。

中国吸烟者素来使用烟袋和烟锅吸烟，其历史长达300多年。在西方，有烟斗、烟壶和雪茄；到18世纪末，出现了用纸卷成的香烟（纸烟），并很快实现了机械化大量生产。

香烟的出现，开创了一次性、用过即弃的现代快速消费品模式。因其方便和标准，香烟很快就成为一种烟草消费的主流。“在公众场合，一支香烟可以帮助你保持泰然自若，使你的手有点事情可干。”吸烟这个貌似简单的举动，却调动了人的触觉、味觉、嗅觉，尤其烟雾缭绕所造成的视觉上的刺激。对很多人来说，吸烟作为一种孤独的嗜好，最能补偿现实生活的不足。

在中国，吸烟很快就变成一种重要的社交礼节，甚至成为男人社会的黏合剂。几个男人在一起，其中一人要抽烟，就一定要先给其他人敬烟，大家一起分享才行，否则便为失礼。同样，如果一个人有求于别人，那么敬烟是少不了的，哪怕自己不吸烟，也要给对方敬烟。事实上，单敬烟还不够，还要为对方点烟，以示谦恭。

在西方，香烟的诞生正好赶上工业革命，艺术家甚至将香烟与蒸汽机相提并论："两大事件标志着新时代的开启：煤炭征服了世界，烟草虏获了人心。"一首《吸烟的艺术》的诗中写道，这两样都会喷出烟雾的"神奇物品"，一起推动了人类的进步。社会批评家同样将这两大革命性事件联系在一起，吸烟就是工业社会文明体系的美德——

就个体来看，吸烟者热衷于在众人面前吞云吐雾。被点燃的不仅仅是一支香烟，更是其躁动的内心。就整体而言，当时工业社会的新兴繁荣，得益于时刻不停歇的蒸汽机和冶炼炉。吸烟者嘴里散发出的烟雾，在某种程度上正是蒸汽机形象的投射。因此，吸烟者象征着一种更强大、更活跃、更丰富的生活。[①]

①（法）迪迪埃·努里松《烟火撩人：香烟的历史》。

烟草的政治

烟草作为奢侈品，从一开始就成为理想的税源。烟草消费者因为上瘾，对价格相对不是很敏感；如果由国家垄断销售渠道，就可轻易实现高税收。后来的烟草工业使生产与消费发生分离，大规模机械化生产更容易受到国家控制，而香烟消费平民化和大众化造就了一个广阔且稳定的市场，烟草专卖也随之成为许多现代国家的财政支柱。

英国的詹姆斯一世对吸烟深恶痛绝，但他并不能阻止议会对吸烟的支持。英国最早在 1625 年就开始征收烟草税，并实行国家专卖。法国和奥地利等国也于稍晚一些时间设立了烟草专卖机构，其他国家竞起仿效，烟草专卖遂成为许多西方国家的一项稳定收入。

七年战争（1756—1763 年）结束后，英国政府负债累累，新赋税政策加大了北美殖民地的负担，此举引发了一场独立运动。1776 年，13 个英属殖民地代表起草了《独立宣言》。值得注意的是，大部分宣言签署人都是烟草从业者，或种植园主，或贸易商，如乔治·华盛顿和托马斯·杰斐逊都是弗吉尼亚的烟草农场主。《宣言》列举了殖民者对英国的种种不满，其中有很多是由烟草引起的。独立战争期间，为了寻求国际的支持，游说法国的富兰克林所用的抵押物，也是 500 万磅烟草。

受美国革命影响，法国不久也爆发了一场大革命。革命新政府刚刚诞生，就马上成立了烟草专卖局。此后，历经共和国时期和独裁时期，烟草专卖局一直是法国重要的政府部门。在路易·拿破仑三世时，烟草专卖局尤其受到重视。

拿破仑三世号称“香烟男”，他的烟瘾特别大，每天至少要抽 50 根香烟。他力主成立了国家香烟制造工厂，并由国家烟草专卖局研究人们的吸烟偏好，指导产品调整，不遗余力地鼓励吸烟。在他的推动下，法国的香烟销量从 1855 年的每年 70 万支，猛增到 1870 年的 1200 万支，15 年时间增长了 17 倍。对法兰西帝国来说，吸烟“这种小毛病每年能带来一亿法郎的税收收入”。当时民间反烟协会非常活跃，提出禁烟请求，皇帝给出的答复是：“如果你说得出有一项美德每年能带来同样的收益的话，我当然可以立刻下令禁止它。”

垄断与高税收带来了走私。据说全世界有 1/3 的香烟都属于走私品。专卖制度常常以国家为界限，这使得烟草走私与毒品走私一样，成为一种全球化产业。

19 世纪的欧洲正值大革命时期，香烟和咖啡恰逢其时地成为革命的重要媒介。在英国和法国，香烟大行其道，但在普鲁士，抽烟却是违法的，甚至可能被处以死刑。吸烟被革命者视为公民权利的象征。1848 年，普鲁士人终于获得了吸烟权，人们欢欣鼓舞；而在意大利的米兰，人们却举行规模浩大的反吸烟运动，许多抽烟者都遭到袭击。

正如波斯国王沙西菲说的，“上瘾也是一种王权”，吸烟与不吸烟作为现代公民权利的典型范例，竟然引发了相似的公民反抗，香烟在其中扮演了一种神奇的现代公民权利的标志物。

到19世纪后半期，香烟作为现代征服者的社会角色越来越清晰，每个国家，每个人都遭遇到香烟文化的冲击。在世界范围内，吸烟也常常被视为男子汉的标志，以至于很多未成年人之所以忍受着辛辣刺激去吸烟，就是为了显示自己已经长大成人，而女人抽烟也被当作一种女权意识的觉醒。

进入现代后，烟草的历史成为香烟的前传。卷烟机的出现，使香烟实现了工业化大量生产。1902年，世界卷烟托拉斯英美烟草公司来华设厂，机制香烟以其工业化的包装和方便，再加上现代广告手段，很快便改变了中国人的吸烟习惯，几乎垄断了中国市场。辛亥革命和五四运动唤起了中国精英阶层的民族意识，通过引进卷烟生产线，香烟——中国称为“纸烟”——成为中国最重要的民族工业之一。

在1900年时，中国每年的香烟消费量为3亿支，到1919年增长为75亿支，1920年暴增为225亿支。随着市场的扩大，竞争日益激烈，香烟厂商之间便打起政治牌。在广告宣传中，吸“国产烟”是爱国的表现；反之，吸洋烟的人就是“汉奸”“卖国贼”。南洋兄弟烟草公司为“双喜”牌香烟打出的广告词是“中国人请吸中国烟”。

香烟的世纪

1610 年，25 岁的英国移民约翰·拉尔夫来到了北美的弗吉尼亚殖民地，若干年后，他建立了世界最早的烟草种植园。到了 17 世纪 20 年代，弗吉尼亚每年向英格兰输送二十万磅烟草，英格兰的烟草市场因此非常繁荣，一磅烟草可以卖到一英镑。

在后来的日子里，烟草成为北美殖民地最大宗的农产品。在轧棉机使得棉花成为南方生活的支柱以前，弗吉尼亚的烟草种植园支撑了整个地区的经济。依靠广袤而肥沃的土地，美国一直是世界最大的烟草生产国。

随着烟草生产和消费在全球的泛滥，烟草跟蔗糖、茶叶和咖啡一样，成为国际贸易——特别是大西洋三角贸易的重要商品。①

在杜克之前，手工卷烟的高昂成本（人工占 90%）使香烟一直是昂贵的奢侈品。杜克率先采用自动卷烟机，大大降

---

① 烟草间接却无可避免地将疟疾带到弗吉尼亚，并从那里继续向北、向南、向西传播，直到北美大部分地区落入它的手中。另一种海外引进的作物甘蔗，以类似方式将疟疾和它的同伴黄热病带入了加勒比海地区和拉丁美洲。由于这两种疾病导致美洲的烟草和甘蔗种植园中的欧洲契约工人死亡，殖民者只好通过购买非洲奴隶的方式输入劳动力。

低了香烟成本，长度统一、直径一致的机制香烟，每包只卖5美分。一班工人10小时可以生产12万支香烟，一下子将卷烟速度提升了13倍。[①]美国在1875年的卷烟产量不过5000万支，机械化后的1890年，产量达到25亿支，几年就提高了50倍。标准化生产的香烟“不再仅仅是普通物品，而更具抽象意义：在科学技术与感知体味之间，在政治和商业的融合之间，流动着一种不真实感”。[②]“短小、味浓、易点燃、易抽完，没抽完要扔掉也一样方便；香烟正是机器时代的象征，这个时代的基本齿轮、转轮和杠杆就是人的神经。”[③]

标准化的廉价香烟源源不断地流向市场，流向世界。现代人因此而成为一种吸烟的动物。

通过垄断卷烟机和收购主要竞争对手，杜克成为美国烟草业的霸主。他组建了美国烟草公司，接着又进军英国，成立英美烟草公司，从而执世界烟草业之牛耳。杜克其实并没有发明卷烟机，他的伟大之处，是把技术、管理、商业和市场等各方面的革新糅合在一起，描绘出即将到来的新消费时代。

---

① 卷烟机由美国人杰姆士·邦萨克于1881年发明，他的灵感来自整理羊毛的机器。他发明的卷烟机重达一吨，由3人操作，每分钟可生产200支香烟，这相当于一个熟练工1小时用手工的卷烟量。与惠特尼的轧棉机、辛格的缝纫机、福特汽车一样，邦萨克的卷烟机深深改变了美国人的生活。可参阅：阿兰·布兰特《香烟的世纪：香烟的沉浮史告诉你一个真美国》，苏琦译，东方出版社，2011。

②（法）迪迪埃·努里松《烟火撩人：香烟的历史》。

③（美）戴维·考特赖特《上瘾五百年：瘾品与现代世界的形成》。

在某种程度上，正是香烟催生了现代广告业，将一种既不能解渴，也不能果腹的东西，吹嘘成“灵魂之草”；使香烟与手杖、礼帽一起，成为现代绅士的标志。

在世纪交替的那个时期，卷烟完全成了道地的现代生活的标志。方便、快捷、大城市的快节奏等概念充斥着广告的整个篇幅，现代化的资本主义生产规则和卷烟的消费规则真正成了时代的代表，产品被快速而大规模地生产出来。产品本身失去了其物质的内涵，被代之以一些外在的因素。……从烟草广告的发展历程，我们不难发现，广告是如何使产品越来越脱离自身的。在18和19世纪的时候，广告关注的焦点总是事物本身，图画的主题总是烟草或抽烟的动作。到了抽烟斗和雪茄的时代，广告的主题转到了抽烟的人，到了抽卷烟的时代，事情完全变了样子。卷烟广告里的烟草和抽烟的人这些主题对象被换成了与抽烟毫无关系的精美图片。广告不再含有专门介绍某种口味的内容，而被换成蒙特卡罗或者美女的照片。①

进入20世纪，随着卷烟的全面机械化，盒装香烟从10支增加到20支，与此同时，安全火柴被发明出来。火柴与

①（英）希维尔布希《味觉乐园：看香料、咖啡、烟草、酒如何创造人间的私密天堂》。

香烟的配合，为吸烟者提供了一个随时随地都可以吸烟、即时得到满足的完美世界。火柴在点燃香烟的同时，也点燃了人们吸烟的热情。刚刚出现的电影以前所未有的视觉体验和偶像效应，使所有时髦的现代人认为，吸烟不仅和吃饭、接吻一样正常，而且是优雅和成熟的象征。

据统计，法国从 1870 年到 1909 年的香烟消费量增长了 30 倍。1870 年的美国人消费了 1390 万支烟，平均每人只有 0.36 支，而 70 年之后的 1940 年，平均每人达到 997 支。

在风起云涌的女权运动中，香烟甚至被视为“解放的象征，投票权的暂时替代品”。接下来的两次世界大战，更将香烟变成现代西方文化的典型象征物。

战争无疑是香烟这种精神食品的最好传播平台。实际上，纸烟最早就因拿破仑战争而为人所知。香烟能营造一种虚幻的安全和宁静，从而带给人片刻的精神慰藉。吸烟有害的说法在战争面前显得十分荒诞，因为战争比香烟更“有害”。对一个挣扎在战火中的士兵来说，香烟也是文明社会的一种象征。“一战”期间，几乎每个欧洲参战国的士兵都得到红十字会的烟草配给。烟草几乎跟粮食和弹药一样重要，正如美军司令潘兴将军所说：“打赢这场战争最需要什么？我的答案是香烟，要跟子弹一样多！”在一些悲悯的艺术家看来，香烟就是士兵作为炮灰的一种隐喻——短命、牺牲、灰烬。

“二战”期间，烟草再次成为关键的战略物资。盟军的配给量是每人每天 20 支香烟；希特勒本人不吸烟，而且多次禁烟，他对德军的战时配给只有每人每天 6 支。战争造成的毁灭与恐惧，也使平民备感朝不保夕、苟且偷生，香烟的意义就显得无可替代。在供应紧张的战争期间，香烟往往成为公认的流通货币，而真正的货币有时竟被用来点烟。[①]

无论是军人还是平民，在战争中能存活下来的人，无一例外都会成为嗜烟如命的瘾君子。战争结束了，香烟又变成了“和平时代的毒气弹”。

香烟散去

烟草作为“灵魂之草”，在短短的几百年中几乎遍布地球的每一块陆地，吸烟也几乎已经成为“智人”的主要特征之一。

马克思曾是“烟鬼”，经常烟不离口。他对拉法格说：“《资本论》的稿酬甚至不够付我吸的雪茄烟钱。”他身患多种疾病，如气管炎、肺气肿、胸膜炎、胃病和肝病，医生禁止他再吸烟。戒烟，对马克思来说是一种莫大的牺牲，但是

① 在 1945 年后的德国，香烟在更广泛的范围内成为公认货币，几支香烟就可以买到年轻的德国女人。人们用德国马克来点烟，说明了香烟的地位比德国马克还优越。

为了身体和工作，他还是毅然下决心戒烟。

1901年，维多利亚时代走向终结，英国新国王爱德华七世叼着一支雪茄在白金汉宫宣布："绅士们，你们可以抽烟了。"到1949年，英国男人中81%吸烟，女人中则有39%的吸烟者。

人们对香烟的狂热在20世纪60年代达到历史的巅峰，在此后，香烟所代表的中产（阶级）、性感、魅力、优雅、时髦、知性的经典形象逐渐烟消云散。正如美国学者戴维·考特莱特在《上瘾五百年》一书中所说的："香烟正在受到全方位的围剿。"

自从人类迷上烟草以来，对烟草的反对甚至禁止从未断绝过，但这些反对大多都是出于文化习俗或宗教道德方面；传统时代的人们，往往认为吸烟是一种贪图享乐的堕落。但随着60年代世界经济持续繁荣带来的富足，现代人越来越意识到香烟对健康的危害。

其实早在1604年，英国国王詹姆斯一世颁布禁烟令时，就声称吸烟"看上去令人生厌，闻起来难受，伤害大脑，危害肺"。在1853年，英国伦敦已经成立了"英国反烟协会"，倡导大众摒弃吸烟的习惯。一份1869年的《法国反烟协会简报》中写道：

据官方数据显示，自1830年以来，在法国国内滥用烟草导致的死亡人数超过了战争、传染病以及饥荒等其他灾害所造成的死亡人数。随着大众对烟草消费需求的逐渐增长，各种心理疾病、麻痹性痴呆、脑软化、截瘫和肌肉失调等多种病症，也越来越多地出现在公众视野之中。[①]

专家通过实验发现，香烟中的有害物质多达2000种，主要是烟焦油和一氧化碳；烟草的成瘾物质是烟碱，即尼古丁。[②]一支香烟中的尼古丁含量就其毒性而言，甚至足以对一个成年人构成致命威胁。据统计，全世界每年死于吸烟的人数超过500万，超过因艾滋病、结核、交通事故以及自杀死亡人数的总和。[③]说得严重一点，香烟对人体的伤害不下于毒品，甚至可以说烟草比大麻更有资格被列为毒品。一些比较激进的反烟人士将吸烟称为“人类健康最危险的敌人”，乃至“现代大屠杀”和“20世纪的鼠疫”。

最近半个世纪，尽管烟草厂家发明了过滤嘴和低焦油等新型香烟来应对这场公共危机，但持续半个世纪的反吸烟运动还是颇有成效，在世界范围内，吸烟不再是一件值得炫耀

①（法）迪迪埃·努里松《烟火撩人：香烟的历史》。

② 1571年法国人从烟草中发现了粗质盐碱，即以尼古特之名将烟碱命名为“尼古丁”（nicotine或nicotian）。此后，尼古丁便成了烟草的代名词。但在当时，法国人尚不知尼古丁的危害，甚至称之为“我们神圣的草药尼古丁”。1825年，瑞士化学家皮克特（A.Pikte）从烟草中提取了剧毒物质纯尼古丁。

③ 2007年世界银行的一份报告中指出，在中国这样一个高吸烟率的国家，每年归因于吸烟的死亡人数为100万，是全球最高数字。由它导致的死亡人数几乎是空气污染的3倍，不安全饮用水的2.4倍，肺结核的5倍，艾滋病的30倍。

的时髦的事。香烟的黄金时代无疑是一去不复返了。美国的烟民人数比例，从50年前的45%下降到如今的20%，教育程度最高的人群几乎不吸了。早在1991年的海湾战争时，香烟已不再是美军的配给品。奥巴马于2007年进行总统竞选时，第一件事便是戒烟。

据说当年杜克听到卷烟机发明后的第一句话就是，“给我拿地图来”；他指着当时拥有4.3亿人口的中国说：“如果每个中国人每天抽一支烟，加起来就是4.3亿支，这是多么动人的数字啊！”杜克肯定没有想到，100年后，4.3亿根香烟只不过是中国烟民不到半天的消耗量。[①] 由于严格的烟草专卖制度，美国烟草企业并未能如愿以偿地在中国分一杯羹。作为世界最大的发展中国家，中国代表了世界烟草业的未来，地球上10亿烟民中，其中有3亿多是中国人。

烟草是少数生而带有原罪的商品之一。正如当初鸦片在中国的盛行源自吸旱烟和水烟，后来中国又将香烟作为取代鸦片的“文明手段”。近代以来，香烟和火柴成功地扮演了中国民族工业起步的重要基石；从1924年到1927年，上海的民族烟厂从14家激增到180家。

---

① 当年杜克主要是想为因技术改进而激增的香烟产量寻找更大的海外行销市场，如今美国烟草公司向海外的扩张，是从种植基地到生产线全方位的转移。1997年，美国还是全球第二大烟草生产国，仅3年后，就落到了印度和巴西后面，而津巴布韦和马拉维则成了烟草种植的新一代黄金之国。这种烟草产业的全球化不仅意味着更低的成本，更高的利润，更广阔的受众，还有更小的道德和诉讼风险。

如今，中国早已成为世界第一大香烟生产国和消费国。中国烟草产量相当于美国、日本和德国等7个最大烟草生产国的总和。2015年《中国成人烟草调查报告》数据显示：烟草消费量占世界烟草消费总量的44%，中国15岁及以上人群吸烟率为27.7%；与2010年相比，吸烟人数增长了1500万，达到3.15亿。依靠专卖制度，烟草每年为中国政府提供超万亿的工商税利（2015年烟草行业税利总额11436亿元），在整个国家财政收入中占比高达10%，是名副其实的支柱产业。

从政府税收角度来说，香烟税即使不是最好的税种，也是比较好的。烟草税也比其他税种更少引起纳税人的反感和抵制。在政府专卖制度下，烟草税和食盐税相似之处是方便且稳定。食盐税不利于穷人，但香烟与食盐不同，香烟有高、中、低档，穷人可以选择低档烟，甚至政府可以对低档烟实行低税免税和补贴。香烟也不是食盐那样的身体必需品，实在不行，人们也会选择戒烟。虽然吸烟有害健康，但一般而言，一个人不会因为吸烟而过早地失去工作能力。

从汉长安城遗址出土的金饼至今依然金光灿灿

关于植物猎人的漫画

凡·高作品《吃土豆的人》(1885)

苏联的玉米运动宣传画

因为美洲种植园的兴起，
大量非洲土著被作为奴隶贩运到新大陆

山里人家的玉米

巴西的咖啡种植园

英国的咖啡馆文化

凡·高作品《咖啡馆》（1888 年）

拉丁美洲的烟草种植园

一幅烟草女神的漫画

民国时期的哈德门香烟广告

抽烟斗的凡·高自画像（1889 年）

第三章

制造工业革命

从哥伦布时代开始，西方世界从地中海文明扩展为大西洋文明。以大西洋为中心，太平洋和印度洋都被拉入一个西方构建的贸易网络。从哥伦布到瓦特，全球化走过了一个筚路蓝缕的历史过程，工业革命将生产力提升到一个新的水平线上。

大工业的出现，使商品种类和商品交换迅速扩大；当商业贸易扩展到世界范围时，就形成一个世界市场。全球化的世界市场拉近了各个国家和民族的距离。国家与民族之间的剧烈碰撞，形成近代以来的世界历史。

工业革命无疑构成人类现代史的重要入口。在人类历史上，只有金属的使用和农业的普及才能与之相提并论。

工业革命之前的人类，竭尽全力与自然界保持一种脆弱的平衡状态。绝大部分人在饥饿、疾病和衰老的威胁下，勉强地苟活在世界上。所有的劳动都是由人力和畜力完成的，生活对大多数人来说，都是与赤贫和死神不懈的斗争。工业革命改变了这一切。工业化使得西方帝国变得强大起来，并使得真正意义上的全球经济成为可能，农业文明产品让位于工业文明制品，西方居主导和支配地位，传统的“东方产品”逐渐出局。

对英国来说，工业革命离不开殖民地的支持，尤其是殖民地的热带种植园。美洲的种植园提供了蔗糖、咖啡、烟草和棉花，亚洲的种植园提供了茶叶和橡胶，大量奴隶和原住民投身于一种单一经济作物，一方面降低了生产成本，另一方面形成了巨大的消费市场。通过控制原料、生产和市场，英国获得巨额财富。作为一种全球性商品，棉花在奴隶制和自由劳动力环境中，以及在殖民主义和后殖民时代兴盛发展，清晰地揭示了国家和帝国在现代资本主义形成过程中扮演的重要角色。

如果说木器与棉花构成的棉纺工业，是工业革命的第一阶段，那么煤炭与钢铁构成的蒸汽机，就是工业革命的第二阶段。从轻工业到重工业，工业革命完成了人类史上一场革命性的“大跃进”。工业革命不仅是棉花革命和煤炭革命，也是制度革命——现代经济从此大行其道。

因为现代公司制度和金融体系的诞生，苏伊士运河和巴拿马运河让世界变得更近、更小、更平。

1700 年，全世界煤炭的开采量只有 300 万吨，1800 年达到 1300 万吨，1900 年的产量超过 7 亿吨；同一时期，石油产量从 0 达到 2.06 亿吨。1900 年时，已经有 10 万台奥托内燃机在世界各地运行。当时，正值蒸汽机的巅峰时代，冒着黑烟的轮船游弋在海洋和大河；长达几十万公里的铁路网遍及全世界，并以不可思议的速度继续延伸。

从 1720 年到 1900 年，世界贸易总量增长了将近 50 倍，全世界第一次如此密切地被连为一体。

工业化与现代化彻底改变了整个人类社会，商品更加丰裕，人工制品的数量远远超过自然物种的数量。现代经济和社会组织方式改变了人与人、人与自然的关系，尤其是对跨入现代经济只有短短三四十年时间的中国来说，工业革命的影响无处不在。

对身处当下的我们每个人来说，如果不接受所有的一切都永久地改变了这一事实，就不可能理解当下的中国，也不能理解整个人类的历史。

棉花

工业革命之花

“衣、食、住、行”是人类最基本的需求，而“衣”居于第一位。所有动物都会吃、住、行，只有人类需要穿上衣服。穿衣这件事不仅仅是为了弥补没有毛皮保暖的生理需求，更重要的是满足了社会身份方面的精神需求。作为衣料，棉布出现得比较晚，但一经出现，就以其廉价和得体成为最理想的衣物，并因此推动了工业革命的兴起。用历史学家贝克特的话说，从公元 1000 年到 1900 年的约 900 年时间里，棉花产业一直是全世界最重要的制造业。

随着现代世界的发展，棉花逐渐主宰世界贸易。棉花工厂凌驾欧洲和北美洲所有其他形式的制造业。种植棉花几乎主宰了整个 19 世纪的美国经济。新形态的制造模式，也最早出现在棉花行业。工厂本身就是棉花产业所创造出来的。

美洲奴隶耕作的农业，和全欧洲制造业之间的连接也是如此。由于棉花产业是欧洲数十年来最重要的产业，它是极高利润的源头，后来流入欧洲经济其他部门。实际上，棉花也是世界其他地方，例如美国和埃及、墨西哥和巴西、日本和中国的工业化摇篮。①

棉花不是花朵，而是开裂的果实，团状的白色纤维里面包裹着种子。棉花作为植物纤维，洁白又柔软。在造物主赐予人类穿衣保暖的天然资源中，棉花胜过了所有的物种。蚕丝太娇贵，羊毛太厚重，亚麻纤维短；与亚麻、丝绸、皮革等面料相比，棉织品不但穿起来舒服，价格还惊人的实惠。对于现代人来说，尤其在石油和化纤产品普及之前，棉花和棉织品几乎是最主要也最便宜的布料，符合全世界不同纬度地区的不同人群的着装要求。如果没有棉花，我们早上会在盖着毛皮或稻草的床上醒来，穿上羊毛衣服，夏天只能是亚麻布或丝绸，亚麻布不够柔软，丝绸衣服难以清洗。没有棉花，只有毛织品，那全世界就需要 70 亿头绵羊和 7 亿公顷的草地。羊毛织品太厚重，丝绸太贵重，亚麻难染色，只有棉花足够轻柔和保暖，吸汗、透气，纤维长，性价比高。“棉花是我们生命的基础。”可以说，没有棉花，就没有我们

①（美）斯文 · 贝克特《棉花帝国：一部资本主义全球史》，徐轶杰、杨燕译，民主与建设出版社，2019。

今天的文明生活。

印度是棉花最早的原产地，印度的棉花就像中国的丝绸一样，一直是畅销世界的商品。1647年，一位奥斯曼帝国的官员抱怨道："那么多的现金都花在购买印度商品上，世界的财富都集中在印度了。"刚刚来到东方的欧洲人发现，在印度洋、红海和波斯湾市场上的棉布商人清一色都是印度人。

当时的欧洲人尚不知棉花为何物，有传说是"野树上长出的羊毛"。从青铜时代到中世纪，欧洲人一直穿着用亚麻、兽皮或羊毛织成的衣物，棉布极其罕见。用甘地的话说，当印度人开始用棉花织布时，欧洲人"还生活在野蛮、无知和荒芜之中"。日本人柳田国男在《棉花之前的事》中赞叹棉花的出现："棉花的使用令生活在不知不觉之中变得细腻而丰富。而这一变化，不论是对于曾以粗麻蔽体的我们，还是以兽皮披身的西方人来说，都如出一辙。"

印度棉花早在汉朝时就经丝绸之路传至中国，但直到宋元时才取代丝绸和苎麻，成为中国人的主要衣纤维来源。棉花在中国古称"木棉"。唐时，木棉尚属珍稀奢侈品，禅宗围绕一件来自印度的"木棉袈裟"发生激烈争夺，最终武则天以女皇之尊亲自迎木棉袈裟入宫供奉。明清时期，中国因棉花普及而掀起一场"棉花革命"，棉花取代传统的丝绸成为主要的经济支柱。在"男耕女织"的中国传统农业模式下，棉纺织几乎是手工业的代名词，“棉布寸土皆有，织机十室必有”。

衣被天下

从秦汉到唐宋的1500年间，中国古人可用的织物，主要是丝和麻。可无论丝还是麻，保暖性和吸汗性都不好，冬季御寒只能靠兽皮，穷人以芦花填充来保温。棉花出现之后，丝和麻的产量迅速锐减。宋元时期，棉花开始逐步取代丝麻，成为人们缝制衣物和被褥的主要原料。中国传统上所说的“布衣”，原指麻布衣；随着棉花的传播，布主要指棉布，中国古语称“吉贝”。

元初，植棉业推广至陕西。宋元之际，中国在去籽、弹花、纺纱和织布技术上发生了革命性的进步，还出现了黄道婆这样的传奇人物，棉花迅速取代了传统丝麻的主流地位，棉纺织品逐渐成为“寸土皆有”的主要衣料。到明朝时，“其种乃遍布于天下，地无南北皆宜之，人无贫富皆赖之，其利视丝枲盖百倍焉”。棉花种植所需劳动量比丝和麻少得多。明代王祯在《农书》中称赞道，棉花“比之桑蚕，无采养之劳，有必收之效，埒之枲苎，免绩缉之工，得御寒之益，可谓不麻而布，不茧而絮”，“又兼代毡毯之用，以补衣褐之费”。

“在15世纪后半期，松江崛起成为工业中心，主要因为耕种者在贫瘠的土地上改种棉花，以期有利可图。1433年，棉花明显地成为松江税收中的一个永久性项目，此后更扩展为一种共同的农村副业。1486年，松江知府开始把部分税收由实物转为白银，进一步推动棉花成为一种为市场销售而生产的商品。”①

明清时期，中国就已经形成长江三角洲地区的“传统工业区”。江南地区自古是“稻花香里说丰年”，但明清时期“邑中种稻之田不能十一”“其民独托命于木棉”。明代徐一夔的《织工对》中，记载了一个小型纺织作坊，“杼机四五具，南北向列。工十数人，手提足蹴，皆苍然无神色”，这十几个受雇的织工“衣食于主人”，每天工资200文，“虽食无甘美，而亦不甚饥寒”。明朝末年，中国每年生产的棉布估计达到两千万包。

随着手工业生产的发展和社会分工的扩大，明代晚期的城市化进程明显加快，“镇上佣工皆聚四方无籍游徒，每日不下数万人”。顾炎武认为，“纺织之利”乃“救乏之上务，富国之本业也，使管晏复生，无以易此”。

因为江南棉纺织业极其发达，大量棉花沿着运河从几百公里外的山东、河南等北方省份运过来。在1628年的《农

---

①（加）卜正民《纵乐的困惑：明代的商业与文化》，方骏、王秀丽、罗天佑译，广西师范大学出版社，2016。

政全书》中，农学家徐光启发现“今北土之吉贝贱而布贵，南方反是：吉贝则泛舟而鬻诸南，布则泛舟而鬻诸北”。清代时，北方地区已经开始纺织一些粗棉布，但南北之间的原棉贸易依然继续发展。由此来说，棉花成为中国经济市场一体化的关键，它将长距离的初级产品和成品贸易连接起来，将商业网络延伸到数千里之外。虽然纺织生产仍以家庭为主，但在一定程度上，棉花种植同棉纺织品生产是分离的。

在清代经济史中，棉纺织业的地位几乎仅次于农业。康熙皇帝甚至说：“木棉之为利……功不在五谷之下。”乾隆年间，时人李拔曾述“北至幽燕，南抵楚粤，东游江淮，西极秦陇，足迹所经，无不衣棉之人，无不宜棉之土。八口之家，种棉一畦，岁获百斤，无忧号寒”。江南地区的工业产值占总体经济的七成以上，甚至是农业产值的数倍。早在上海建市之前，在朱家角、罗店、娄塘等地，纱锭店、织机店、布店和布商就已经林立云集。

“整个中国的棉纺织品有一半以上在国内实现了商品化，棉纺织品在生产上是第二大国内产品，仅次于食品，位于丝绸、盐和茶叶之上。”[①] 在英国工业革命时代，中国人口剧增，生产的棉花估计达到 15 亿磅，这相当于一个世纪之后美国在南北战争前的棉花高峰期产量。与此同时，中国棉纺业已

①（意）乔吉奥·列略《棉的全球史》，刘媺译，上海人民出版社，2018。

经从家庭作坊转向大型手工工场，甚至有多达上千张织机者，仅广州一地的棉纺织工场就有2500多家，纺织工人有5万余名，所生产的棉织品主要用于出口。

棉纺织业的繁荣推动了对棉花的需求。到18世纪末，中国从印度进口的棉花比英国从美洲进口的还多。英国东印度公司征服印度后，从事印度、中国和英国的三角贸易，将印度的棉花运到中国，将中国的茶叶运到英国，每年有2700万磅原棉从加尔各答运往广东。清代时，质地坚实的“南京布”一直是国际市场的名品。东印度公司最初采购的“南京布”只有2万匹，很快就增加到20万匹。乾隆五十一年（1786年），“南京布”的外销量达37万匹；乾隆六十年（1795年），出口增加到100多万匹。在19世纪的前30年间，每年从广州出口的土布就在100万匹以上；1819年甚至达到330多万匹。

这些精美结实的“中国土布”被出口到日本、东南亚、欧洲和美洲等地。

按照经济史学家的统计，明清两代，中国每年生产约6亿匹棉布，商品值近1亿两白银，其中超过半数是作为商品生产和销售的，总产量是英国工业革命早期的6倍。但有一点，这些棉布绝大部分是由一家一户的农村家庭完成的，如此庞大的交易量也是乡村对乡村的交易，并没有推动工业化和城市化的发展。此外，中国传统纺织业始终停留于木器时代，纺织机多以竹木和牛筋麻绳捆扎而成，人力是唯一动力。人们并没有因为棉花而致富，甚至“手不停机，而终岁无衣；穷年仡仡，而不赡其口”。

在英国发生纺织机器革命的初期，中国手工土布仍然在性价比上具有一定的竞争优势。黄仁宇说：“未漂白之棉织匹头称为‘南京货’，初行于欧洲，后及于美洲。在工业革命前夕，中国乡镇工业产品仍保持着一种黄昏前的质量优势，直到西方超越中国为止。”

1831 年之前，中英之间棉纺织品贸易一直保持出超，1831 年之后转变为长期入超。鸦片战争后，清朝以洋务运动来“自强”，全国大办“织布局”，但直到清末时期，中国乡村的“村民们使用的东西大多是自己制造的。妇女们专门务弄棉田。她们采摘棉花，纺织成线，染织成布，为全家人裁缝衣服”。①

长在树上的羊毛

在中国的宋元时期，印度棉花随着“十字军”东征传入欧洲，意大利的米兰和威尼斯等地最先出现了棉纺织厂。由于阴冷潮湿的欧洲不适宜种植棉花，当时棉花主要来自印

① (美) 弗朗西斯 · 亨利 · 尼科尔斯《穿越神秘的陕西》，史红帅译，三秦出版社，2009。

度。当时的棉花是仅次于香料的东方商品。奥斯曼帝国崛起后，使欧洲的棉花供应基本被切断。直到16世纪大航海运动才给了欧洲人大量获取棉花和棉织品的机会，并因此而有了发展棉纺织业的可能。

哥伦布时期开辟的新航路，让欧洲依靠军事优势成为国际贸易的垄断者。通过贸易和殖民，葡萄牙、西班牙和荷兰先后崛起，但只有英国完成了从商业革命到工业革命的“革命”。英国人将棉花变成了棉布，一场纺织革命拉开了现代工业革命的大幕。

英国东印度公司成立后，便与荷兰东印度公司展开竞争，但最终被后者赶出亚洲的香料群岛。[①]为了弥补从东印度地区返回时货运不足的缺憾，英国公司便把印度棉织品运回欧洲，从而为印度棉织品开辟了一个巨大的欧洲市场。印度棉布也成为东印度公司最重要的出口产品。

在1684年之前，经由英国东印度公司进口到欧洲的棉布数量，达到150万匹之多；如此庞大的进口数量，最终导致了许多国家开征棉布税。讽刺的是，英国东印度公司原先的计划，是将英国的毛纺织品贩到印度去，结果却是把印度的棉纺织品运回了英国，对本国的毛纺织业造成威胁。棉布

---

① 荷兰人为减少金银的出口，常用印度棉织品来交换香料，“有一种现成的商品，对于香料生产者来说会乐于接受的，那就是布料。在整个东方，人们穿着的皆是由印度布料制成的服饰；而且，人们会不计价钱地购买印度布料”。荷兰人和英国人还用印度的棉织品从日本换取了大量白银。（杰克·古迪《西方中的东方》）

先是被法国禁止（1686 年），随后被英国（1702 年部分禁止，1721 年全面禁止）、西班牙（1717 年）、普鲁士以及欧洲大陆其他地方禁止。

政府禁令并没有奏效，棉布具有质量、款式和价格等多方面优势。“消费者无视政府的反对，其狂热程度带来穿着趣味的巨变，以至于颠覆了延续几百年的本地服饰传统。”① 笛福（1660—1731 年）发现英国“无论穷富都穿着印度印花棉布衣裳，恨不得越华丽越花哨越好”。印度棉布之所以受到欢迎，主要还是因为它们新奇和充满异域风情的图案，就像中国瓷器和其他东方商品一样，印度棉布新奇的色彩比较符合工业革命之前欧洲产品创新的概念。

英国有着悠久的毛纺织工业历史，也是当时的毛织物产业大国。进入 18 世纪后，因羊毛资源的制约，英国的毛纺工业的发展陷入停滞。在这个背景下，棉花逐渐成为羊毛的替代品；在很短的时间里，棉纺工业异军突起，成为英国工业革命的急先锋。用哈佛大学历史学家斯文·贝克特的话说，棉花是工业革命的“发射台”。

到 18 和 19 世纪，世界棉花成品的生产已经从亚洲转移到北大西洋经济的工业中心，即英格兰北部的纺织工厂和一大批欧洲大陆和北美城市。棉花促进了机器的发展，正如咖

---

①（英）杰克·古迪《西方中的东方》，沈毅译，浙江大学出版社，2012。

啡和茶使劳动者兴奋一样。从历史意义上来说，是棉花这种“生长在树上的羊毛”，催生了著名的工业革命和美国内战，也成就了大英帝国的崛起。

棉花对于塑造近代史无疑起到了举足轻重的作用。历史学家称它为“革命性的纤维”以及“工业革命的燃料”。棉织品作为第一种在全球范围内大规模生产的商品，直接主导了连接美洲种植园、英国工厂和非洲奴隶港口的邪恶的“三角贸易”——棉花原料向东流动，布料成品向南流动，而黑奴向西流动。正如马克思所说：“没有奴隶制就没有棉花，没有棉花就没有现代工业。”

马克思写下这句话的时间是1846年，那时的棉花贸易已经令人难以置信地占到美洲贸易的60%，五分之一的英国工人从事棉纺织业。棉花和棉织品在一个多世纪里一直是欧洲和美洲主要的出口商品。

作为第一个高度机械化的产业，棉纺织业帮助欧洲从农业经济转变为工业经济，建立了持续两个世纪的发展模式——从落后的农业国家进口原料，然后将制成品出口到全世界。

早期英国沿袭欧洲大陆各国的贸易保护政策，将重商主义作为立国之本，一方面鼓励本国商品出口，限制他国商品进口，另一方面抢夺竞争对手的殖民地，打压其海外贸易。如果沿着这条路走下去，英国势必会像葡萄牙、西班牙和荷兰一样迅速衰落，但亚当·斯密告诉英国人，垄断固然能在短期内获得暴利，但如果选择自由贸易，英国将会得到更大的利益；换言之，只有平等竞争的自由贸易才能使利益最大化。

英国高擎自由贸易的大旗，引领着资本主义大步向前，指出了现代世界的大趋势。以英国为榜样，工业革命赋予西方世界以不可阻挡的推动力和影响力。虽然在此之前，欧洲也有相当规模的手工业，也有过无数次技术革新，但那时的产品主要都是奢侈品，只与少数人有关；工业革命以机器和工厂推动了大量生产，这些大众消费品改变了大多数人的生活，一个现代中产阶级就这样诞生了。

我们可以从一件小事来认识“工业革命”的意义——

> 工业革命时期，新技术的主要代表产品是廉价的可洗棉布，随之，从植物油提炼出来的肥皂得以大批量生产。普通民众第一次买得起内衣裤——它由可洗纤维做成，富人常贴身而穿，故称“贴身衣裤”。人们可以用肥皂洗衣，甚至洗澡。……所以，19 世纪末 20 世纪初的普通民众，常常比一个世纪前的国王、王后的生活更清洁卫生。①

从飞梭到珍妮纺纱机

英国本土并不生产棉花。在 18 世纪以前，棉纺织业也

①（美）戴维·兰德斯《国富国穷》，门洪华等译，新华出版社，2001。

并不被人看好。与奢侈昂贵的毛纺织品相比，价廉物美的棉织品更受人们欢迎，但当时英国的棉纺织品几乎全部来自印度或中国。面对市场这只无形之手，英国纺织业开始了一场从羊毛到棉花的历史转型。

从18世纪开始，来自美洲新大陆的棉花就源源不断地运往利物浦。同时，曼彻斯特也开始种植棉花，兰开夏郡的棉纺工业逐渐兴起。

羊毛属于动物纤维，不同部位的羊毛粗细不一，而且羊毛很短；相对而言，棉花所产生的植物纤维粗细一致，且纤维很长，非常适合机械化加工。据说，一朵棉桃的纤维首尾相接，可以绵延30多公里。因此，在工业化方面，棉纺业比毛纺业更有优势，前景也更为广阔。

与印度手工棉纺织品相比，英国的棉纺工业从一开始，就处于不利的竞争地位。因为英国的人力成本要比印度高得多，要生存和发展，英国棉纺织商就必须减少劳动力成本，发明更好的加工工序和生产机器，从而把生产成本降下来。①

1733年，曼彻斯特30岁的纺织工约翰·凯伊发明了“飞梭”。凯伊对旧式织机进行了根本性的改进，把经线之间的手工穿梭改成机械穿梭。由于穿梭的速度比原来大大加快，

① 1700年的一份史料记载：在印度能买到最便宜的商品。在英格兰相当于1先令（12便士）的劳动力，在那里只需要2便士。英格兰的劳动力价格远远高于印度，因此从经济效益来说，在英国制造纺织物的成品并不划算。

故名“飞梭”。飞梭简化了织工的劳动，加快了织布的速度，为实现织布机械化迈出了重要一步。

棉纺织分为纺纱和织布两个环节。织布初步实现了机械化，而纺纱仍然停留在原始手工阶段。飞梭的广泛使用，使织布的速度大大超过纺纱的速度；1 个织工需要的棉纱，要由 10 个纺纱工供应，甚至更多，从而打破了纺纱与织布之间的基本平衡。棉纱价格飞涨，而且供不应求，常常断货。

这场“纱荒”使英国几乎全民动员，甚至连孤儿院和监狱也在日夜纺纱。官方和民间机构纷纷悬赏，寻找发明纺纱机的技术。

1738 年，惠特研制出了滚轮式纺纱机，这样一来，手工纺纱也开始被机器取代，虽然这种机器一次只能纺 1 支纱锭。1765 年，织工哈格里夫斯造出一架同时可纺 8 个纱锭的纺纱机；他以妻子的名字命名为“珍妮纺纱机”。哈格里夫斯随后又把纱锭增加到 16 个，最终增加到 80 个。10 年之后，英国已经拥有不少于 2 万架珍妮纺纱机；最小的机器也能做 6 到 8 个人的工作。在兰开夏，这种机器更是以惊人的速度推广；几年之内，它就代替了传统纺车。

从 1750 年到 1769 年，英国棉纺织品的出口量增长了 10 倍以上。

在珍妮纺纱机的推动下，英国加速走向资本主义，机器越来越成为生产中最重要的因素，出卖劳动力的工人群体迅速壮大。

珍妮纺纱机仍以人力为动力，随着锭数的不断增加，迫切需要寻求新的动力。1769 年，做过钟表匠和理发师的阿克莱特造出了一台庞大的水力纺纱机。水力纺纱机比珍妮纺纱机又前进了一步，纺出的纱更粗更牢固，转速也快。因此，在英国的一些河流两岸，迅速建成一批采用水力纺纱的工厂。到 1779 年，阿克莱特已经发展到 300 多名工人和几千支锭子，成为第一家近代纺纱厂。

从阿克莱特开始，以人的肌肉力量支撑的传统手工工业，正逐步被外力驱动的机器工厂替代。

1779 年，克朗普顿综合珍妮纺纱机和水力纺纱机的优点，发明了“骡机”。这种像“骡子”一样理想的纺纱机，纺出的纱又细又结实。骡机以水力为动力，最初的骡机有 40 个纱锭，后来发展到 900 个，最后增加到 2000 个纱锭。

珍妮纺纱机适合纺纬线，阿克莱特的水力纺纱机适合纺经线，骡机适合纺高支（特细）纱。这三种机器是英国棉纺织业由手工生产，向机械化生产过渡的重大贡献。由于纺纱机的普遍运用，纱量大增，除了满足织工需要外，还有剩余，这样纺纱和织布之间的平衡又被打破了。织机的革命推动过纺机的革命，现在纺机的革命又反过来推动织机的革命。

1785 年，乡村牧师卡特赖特发明了水力织布机，工效提高了 40 倍。这位牧师也脱下黑袍，开办一家织布厂。

在整个 18 世纪下半叶，不受封建行会和传统法规束缚的新兴棉纺工业突飞猛进，已经成为工业革命的火车头，带动了毛纺、漂染、造纸和印刷等工业的兴起和发展。

从机器专利到动力工厂

从约翰·凯伊发明“飞梭”、哈格里夫斯制成多轴纺纱机、克隆普顿发明走锭纺纱机，到詹姆斯·瓦特成功发明联动式蒸汽机，并建立第一座蒸汽纺纱厂，英国的纺纱技术不断革新。1803 年，霍洛克斯制造出了第一架铁制织布机，棉纺织工业终于完成了它漫长的破茧成蝶的历程。

1775 年时，棉花的制造在英国被列为“最低贱的国内工艺”；那时所产的棉花几乎完全是供应国内的消费。1797 年时，却在大不列颠的一切工业中占了领先的地位；1809 年时，它为 80 万人提供了就业。①

阿克莱特的水力工厂既不需要力气，也不需要技术，全部使用女工和童工，这不仅降低了棉纺织品的生产成本，同时也实现了真正的大量生产。采用瓦特蒸汽机作为动力后，阿克莱特的机器纱比手工纱更均匀更结实，完全替代了麻，

①（美）福克讷《美国经济史》，王锟译，商务印书馆，1989。

英国终于实现了棉布的国产化，并很快在国内市场取代了印度棉布。

在阿克莱特的工厂，一个15岁的孩子照料2架蒸汽织机，织出3匹半棉布；而同样时间内，1个熟练工人用飞梭只能织出1匹。1790年，蒸汽机驱动的“骡机”纺线速度是中国和印度手工纺线的100多倍。

1751年，英国的棉纺织品出口额只有4.6万英镑，1800年达到540万英镑；1820年，棉纺织品作为英国最大的工业产品，占据出口总额的半壁江山。到1861年，棉织品的出口规模是羊毛织品的4倍还多，达到4680万英镑；也就是说，工业化将英国的棉花加工能力在100年间提高了1000倍。此外，在1760—1815年，英国出口的成衣数量也增长了100倍。到1850年，棉布的价格下降到只有1784年的1%，而质量却好得多。

1760年，家庭手工纺1磅棉纱需要18.12便士；1836年，机器纺1磅棉纱只需要1.52便士；机器生产使人工成本下降了将近92%。1835年的一个棉纺工人所干的工作，在60年前，至少需要二三百人才能完成。

1800年，英国棉纺厂加工了价值5600万镑的棉花，10年之后，年加工量达到1.23亿镑。到19世纪中叶，英国有1800家棉纺厂，雇用工人32.8万人，使用蒸汽发动机，年产棉布1.6亿米。自拿破仑战争结束以来，年产量提高了8倍。

在19世纪20年代，英国棉纺织业的规模翻了一番，在接下来的10年又翻了一番，棉花革命从英国席卷整个欧州。1820年，英国还有25万手工织布者，到1856年，这个群体只剩下不到一成，只有2.3万人。一位英国工场主在1828年回忆说，从珍妮纺纱机出现，老式纺车就被束之高阁，从事毛纺的工人都改行纺纱，“毛纺已无影无踪，麻纺也差不多；普遍使用的原料都变成棉花，棉花，还是棉花。”棉花成了传说中吃光所有羊的“披着羊皮的狼”。

英国从棉纺工业开始，迈出了人类机械化生产的第一步。毫无疑问，棉花成为工业革命的基础；1833年，英国大约有150万人直接和间接地在棉纺厂找到工作。根据历史学家保罗·肯尼迪的分析，在18世纪50年代至19世纪30年代期间，英国纺纱业的机械化，使单个生产力就提高了300至400倍。纺纱业的发展，同时也促进了织布技术的相应改进；与棉纺织机相配套的净棉机、梳棉机、漂白机、整染机也相继问世，组成了复杂的机器系列。

棉纺织业成为英国工业第一个实现机械化的行业，纺织品的输出出现井喷式增长：1780年尚不到36万英镑，1792年超过200万镑，1802年超过780万镑；20年时间增长了20倍以上。

1776年，阿克莱特的纺纱厂已经从诺丁汉扩展到兰开夏，他的工厂成为世界棉纺业的样板工厂。到1782年，被阿克莱特雇用的工人已经达到5000多名，他招募的资本达20多万英镑。阿克莱特的独特意义在于，他不仅最早实现了对发明与工业的整合，也创造了“一个人可以在没有继承土地的情况下致富”的神话，这在传统的前工业社会是不可思议的。作为工业革命时期的两个风云人物，阿克莱特与瓦特在专利权诉讼中成为好友，他们的密切合作使蒸汽机与工厂第一次联姻。在此之前，由水车驱动的工厂都依河而建，远离城镇。蒸汽机解放了动力源，工厂纷纷搬到生活、交通和物流更方便的城市，一场前所未有的城市化运动，因为工厂的聚集而迅速发展起来。

1783年，阿克莱特的专利被取消时，兰开夏只有阿克莱特一家棉纺工厂；30年后，工厂数量发展到86家。人口也从当初的2.4万激增到15万，曼彻斯特因此成为世界第一个现代工业城市。在距离曼彻斯特36公里的利物浦，从美国源源不断运来的棉花在这里被装上马车和运河船；为了更多更快地运送棉花，世界第一条铁路在此诞生。到1860年，全世界三分之二的棉纺锭都在英国，数百万个以蒸汽引擎运作的机械纺锭，由每天工作长达14小时的工人（大部分是童工）操作，纺出数百万磅纱线。

英国这场不断推陈出新的技术变革，从水力到蒸汽，再到电力纺织机，迅速蔓延为燎原之势，大机器生产急剧降低了纺织品的价格。从后来的历史看，如此大规模的技术革新，绝不是印度、中国这样的传统手工纺织业大国通过缓慢技术改进可以企及的。1780 年，一匹成品细布要卖到 116 先令，50 年以后，价格降到了 28 先令。1830 年，一磅重 40 支的纱在英国只要 1 先令 2.5 便士，同等重量的纱在印度却要 3 先令 7 便士。印度棉布失去了价廉物美的优势，逐渐从一个棉布生产国转变为棉花输出国和棉布消费国。从 1814 年到 1835 年，英国输入印度的棉织品从不足 100 万码激增到 5100 万码以上；而从 1818 至 1836 年，从英国输入印度的棉纱增加了 5200 倍，从而导致印度传统棉纺业的破产。仅仅依靠棉纺织品贸易，在 1800 年至 1870 年的 70 年间，欧洲出口到亚洲的产品就增加了 20 倍之多。

棉花的全球化

“棉花、棉花，还是棉花，它是当下唯一的商品，只有它才可以为任何人提供工作。”这是工业革命时期英国最强烈的声音。

流入利物浦的棉花大多来自太子港和皇家港这样的奴隶殖民地，也有很多是来自伊兹密尔、萨洛尼卡和孟买这样的非奴隶殖民地，但这么多的原料仍然难以满足英国对原棉的胃口。就连巴巴多斯和圣多米尼克等岛屿也都成为“棉花边疆”。因为建立棉花种植园投资不高，棉花迅速在西印度群岛扩张。圣多米尼克的棉花产量在1730年仅为200捆，50年后就达到30000捆。但后来随着地力耗竭，棉花生产成本大幅增长，产量开始锐减。1791年，圣多米尼克发生大规模的奴隶叛乱，英国四分之一的棉花进口因此被切断，而此时，恰恰是棉花需求达到前所未有的旺盛期。

自从棉纺织业兴起，英国对棉花的需求就不断增长：1701年输入大不列颠的原棉不到100万磅，1771年高达476万磅，1789年超过3257万磅，1802年达到6050万磅，100年增加了60倍。然而，英国几乎不生产棉花，来自西印度群岛、巴西、印度等地的棉花，早已不能满足工厂的需要。

从政治上看，对棉花越来越大的需求，以及对稳定供应的需要，使英国找到了在印度扩张的理由，英国工厂获得了棉纺织业，印度传统经济则面临严重威胁。从18世纪70年代开始，英国棉纺织业革命大获成功，机器工业击垮了印度手工业，印度变成了向英国提供纺织原料棉花的供应地，也是英国棉纺织品的倾销之地。当时东印度公司也用印度棉花来交换中国茶叶，[①]但为了让英国棉纺业得到更多的棉花作

① 清代时，棉纺织业成为中国产值最大的手工业，对原棉需求愈旺。在输华白银短缺的情况下，印度棉花一度成为外国输华货品的第一大宗。1704年7月21日，东印度公司船“凯瑟琳号”运入厦门1116担原棉，是为输印度棉之开始。1775—1779年，在广州贸易的主要输入品中，印度棉花的交易额为年均288334银两，超过英国毛织品，居英国输华第一大货品的位置。1804年输入棉花达232368担，此局面延续到1819年。在19世纪30年代美国“棉花王国”兴盛之前，印度长期是世界上第一大棉花输出国，但对英国来说，印度棉花比美国棉花运费要高，而且中国棉价远高于欧洲。

为原料，原先流向中国的棉花便逐渐被鸦片代替了。“直至1823年，棉花都是自印度输华价值最大的商品；自1824年起，鸦片输华激增，其价值开始超过棉花。”①

从19世纪20年代开始，一种新的“三角贸易”出现了——英国将棉纺织品输入印度，印度输出棉花和鸦片，鸦片输入中国，中国输出茶叶和白银。白银成为工业革命的资本，棉花成为工业革命的原料，茶叶使工人阶级更加勤奋。英国崛起了，但印度和中国走向衰落。

“从经济上来看，英国占领印度帝国简直就像一只蛤蟆吞下了一头母牛。”②当印度沦为大英帝国殖民地时，美国却走向独立。对刚刚独立、一穷二白的美国人来说，英国曼彻斯特那么多吞食原棉的新机器，正为他们创造了一个梦寐以求的商业机会；他们从英国对棉花的巨大需求中看到了希望。相比印度来说，美国与英国之间距离要近得多。

同时，圣多米尼格的奴隶革命也恰好带给美国南方奴隶主一个发展棉花种植园的机会。

棉花种植在美洲有着悠久的历史。早在哥伦布之前，印第安人就已经在种植棉花。哥伦布误认为他到达印度的原因之一，就是因为他在加勒比海看到大量棉花。16世纪，西

---

① 全汉昇《鸦片战争前的中英茶叶贸易》，《中国近代经济史论丛》，中华书局，2011。

②（美）沃尔特·拉塞尔·米德《上帝与黄金：英国、美国与现代世界的形成》，涂怡超、罗怡清译，社会科学文献出版社，2014。

班牙殖民者轻松征服了中美洲，却发现当地“落后”的印第安人，种的棉花居然比自家的好。这种原产墨西哥一带的“陆地棉”，纤维产量和品质远胜于亚洲棉，从此被广泛栽培。虽然英国市场对棉花有着巨大需求，但遍布美国南方的种植园主们却只能望洋兴叹。原因是适合美国南部内陆地区生长的“陆地棉”纤维较长，种子的黏性也更强，非常难以处理，只能用人工分离。一个人分秒不停地紧张劳动一整天，也未必能清拣一磅棉花，使之成为“一项成本很高的生产过程”。

这个至关重要而又影响深远的难题，最终被“机械天才”伊莱·惠特尼用了短短几个月的时间便成功解决了。

惠特尼设计的轧棉机操作简便，只需要一个人就可以，而且比手工方法摘得更干净。使用这台机器，一个劳动力一天分离的棉花比以前几个月都多。如果用水力或蒸汽驱动一台大的轧棉机，每天可清理1000磅籽棉。有了惠特尼的轧棉机，高地棉便成为一种具有竞争力的作物，迅速取代烟草，成为“最有价值的商品农作物”，也成为全美国唯一的大宗出口货物，甚至有“白金”之称。

事实上棉花变成了帝王。轧棉机的发明，使南卡罗来纳的棉花生产从1791年的150万磅，增长到1801年的2000万磅。乔治亚洲的棉花产量从50万磅增长到1000万磅。各个新成立的州，也可以看到类似的增产。田纳西州 1801 年出产了 100 万磅，1834 年增长到 4500 磅，路易斯安那州 1801 年时几乎全然不生产棉花，但是到了 1834 年，生产了 6200 万磅。密西西比和阿拉巴马的产量甚至于还更多一些。1820 年时，南卡罗来纳和乔治亚在棉花的生产方面占了第一位，但是不到 1834 年，阿拉巴马和密西西比就抢了先。棉花显然成了这个地区的主要产物，而且它的重要性可以从这样的一个事实看出来，那就是：在 1830 年以后，它几乎占美国出口贸易总值的一半。①

轧棉机发明之前，每年从殖民地运往欧洲的棉线大约只有 400 捆。1793 年轧棉机投入使用之后，这个数字马上增加到 3 万捆；到 19 世纪初，每年棉线的出口量是 18 万捆；1824 年超过 40 万捆。如果按重量计算，轧棉机发明的前一年，美国棉花出口不到 14 万磅；轧棉机发明的第二年，棉花出口超过 627 万磅，短短 3 年间增加了 40 倍。美国棉花产量在此后，平均每 10 年就要翻一番，1860 年达到 20 亿磅。这些棉花和棉线主要是销往英国。1811 年美国销往英国的 4.4 万吨棉花占英国工厂使用棉花总量的 56%。

美国出口的原棉在世界市场上所占的百分比，从 1816 年

① （美）福克讷《美国经济史》，王锟译，商务印书馆，2018。

至1820年的39%，增加到1836年到1850年的63%。在19世纪50年代，美国棉花在英国工厂的使用量占四分之三，在法国工厂占90%，在德国工厂占60%，在俄国工厂占92%。到1860年美国内战之前的生产顶峰期，全世界棉花的三分之二都生长在美国，美国棉花占到棉花贸易总量的四分之三以上。棉花“使美国偿还了近50年中几近2/3的国家债务”。

棉花引发的战争

19世纪前半期，人们对肥料的重视程度还不够，尤其是在土地充足的美国。当时的生产条件比较缺乏肥料，棉花又特别耗费地力，收获一年棉花，往往会破坏未来两三年的土壤使用，因此造成棉花价格间歇性上涨。这种压力促使棉花种植园主们不断向南部内陆地区扩张，在得克萨斯、阿肯色、堪萨斯和俄克拉何马等地寻找更多适宜种棉的土地。密西西比州和亚拉巴马州这两个棉花州于1818年前后建立，对美国的社会和生态产生深远的影响。如果说1811年美国所有棉花有十六分之一产自南卡罗来纳州和佐治亚州，那么到了1860年，这一数字变成了四分之三。联邦政府强制印第安原住民离开他们的土地，然后白人种植园主在银行的支持下，在此开辟种植园，引进奴隶，大量地种植棉花。美国成为资本主义发展的大陆实验室。到1850年，“美国 67% 的棉花都生长在一个世纪以前还未成为美国一部分的土地上”。

棉花种植开始疯狂地扩张和蔓延，美国南方很快成为一个幅员辽阔的“棉花王国”。从 1815 年到 1860 年，棉花贸易决定性地影响了美国经济的发展速度，也使得奴隶制死灰复燃。①

机械化虽然简化了棉花的处理过程，但种植棉花尤其是摘棉花，仍需投入大量的劳动力。种植场主养活一个奴隶，一年只需要 20 美元，而这个奴隶通过轧棉机创造的纯利却达 80 多美元。1790 年，美国黑奴数量不到 70 万，到 1860 年已经翻了两番，增至 400 多万。与此同时，奴隶价格节节攀升。一台轧棉机售价为 2000 美元时，奴隶的价格达到 300 美元。1800 年，一个身强力壮的好劳力能卖 50 美元就不错了，但到了 1850 年，实际交易价格已经高达 800～1000 美元。奴隶价格的上涨远比棉花价格的上涨迅速得多，统计发现，1805—1860 年奴隶与棉花价格之比上升了 6 倍以上。②

① 历史学家查尔斯认为，在美国北部，可能传播疟疾的蚊子在寒冷的天气下不容易存活，因此欧洲的移民可以取代非洲奴隶，成为当地的主要劳动力。而在南部，棉花地和烟草地的蚊子非常多，相比之下，非洲奴隶对疟疾的抵抗力比欧洲人要好得多，因此南方比北方更需要非洲人作为劳动力。正是在这种情况下，美国南部的奴隶制体系才得到巩固。农场主们躲在通风良好的住所内，借此防范疾病，而黑人奴隶则在农场内辛苦劳作。在加勒比地区的甘蔗种植园中，白人的死亡率比重体力劳动的奴隶死亡率还高。

②（美）罗伯特 · 威廉 · 福格尔、斯坦利 ·L. 恩格尔曼《苦难的时代：美国奴隶制经济学》，颜色译，机械工业出版社，2016。

美国适合种棉花的土地有 2 亿公顷，但实际开发的土地不到 400 公顷，仅占 2%。劳动力是唯一的制约，因为每 40 公顷棉田就需要差不多 20 个奴隶。正像马克思说的，“没有奴隶制就没有棉花”，棉花被认为是最适宜于奴隶劳动的一项农产品，使用奴隶劳动种植高地棉，远比制造业更为有利可图。对一些白人来说，买卖采摘棉花的奴隶也成为一种比买卖棉花本身更暴利的生意。[①] 电影《为奴十二年》改编自所罗门·诺萨普的自传小说，讲的是一个非裔自由人诺萨普被当作奴隶卖到棉花种植园。诺萨普被绑架到路易斯安那州的时间是 1841 年，当时正值美国的棉花年代。路易斯安那州是美国于 1803 年从拿破仑手中购得。这块土地紧邻密西西比河，土壤肥沃，非常适合棉花生长。由于地广人稀，白人很容易买到大片土地，依靠奴隶劳动进行棉花生产，获得高额回报。早在 1807 年，棉花种植的年回报率就高达 22.5%。

1492 年至 1888 年间，被送到新大陆的奴隶中，有一半是 1780 年以后才到的。19 世纪 60 年代，铁路和蒸汽船的普及大大降低了棉花的运输成本，也使移民和奴隶的流动更加容易，同时也使得对那些之前被认为太偏远但比较肥沃的土

---

① 有人认为，棉花种植对于奴隶劳动力的依赖，并不是对它的效率进行理性计算的结果，而是效仿了蔗糖、可可、咖啡和烟草栽培已有的模式。此外，奴隶还有一种“非金钱价值”，即他们是殖民社会中财富和权力的展示，有时候这种权力扩大到对身体和精神的剥削，如对女奴身体的占有等。还有专家研究发现，在南北战争前，美国黑奴的总价值仅次于土地价值，远远高出制造业和最火热的铁路投资。可参阅：《苦难的时代：美国奴隶制经济学》。

地进行开发变得可行。随着越来越多的土地进入市场，棉花种植面积急剧扩大；从 1850 年到 1860 年，美国棉花种植面积增长了一倍，其中 70% 的扩张发生在最后 3 年。

除了"棉花—奴隶—纺织品"三角贸易外，美国棉花的低价主要来源于某种"后发优势"。南方大种植园一开始就是出口导向型，实行集约化生产；殖民者选择最好的棉种，建起发达的陆路和运河系统，源源不断地把棉花运至大西洋东岸。

到了南北战争的前期，棉花已经成为英国和美国南部经济的主导，两地的经济似乎有着千丝万缕的联系。"美国如果发生大规模的社会动乱或者武力冲突，"1855 年英国《经济学人》杂志写道，"从英国最南端的兰兹角到最北端的约翰奥格罗茨，都会受到冲击。我们将近 200 万的同胞都要依靠美国的棉花，毫不夸张地说，我们同呼吸共命运。如果美国的棉花地遭受可怕的灾难，英国 1000 多艘停在码头的商船就会全部完蛋；1 万家英国工厂就要关掉高速运转的织布机；200 万英国人将会因缺乏食物而饿死。"①

对南方的美国人来说，棉花和奴隶始终是一种不错的投资。历史就是如此令人惊讶，南方甚至为了棉花和奴隶，宁愿走向独立和战争。棉花出口对南方经济至关重要，因为单

---

①（美）约翰 ·S. 戈登《财富的帝国》，董宜坤译，中信出版社，2007。

一的棉花种植，导致各种制成品也必须全部依赖进口。因此，南方坚决反对联邦政府的高关税政策，而关税又是联邦政府主要的财政来源。正如当初茶叶和蔗糖的关税引发美国的独立战争，棉花关税成为南方宣布脱离联邦的直接诱因。①

长达数年的战争中，奴隶纷纷逃亡，棉花种植园经济濒于崩溃。由于北方军的海上封锁，南方与欧洲的棉花贸易被迫断绝，导致英国的许多纺织厂停工，英国四分之一人口受到影响。失业的工人游行抗议，纺织厂主也向国会施压。英国为了恢复美国的棉花供应，差点向美国联邦政府开战。许多英国棉厂主暗地运送军火，或提供贷款给美国蓄奴州。

虽然南方得到英法两国的大力支持，但终归失败。这场导致 100 多万人伤亡的战争与其说是奴隶战争，不如说是棉花战争——没有棉花就没有战争。或许马克思看得更远："没有棉花就没有现代工业。"实际上，在棉花种植园出现在美洲之前，也就是种植烟草和甘蔗的时代，奴隶经济就与棉花经济紧密地结合在一起，或者说是工业资本主义和战争资本主义的融合。英国人和法国人绑架非洲人运送美洲种

① 美国北方的条件与英格兰比较相似，有丰富的煤铁资源、密集的人口和便利的运河网络，也有大量的英国移民，因此很容易就发展起棉纺业。为了保护本土棉纺业，北方人希望能提高进口税，从而抵制廉价的英国棉织品。但这个想法遭到南方庄园主的激烈反对。南方以棉花种植业为主，几乎没有制造业。无论是奴隶身上的棉质衣裤，还是农场里的各种工具，大多都进口自英国。南方庄园主与北方棉纺业企业主在利益上发生了严重冲突，于是试图通过独立来摆脱高税率。南方与北方在两种经济模式下渐行渐远，最终在 1861 年爆发了南北战争。

植园时，奴隶需要的食物来自玉米和鳕鱼，而奴隶的衣物则来自曼彻斯特的棉纺厂，更早之前是来自印度的棉布。加勒比海的蔗糖、咖啡和烟草流向欧洲，英国和印度的棉布被卖给奴隶贩子；换句话说，欧洲商人用棉布在非洲交换奴隶。在某种程度上，棉布贸易成为奴隶贸易的重要支撑，而“并不是棉花的历史与奴隶制的历史交汇在一起的唯一时刻”。①

棉花帝国主义

贝克特在《棉花帝国》中想证明，棉花产业化的每个阶段是如何建立在暴力之上的。“没有奴隶制，就不会有工业革命。”全球资本主义兴起并非始于18世纪后期的“工业资本主义”时期，早在欧洲人为他们的全球之旅铺路时，就已经开始了一场枪炮威逼下的“战争资本主义”。在西方，他们从非洲经利物浦贩卖黑奴至美洲各地，建殖民地、种植原棉，利物浦一度成为世界黑奴贸易的中心。

棉花与烟草、咖啡和蔗糖等产业不太相同，它有两个劳动力密集的阶段，一个是在田野里，一个是在工厂里。棉花跨越全球，以新方法把各大洲结合起来，为我们提供了一把

①（美）斯文·贝克特《棉花帝国：一部资本主义全球史》。

“了解现代世界、贫富悬殊和全球化的长久历史，以及政经条件不断变动的资本主义的钥匙”。从某种意义上来说，美国棉花种植园的奴隶和英国棉纺织厂的童工具有相似的不幸。如同美国独立战争影响了法国大革命一般，奴隶种植园的管理方式也影响到了欧洲的棉纺厂，“对于如何大规模地调动工人，资本家们只有一个参照物：美国南方的种植园”。马克思通过对英国棉纺织业的观察和思考写出了《资本论》，恩格斯本身就是曼彻斯特的一位工厂主，甚至娶了一位女纺织工为妻。

历史充满各种讽刺，比如美国黑人奴隶生产出棉花，买这些棉花的却是废除了奴隶制的大英帝国。虽然英国人反对奴隶制，但这并不妨碍一艘艘英国商船从非洲贩卖奴隶到美国。商船把黑奴运到密西西比河出海口的新奥尔良，在那里，密西西比河流域收获的大量棉花已经等着装船。这些棉花被运往英国，曼彻斯特各种工厂里，蒸汽机带动纺锤和织机，把棉花纺成纱线和棉布。然后，这些英国棉布再次登上商船，销往世界各地。其中一小部分卖到非洲，就足以抵消采购黑奴的成本。尽管美国人充当了欺压奴隶的恶人，但真正掌握棉花帝国的却是英国人。19 世纪的美国还是小角色，大英帝国才是真正的全球霸主。

奴隶贸易这一为英国的工业革命提供了原始财富的活动之所以会终结，绝不仅是出于英国人或美国人道德上的良心发现。同样，奴隶的自我解放也不仅是所谓的追求自由。美国南北战争开始时，北方军抓到逃出的黑奴也会送回去，直到他们发现这些黑奴可以提供军事情报，后来干脆用逃奴补充兵源。一切都是为了在战争中取胜。

美国内战对英国棉纺织业的打击，使英国不得不调整思路，对印度棉花重视起来。接下来，英国不惜血本，在印度修铁路、铺公路，大搞基础设施建设，将统治深入原先空缺的印度乡村。印度经济很快就退化到脆弱单一的棉花种植，这导致 19 世纪下半叶接连不断的大饥荒。19 世纪 70 年代的国际棉花价格暴跌，造成近 800 万印度棉农“像苍蝇一样”饿死。

“棉花荒”刺激了棉花帝国的扩张，资本家四处寻找棉花，他们想尽一切办法在全世界发展地方代理商，从农民手中直接购买棉花。随着全球棉花期货市场的形成，棉农从此成了板上肉，彻底丧失了议价权，棉花价格直线下降。1870 年美国一磅棉花售价 24 美分，1894 年只有 7 美分。这场战争也让棉花资本家认识到，棉纺业必须依靠强大的国家机器才能维持。英国对印度的成功殖民和棉花产业的暴利，吸引了更多新兴国家加入殖民地争夺战中，日本控制了朝鲜，德国控制了非洲南部，俄国控制了土耳其。到日俄为争夺中国东北发生战争的 1905 年，全球棉农总数已占到世界总人口的 1%，棉纺工业达到了有史以来的最高峰。

“棉花帝国从一开始，就是奴隶与农场主、商人与政治家、农民与商人、工人与工厂主之间在全球持续斗争的场域。棉花帝国就是以这种以及其他种种方式，带出了现代世界。”毫无疑问，棉花这种商品加快了全球化进程，甚至推动了世界的现代化。西式文化的棉布所到之处，无不掀起一场“服饰革命”，西装成为现代男人的标准装束。

历史如同轮回。在宪章运动和普选权的推动下，英国纺织工人获得了更多的政治话语权；工人工资大幅提高，纺织机械也在向全世界扩散，英国逐渐失去了在纺织工业上的绝对优势，使得劳动力成本低廉的亚洲等地取代欧美，成为新的棉纺织中心。从 1860 年到 1930 年，英国对世界纺锤的占有量从 61% 下降到 34%。

与此同时，墨西哥、巴西、奥斯曼土耳其、俄罗斯、日本和中国等国纷纷效仿欧美，各国都将发展棉纺织工业作为走向现代化的国家战略，政府以各种方式向创业的棉纺资本家提供了大规模贷款。埃及统治者除了禁止农民种棉花之外的其他作物，还强迫农民进棉纺厂上班；19 世纪中期，埃及的棉花产量连翻 5 倍。

日本政府从《马关条约》赔款中拿出一部分专门用于购置商船，以提高棉花和棉布的运输能力。到 1930 年，日本帝国已经成为世界上最大的棉纺业生产国，丰田公司便是靠棉纺织起家的。[①] 在上海的日本棉厂主枪杀工人领袖顾正红，成为1925年五卅运动的导火索。日本先是从中国低价进口棉花，加工成棉布，再销回中国，后来直接来华办厂，很快就成了中国棉纺织业垄断者。随后日本发动了全面侵华战争。

“二战”之后，新兴的中国、印度和苏联利用现代化的国家机器，以及西方发明的化肥和杀虫剂，以大规模农场模式生产棉花，机械棉纺厂遍地开花。大英帝国已经风光不再，从利物浦到曼彻斯特、兰开斯特等地，到处都是废弃的纺织厂和游荡的失业工人。1963年，利物浦的棉花交易所卖掉所有家具，关门大吉。

棉花不同于粮食、烟草或蔗糖，随着消费文化兴起，其人均消耗量可以无限增长；对一个有钱人来说，买一屋子衣服也不会嫌多。棉花经济、棉花贸易以及棉纺织业，从18世纪兴起，一直到20世纪，繁荣了200多年。在这个不算短的时期里，一个国家强大与否，其标志就是棉花和棉纺织工业。

在非暴力不合作运动中，甘地身披着一件粗糙的印度棉

① 1896年，29岁的丰田佐吉发明了“丰田式汽动织机”。他发明的这台织机不仅是日本有史以来第一台不依靠人力的自动织机，还可以由一名挡车工同时照看3至4台机器，极大地提高了生产力。连当时世界排名第一的纺织机械厂家英国普拉德公司也向丰田佐吉发出了转让专利权的请求，最终佐吉在1929年（昭和4年）以10万英镑（合当时的100万日元）的价格出让了这项专利的使用权。丰田佐吉之子丰田喜一郎用这笔转让费创办了丰田汽车工业株式会社。

布，有空就坐下摇起老纺车，以这种自给自足的“行为艺术”反抗英国的工业帝国主义统治。

棉田里的解放

19 世纪上半叶，棉花是美国的主要农作物。棉花一般都种植在南方大型种植园中，由奴隶们负责种植等工作。因为妇女、老人和孩子也能摘棉花，所以奴隶无论男女老少都能派上用场。

在种植园，奴隶往往受到极其野蛮的对待。奴隶主以各种极端的惩罚措施来防止奴隶消极怠工，这些惩罚包括鞭打、监禁、火烧和绞死。当时，一位亲眼看过奴隶拍卖会的人记录道，至少四分之三的男性奴隶背上都布满累累鞭痕。一位从南方棉花种植园逃脱的奴隶在他的记述中说，如果奴隶干活不够快，也会受到惩罚；男性奴隶摘棉花的工作定额是每天 80 磅，女性是 70 磅。称重的磅秤旁边就是鞭刑柱，如果哪个奴隶没能完成定额，每少 1 磅棉花，就要挨一鞭子。

英国于 1834 年正式废除了奴隶制，但这并不代表英国经济从此就与奴隶脱离了关系。1855 年，一本《棉花为王》的书在美国出版，其中写道：

西印度群岛的奴隶制也许是废除了，但英国仍然能从北美奴隶制中获得丰厚的利润。现在的英国在干什么呢？假如它已经失去了西印度群岛的棉花供给，那么在它的机器上转动的，就完全是北美奴隶生产的棉花了。奴隶制度废除后，这个帝国的公民们的良心也许可以轻松些了，可以对着来自尼日尔两岸的商品高谈阔论，说那里没有奴隶，人们完全是在自由劳动。但有一个事实是绝对不容忽略的，那就是：那里的开发是失败的！这意味着，1845 年，英国的 2.8 亿公斤棉织品所用的棉花，绝大部分都是北美奴隶所种。①

以《解放黑奴宣言》（1862 年）为标志，美国南北战争虽然在法律层面上消灭了奴隶制，但南方不少棉花种植园仍以“收养”的名义，继续蓄养奴隶。棉花经济并没有受到任何削弱。

事实上，直到“二战”爆发的 1937 年，棉花一直是美国出口量最大的产品，南方依然是棉花的海洋。1883 年，一位来自北方的美国人来到密西西比的纳齐兹，他不禁感慨道：

密西西比人对棉花的热情简直是无可救药。在这里的餐桌上，所有黄油都来自北方，土豆来自北方，火腿也来自北

① （英）托比·马斯格雷夫、威尔·马斯格雷夫《改变世界的植物》，董晓黎译，希望出版社，2005。

方的牧场，然后这里的土地只种棉花。除此之外，密西西比人概不过问。你如果交给密西西比人一头骡子……他马上会赶着骡子去拉棉花，就像放鹅的傻小子只会拼着命把鹅赶到水池里去。①

几乎在惠特尼发明轧棉机的同时，塞缪尔·斯莱特将阿克莱特工厂成功地复制到美国。美国南方的棉花不仅为英国兰开夏地区的工厂提供了充足的原料，也为北方新兴的纺织工业提供了丰富的原棉，使初生的美国获得了极为难得的历史机遇。

在南北战争结束后，美国虽然名义上奴隶制被废除，黑奴获得了解放和自由，然而随着林肯的被刺，获得自由的奴隶并没有分得土地。在战争结束后，压迫仍然存在，只是方式变了，“十九、二十世纪之交，美国棉农依然生活于极度贫穷之中，既没有话语权，也没有政治权力”。正如马丁·路德·金所说：“100 年后，黑人依然没有获得自由。”

20 世纪初，90% 的美国黑人依然生活在南方地区；他们仍然依靠白人的棉花种植园为生，只不过身份从农奴变成了佃农，每年将 40% 的收获交给白人土地所有者。跟 100 年前一样，大多数黑人佃户依然种植棉花。虽然有了轧棉机，但

① (英)托比·马斯格雷夫、威尔·马斯格雷夫《改变世界的植物》。

摘棉花仍然完全依靠纯粹的手工劳动，一个摘棉高手一天也只能采摘 200 多磅棉花。因此摘棉花常常需要大量劳动力，这也是大多数黑人的主要工作。

1944 年，机械摘棉机发明出来了，它一小时可采摘 1000 磅棉花，这相当于 50 个人的工作量。几乎是一夜之间，种植园主们都拥有了这种摘棉机，他们不再需要黑人佃户。到 1948 年，全美共有 1500～2000 台摘棉机，有 5% 的棉花是用摘棉机收摘的；到 1953 年，密西西比三角洲大约 25% 的棉花是由机器收摘的，得克萨斯农场主的棉花收摘差不多已经完全机械化。

当年因为惠特尼的轧棉机，导致无数非洲黑人被贩卖到美国，成为桎梏在棉花地里的奴隶，如今摘棉机的出现终于将其彻底“解放”；短短 30 年间，超过 500 万黑人被迫离开南方农场，奔向北方工业区。

事实证明，把黑人从残酷的种植园经济中解放出来，机械摘棉机比林肯的《解放宣言》更加有效。

煤炭

现代的盗火者

在人类出现之前的史前时代，即3亿年前的石炭纪，地球上覆盖着茂密的原始森林，还有种类极多的植物；它们因地壳运动而被大量掩埋，经过长期高温高压等地质作用后，在地下形成一种可燃的有机矿产，这就是煤炭。①

人类利用煤炭的历史非常悠久。因为同样重量的煤炭比木柴具有更高的燃烧值，煤炭常常被作为木柴燃料的替代品。沈阳新乐遗址出土的近百块精煤制品证明，中国人使用煤炭的历史可以上溯到7000年前，是世界上最早利用煤炭

① 在距今3.59亿年到2.99亿年前的石炭纪，茂密多叶的树木生长得欣欣向荣，树木的根部改变了土地，也加速了岩石被侵蚀，把碳跟矿物质扫进大海，让海洋生物吸收了一部分。某些碳最后固定在海床上。当侵蚀作用把陆地的某些碳抽走以后，植物和树木继续换取从水中来的氧，然后以空气中传播的二氧化碳作为回报。叶片呈鳞片状的高大树木渐渐变老以后倒在沼泽里，把体内的碳埋藏到地下，然后就留在那里，直到近现代，煤炭工业才开始把碳挖出来。可参阅：（美）埃里克·罗斯顿《碳时代：文明与毁灭》，吴妍仪译，生活·读书·新知三联书店，2017。

的社会。[①]

柴尽煤出

自从发明了火，人类就成为唯一一种熟食动物。对人类来说，燃料跟食物一样不可或缺。对中国人来说，生活就是柴、米、油、盐，而柴是开门第一件大事。

在传统时代，不管是生活还是生产，人们一直以可再生的植物燃料为主。在一定的人口和生产模式之下，燃料的消耗与可再生速度基本是稳定的。但进入宋代之后，人口（特别是城市人口）大幅增加。200 多年间，中国人口从 3000 万翻了两番，首次突破 1 亿。宋朝的城市化水平已经达到相当高的程度，江南地区约有 21% 的人口居住在城市。当时世界人口超百万的 6 个城市中，除了君士坦丁堡，其余 5 个（汴京、临安、长安、洛阳和南京）都在中国，而汴京更是世界第一大城市。

与此同时，宋代出现了从农业到近代工业的产业转型。

---

① 1973 年，在辽宁省沈阳市北陵附近新石器时代的新乐遗址下层发现了为数不少的精煤制品。其中有：圆泡形饰 25 件，耳珰形饰 6 件，圆珠 15 件，和这些煤制品同时出土的还有碎煤精、精煤半成品和煤块 97 块。这些煤制品，经过前辽宁省煤田地质勘探公司科研所鉴定，“呈弱油脂光泽，均一状结构，硬度、韧性均很大为其特点”，很容易用火柴点燃，燃烧时发出明亮而带黑烟的火焰，并发出一种烧橡皮的气味。经过工业分析和元素分析证明，其原料就是烛煤。这是世界上用煤最早的确凿证据，也是说明中国早在六七千年前就已发现并开始利用煤炭的历史见证。

作为世界大国，大宋帝国在金融、陶瓷、冶金、纺织和制造等行业，都拥有全球领先的水平。与生活需求相比，工业生产需要的燃料要大得多。这些需求加在一起，增长的速度远远超出有限区域内燃料再生的速度，因此许多城市地区的植物燃料就陷入山穷水尽的绝境，从而成为一场燃料危机，并将很快导致更广泛的经济危机和社会危机。

但就在这时，一种新的燃料出现了，它就是煤炭。这种不可再生但储量巨大的燃料不久拯救了中国，还使大宋帝国在人类历史上较早地进入近代文明。可以说，这场从可再生能源到不可再生能源的飞跃，完全是一场能源革命。

华北地区自古植被茂盛，即使在唐帝国时代，河套地区、关中地区和秦岭北坡等地还被茂密的森林所覆盖。但进入宋代之后，这些森林开始大片消失。其他地方也好不到哪里去，沈括在《梦溪笔谈》中这样记载："今齐、鲁间松林尽矣，渐至太行、京西、江南，松山大半皆童矣。"森林的消失，不仅是为了开垦土地，更主要的是为了获得燃料。

"心忧炭贱愿天寒"，从白居易的《卖炭翁》一诗可以推知，唐时并不存在燃料短缺的情况。宋代人口猛增，燃料消耗与再生之间脆弱的平衡被打破。近处的林木消失后，人们只能去更远的地方获取，"伐材采木、山谷渐深，辇致劳苦"。没有了杂木，为了救眼前的燃料之急，人们不得不砍伐桑树和枣树，"河朔、山东养蚕之利，逾于稼穑。而村人寒月盗伐桑枝以为柴薪，为害甚大”。

经济林木的毁灭，意味着整个经济形势走向倒退甚至崩溃。政府为此多次颁布禁令，“禁民伐桑枣为薪”。但再严厉的刑罚，也无法阻止一场危机的蔓延，最后连军队也“辄入村落伐桑枣为薪”。北方蚕桑丝织业因此遭到沉重打击。

燃料危机是如此严重，以致宗庙陵区的树木也在劫难逃。许多圣贤的庙祠和帝王将相的陵寝尚存大量的林木，最后也被人们焚琴煮鹤，樵采为薪。宋政府对此虽禁令不断，但也无济于事。熙宁十年（1077 年），位于关中的唐太宗李世民的昭陵周边，林木已经被翦伐无遗。

“河北难得薪柴”，南方的燃料危机也同样严重，“今驻跸吴、越，山林之广，不足以供樵苏。虽佳花美竹，坟墓之松楸，岁月之间，尽成赤地。根枿之微。斫撅皆遍，芽蘖无复可生”。不但山林被砍伐殆尽，连佳花美竹这类的守墓之树，也被刨根挖光，可见燃料之缺。

为了便于运输和储存，人们一般对木材进行干馏，将其加工成木炭。木炭也是冶金的主要燃料。但木炭在加工过程中损耗极大，3 斤木材才能干馏出 1 斤木炭，而干馏过程还需要消耗 3 斤木材，即木炭与木材之间的转化率是 1∶6。因此，烧取木炭也成为森林消失的一个重要原因。用土法炼铁 1000 斤，需要消耗硬杂木和木炭 10 立方；将生铁加工成各种器具或炼钢，还需要更多木炭。炼铜消耗燃料数倍于炼铁。此外，除了冶金，陶瓷、煮盐、酿酒和制矾也需要大量木炭。

在这场燃料危机中，作为大宋帝国的首都，汴京（开封）经受了严峻的考验。尽管政府对生活必需的燃料免除一切税赋，但燃料紧缺的状态并没有丝毫缓解。特别是冬天，百万人的汴京滴水成冰，取暖更加重了燃料危机。“民间乏炭，其价甚贵，每秤可及二百文。虽开封府不住条约，其如贩夫求利，唯务增长”。嘉祐三年（1058 年）“自立春以来，阴寒雨雪，小民失业，坊市寂寥，寒冻之人，死损不少，薪炭、食物，其价倍增”，素来盛大的元宵灯会也被取消。

在危机如此深重的境况下，民间生活尚且如此，工业所需燃料更加难以保证。许多官窑被迫停工，甚至连钱币都停止铸造。从嘉祐四年（1059 年）起，铁钱停铸长达 10 年。邓州有人用生长较快的竹子烧竹炭，一度成为炼铁的主要燃料。

穷则思变，正是因为这场燃料危机，人们不得不将目光瞄准新的燃料来源——煤炭。煤炭不仅终结了这场危机，也在一定程度上取代了木柴和木炭等传统燃料，从而拯救了森林和大宋帝国。

对文明悠久的中国来说，煤炭并不是什么新事物。最迟在汉代，煤炭就已经被用作燃料，甚至用于冶铁。在郑州古荥冶铁遗址中，就发现了大量煤渣和煤饼；在巩义（原巩县）铁生沟的汉代冶铁遗址中，还发现了原煤块。因此有人说，汉代中国“在生产技术的造诣上，在钢的产量和质量上，比之18世纪英国工业革命时钢铁工业所达到的水平，并无逊色，但是中国却早了两千年”[①]。

在中国古代，煤常常被称为“石墨”“石炭”等，“石炭”后来被写成“碳”；在很多地方方言中，至今仍然将煤说成“碳”；日本也称煤为“碳”。

汉代之所以有大量的煤炭使用，也与其人口膨胀和工业能源需求有很大关系；两汉时期，中国人口已经超过5000万。汉帝国崩溃之后，在长达千年的时间中，因为人口减少和工业低迷，植物燃料的再生速度足以满足社会需求，所以煤炭没有得到重视，慢慢被人们忘却。直到宋代爆发巨大的燃料危机，这种古老的燃料才再次被重视，而且就其使用程度来说，远远超过汉代的水平；煤炭不仅是对木柴、木炭等传统燃料的补充，而且在一定程度上取代了传统燃料。因此，这是一场前所未有的燃料革命和能源革命，将中国带入一个全新的近代化的能源时代。

① 傅筑夫《中国古代经济史概论》，中国社会科学出版社，1981。

最早的工业革命

中国煤炭资源丰富，分布较广，尤其是华北地区。当华北的森林消失之后，煤炭便成为华北地区得以发展的重要支柱。鹤壁原属宋代相州，现代考古者在这里曾经发掘了一个大型宋代煤矿，矿井口直径 2.5 米，井深 46 米，巷道长达 500 多米，井下还有完整的排水系统。就其开采规模而言，丝毫不逊色于今天的中型煤矿。

作为现代中国著名的煤炭大省，山西即宋帝国的河东路。“河东铁、炭最盛”，山西远在 1000 年前就依靠煤炭维生。当时的记载称之“以地寒民贫，仰石炭以生”。早在宋仁宗时期，晋、泽、石三州就利用当地的煤铁资源，铸造铁钱；熙宁八年（1075 年），神宗皇帝在一次诏书中令“河东铸钱七十万缗外，增铸小钱三十万缗”。

与山西一河之隔的陕北黄土高原，因为森林的消失成为水土流失严重的不毛之地，但煤炭的开采使这里依然保持了繁荣。元丰年间，沈括在延安任职，他在《梦溪笔谈》中记载：“造煤人盖未知石烟之利也，石炭烟亦大，墨人衣，余戏为《延州诗》云：二郎山下雪纷纷，旋卓穹庐学塞人。化尽素衣冬未老，石烟多似洛阳尘。”把煤炭燃烧的烟雾比作洛阳尘，可见当时因为煤炭造成的烟尘污染已经非常严重。当时还有“沙堆套里三条路，石炭烟中两座城”的诗句，这与烟雾笼罩的现代工矿厂区何其相似。

现代发现的宋代耀州（今陕西铜川）瓷窑遗址中，也都有不少煤块。跟许多中国名瓷一样，耀瓷的发展与煤炭有着密切的关系。同时耀州也以冶铁出名。在四川，人们用煤炭来煮盐。在川北发现的古代“禁采煤炭碑”写道：“自宋季开始挖煤以来，迄今五百余载。”

苏东坡做徐州太守期间，曾组织人力，专门进行煤炭勘探和开采，并写下一首《石炭》诗——

彭城旧无石炭，元丰元年十二月始遣人访获于州之西南白土镇之北，以冶铁作兵，犀利胜常云。

君不见前年雨雪行人断，城中居民风裂骭。
湿薪半束抱衾裯，日暮敲门无处换。
岂料山中有遗宝，磊落如䃜万车炭。
流膏迸液无人知，阵阵腥风自吹散。
根苗一发浩无际，万人鼓舞千人看。
投泥泼水愈光明，烁玉流金见精悍。
南山栗林渐可息，北山顽矿何劳锻。
为君铸作百炼刀，要斩长鲸为万段。

根据古文献记载，宋辽金夏时期的煤炭开采已经遍及全国，包括北京的西山地区，江西的高安、萍乡、丰城、玉山，陕西的韩城、铜川、旬邑，辽宁抚顺，河北的曲阳、观台，河南的鹤壁、鲁山、宝丰、渑池、新安、怀州，安徽的安庆、淮北，山西的太原、洪赵等。这些地区至今仍是中国的主要产煤地区。

北宋的生铁产地主要是邢州、磁州和相州，这里还有很多制造兵器的都作院，其中相州都作院一次就能造箭 33 万枝。邢州每年生铁产量达到 1716413 斤，最高达 2173201 斤，这些堪称奇迹的生产量，完全得益于当地丰富的煤炭资源。

《天工开物》中记载，中国冶炼铁的燃料中，70% 为煤炭，30% 为木炭。北京钢铁学院曾对出土的宋代生铁实物经过化验分析，得出结论认为，宋代生铁普遍含硫较高，一般较汉代高四至五倍，个别则高达 1%；除个别的可能是用特殊的高硫矿之外，多数则可能是用煤冶炼所致。

相比木柴和木炭，煤炭的能量密度更高（煤的燃烧效能是木炭的 2～3 倍），也便于运输，因此煤炭很快就成为汴京这样的大城市的主要燃料，“昔汴都数百万家，尽仰石炭，无一家燃薪者”。作为煤炭最大的消费地，汴京三个官办炭场都位于城市西侧，紧邻大通门运河，这些煤炭大多产自西边的怀州（今沁阳），经由黄河水运抵汴京。

随着燃料危机的远去，煤炭已经成为人们生活不可或缺的大宗商品。宋帝国便很自然地将其变成一个重要的新税源，甚至实行官方专卖。“沿汴州县创增镇栅以牟税利、官卖石炭，增卖二十余场。”为了对进城的煤炭进行抽税，特设炭场和税炭场。“官鬻石炭，市直遂增，皆不便民。”任何商品只要成为生活必需品，官方就有垄断的企图；煤炭一旦被垄断，价格就直线上升。北宋末期，特别是宋徽宗崇宁以后，“官卖石炭，增二十余场，而天下市易务，炭皆官自卖”[①]。

随着煤炭的广泛使用，中国经历了人类历史上前所未有的能源革命，这使中国的生活水平和工业水平达到当时世界的最高程度。中国的生铁年产量达到 15 万吨，十倍于汉朝的产量，与 18 世纪初英国的产量相仿。“这个增长是由煤炭支撑起来的。如果只使用木炭的话，每年将需要 22000 棵中等大小的树木，如此规模的森林在北方铁矿区附近早已不复存在，作为替代，所需的 27.6 万吨燃料里的大部分都来自煤矿。”[②] 在火器制造方面，帝国军器监雇工达 40000 多人，江陵府每月就可生产 1000 到 2000 只铁火炮。大宋帝国的军事工业体系非常庞大而完备，仅四川的弓弩院就可供应地方武库“弓弩多至数十万，箭数百万枝”；“工署南北作坊及弓弩院每年造铁甲三万二千，弓一千六百五十万，各州造弓弩六百二十万”。这些大规模生产要比欧洲工业革命早得多。

①《宋史 · 食货志》。

②（美）马立博《中国环境史：从史前到现代》。

当时铁器生产制造大量汇集在人口众多、水运方便的开封。斯塔夫里阿诺斯在《全球通史》中写道："宋朝值得注意的是发生了一场名副其实的商业革命，这对整个欧亚大陆都具有重大意义。商业革命的根源在于中国经济的生产率显著提高。技术的稳步发展提高了传统工业的产量。"日本学者宫崎市定专门写过一篇《宋代的煤和铁》的论文，其中评论说：

从唐末到宋初，中国发生了可以称为燃料革命的一大事件，燃烧煤炭取得高热，并利用煤炭炼铁，使铁已有大量生产的可能。这就在世界史上出现了远东的优越地位。[①]

煤炭作为一种现代能源，为大宋帝国的发展提供了巨大的原动力。除了作为民用燃料之外，更为广泛地应用在冶铁业、兵器制造业、货币铸造业、陶瓷业以及造船业等产业，大大促进了产业革命；甚至可以说，这是人类第一次工业革命。欧洲工业革命同样起源于煤炭引发的能源革命，但却要比中国的这场工业革命晚整整五六百年。

与中国相比，欧洲对煤炭的发现和应用要晚得多，直到1830年，整个巴黎所需要的将近50万立方米燃料中，煤炭

---

①（日）宫崎市定《宫崎市定亚洲史论考》，张学锋、马云超译，上海古籍出版社，2017。

仅占 1/4，而数百年前的汴京早已将煤炭作为主要燃料。

英国汉学家伊懋可将中国宋朝这场煤炭革命称为“中古时期的工业革命”——

在北宋最后的 75 年里，中国北方逐渐成为燃料来源发生显著——或许可称为革命性改变的中心，煤炭在此时成为这里工业和民用燃料的最重要来源。①

唯煤是赖

由于周口店原始遗址的考古发现，“北京人”一直被认为是世界上最早用火的人类。大量木炭、灰烬和烧过的石块、兽骨、树籽等，说明早在 20 多万年以前，生活在这里的北京猿人就已经学会用火取暖和烧熟食物了。

作为人类用火的发源地，北京使用煤这种新型燃料的历史也是相当早的；特别是成为中国首都之后，煤炭几乎成为北京不可或缺的燃料来源。北京丰富的煤炭资源得天独厚，这在全世界历史上都显得非常独特。

从安史之乱始，北京逐渐成为北方游牧民族的政治经济中心；特别是成吉思汗之后，北京进一步上升为整个中国的

① (美) 马立博《中国环境史：从史前到现代》。

统治中心。13 世纪后半叶，随着蒙古帝国的崛起，“汗八里”成为影响世界的国际大都市；在政治、文化和经济上，北京都以开放、繁荣著称。意大利人马可·波罗曾在此担任官职，他的游记中就有关于用煤炼铁的记载：“（中国）有一种黑石，采自山中，如同脉络，燃烧与薪无异，其火候且较薪为优。”最迟到 13 世纪末，也就是元初，北京的宫廷和民间生活中就已经大量使用煤炭。“大都”之内专门设立了煤市和煤场。

比马克·波罗稍晚一个时期的另一位欧洲人白图泰，也对在中国的煤炭非常感兴趣——

中国及契丹之居民，不用木炭，而用一种异土，以作燃料。此种之土，乃天然之产。在地下时，其形如块，其色如吾国之土。用象转运远方。土人将土切成块形，与吾国切炭方法相同，燃时亦与炭同。火力比炭尤烈。成灰后，以水和之，曝干复可燃一次，至全变为灰烬而后已。从此土中亦可以制瓷器，惟须另加矿物也。[①]

据《元统一志》记载：“石炭煤，出宛平县西四十五里大谷山，有黑煤三十余洞，又西南五十里桃花沟，有白煤十

① (摩洛哥) 伊本·白图泰《伊本·白图泰游记》，马金鹏译，华文出版社，2015。

余洞；水和炭，出宛平县西北二百里斋堂村，有炭窑一所；画眉石，有洞，在宛平县西北二百里斋堂村，有炭窑一所。”值得一提的是，这些记载主要指官办的煤窑，并不包括民间所开的煤窑。当时西山有些寺院也开办煤窑，如大庆寺开办的煤窑，不但供自己消费，还出售多余的部分。

明代对煤炭的开采和利用，比宋元时期更加普遍。李时珍在《本草纲目》中写道：“石炭，南北诸山产处亦多。昔人不用，故识之者少。今则人以代薪炊爨，锻炼铁石，大为民利。”

北京有句老话，叫作“烧不尽的西山煤”。明清以后，北京的西山地区已发展为中国著名的煤炭矿区，像浑河、大峪、门头沟和居庸关等处，煤窑星罗棋布。作为都城的北京，当时人口百万，除了粮食，需求量最大的生活资料就是燃料，西山的煤矿很好地解决了这个问题。明万历时的大学士吕珅说：“今京师贫民，不减百万。九门一闭，则煤米不通。一日无煤米，则烟火即绝。”清代历史学家赵翼指出，自辽金以来，北京之所以能成为首都，其中一个重要的原因就在于西山的煤炭。

古语说“柴尽煤出”，在人类早期历史上，煤炭完全是作为薪柴的替代品出现的。明清时期的北京恰好处于煤炭与薪柴的转换阶段，即薪柴的比例逐步降低，而煤炭的比例逐步提高。

相比煤炭，薪柴的资源要丰富得多，特别是北京建城初期，北京周边几乎遍布林地，人们完全没有必要去采煤。明朝初年，“西山内接太行……磅礴数千里，林麓苍黝，溪涧镂错，其中物产甚饶”。相对于百万人口的燃料消耗，自然资源再生的速度要慢得多，尤其是在寒冷的北方。明中期之后，薪柴资源就日益窘迫，紫荆、居庸、雁门一带关口，“绵亘数千里，旧有树木根株蔓延，长成森麓，远近为之阻隔，人马不能渡越，斧斤日寻，树木殆尽年”；至明末，北京周边已是“山场林木砍伐殆绝”，“数百里内皆濯濯然”。

在燃料需求不变的情况下，薪柴的缺口必然只能以煤炭来弥补，北京周边地下丰富的煤炭资源，继续支撑了北京的繁荣。北京的煤业经济也就这样逐渐崛起，成为世界经济史最令人惊叹的一页。相比之下，欧洲当时还完全处于传统薪柴燃料时代，而北京已经向矿物燃料转型。

明朝的北京是在元大都基础上重新修建的；跟元代一样，京城所用煤炭主要仍产自宛平西山一带。自从将西山作为皇家陵寝禁地之后，明帝国就严禁在此凿山伐石，掘地开窑更是大逆不道。从正德年间起，西山的很多煤窑被封，理由是“与皇陵京师相近，恐伤风水”。除此之外，禁矿也出于维稳需要。这些煤矿收容了大量无地无业的流民，又处在皇城根下，难免令统治者不安。万历时的内阁辅臣指称：“煤力至微，煤户至苦，而其人又至多，皆无赖之徒，穷困之辈……一旦揭竿而起，岂不可念！”

经济的发展有它自身的规律，并不完全合乎政治的逻辑。在所有禁令都失效之后，明朝政府只能做出让步。西山煤窑在后来发展如此迅速，以至于官府也投身其中，以分一杯羹。对捉襟见肘的帝国政府来说，煤炭成为新的税源，因此政府在西山设立了大批的“煤税监”。虽然当时也有官窑和军窑，但无论在数量还是规模上，都不如民窑发达。万历年间的官方报告称：“查勘官窑仅一二座，其余尽属民窑。”

在明代煤窑中，“自备官赀开挖，月进煤利以供造作”的所谓官窑不仅少，而且经营不利，大多数煤窑都由民间经营开采、由政府抽分或收取课税。万历二十五年（1597年），大臣梁桂“奏采煤利助工”，皇帝斥道：“煤乃民间日用之需，若官督开取，必致价值倍增，京城家家户户何以安生？”①

在相当长的一段时期里，门头沟煤矿一直是北京最主要的煤炭供应地。“由头门村登山，数里至潘阑庙，三里上天桥，从石门进，二里至孟家胡同，民皆市石炭为生。”这里民营煤矿多如牛毛，煤炭使门头沟成为北京最具近代经济气象的工业地区。北京的煤炭工业堪称中国早期企业的典型代表。无论是资本、管理、技术，还是组织、销售、分红，古代

①《明神宗实录》。

企业都已经相当完善。股份制是其最主要的运营模式。民间资本和大量矿工在精密组织下，构成一个庞大的产供销系统，用一些历史学家的说法，就是所谓的资本主义的早期萌芽。

民间的资本意识使权利开始觉醒，因此也出现了一些维权运动。万历二十五年（1597 年），朝廷派遣太监王朝督管西山煤矿，王朝到任后大肆勒索煤税，民窑业主负担极重。万历三十一年（1603 年），拖欠税款的窑主遭到京营武装逼税，窑主推举的代表出面交涉，也被王朝假传圣旨逮捕，因此激起了门头沟所有窑主和窑工的愤怒。窑主联合采煤工和运煤的脚夫等从业者，集体拥进京城，“填衢塞路，持揭呼冤”。明朝政府对这场示威请愿大为震动。神宗下旨，由太监陈永寿代替王朝，督管西山煤税。

明皇宫后面有一座人工山，被称为“煤山”。正统十四年（1449 年）发生“土木之变”，明英宗被蒙古瓦剌俘虏，北京也被十面围城。城内人心惶惶，担心没有柴火做饭，守城的兵部尚书于谦宣称“万岁山”下全是煤，人心始安，后来人们便称之为“煤山”。200 年后，大明帝国的末代皇帝崇祯便自缢在这座煤山上。

明清之际战乱不断，从 17 世纪晚期，中国开始了一个长达百余年的“康雍乾盛世”。跟全国的情况类似，北京人口翻了一番，达到 200 多万。人口的增加使北京周边的森林彻底消失，连十三陵的数十万株苍松翠柏，也被“剪伐尽矣”，热河等地的“口外山场樵采由近及远，柴薪日耗，斯价值日昂”，最后已无薪柴可采。

在薪柴资源短缺，且价格高昂的背景下，煤炭以其储量丰富和价格低廉迅速占领市场；再加上煤炭距离近，运输方便，燃烧值高，于是人人“思石炭之利”，煤炭成为首选燃料，“惟煤是赖”。进入人口爆炸的清后期，煤炭已经基本取代木材和木炭，成为主要燃料来源。乾隆四年（1739 年）的一份奏章称“京城内外人烟繁庶甲于天下，惟赖西山之煤，取用不穷”；乾隆四十六年（1781 年）上谕称“京师开采煤窑为日用所必需”；嘉庆六年（1801 年）上谕也说“石煤在所必需”。当时无论是达官显贵，还是普通市民，做饭、取暖都需要用煤。根据清代抄档记载，有一次会试，就“用煤十一万七千三百七十一斤”；乾隆时期的房山县县官邱锦，在短短两三年内，仅烧煤一项，就向各窑户“共取煤一百二五万五千九百斤”。

如果说煤炭在明代还只是为了弥补传统薪柴的缺口的话，那么煤炭在清代的燃料消费结构中，已经占据主导地位。

煤门与煤禁

明清时期，北京城共设有九个城门，就是人们常说的北京“内九城”，驻京步军统领也被称为“九门提督”。当时，北京还有九门走九车的说法，即正阳门走龙车；安定门走粪车；德胜门走兵车；宣武门走囚车；东直门走木车；西直门走水车；朝阳门走粮车；崇文门走酒车，而位于北京内城西垣南侧阜成门走的就是煤车，故有“煤门”之称。阜成门正对京西门头沟，因“梅”与“煤”谐音，原先瓮城门洞内有煤商镌刻的梅花，留下“阜成梅花报暖春”的俗语。

当时的煤炭是如此普及，以至于连冬季取暖的传统火炕也用起煤炭。清代笔记中有不少类似的记载，“西山煤为京师之至室，取之不竭，最为便利。时当冬日，炕火初燃，直令寒谷生春，犹胜红炉暖阁，人力极易，所费无多”；“燕地苦寒，冬时比户皆卧热炕，西山之煤价不甚昂，颇获利济”。煤炭还在节日庆典中使用。比如宛平城隍庙庙会正值元宵节，每年都要在殿前塑造一个喷火的判官，腹内装上煤炭点燃，烈焰从五官喷出；数日庙会，要烧几千斤煤。

清代煤炭的使用量和开采量都远远大于明代，煤矿也从宛平的小西山扩大到宛平房山的大西山，甚至昌平和怀柔也出现了不少煤矿。当时人们都认为煤炭这种资源是无限的，“西山煤为京师之至宝，取之不竭，最为便利”。作为传统的矿区，门头沟的煤窑一度达到 200 多个，“京城所用之煤，皆产于此”。

但随着开采的持续，煤炭的开采成本仍然会上升，从而导致“煤价渐为昂贵”。乾隆中期，一斤煤的价格相当于0.8升米，这对一般家庭来说构成不小的生活成本。为了稳定煤价，清政府于康熙三十二年（1693年）、乾隆二十六年（1761年）、乾隆四十六年（1781年）和嘉庆六年（1801年），在北京周边先后开展了四次大规模的煤矿勘察，以开辟和扩大煤炭资源。

然而，明清时期，人们在冬季全部依赖燃煤取暖，死于煤气中毒者不计其数。明廷太监刘若愚在《酌中志》里说，宫中乳母畏寒，多爱烧炭火取暖，“火气太炽，多能损人，倏令眩晕，昏迷发呕”。大人尚可，襁褓中的皇子皇女常中此毒，屡屡夭折。现代医学研究发现，有清一代，包括康熙、乾隆等十位皇帝都死在北京寒冬，这正是老年人最容易心血管病发致死的危险时期。很难说这与煤气之害没有关系。光绪年间的刑部尚书嵩申便因煤气中毒而亡。清末文人陈恒庆在《谏书稀庵笔记》记载：

> 予巡中城，冬日报煤气熏死者，恒有之。燕地严寒，无煤火则夜间骨栗。吾师嵩文恪公以刑部尚书为内务府大臣，竟死于煤气。其他官员人役死于此者，不可胜计。

当时人们已经在煤炭开采方面积累了大量经验，比如宋应星在《天工开物》中就记载了防止煤气中毒的方法：“初见煤端时，毒气灼人，有将巨竹凿去中节，尖锐其末，插入炭中，其毒烟从竹中透上，人从其下施镢拾取者。”但毕竟无法与现代安全技术同日而语，因此事故发生率还是相当高的。

相比矿主的暴利，煤矿工人的工资很低廉，乾隆时期的一个挖煤工日采煤500斤，工资只有50文，而拉煤工人只有挖煤工的一半。这些工人大多都是破产失地的农民，有些甚至是被骗来的奴工。用吴思先生的话说，这些黑煤窑“让送上门的或抓来的良民百姓下洞，下了洞就不让他上来，牛羊似的养着，背一筐煤上来，给个馒头，或者给一个大饼。再背一筐上来，再给一个”。①

文献记载，当时西山大小煤窑200多所，开窑者遣人于数百里外诓雇贫民入窑挖煤，晚则驱入锅伙。所谓锅伙，乃窑工宿食之地，垒石为高墙，加以棘刺，人不能越。这帮窑工也有象征性的工钱，只够抵两餐狗食样的饭费，一无所余。有倔强或欲逃的工人，窑主以巨梃毙之，尸体也不收殓，直接压在巨石下，待山洪大涨时，尸骨就冲入桑干河，泯灭无迹。所有窑工中，最凄凉的是“水宫锅伙”的窑工，他们负责在黑暗森冷的窑洞里排水，“夏月阴寒浸骨，死者相枕藉，生还者十无二三，尤为惨毒”。

---

① 吴思《我想重新解释历史：吴思访谈录》，复旦大学出版社，2011。

光绪年间，山西汾州知府给孝义县令的公函中揭示当地煤窑奴工之悲惨——

窑底挖煤之夫，而苦斯极矣。终日所得至多不过二三百钱，而饭食灯油之费去其大半。窑主工头又复任意剥削，昂其所食面价，加倍以偿。诱以所剩之资设局以骗。饥寒不恤，疾病不问，甚或鞭扑吊打，几不复以人类待之。①

有清一代，对煤矿时开时禁。之所以封禁，并不是因为环境污染，其借口不外乎两点，一是破坏风水，二是聚集游民。乾隆五年（1740 年），大学士兼礼部尚书赵国麟上书，请开煤禁——

东南多山林材木之区，柴薪尚属易得，北方旱田，全借菽粟之秸为炊，苟或旱潦不齐，秫秸少收，其价即与五谷而并贵，是民间既艰于食，又艰于爨也。若煤，固天地自然之利，有不尽之藏，资生民无穷之用。大江以北，所在多有，即臣籍泰安、莱芜、宁阳诸郡县悉皆产煤，此臣所素知者。特以上无明示，地方有司恐聚众滋扰，相沿禁采，遂使万民坐失其利。臣窃见京师百万户，皆仰给于西山之煤，数百

① 转引自：宋石男《人人都是自己的历史学家》，中华书局，2013。

年于兹，未尝有匮乏之虞、聚众生事之处，何独不可行于各省乎？①

常言说“百里不贩樵”，煤炭是一种低价值商品，与开采相比，传统运输往往造成更大的成本，所以从经济上很难进行长途运输。传统的运输不外乎水路和陆路，依靠人力或畜力。早在元代，郭守敬就受命开金口河来运煤，“京师人烟百万，薪刍负担不便，今西山有煤炭，若都城开池河，受金口灌注，通舟楫往来，西山之煤可坐至城中矣。”陆路运煤主要靠车拉、畜驮和人背，“煤斤自窑运厂，自厂运京，全仗车骡驮载”。

晚清时期多以骆驼运煤，时人余煌有《运煤驼》诗写道：

肿背马行铃声长，

或五或十联作行，

背上捆载高如墙。

驼能辨风色，

驼能识泉脉，

不用驼智用驼力。

① 清代抄档。

城中千烟复万烟，

仗尔西山运煤石。

光绪二年（1876年），在北洋大臣兼直隶总督李鸿章的主持下，在河北成立了开平煤矿公司。为了解决运输问题，不得不考虑铁路这个新式运输方式。5年之后，唐山矿井到胥各庄的铁路正式通车，这段全长不足10公里的铁路成为中国第一条铁路。虽然清政府以震及龙脉为由，只准许以骡马曳引列车，但它所采用的1435毫米轨距，后来成为中国的标准轨距，中国也因此开始了现代化的历程。

铁的路

在世界很多地方，只有在深深的地下才能发现煤炭，而在英国，挖开地面不深，就能发现大量煤炭。因此，英国人与中国人一样，很早就以煤为燃料，他们不仅用煤来取暖做饭，还用来烧砖、铸铜和酿造啤酒；但唯独冶铁业对木炭的依赖，始终难以被煤取代。

煤在燃烧时挥发出大量的硫化物，这对铁的质量往往会造成明显的影响，使铁容易碎、不能锤打加工。对于这个难题，英国人始终无法克服，这导致在英国，木炭一直是冶铁的唯一燃料；要冶炼出1万吨铁，就需要砍伐10万英亩的林地，而铁器的加工还需要同样多的木炭。16 世纪时期，随着森林的消耗殆尽，英国冶铁业走入绝境。这时，焦炭技术的突破，才使煤炭成功拯救了冶铁业，也拯救了森林。

自 1800 年以来，英国的煤炭消费激增。毫不夸张地说，英国之所以崛起成为世界有史以来最强大的制造、贸易、征服帝国，都是煤炭“烧”出来的。这与传统中国的“煤炭革命”不同之处在于，英国的煤炭主要用于生产而非生活，从而引发了一场“钢铁革命”。

18 世纪中期，英国一个小炼铁厂主达比最先发明了焦炭炼铁法，他使普通粗制铁的价格因为采用廉价的煤而大大降低。随后出现的搅拌炼铁法彻底解决了煤与铁的矛盾，它所引发的燃料革命影响深远，“取之不尽用之不竭”的煤和丰富的铁矿石相结合，使英国率先进入钢铁时代。

随着革命性的坩埚炼钢法的广泛采用，英国迅速由一个钢铁进口国崛起成为全球最大的钢铁出口国。1788 年的英国年产生铁不过 6800 吨，短短 16 年之后，年产量就翻了两番，达到 25 万吨。廉价的煤炭和钢铁全面替代了已经枯竭的木材，建立在煤与铁之上的工业时代全面来临。

煤的燃烧效能高于木炭，1 吨煤所提供的热量，相当于每年从 4000 平方米土地持续采集的木柴所提供的热量。有了煤炭之后，英格兰 1/5 的面积，约有 280 万公顷原本用来提供木柴的林地，便被开垦为农田，用来生产更多的粮食。

到 1800 年为止，煤的实际消耗量为每年 1000 万吨左右；如果不用煤炭，将需要留出 400 公顷的土地来生产燃料，才能提供同等的能量。

更重要的是，来源充足的煤，大大降低了炼铁的成本，钢铁成为一种比木材更加廉价和易得的东西；而且钢铁和煤炭一样，其生产速度远远超过森林的再生速度，它简直不受大自然的任何制约。煤炭和钢铁的大爆发，催生了人类历史上前所未有的工业革命——“采用煤炭作为家庭以及工业生产的燃料，使得英国踏上工业革命的道路”①。

英国钢铁产量的迅速增长和价格下降，使铁已丰富和便宜到足以用于一般的建设。铁很快就占领了木器主宰的传统领域，从桥梁、车辆、船舶到建筑。1865 年，英国铁产量为 481.9 万吨，遥居世界第一。极盛时期的联合王国成为第一个钢铁王国，它生产了全世界 53% 的钢铁、50% 的煤。

1851 年，如日中天的大英帝国在海德公园举办了“万国工业博览会”，即首届世博会。在屠格涅夫所说的“一种所有展品都是由人的创造力设计出来的展览会”中，有一件极为引人注目的展品——一大块未经任何雕琢和设计的原煤，它重达 24 吨；这块世界上最大的煤块，带给人们的深刻印象和象征意义，或许超过了其他所有展品。

①（意）卡洛 ·M. 奇波拉《欧洲经济史》，商务印书馆，1988。

正如煤矿常常与铁矿伴生共存，煤与铁也天然地具有共生关系。对煤炭这种大重量低价值的商品来说，运输成本往往构成最大的制约因素，尤其是普通陆运，更为艰难。中国自古有“百里不贩樵”之说。据英国人格那士的记录，山西煤成本为每吨 6 便士银，一吨煤的运费为每英里 5 便士银，几乎每增加一英里，煤价便翻一番。

对于煤这种低价值大重量的大宗商品来说，水运无疑是现成的优选方案。18 世纪后期，英国掀起一场运河热，仅仅 1793 年和 1794 年两年，就有 30 项运河工程开工。从 1758 年到 1801 年，有 165 项和运河相关的法案获得通过，其中 90 项的主要目的就是运煤。1800 年，伯明翰公路运煤每吨花费 13 先令，温斯伯里运河一修通，费用就立刻缩减为 6 先令 8 便士。到 19 世纪早期，伯明翰地区的运河系统服务着 1500 家煤矿和铁制厂，每年有 68000 艘运煤船运输超过 200 万吨的煤。

煤炭促进了运河的繁荣。运河不仅连接了英国的工业中心和消费者，而且培养了一大批具有大型工程设计施工经验的工程师队伍。运河把工业革命带到了英国的各个角落。工人阶级、工业技术和现代经济模式，引领英国进入了一个新的时代。

19 世纪早期，运河网大体完成，运河码头堆满了煤炭、钢铁和棉花等货物。为了进一步拓宽运输渠道，铁路便成为新的发展方向。

早在火车诞生之前，铁路就已经出现了。从一定程度上来说，铁路完全是煤和铁的产物：早期铁路上行驶的都是运煤车，每修建 1 公里铁路就需要约 500 吨铁，而所有的铁又都是用煤冶炼和加工的。

早在工业革命之前，煤就是运输中最重要的货物。17 世纪 70 年代，英国每年大约要运输 200 万吨煤，其中 100 万吨通过海运，25 万吨通过内陆河流，剩下的 75 万吨左右煤炭都是通过陆路来运输。

当时，用陆路运输煤炭是非常困难的。在柏油路和橡胶轮胎出现之前，普通公路很容易就被马车轮子碾压得坑坑洼洼，使车辆难以通行；一辆最结实的大车也只能装载 1 吨煤，要驱动它，需要 10 匹挽马。一个普通煤矿每年生产几千吨煤，运输无疑是一个极大的制约，道路不管怎么维修，也赶不上轮子的破坏；遇到坏天气，煤矿的煤便堆积成山。即使水运的煤炭，也需要将煤从矿区送到码头才行。迫于无奈，矿主们只得铺设更易维护的木制轨道。为了更耐用，这些木制轨道外面还会包上一层铁皮，就跟马车木轮外面包着铁皮一样。“铁路”就这样被发明出来了。

1605 年，一条从布罗斯利到赛文河的铁路建成。在这条路上，道岔、链接站、下坡路、货物装卸以及车辆等一应俱全，这为未来火车的发展提供了模板。这种“有轨道路”需要大量的前期投资：1700 年，铺设 1 英里路轨要花费 200 英镑，此外还要配备相应的车辆、设备和马匹，维护费用也十分昂贵。但这种投资还是非常值得的，在铁路上，货车的载重比普通马车高一倍，同样马力可以拖运 5 到 8 倍的货物。1701 年，吉布赛德煤矿新建了一条通往泰恩河上的登斯顿码头的路轨，在两年内就使这个煤矿的产销量从 2 万吨增加到 7 万吨。

1738 年，真正的铁路出现在英国怀特黑文煤矿。当达比在煤溪谷建立铁轨铸造厂之后，铁轨的使用进一步普及。铁路将煤和铁这个时代最显赫的商品整合在一起，从而产生了不可思议的奇迹。马克思称之为“世界的加冕式”。

虽然早期的铁路上行驶的列车是由马力驱动的，当蒸汽机取代马之后，真正的火车就诞生了。

万能的蒸汽机

从物理上来说，枪炮与蒸汽机的原理非常接近。如果说大炮是火药的产物，那么，蒸汽机完全是煤的产物。与火药的爆炸相比，控制煤炭燃烧的难度无疑要小得多。

进入 18 世纪，煤炭已经成为英国主要燃料来源，人们纷纷投资煤矿。这些煤矿大多位于运输便捷的海岸或者河流附近。随着矿井越挖越深，排水越来越难；人们先是用马转动辘轳来排水，但马需要大量饲料，这使得排水费用居高不下，一些煤矿因此失去了开采价值。

为了解决矿井排水问题，英国人纽可门发明了蒸汽机水泵。它利用水蒸气推动活塞来排水。没用多长时间，英国大部分煤矿都安装了这种蒸汽机。

纽可门蒸汽机使深层煤矿也得到开采。它只需要水和煤，就可以提供巨大的动力，唯一的缺点是它非常耗费煤。对于被水淹困扰的煤矿来说，水和煤几乎都是免费的东西；但对远离煤矿的工厂来说，却难以支付蒸汽机对煤的巨大消耗。即使在煤矿，煤是免费的，但供应蒸汽机运转的煤炭还是要马来运送，养马成本也不低。

限于当时的工业技术，纽可门蒸汽机效率很低，只有25%的蒸汽被用来做功。机械工瓦特对此进行了改进。改进后的瓦特蒸汽机将效率提高了4倍，并且把活塞的往返直线运动转变为轮轴的旋转运动。旋转的轮轴可以通过齿轮或链条带动任何工作机。在蒸汽机输出功率相同的情况下，瓦特将它的耗煤量从1.9吨减少到0.6吨，这样就可以为矿主们节约2/3的燃料消耗。有了瓦特蒸汽机，之前一些因燃煤费用高昂而废弃的煤矿又重新开始生产。

虽然同样是烧煤产生蒸汽，但瓦特蒸汽机与纽可门蒸汽机已经不是一回事了：如果说纽可门蒸汽机只是一台煤矿专用的抽水机的话，那么瓦特蒸汽机就是一台万能的动力机。

从焦炭炼铁到蒸汽机出现，煤炭成为工业革命的基础因素。如果换个角度，也可以说这是一场煤炭革命——“煤炭革命释放了来自动植物化石遗体中的能量，改变了19世纪全球的物质能源文化，并且成了一个分界点，将世界分成了现代世界和现代之前的世界。”

在接下来的历史中，煤、铁和蒸汽机的产量彼此促进，呈螺旋式上升，蒸汽机增加了煤和铁的需求，同时又降低了煤和铁的生产成本，从而吸引更多人来使用蒸汽机，反过来又进一步增加了煤和铁，如此循环往复。蒸汽机——准确地说是瓦特蒸汽机，一举改变了英国和世界。

1750年英国煤产量不到48万吨，1790年增至762万吨，1795年超过1000万吨。1776年，瓦特蒸汽机正式投产销售，到1800年，已有500台瓦特蒸汽机投入商业运营，其中38%的蒸汽机用于抽水，其余的为纺织厂、炼铁炉、面粉厂和其他工业提供动力。到1835年，棉纺业已是名副其实的“蒸汽工业”，蒸汽机提供了3万马力的动力，是水力的3倍。在曼彻斯特，数百家工厂无不烟囱林立，浓烟滚滚。

如果从经济角度计算，一台“博尔顿 - 瓦特”公司制造的60匹马力的蒸汽机，每天工作8小时，一年的花费为1565英镑，约为同一时间内养一匹马的费用的1/5；也就是说，同样成本下，蒸汽机效率是马匹的300倍。有人对当时英国采煤业做过计算，一磅优质烟煤蕴含3500大卡的热量。

一个矿工如果摄入3500大卡的食物热量，用手工工具一天可以挖出500磅煤；一部纽可门蒸汽机如果只把1%的热能转化为机械能，500磅煤就可以做27马力时的功，而一个矿工一天只能做1马力时功。也就是说，一个人可以借助蒸汽机将自己的功率放大27倍，而且蒸汽机永远不需要休息。

瓦特蒸汽机的非凡意义在于，第一次通过人造机器，热能被转换为机械能。从此以后，来自木材和煤炭的火，不仅可以用于加热和照明，也可以用于抽水、提升重物、移动物体或驱动机器。除了人力之外，人类第一次获得了一种比风力、水力和畜力更加强大，也更加可控的动力。“在克伦威尔士诞生了一台蒸汽机，据说这台蒸汽机只需要燃烧一蒲式耳（约合36.37升）煤……便可以把56.7吨的重物举高30厘米。埃及金字塔重580万吨，修建它耗费了10万劳力整整20年时间，而现在只需要燃烧497吨煤，就可以把它举起来。”

蒸汽机的发明完全可以和火的使用相提并论，蒸汽机将火变成“力”，从根本上改变了人类在自然界的地位。当人们不再靠着自身和家畜肌肉收缩的微薄力量从事生产活动，并且变得越来越“力大无穷”时，征服自然的雄心和创造财富的激情便与日俱增。

在棉花革命和煤炭革命的基础上，瓦特蒸汽机将工业革命进一步推向高潮，在蒸汽机的轰鸣声中，工业革命的历史方向已经不可逆转。从新工厂传来的机器的嘈杂声，打破了几千年来乡村的宁静，整个英国的夜空被火炉发出的火光映得通红。从前，当人们看见教堂的尖顶时，就知道离城市不远了，而现在最先映入眼帘的是高大的烟囱，“没有其他任何东西，比熔炉顶端不断冒出的黄色火焰更壮丽，更惊人”。

煤生产出了铁，铸造成工人们操作的机器和工作的工厂，然后，煤又提供了动力，供这些机器和工厂运转。煤气点燃了一盏盏灯，照耀着工人们在井下起早贪黑地艰苦劳作。离开工厂的大门，工人们就要走入城市，煤烧出了这个城市的一砖一瓦，如今却又把它们弄脏，也侵蚀了工人们的皮肤和衣服。抬起头，他们看到的是一片被煤烟熏黑了的天空；低下头，映入眼帘的是被煤灰染黑了的大地。回到家，摆在桌上的是用煤烧出来的饭菜，或许还带着一丝煤的味道；每一次呼吸，都会有一些浓重的煤烟进入他们的肺腑。简而言之，煤，以及燃烧煤所得到的一切，构建着他们的世界，渗透在这世界的每一个角落，使之充满了活力、光彩、芬芳和情趣。①

只要有煤，蒸汽机就可以取代水车和风车，也可以取代

①（美）巴巴拉·弗里兹《黑石头的爱与恨：煤的故事》，时娜译，中信出版社，2017。

马、牛，甚至人，承担起大量的牵引、挖掘、起重、运输、钻探、消防等任务。收割机、脱粒机、轧花机纷纷来到田头地角。对种植园经济盛行的美洲来说，有了煤和蒸汽机提供的无穷动力，奴隶劳动力乃至畜力、风力和水力等，也就变得不经济了。在某种程度上，与其说是资本主义消灭了奴隶制，不如说是煤和蒸汽机消灭了奴隶制。

这是人类自从“发明”火以来最大的一次跳跃。数万年来，人类文明从未出现过如此剧烈的转折和提速。

人类社会早期只知道利用肌肉力量，其来源于储存在植物和动物肉类中的化学能量。人们发明各种工具和机器，以使得肌力的运用更有效率；即使火烧出熟食，也是为了更有效率地利用食物中的能量。在工业革命之前，人类主要依靠这种生物转换。人类的效率约为 18%，即吃下 100 卡路里食物，只有 18 卡路里会转换为机械能，而马的效率只有 10%。蒸汽机的出现，一下子就开发了数亿年光合作用的能量，将煤炭中储存的化学能转换为机械能，这使得人类很快就超越了肌力限制。

蒸汽机在纽可门时代的效率只有 1%，99% 的能量都被浪费了；瓦特将蒸汽机效率提高到 5%，一台蒸汽机可以产生 20 千瓦的动力，相当于 200 名人力。到 1900 年，随着高压蒸汽机出现，效率大幅提高，蒸汽机的动力提高了整整 30 倍。1800 年的全球煤炭产量约为 1000 万吨，到 1900 年则暴增了不可思议的100倍。

根据经济史学家霍布斯鲍姆估计，从1850年到1870年，世界蒸汽动力从400万马力猛增到1850万马力。1870年，英国人口只有3100万，却燃烧了整整1亿吨煤；这相当于800万亿大卡的热量，足以供养8.5亿成年男人；全英国的蒸汽机的动力约为400万马力，这相当于4000万名成年男子所能产生的力；这样多的人一年会吃掉3.2亿蒲式耳的小麦，这相当于整个英国粮食年产量的3倍还要多。有人估算，其他所有的用途不算在内，单是在英国工厂里使用的煤，提供的能量就相当于1.75亿名男性劳动力所产生的能量，其使用形式则是人力永远也无法提供的。

在人类进步的各个方面都取得了非凡成绩的希腊，其成就很大程度上是基于奴隶阶级所做的工作。平均而言，每个希腊自由民和每个希腊家庭都拥有5名奴隶。当我们谈到希腊人时，从不会把奴隶包括在内，然而就是这些奴隶为希腊提供了大部分的能量。在英国，可以说家家户户都有20多名“奴隶”在供给能量、这些“奴隶”既无需衣食，又任劳任怨。英国的人口包括男女老幼在内一共有4500万，但是在英国的工厂里却相当于有1.75亿人在做工，铁路和轮船所拥有的动力则超过了9000万名劳动力所产生的能量。与使用纯粹的机械手段移动物体所需供应给机器的能量相比，不到2000万的男女工人的体力实在算不了什么。英国已经成了一个工程师之国，只要按下按钮，拉动操纵杆，加油打包，就能使庞大的社会机器平稳和尽可能容易地工作。[①]

按照全球环境史学家马立博的理解，煤炭这一有别于土地的新动能的出现，让英国率先冲破了旧生态体制，从文明的边缘一跃成为世界的中心，领跑世界二百多年。工业革命就是“一个不断发明节约土地的机械过程”——“如果没有煤和殖民地，旧生态体制的局限会迫使不列颠人把越来越多的土地用于食物的生产，从而进一步减少工业生产的资源，使工业革命的任何希望破灭，就像19世纪中国的遭遇一样。”[②]

燃煤蒸汽机的采用，不仅让工厂提高生产量成为可能，也把它们从利用水力固有的地理和季节闲置中解放出来。工厂不再分布在乡下，而是集中于煤矿和煤炭运输线上，创造了大量城市，工人和消费者聚居其中。

第一次世界大战前夕，英国的煤炭生产量达到空前的2.87亿吨，消费量达到1.83亿吨，出口煤炭为1亿吨。战争开始时，在英国煤矿工作的人有100多万，参与煤炭运输、分送以及把煤炭填进锅炉、熔炉、壁炉、厨房灶台的人也有数百万之多。人们依靠煤炭为工业提供燃料，为铁路和船只

---

①（英）詹姆斯·费尔格里夫《地理与世界霸权》，胡坚译，浙江人民出版社，2016。

②（美）马立博《现代世界的起源：全球的、环境的述说，15—21世纪》，夏继果译，商务印书馆，2017。

提供动力，保暖，做饭。煤炭也被用于制造煤气，而煤气是19世纪室内和街上照明的首要源泉。

纵观煤炭对英国的作用，煤炭的热能使英国富裕，且有了更高的生产力，但工业革命的关键突破，还是来自将煤炭变成一种机械动力。这恰好是中国煤炭革命中所欠缺的。蒸汽动力一旦用于工业生产，就使英国摆脱了所谓“自然经济”，即所有的产品都依赖于本地动植物资源的限制。煤炭提供了无尽的能量资源，经济可以尽情地发展而不受限制。简而言之，正是这种化石能源转化来的机械动力成了工业革命的驱动力。

当时有不少人声称，英国的工业和帝国优势更多源于煤炭，而非努力工作和可靠的政府。在这些人中，有英国经济学家和逻辑学家威廉·斯坦利·杰文斯，但他在1865年悲观地预言，好梦不长久，英国将在数十年里耗尽煤炭资源。

黑船来航

在人类现代史上，火车具有象征性的意义，它第一次将人类的移动速度提高到一个不可思议的程度；同时，火车使得人和物得以远距离地快速移动，这对很多大陆国家影响非常大。以德国为例，18世纪末只能靠马车进行陆路运输；1913年时，火车将同样一个区域的运输量提高了130倍。这是前所未有的一场革命。

火车的出现，不仅将整个人类世界变成一个地球村，也将煤与铁联系在一起。在火车出现之前，煤只能依靠水上运输，英国之所以有可能如此广泛地运用煤，正是因为这个国家拥有充足的水资源，能够把煤运到市场上去。[①]火车大大降低了煤炭的陆地运输成本，从而实现了煤炭的全球化扩散，使煤炭的影响无远弗届。

蒸汽机在被装上"马车"时，同时也被装在了帆船上。

早期蒸汽机效率较低，因为燃料限制，轮船运输在早期仅限于短途运输，它比帆船更加快捷和准时，但在跨海长途运输中，蒸汽船相对于帆船并没有优势。航行在内河上的汽船可以随时补充燃料，甚至常常用更普遍的木材作为燃料，但对远洋航运来说，过多的燃料会大量地挤占货运空间，燃料不足又会降低续航能力。1838 年，"天狼星号"蒸汽轮船成功横渡英吉利海峡，但在横渡大西洋时，因为燃料耗尽，不得不烧掉船上的家具和门窗，甚至还将一根桅杆扔进了锅炉。

因为燃料补给问题，美国曾多次与"闭关锁国"的日本谈判。在遭到拒绝后，被称为"蒸汽战舰之父"的佩里率美

① 英国煤炭大量开采始于 13 世纪的纽卡斯尔，这里位于英格兰东北部，临泰恩河，人们可以轻易地将煤炭通过水运送到沿海城市，尤其是人口众多的伦敦。由于煤炭是通过海路运送的，所以伦敦人长期将煤炭称为"海煤"。1800 年，伦敦消耗了 100 万吨煤，平均每人 1 吨。到 1913 年，伦敦烧了 1500 万吨煤，人均 2 吨。

国东印度舰队于1853年（日本嘉永六年）来到日本。日本人从未见过这种冒着浓浓黑烟的蒸汽船，因而惊恐地称之为“黑船”。“黑船来航”成为日本历史的分水岭，由此引发了工业化和现代化的“明治维新”。

纽可门蒸汽机耗煤太多，以至于只能在煤矿区使用；经过一个世纪的改进，瓦特蒸汽机耗煤减少到可以在远离煤矿的工厂使用；之后又经过了将近一个世纪的改进，蒸汽机的耗煤量已降到可以在远离陆地的海船上使用。技术就是这样不断地进步。随着蒸汽机效率的提高，续航能力与货运能力之间的僵局逐渐被打破——

> 不久以前，一艘排水量为3000吨的蒸汽轮船进行一次远距离航行需要2200吨煤，只能有限地运载800吨货物。如今，一艘现代蒸汽轮船做同样的一次航行只需要800吨煤，可以运载2200吨货物。随着煤的节约，人类劳动也减少了。1870年，蒸汽船上每1000吨运力需要47个人手，而现在只需要28个。[①]

正如铁路网的扩张引发的“运输革命”，随着苏伊士运河（1869年）和巴拿马运河（1914年）的开通，蒸汽轮船在

①（英）克里斯·弗里曼《光阴似箭：从工业革命到信息革命》，沈宏亮译，中国人民大学出版社，2007。

一个海洋时代引发了一场全球贸易革命，低价值的大宗商品得以全球流通。1913年的世界贸易总值是1800年的25倍。[1]

相对而言，风力和水力是免费的，而煤却不是免费的；与风车和水车相比，蒸汽机更是一种昂贵得多的机器；它不是人人都买得起的，而只能是少数有钱人的玩具。蒸汽机使资本走向集中化的同时，也使工厂越来越趋于大型化，垄断和资本主义就这样诞生了。正如马克思所说："手推磨产生的是封建主为首的社会，蒸汽磨产生的是工业资本家为首的社会。"

牛津大学经济史教授罗伯特·艾伦认为，新技术和新机器之所以能在英国得到大规模地应用，是因为英国是一个煤炭价格便宜，而人力成本较为昂贵的国家。其他国家则相反，煤炭昂贵而人工便宜。欧洲大陆国家（除了德国）大多拥有的煤炭不多，仅有的一点分布也十分分散；例如法国，就几乎没有开启工业化进程所需的煤炭资源，而且后来也极少发现煤矿。

在18世纪，伦敦的煤炭价格仅相当于巴黎和北京的一半，而伦敦的工人工资却是北京的3倍。发明机器离不开

---

① 蒸汽机作为动力取代风帆后，船运公司有了定期航班。苏伊士运河和巴拿马运河先后开通，电报将全球连为一体。国际上关于船只灯光和航海避碰规章的协定，以及为编制更可靠的海图和引航书籍方面的共同合作，都有助于使海洋成为一个更加安全的地方。提供安全的锚地、浮码头、筑堤以及建立安全的仓库，使得货物的装卸更加容易。灯塔是19世纪航海技术脱胎换骨的元素之一，它使船只以更低的成本来载运更多的货物变为可能。

一个重要的目的，就是用其他相对充裕和便宜的资源，如煤、蒸汽动力、资本，来取代相对稀少和昂贵的资源，比如人力。发明纺织机械是为了降低单位纺织品的人力成本，这样才能与人力便宜的印度棉纺织品竞争；纽可门蒸汽机几乎全部使用煤矿，是因为这里的煤炭近乎免费。瓦特蒸汽机大大降低了煤消耗量后，蒸汽机才得被应用在远离煤矿的工厂——

唯有在英国这样的煤炭工业规模庞大的国家，才会对先进的煤矿排水技术产生迫切需求，也唯有英国能做到无限量地免费供应充当机器燃料的煤炭。这样一来，科学发现转化为实用技术的昂贵代价就只有英国可以承受了。[①]

很多年后，人们常常发问：为什么古代中国没有产生资本主义？或许是因为没有蒸汽机。虽然中国同样也懂得采煤烧煤，甚至中国焦炭冶铁也比英国要早600年，但煤在中国一直仅限于作为燃料，尤其是生活燃料。最重要的一点是，中国的煤炭昂贵而人力便宜，这与英国截然相反。

①（英）罗伯特·艾伦《近代英国工业革命揭秘》，毛立坤译，浙江大学出版社，2012。

制造污染

20 世纪伊始，英国依然是欧洲最大的煤炭生产国，年产量 2.29 亿吨。随着整个欧洲走向工业化，世界煤炭产量增长很快。

1850 年，德国各邦国煤炭产量只有 600 万吨；到了德国统一的 1871 年，其煤炭产量达到了 4300 万吨，1900 年达到 1.5 亿吨。1900 年时，法国为 3300 万吨，比利时为 2400 万吨。

对英国这个煤炭霸主来说，最大的挑战来自大西洋对岸。美国在 1850 年只开采了 800 万吨煤炭，到 1900 年就开采了 2.45 亿吨，成了世界上最大的煤炭生产国。

通过对英国的亦步亦趋，德国依靠煤炭走上了工业化道路。在物质方面，德意志帝国建立的“不是血和铁的政权，而是煤和铁的政权”。1890 年，德国的煤炭产量还只有英国的一半，但到 1910 年，德国的产煤量就赶上英国。同一时期，德国的钢铁产量也翻番增长，甚至远超英国。南欧拉丁国家和爱尔兰之所以落后于英美德，也与煤炭资源的匮乏有关。

20 世纪上半叶，西方工业国家的竞争与贸易保护引发了两次世界大战。如果不是富足的煤矿使德国工业蓬勃发展，世界大战也许根本不会爆发。第一次世界大战正是以煤为驱动力的，煤不仅提供了战争必需的燃料和钢铁，煤所含的碳氢化合物还是化学工业的一种重要原料。战场上大部分极具杀伤力的炸药，以及治疗伤员的医院里许多新式药剂和消毒剂，主要都是煤制品。

1882 年，爱迪生首创的燃煤发电厂开始运营，煤炭将世界带入电时代。此后，煤炭开始以前所未有的速度增长。今天，火车基本不再使用蒸汽机，也不再烧煤，但驱动火车所用的电仍然主要来自煤，而且是以蒸汽机或汽轮机来发电。在美国，电力工业消耗了全部煤炭的 90%；在中国，70% 以上的电力来自煤电。可以说，没有大量廉价煤炭的支撑，舒适便捷的现代社会恐怕也难以为继。

从 20 世纪 70 年代开始，煤炭作为第一能源的位置逐步被石油取代，其中一个重要原因是出于环保考虑。

燃烧煤炭不仅释放了能量，也释放了大量的烟尘、二氧化碳和二氧化硫等。工业革命以来，煤炭燃烧排放出来的有害气体和污染物，一直被视为现代社会的公害。伦敦当年因煤烟终年不散被称为“雾都”，最严重时，一日之内就有 4000 人丧生。[①] 如今全世界每年因空气污染而死亡的人和交通事故中死亡的人一样多，远远多于因艾滋病和被谋杀而死亡的人。令人欣慰的是，随着技术进步，死于矿难的人已经越

①（美）彼得·索尔谢姆《发明污染：工业革命以来的煤、烟与文化》，启蒙编译所译，上海社会科学院出版社，2016。

来越少。

因为煤炭，人类创造了工业革命，也创造了污染。

现代科学家逐渐发现，燃烧包括煤炭在内的石化燃料，最严重的后果不是烟尘和酸雨，而是二氧化碳；工业革命以来的200年间，地球大气中二氧化碳含量增加了30%。越来越浓的二氧化碳，困住了大气中的热量，形成可怕的“温室效应”，就跟太阳下摇上车窗的汽车一样，地球将越来越热。①

到2016年，世界每年燃烧约75亿吨煤炭，比1800年增加了750倍。中国的煤炭生产量、进口量和消耗量在全球均排第一，中国煤炭消费量占世界总量的50.6%。

2015年12月18日，英国约克郡的凯灵利煤矿关闭。随着中东等地的廉价石油大量涌进国际能源市场，世界能源生产消费结构改变，英国当局决定关闭本国最后一个深层煤矿——凯灵利煤矿，这意味着始于300年前工业革命的光辉历史将彻底结束。

---

① 从1900年到1970年，地球海平面已经上升了20厘米，尽管在1940年后上升速度很慢。预计在未来的几十年中，如果气温上升1.5℃到4.5℃，海平面可能上升20到140厘米。目前，温室效应的不确定性还在进一步扩大。从全球视角来看，气温升高可能会带来无法预料的灾难，诸如台风、森林火灾、干旱、洪水等；像尼罗河三角洲、长江三角洲、珠江三角洲，孟加拉国、荷兰、日本、中国台湾、英格兰东部、美国曼哈顿和其他一些沿海低地地区，极有可能因海平面上升而淹没。继1992年《联合国气候变化框架公约》、1997年《京都议定书》之后，2015年12月12日，世界一些主要国家共同签署《巴黎协定》，为2020年后全球应对气候变化行动做出安排。

股票

一个人的运河梦

很多人都知道，作为法国象征的埃菲尔铁塔和作为美国象征的自由女神像都出自法国人埃菲尔之手，但很少有人知道，改变世界航运面貌的两条运河——苏伊士运河和巴拿马运河——都由法国人斐迪南·德·雷赛布发起。在一定程度上，正是这样一个神奇的人物，使得苏伊士运河得以开通，遗憾的是，巴拿马运河最后功败垂成。对雷赛布来说，可谓成也运河，败也运河。

苏伊士运河

进入 19 世纪中期，蒸汽机驱动的轮船大大改变了世界航运的面貌。依靠船坚炮利，英国和法国成为两个世界性的大帝国，它们的殖民地遍布地球各处。大量资源和财富的流动使国际贸易变得越来越重要，航线变成帝国的生命线。

当时，虽然主要的经济发达地区都位于北半球，但沟通世界的航线必须绕道南半球的好望角和合恩角；从政治和经济上来说，这无疑造成极大的不便。要开辟北半球的全球航线，就必须打通苏伊士运河和巴拿马运河。如果有苏伊士运河沟通地中海和红海，那么欧洲通往远东和中国的航线缩短1100 千米，其意义不仅仅是能够节约大量的时间和金钱。

根据古希腊历史学家希罗多德的记载，在距今 2000 多年前，古埃及就试图修建一条从尼罗河到红海的运河，这条运河终于在波斯帝国大流士的领导下完成，并为此付出了 12 万人的生命。此后千年间，运河常因疏于清理而淤塞。公元767 年，阿拉伯帝国崛起，哈里发为阻止叛教者逃亡，彻底填埋了运河。自此以后，欧洲经由地中海和红海连接亚洲的贸易，必须通过一段艰难的陆路运输才能完成，欧洲逐渐失去了与东方的直接联系；来自东方的香料、丝绸等商品均被阿拉伯人垄断，不得已之下，才有了 1497 年达·伽马开辟非洲航线。

从 18 世纪开始，埃及多次易主，英法两国都想染指这个黄金枢纽。1847 年，埃及统治者穆罕默德·阿里开始着手运河规划。法国驻埃及领事雷赛布子爵抓住时机，联合埃及政府，共同组建了“环球苏伊士海洋运输公司”，并于 1856 年得到了开凿运河的“优惠状”。

根据“优惠状”，“环球公司”承担运河工程费用，埃及官方免费提供土地，从运河开通之日起 99 年内，每年运河盈利的 70% 归环球公司，15% 归埃及政府，其余 10% 分属创始会员。

要在渺无人烟的沙漠上，以人力开掘出一条长达 160 千米的运河，仅从技术上来说就面临诸多问题。首先是苏伊士地峡缺乏饮用水，也没有农作物，为了保障大批劳工的生活，必须先开渠引入尼罗河水。其次，要在运河北端的地中海海岸修建一座大型人工港。

在开始阶段，食物和水都依靠骆驼运输，虽然也采用了许多大型机械设备进行挖掘，但在持续 10 年的整个工程中，动用的埃及劳工仍然高达 250 万人，因严酷的施工条件，死亡率达 5%。在付出极大的代价之后，苏伊士运河终于在 1869 年 11 月 18 日正式通航。

好大喜功的埃及政府作为东道主，举行了一场盛况空前的通航典礼，各国政要云集，为此造成的接待花费几乎是一个天文数字。

“地球的两端互相变近了！……西方与东方，互相靠拢，互相凝视，互相认同，互相祝福，互相拥抱！”主持运河工程的雷赛布无疑是典礼的真正主角，他得到了最崇高的赞颂，被法国人视为民族英雄，人们甚至将其与发现新大陆的哥伦布相提并论。

苏伊士运河开通，欧亚两洲之间的距离一下子缩短了。

运河开通三个月后，伦敦到孟买的航运成本下降了30%，马赛到上海的航程由 110 天缩减为 37 天。由此引发的人员、产品的流动和观念的变动速度，都是前所未有的。

运河工程的最终花费超出最初预算一倍还多。当初预计建造费用是 2 亿法郎，通过发行股息为 5% 的股票来筹集。承担运河建造任务的“环球公司”是一家股份公司，在它发行的初始股票中，除了少量的欧洲散户，一半被法国投资者认购，一半由埃及政府持有。由于建设资金不断追加，股票上市后，其价格走向每况愈下，5 年时间，从每股 500 法郎跌到 40 法郎。随着建造费用严重超支，公司不得不大量举债。更糟糕的是，运河通航后，并没有像人们预期的那样获得暴利，第一年不仅没有盈利，反而严重亏损，股票价格也随之进一步下滑。这对本来就已经债台高筑的埃及政府来说，无疑是雪上加霜。作为“环球公司”的主要股东，埃及政府原以为这些股票奇货可居，不曾想到头来却成为烫手的山芋。

19 世纪初，为了争夺对埃及的统治，英法之间长期明争暗斗，结果两败俱伤，反倒使埃及获得了独立。

眼看在法国主导下，苏伊士运河变为现实，英国自然不好受。因为与印度殖民地和中国有大量贸易往来，苏伊士运河对英国的重要性怎么高估都不为过。

要从法国手中夺取运河的控制权，最简单、也最无风险的方法，就是掌控环球公司的股票，而埃及政府的财政困难恰好提供了一个天赐良机。

作为建造苏伊士运河的合作者，面临破产压力的埃及政府，首先提出将股票卖给法国政府，但法国的政治家们颟顸自负，并没有借此夺取这条国际贸易动脉的统治权，反而一直犹豫不决，与埃及政府讨价还价。

英国得到这个消息后，在第一时间告诉埃及，对于 1 亿法郎（约合 400 万英镑）的股票转让价——“我们接受！”著名的银行家罗斯柴尔德很快就提供了这笔巨额贷款。英国终于成为环球公司的大股东，这意味着苏伊士运河实际上已经成为英法两国的共同财产，而与埃及没有任何关系。

单从经济的观点来看，购买苏伊士运河股票也是一笔出色的交易，因为股价到 1905 年，已从 400 万英镑上涨到 2500 万英镑，并且还分发了数额可观的股息，仅 1903 年，股息就达到了 26%。难怪一位德国作家讥讽说：“英格兰懂得如何毫不费劲地去收获从别人播的种子中结出的果子。”①

① 1882 年，英国直接出兵占领埃及，彻底将苏伊士运河据为己有。1956 年 7 月 26 日，埃及收回苏伊士运河控制权。2015 年，埃及仅靠收取苏伊士运河通行费，就获得了 51.76 亿美元的巨额财政收入。

巴拿马运河

苏伊士运河虽然并没有给埃及和法国带来多少现实利益，但却让雷赛布“誉满全球”。对贵族出身并作为外交活动家的雷赛布来说，他看重荣誉远胜过金钱。

在苏伊士运河完成之后，他又对开凿巴拿马运河产生了兴趣。

自从哥伦布发现新大陆后，美洲已经越来越成为世界经济的重要组成部分，但美洲是一整块极其狭长的大陆，要从大西洋的东海岸到达太平洋的西海岸，所有船只都必须绕过整个大陆，通过最南边、危险重重的合恩角。实际上，位于整个大陆最窄处的巴拿马地峡东西长度只有几十公里。如果有了巴拿马运河，就可以节省 8000 多英里长的海路。因此，早在 1534 年，西班牙就进行过勘查，并在此铺设了一条驿道。

1850 年，美国在巴拿马地峡投资修建一条铁路。但关于修建巴拿马运河问题，作为所在国的哥伦比亚始终对美国不能完全信任；因此，当苏伊士运河通航后，他们与法国一拍即合。

1879 年，74 岁的雷赛布正式出任巴拿马运河公司的董事长，整个法国都为此兴奋不已。人们相信，这个宏伟的工程将会有一本万利的经济回报。包括雷赛布自己，很少有人意识到，巴拿马运河绝不是第二个苏伊士运河，因为复杂的政治和技术难题，这将是一场比苏伊士运河更加可怕的冒险。

位于原始热带雨林的巴拿马地峡非常危险，当初美国仅仅为了修建那条铁路，就付出极大代价，以至于梭罗批评说："每条枕木下都埋着一名中国劳工。"

法国人是如此狂热，3 亿法郎的股票很快销售一空，许多普通市民为了买股票，几乎掏空了自己的储蓄罐。

资金到位，并不意味着运河工程可以开工。在此之前，运河工程许可证已经被投机者抢走，雷赛布不得不为此支付了 1000 万法郎。接下来，如何将大量的机械设备、施工人员和物资补给运送到施工现场，这只能与美国铁路公司谈判。那条巴拿马铁路当初修建耗资仅 750 万美元，但卖给雷赛布的价钱高达 4000 万法郎。就这样，在第一个工人到来之前，雷赛布就已经花掉了 1/6 的股本。

1883 年，雷赛布在巴拿马挖下了第一锹土。他乐观地预计，整个运河工程将在 7 年内完成，总体费用需要 8 亿法郎。雷赛布为此又成立了一家建筑公司，然后以这家公司的名义发行了 3 亿法郎的股票。

手握 6 亿法郎的自有资本，雷赛布认为资金足够充裕。但随着工程的进行，一切都远远超出当初的预计，工程预算如同一个无底洞，不管投入多少费用，转眼间就化为乌有。雷赛布已经沦为这个宏伟工程的俘虏。为了不让这个美丽的梦想破灭，他一方面要想尽一切办法去筹措新的资金，另一方面还要不停地编造大量的工程进展报告。

为了筹到钱，雷赛布继续发行新股票，同时还增发各种债券和彩票；为了吸引投机者，头彩高达100万法郎。雷赛布不顾自己年迈，四处奔走，进行各种游说和演讲。但这一切并没有挽回人们对他日渐减少的信心和信任。

技穷之际，雷赛布甚至直接把钱塞进记者的口袋，以堵住负面消息的扩散。

施工现场的情况比财务状况更加悲催。巴拿马地峡地形复杂，丛林密布，潮湿闷热，几乎没有什么基础设施。来自55个国家的4万名劳工一到这里，便陷入困境。蚊虫大量滋生，导致许多人死于疟疾和黄热病，施工进度缓慢。

雷赛布照搬苏伊士运河的经验，试图利用巴拿马地峡的众多湖泊修建一条海平式运河。直到工程进展了4年之后，才发现太平洋的海平面要比加勒比海一端低出20多厘米。

这个重大失误使4年的努力几乎付之东流。

就这样，整整10亿法郎消失在这片原始森林，同时还付出了几千劳工的生命，而运河工程只完成了不到一半。

为了完成这个不可能完成的任务，雷赛布使尽浑身解数，屡试不爽的就是行贿和收买，用金钱去“说服”那些有影响力的政客和新闻界人士。就连埃菲尔铁塔的设计者埃菲尔也为他站台。这种“以小博大”的手法为雷赛布带来一笔又一笔巨款。罗斯柴尔德嘲讽那些募集来的资金“会被投到运河的无底洞里”。

追加的 8.5 亿法郎又花光了，至少有 1 亿法郎不知去处。到 1889 年，雷赛布山穷水尽，运河公司不得不宣布破产，“巴拿马运河”变成了“巴拿马丑闻”。

数十万购买了巴拿马股票和债券的小额储蓄者血本无归。雷赛布遭到审判，虽然最终免除了对他的刑罚，但受此打击，雷赛布不久便抑郁而终。

当巴拿马成为滑铁卢，震动最大的莫过于法国政府，但政府官员都不希望这场丑闻被公之于众。一场暴风雨竟然悄无声息地过去了。

20 亿法郎打了水漂，整整 100 万法国人失去了他们的大部分储蓄。虽然法国政府于 1894 年重新组建了运河公司，但这个烂尾工程的前景依然渺茫。

实际上，美国对巴拿马运河始终不能释怀，特别是 1898 年从西班牙手中夺得菲律宾之后。美国多次向法国表达了收购运河公司的意愿，但均遭冷遇。美国假装要修建一条与巴拿马运河平行的尼加拉瓜运河，这对法国和哥伦比亚都造成极大的压力。

法国的处境犹如之前的埃及，最后决定以 4000 万美元的价格将巴拿马运河的相关权利转让给美国。但这项收购遭遇到哥伦比亚的反对。美国志在必得，随后策划了一场巴拿马独立的闹剧。1903 年，美国与刚刚独立的巴拿马新政府签订了运河条约，为此仅支付了 1000 万美元。

作为世界第一工业大国，美国的介入，使巴拿马运河工程全面恢复。

严格的预算和科学管理，再加上许多新技术的使用，工程进展顺利。1913 年 10 月 10 日，美国总统威尔逊宣布巴拿马运河竣工。在这场盛大的典礼上，人们对雷赛布的名字只字未提。

橡胶

给人类装上轮子

哥伦布踏上新大陆之后，发现南美洲的土著人会玩一种有弹性的球，它是用硬化了的植物汁液做成的。欧洲人对此十分好奇，便把一些样品带回欧洲。[①]1770 年，英国化学家普里斯特利发现它可用来擦去铅笔字迹，因此给它起了一个名字叫“橡皮擦（rubber）”。

橡胶就这样被发现了。

在很长一段时间里，橡胶都来自天然。虽然像无花果树和一些大戟科之类的植物也能提供橡胶，但只有三叶橡胶树的产量最大，品质最好；印第安人玩的那个橡胶球就是用橡胶树上流出的胶乳，经过凝固和干燥后得到的。

虽然当时的西方工业界已经注意到橡胶，但鉴于橡胶对

① 1736 年，法国探险家拉孔达明将亚马逊雨林出产的天然橡胶带到了法国并交给法国科学院研究。

温度变化的耐受力极差，实际应用仍非常有限，仅限于利用橡胶的防水功能，来制造各种雨衣、雨靴和雨布。

1844 年，美国人固特异发明了橡胶的硫化技术，从而彻底克服了橡胶制品冷天变硬和热天变软的缺陷。此后，橡胶才开始成为真正实用化的工业产品。

在技术史上，硫化技术的影响极其深远，可充气的橡胶轮胎是最著名的例子，它对现代人使用自行车和汽车至关重要。橡胶也让现代电气化得以实现，假如电线外面没有绝缘材料，那将会非常危险。对洗衣机来说，全靠用硫化橡胶做成的皮带将发动机的运动传导给波轮。此外，像内燃机里许多管道和阀门，全靠橡胶垫片、垫圈和密封圈来连接；离开这些弹性垫片，发动机将因为泄漏而无法工作，而有些气体或液体的泄漏则对人非常危险。仅从这些就可见硫化橡胶是多么重要。

对现代人来说，钢铁、化石燃料（煤和石油等）和橡胶是工业革命不可或缺的三种基本材料。

西方国家在快速工业化的过程中，获得了远超过需要数量的钢铁和化石燃料，接下来，橡胶需求就出现了井喷式增长。硫化技术出现之后的 30 年间，天然橡胶的需求增加了 100 倍之多。1898 年，弗兰克 · 赛柏林创建了一家橡胶公司，便以固特异命名，以纪念这位伟大的发明家和这项具有里程碑意义的发明。

1886年，德国人卡尔·本茨先生发明了第一辆汽车，1888年，英国人邓禄普利用橡胶的特性，发明了第一条充气轮胎。虽然最早的充气轮胎只是用在自行车上，但很快，橡胶充气轮胎最终成为汽车的标准配置。

随着汽车时代的到来，橡胶从土著居民的玩物，转眼变成炙手可热、必不可少的工业原料，人们甚至将它称为“黑色黄金”。

橡胶种植园

在橡胶工业起步阶段，所有的橡胶都是从野生橡胶树所产生的胶乳中提炼产生的。随着天然橡胶身价的提升，采集橡胶树的胶乳成为一个获利颇丰的行业。无数人带着发财的梦想涌入三叶橡胶树生长的亚马逊原始丛林。

位于秘鲁的伊基托斯本来只是一个几百人居住的小村落。19世纪末，来自世界各国的橡胶探险家将伊基托斯扩张成一座居民超过2万人的城市。亚马逊河流域最大的城市——巴西的玛瑙斯城，更是一度成为全世界天然橡胶产业的中心。

玛瑙斯的橡胶产量最高时占全世界总产量的40%。用橡胶换来的巨额财富，为这座城市带来了当时最先进的电话、电网、医院和学校。在这座“人均消费钻石最多的城市”，无数因橡胶而暴富的商人生活极尽奢侈，据说他们把衣服送到巴黎去洗。

因为乳胶接触空气后会凝固，割胶工不得不反复切开树皮；在长达 4 个月至 5 个月的采胶季中，日复一日地照料这些树。他们还必须在乳胶变干、变得难以处理之前，将它加工成生胶。采集和加工都必须极其谨慎和专注，这种工作又必须在偏僻危险的地区进行。因为瘟疫造成原住民大量死亡，劳动力只能从外界寻找。巨大的橡胶需求也使得奴役成为解决劳动力短缺的主要方式。

三叶橡胶树喜爱高湿度的环境，主要集中在低纬度的热带和亚热带地区。就当时而言，橡胶树都是野生的，分布在南美洲的亚马逊雨林中，其中以巴西境内数量最多，所以三叶橡胶树也叫巴西橡胶树。也就是说，全世界所有的橡胶原料都来源于巴西和秘鲁等少数几个美洲国家。

为了保持垄断，巴西当局禁止橡胶树种子出境。

19 世纪正是大英帝国如日中天的时期。对于大英帝国而言，巴西是一个不受其控制的国家，而橡胶又是重要的工业资源，因此他们决定无论如何要发展自己的橡胶基地。

1879 年 3 月 28 日凌晨，在巴西亚马逊河边的圣塔伦港，英国商人韦克姆将一批橡胶树种子运上驶往伦敦的英国货船。他在后来说，当时，一艘虎视眈眈的巴西炮艇正在巡逻，他偷偷地把这些种子带上船，到达该地区首府贝伦海港，又设计躲过巴西海关官员的检查，才将种子运出巴西。①

这些珍贵的橡胶树种子到达伦敦后，被栽种在“邱园”，即英国皇家植物园。不久，种子在温室中发芽。7 万多颗种子中，只有 2300 多颗发芽并长成了橡胶树幼苗。因为英国不适宜橡胶树生长，这些橡胶树苗被移植到英国在亚洲的殖民地，包括马来亚和东印度群岛等。那里有着和亚马逊丛林地区相似的热带雨林型气候，土壤条件也很适合三叶橡胶树的生长。几年时间，这些橡胶树苗就长大成材，并迅速繁衍出成片的橡胶林。

回顾这段历史，就会发现韦克姆从巴西盗取橡胶，与罗伯特·福钧从中国盗取茶树种子极其相似。对于东印度群岛，历史学家指出：“这些殖民地本来并没有太大价值，对于荷兰人和英国人尤其是这样。但随着橡胶的引入，它们瞬间炙手可热。”如果这些地方没有橡胶种植园，“很显然殖民史会完全改写”。

与英国在亚洲殖民地的橡胶种植园不同，美洲仍坚持原始粗放式的橡胶生存模式。所有的三叶橡胶树都是野生的，

---

① 亨利·亚历山大·韦克姆（Henry Alexander Wickham）为了橡胶种子付出极大的代价，后来也因此受封为爵士。他的行动得到英国冒险家和植物猎人马卡姆的支持。马卡姆此前曾将金鸡纳树苗从秘鲁偷运出境，并在印度移植成功。当时金鸡纳树皮是奎宁的唯一来源，而奎宁是唯一有效的抗疟疾药。因为疟疾，欧洲人一直对非洲和南美丛林望而却步。马卡姆的壮举挽救了无数人的生命，尤其是后来秘鲁、厄瓜多尔和玻利维亚的金鸡纳树大批死亡。

稀疏地分布在亚马逊雨林中，采胶者疲于奔命，效率极其低下；采胶工人找到橡胶树后，往往用斧子将整棵树砍倒，或者砍出一个大口子，一次取走所有的胶乳。这种涸泽而渔的方法对橡胶树伤害极大，造成极大的浪费。此外，烧火熬制乳胶以及给运载橡胶的蒸汽船提供燃料，都需要消耗大量的木材，这导致橡胶树所在的森林普遍都遭到乱砍滥伐。

在巴西，为了扩大橡胶产量而进行的橡胶种植，对原始森林造成侵蚀，使水土资源被毁坏。巴西橡胶树通常在 1 月份落叶，3 月份发新芽，在这段没有叶子的时间里，露水得不到吸收和保留，表面径流的增加使土壤流失非常严重。新叶在 4 月份长出，开始从地下吸收水分来生成乳胶液。因此有人说，橡胶种植等于将土地的所有水分都抽干运走。就巴西的情况而言，橡胶对当地环境的破坏极其严重。①

---

① 亚马逊森林有着独一无二的生物多样性，但它的土壤其实极其贫瘠。绿色植被像面具一样，遮住了一贫如洗的根基。地处热带，密集的降水与森林的热浪都会侵蚀地表，将矿物质冲刷出来，继而把重要的有机化合物分解干净。因此，亚马逊河流的很大部分红土都深受风化影响，酸性极强，而且几乎丧失了营养成分，这也正是生态学家将这片热带森林视为“湿润的沙漠”的原因之一。与此相应的是，热带森林中的绝大多数养分都不像温带地区那样贮存在土壤里面，而是储存在土壤上面的植被中。树叶或树枝掉落的时候，碎片中的碳和氮会迅速被热带植物的根系极为高效地重新吸收。植被一旦遭到清理，也就等于同时移除了它们的养分来源。通常情况下，森林能够很快填充空地（譬如大树倒塌以后形成的空地），从而将损害维持在最低限度。但如果开垦后产生的空白面积大，或者土地被闲置太久，阳光和雨水就会把残留的有机物全部分解掉，并将土壤表面烘烤成某种在颜色和抗渗透性上与砖头颇为相似的形态。在很短的时间内，这片土地就变得几乎无法维系生命了。因此，热带森林虽然活力惊人，却时刻处于微妙脆弱的状态。

英国的种植园为人工种植，橡胶林的种植密度是野生的300倍，密集的分布不仅提高了采胶速度，也方便了对橡胶树的照料维护。值得一提的是，时任新加坡植物园主任的英国科学家里德利发明了连续割胶法，即用特殊的刀在橡胶树的树皮上割开一个很浅的口子，既能采集到胶乳，又不会对橡胶树的健康产生严重影响，使得橡胶树的可利用周期从几年延长到了几十年。

由于欧洲资本的介入和专业植物学家的精心管理，再加上东南亚充足的劳动力，东印度群岛的橡胶很快超越南美。原始生产的巴西，其产量更是敌不过工业化的大种植园。特别是在使用了连续割胶法后，亚洲橡胶产业的生产效率大幅度提高，逐渐占据世界橡胶产业的主导地位。1897年，马来西亚和斯里兰卡的橡胶种植园面积只有400多公顷，到了1907年，仅斯里兰卡和马来西亚两地的橡胶种植面积已经超过了30万公顷。①

橡胶种植园模式很快也回到巴西，野生橡胶树被人工种植的橡胶树取代。在种植园里，橡胶树的密度达到每公顷600株。南美的橡胶种植一度达到相当大的规模，特别是在“一战”后的一段时间。当时仅美国汽车巨头亨利·福特，就在巴西拥有超过3000公顷的橡胶树林。

---

① 中国最早的三叶橡胶树就是在1904年从当时还属于马来西亚的新加坡引进的。

1905 年，巴拿马的橡胶种植园中出现了一种名为南美叶疫病的橡胶树病害。这种病害迅速传到巴西。

在自然状态下，三叶橡胶树长得非常稀疏，病害难以传播。但在人工种植的橡胶园中，一旦出现病害，就马上变得无法控制。虽然科学家也用尽了各种办法，但因为成本等各种原因，所有努力均告失败。巴西的橡胶产业由此走向衰落。到了 1940 年，巴西出产的橡胶仅占世界总产量的百分之一，橡胶王国彻底失去了往日的辉煌。

压垮天朝的稻草

上文说过，橡胶热潮之所以在全球兴起，源自汽车业的出现。1900 年，汽车已经在美国开始大工业生产。到 1908 年，福特公司推出了著名的 T 型车，汽车价格降低了将近九成，汽车从奢侈品变为大众消费品，美国率先进入汽车时代。

作为汽车的重要部件，汽车轮胎几乎全部采用橡胶制成。当时橡胶的利润高达数倍，一时之间，被汽车拉动的全球橡胶市场极其火爆，各种资本蜂拥而入。同时，作为融资的重要工具，橡胶股票也大受追捧。

1856 年到 1896 年，巴西的橡胶出口量增长超过了 10 倍，到 1912 年又增长了 4 倍。一般来说，这样巨大的增长会拉低价格。但恰恰相反，当时橡胶价格不断攀升。投机者纷纷跳入橡胶市场，连寡妇和牧师都押上了全部身家。1910年3月20日《纽约时报》发文称："一盎司洗净、准备加工的橡胶，其价格和同等重量的纯银相差无几。"

如果对比一下当时的石油价格，就会发现1900年美国得克萨斯发现石油，世界石油产量翻了一番，但价格却一泻千里，原油价格在20年后也没有回涨到1900年的水平，橡胶产量同样增加了一个数量级，但价格却增长了两倍。

当时中国刚刚进入现代世界，便遭遇到这烫手的山芋。

就鸦片战争而言，中国的现代历程从一开始便和英国紧密地联系在一起。斯里兰卡、印尼和马来西亚成为橡胶的理想种植地，为英国带来源源不断的财富。这些地区也是中国传统的"南洋"，从郑和之后，便有大量华人华侨分布其间。为了就近融资，很多从事橡胶贸易的欧洲公司将总部设在上海，当时上海是远东最大的金融中心。到1910年，在东南亚开发橡胶的122家公司中，有40家将总部设在上海，而这些橡胶企业约有1/3在上海上市。可以说，大清国的上海已经成为全球橡胶资本市场的主要引擎之一。

当时，现代公司还是一种新生事物。这些欧洲橡胶公司，不管有没有真正地从事橡胶业务，都热衷于发行股票，以获取资金。当时管公司叫"洋行"，经理叫"大班"，橡胶叫"橡皮"，上海证券交易所叫"上海众业公所"。当时的上海，到处都是“代客买卖各种橡皮股份”的广告和牌子。

其中，英国人麦边创办的兰格志橡胶公司一上市，就迅速成为上海股市的领头羊。兰格志股票面值仅100两，上市后被拉抬过了1000两大关，之后达到1300两、1600两、1675两……当时上市的橡胶股票，几乎都演绎了同样的神话。

那些熟悉中国市场的洋行大班们，纷纷投身这场圈钱运动。汇丰银行、怡和洋行等著名公司的高管纷纷辞职，开设自己的橡胶公司。在资本开始不断加速的情况下，橡胶公司的“生产线”也开始加速：少数掌握资源的辛迪加公司，在马来亚大量圈地，甚至连橡胶树苗还没种下去，就将这些“橡胶园”分割、转卖给上海的新公司，收取现金，或者收取新公司提供的股票。

疯狂的炒作，暴利的诱惑，再加上虚假的宣传和误导，喜欢投机的中国股民趋之若鹜，橡胶股票几乎是一股难求。连一些位高权重的官员，也要到处托人情，才能买到少量原始股——“买进时30两银子一股，买进后股票天天涨，最高涨到每股90多两。许多外国人知道我有股票，拿着支票簿，盯到门口，只要我肯卖，马上签字。”

1910年3月，只要有一家公司发行新股，头天夜里，银行外面就排起长队，次日开售，一个小时就全部告罄。价值10万两白银的股票，竟然能够吸纳足足160万两的认购资金。

1910 年 6 月，仅仅一个月内，就有 30 种新的橡胶股票在上海挂牌交易，卷走资金高达 1350 万两白银，每家公司平均筹资 45 万两。就连伦敦资本市场也达不到这种火热的程度。

在这场橡胶风潮中，各个钱庄、票号等民间金融机构也为之推波助澜，不惜降低贷款门槛，间接参与到炒股中。股票投机者不仅可以轻易贷款，还可将股票作为抵押。这些商帮性的钱庄和票号，一般都有全国连锁网络，随着卷入的钱庄和票号越来越多，通过网络而吸纳的资金也更加庞大，而且无远弗届，几乎遍及中国每一个角落，形成了一场全民炒股运动。

随着天气越来越热，人们都兴高采烈地谈论着下一个股市高峰。

1910 年 6 月，作为橡胶最大消费国的美国突然出台了紧缩政策，国际橡胶价格迎风而落。从伦敦到上海，橡胶股票一落千丈，股市全面崩溃。

外资银行因为消息灵通，先一步收紧资金，从各大本土钱庄中收回了贷款，而反应较慢的许多票号和钱庄则被深度套牢。在这场突如其来的风暴中，正元、谦余、兆康三家钱庄先后倒闭，引发上海市面的大恐慌。紧随其后的是森源、元丰、会大、协大、晋大等钱庄。

正元、谦余、兆康三家钱庄的老板都是陈逸卿。在陈逸卿的资金链条中，最主要的是川汉铁路公司。“川路公司”违规投入资金达200多万两之巨，占陈系钱庄资金总额的1/3。在一定程度上，如果说陈系钱庄是上海橡胶股票投机的主力，那可以说是川路公司撑起了上海的橡胶股票泡沫。

陈逸卿最后自杀身亡，但川路公司的半数资金损失殆尽。

“庄德源”在股灾中亏损严重，牵连“源丰润”一起倒闭，共亏欠公私款项高达2000万两。作为大清“国库”的源丰润的倒闭，其巨大影响远远超过橡胶股票本身，从金融危机升级为经济危机和政治危机。

如此巨大的损失，使清政府入不敷出的财政雪上加霜。出于无奈，清廷次年将川汉铁路“收归国有”，以路权为抵押向列强借款，从而引发了保路运动和辛亥革命。

合成橡胶

如果说19世纪是煤炭世纪和蒸汽机（火车和轮船）世纪，那么20世纪就是汽车世纪；换言之，20世纪也是石油世纪和橡胶世纪。正因为橡胶轮胎的普遍使用，才使汽车成为一种完美的交通工具，可以毫无噪声地高速行驶。

在汽车工业强力推动下，橡胶业突飞猛进。由于需求激增，橡胶价格大涨，并在1910年达到史上最高价（每千克12美元），这个价格相当于现在的10倍。

当时，橡胶的主要消费国是欧美工业国，而橡胶生产国则是英国的殖民地马来亚（今马来西亚）和荷兰东印度群岛（今印尼）。来自东南亚橡胶种植园的橡胶产量，占到全球产量的三分之二。

橡胶树种植前期投入较大，一旦橡胶树进入成熟采割期，只需投入极低的维护成本，就可持续产胶多年。当时每一磅橡胶的开采成本为1.6先令，而市场价却在12先令，差额高达7.5倍。暴利之下，橡胶种植迅速扩大，很快就导致生产过剩。1913年，橡胶价格已跌到每千克2美元（橡胶价格于1932年的大萧条时期到达最低点，为每千克0.06美元）。有鉴于此，英国、荷兰两国联手，努力限制供应量，从而垄断了橡胶价格。

第一次世界大战爆发时，英国和荷兰的这两个亚洲殖民地已基本掌控了全球橡胶市场，原来的橡胶生产霸主巴西被远远甩在后头。

20世纪20年代，美国拥有全球85%的汽车，消耗全球75%的橡胶，却没有多少橡胶种植园。虽然美国从西班牙手中夺取了菲律宾，它也是一个热带殖民地，但美国立法机构不愿为了大橡胶园而取消对土地所有权的限制。不得已，轮胎业巨头怀尔史东在利比里亚——一个由前美国黑奴后代统治的国家——租了近 4000 平方公里的土地，兴建橡胶种植园。对美国市场来说，利比里亚的橡胶不过是杯水车薪；而巴西的橡胶种植园也因病虫害而遭到灭顶之灾。

与橡胶树相比，橡胶草虽然产量低得多，但因为可在温带种植，常被一些没有热带种植园的国家作为橡胶来源。在橡胶短缺的时期，美国一些企业家就曾在南加州试种橡胶草。苏联虽然幅员辽阔，但境内也没有热带地区，为了保证橡胶的自给自足，也曾大力发展橡胶草种植。

橡胶树的地区限制与橡胶草的产量限制，反过来也鼓励了人们对合成橡胶的探索实验。在这方面，拥有化学研究实力的德国拔得头筹。

在“一战”和“二战”前后，德国在合成橡胶方面取得巨大成果。1909 年 9 月 12 日，德国人霍夫曼获得世界第一项合成橡胶专利，很大程度上是因为德国担心在战争时期，英国会切断其橡胶供应。

与德国相比，日本不仅没有热带殖民地，也没有一流的化学实验室。可以说，橡胶作为一种重要的战略物资，直接决定着战争成败。

在第二次世界大战中，日本军国主义政府为了确保战略安全，决定抢夺英国和荷兰的殖民地——马来西亚和印尼，即使这样做就不可避免地要和美国开战，他们也在所不惜。

当时太平洋属于美国的势力范围，为了消灭美国太平洋舰队，日本发动了对珍珠港的偷袭，最终将世界第一强国美国拖入了战争。可以说，虽然偷袭珍珠港事件成为战争胜负的转折点，但导致日本战败的直接诱因，却是对橡胶和石油的争夺。

由于日本占领了东南亚，全世界橡胶供应几乎断绝，这促使美国和苏联等国不得不投入巨大力量，进行合成橡胶的研制和生产；在短短5年时间里，世界合成橡胶的产量从1939年的2.3万吨剧增到1944年的88.6万吨。

早期的合成橡胶不仅价格昂贵，质量也不及天然橡胶，不能用于较大负重的轮胎。经过不断改进，现代合成橡胶已成为橡胶的主流，基本上可代替天然橡胶，用来制造各种轮胎和制品，而且某些特种合成橡胶的性能是天然橡胶所不具备的。天然橡胶的市场占有率已不及合成橡胶的一半。

而作为橡胶的最早原产地，巴西的橡胶产量在全球市场几乎微不足道，即使巴西本国所用的橡胶，大部分也是进口的合成橡胶。①

① 天然橡胶在某些方面的性能也为合成橡胶所不及。合成橡胶的原料来自石油，人们曾以为合成橡胶会因为性能改善而最终彻底取代天然橡胶，但随着石油价格水涨船高，天然橡胶仍占有全球三分之一的橡胶市场。

石油

国家的权力

与煤一样，石油是古代海洋或湖泊中的生物经过漫长的演化形成的有机混合物，但石油出现的时期比石炭纪和后继的二叠纪都要晚得多。煤炭在距今 3 亿年前形成，而石油的形成距今只有几千万年。

从寒武纪之后，碳积聚在冈瓦那大陆（几乎有半个地球大、现在已经碎裂的拼贴大陆）外侧隐蔽的浅水海湾。其中一个结果就是形成现代的中东，这个地方坐落在一个地质学上无与伦比的汇聚点上，从而掌握了世界超过 60% 的剩余石油。

当三叶虫在寒武纪后的海洋中四处嬉游时，阿拉伯板块躺在冈瓦那大陆的东北边缘。融化冰河的水在低洼地区泛滥，大量海洋生物留下来的沉积层形成厚达 75 米的生油岩。在数千万年以后，地球内部所产生的压力和高温使其变成液态，石油就从生油岩中渗入地质上的“陷阱”里。这里就是现在的沙特阿拉伯。

需要说明的是，地球没有制造石油的标准方法。位于世界各地的六个石油形成区，每一区都在不同时期的不同状态下形成石油。富含碳的生油岩在侏罗纪和白垩纪开始成形，却花了很长时间把碳挤出去。70% 有开采价值的石油，形成年代可追溯至科尼亚克期（距今约 8930 万～8580 万年）；有 50% 的石油则是从渐新世就存在了（距今约 3390 万～2300 万年）。[①]

人类很早就发现了石油。古代中东人用沥青来砌墙修路，拜占庭人用来制造“希腊火”——这是火药之前一种可怕的武器。[②] 中国人在汉代就发现石油能燃烧，西晋时期，敦煌人张华在《博物志》中记载，“寿延县南有石山出泉，县

---

①（美）埃里克·罗斯顿《碳时代：文明与毁灭》，吴妍仪译，生活·读书·新知三联书店，2017。

② 希腊火是一名叙利亚工匠在公元 668 年时贡献给拜占庭的，这是一种以石油为主材料制作的液态燃烧剂。14 世纪的希腊人马克在其所著《焚敌火攻书》中揭示了希腊火的配方：“你可用此法制希腊火。取活性硫、酒石、sarcolla（某种物质古称）和沥青、煮过的食盐、石油以及普通的油，将他们共煮之，再浸沉之，提起并放在火上。如你愿意的话，可通过漏斗倾之，如前所述，而后点火。火将无法扑灭，除非用尿、醋或砂。”强纵火和遇水不灭的特性使希腊火成为优良的火攻武器，特别是在海战中，对付古代以木材制造的战船几乎是无往不利，因此拜占庭人称它为“海洋之火”“流动之火”“液体火焰”等。根据文献记载，希腊火多次为拜占庭帝国的军事胜利做出颇大的贡献，一些学者和历史学家认为它是拜占庭帝国能持续千年之久的原因之一。

人谓之石漆”。[①] 沈括在《梦溪笔谈》中正式提出“石油”一词。

据沈括记载，陕北一带产石油，当地人采集到瓦罐里，用来照明。这种油似漆，易燃，烧起来烟很浓，可以用来制墨，名为“延川石液”。沈括甚至预言“此物后必大行于世”。[②]

给世界带来光明

现代石油的兴起，还得从照明用的煤油说起。

在石油被发现之前，鲸鱼油是西方最重要的油脂和能量来源。从中世纪起，欧洲富人就使用抹香鲸的油来照明。18世纪时，鲸油点亮了欧洲和美洲的街道、沙龙和客厅。捕鲸因此成为第一个全球产业。

工业革命促使城市兴起，对鲸油需求越来越大，当时美

---

① 延寿县即今玉门市赤金镇。清同治年间，赤金民众在石油河一带开采石油，用于照明、做饭和烧炕。1939 年，玉门老君庙油井喷出第一股石油，这成了中国石油工业的起点。抗战时期，玉门油矿共生产原油 25 万吨，占同期全国原油产量的 90% 以上。

② 沈括《梦溪笔谈》原文：鄜、延境内有石油，旧说高奴县出脂水，即此也。生于水际，沙石与泉水相杂，惘惘而出，土人以雉尾裛之，乃采入缶中。颇似淳漆，然之如麻，但烟甚浓，所沾幄幕皆黑。予疑其烟可用，试扫其煤以为墨，黑光如漆，松墨不及也，遂大为之，其识文为“延川石液”者是也。此物后必大行于世，自余始为之。盖石油至多，生于地中无穷，不若松木有时而竭。今齐鲁间松林尽矣，渐至太行、京西、江南，松山大半皆童矣。造煤人盖未知石烟之利也。石炭烟亦大，墨人衣。余戏为《延州诗》云：“二郎山下雪纷纷，旋卓穹庐学塞人。化尽素衣冬未老，石烟多似洛阳尘。”

国有一半渔船都被改装成捕鲸船。在海洋中，抹香鲸是最大的动物，它的繁衍极其缓慢。大量捕猎，导致其数量迅速减少。正像19世纪梅尔维尔的小说《白鲸》所写的那样，捕鲸不仅危险，而且要航行到很远的海域才有可能找到鲸鱼。需求不断增加，供应却在减少，这导致鲸油价格飞涨。1820年，美国的鲸油价格为每加仑30多美分，到1866年，涨到每加仑3美元；不到半个世纪，鲸油价格涨了整整10倍，而一些远离海岸的内陆地区价格更高。这让很多人突然发现，晚上在灯下阅读是一件极其奢侈的事情。

穷则思变，鲸油价格越来越高，便有了替代品的发展空间。

进入19世纪，煤炭的使用已经非常广泛，工厂以煤气来照明，从煤中提取煤油也被用来作为家庭照明。1848年，俄国人谢苗诺夫在现今阿塞拜疆首都巴库附近，开凿出了8口油井。由于油层浅，品质好，包括瑞典的诺贝尔兄弟在内的各国资本家蜂聚巴库，一时间，井架如林。在19世纪中期，世界上90%的石油都产自巴库地区。1852年，波兰化学家依格纳茨·卢卡西维茨发明了从石油中提炼煤油的技术；次年7月31日，他又发明了轻便实用的煤油灯，还在波兰南部发现了油田。

当时用于照明的鲸油资源日渐枯竭，价格便宜的煤油灯自然很受欢迎。随着炼油厂纷纷成立，煤油很快就成为一种重要商品，现代石油工业由此迅速兴起。

1854 年，美国人布鲁尔、乔纳森·埃弗勒斯和乔治·比斯尔合伙成立了宾夕法尼亚岩石油公司——这也许是美国乃至世界第一家石油公司。他们花 5000 美元买下希巴德农场 100 英亩的土地，以及附近 12000 英亩土地的采油权。他们雇用人收集流出地面的石油，卖给药店作为治疗关节炎的药品。不久之后，耶鲁大学西利曼教授提交的报告指出，石油具有优良的润滑性，还可以提炼出煤油用于照明。

1859 年，美国人德雷克利用开采盐井的钻机在布鲁尔他们之前的土地上打出石油。他当初告诉职业打井工他要打一口油井时，工人们无不惊诧："从地下找油？你简直是疯了！"[①]1860 年 11 月，即德雷克井出油 15 个月之后，美国已有 75 口井出油。到 1861 年，一口自喷井每天能喷出 3000 桶石油。仅仅两年时间，石油为每 1 美元投资带来 15000 美元的利润。

德雷克的成功，使全美国立刻陷入石油淘金的热潮。东到纽约州，西到俄亥俄州，先后钻成了一批油井，并开始产油。德雷克打第一口油井时，美国的石油年产量只有 2000

---

① 德雷克在打完那口著名的油井之后便离职了，后来做过石油股票经纪人，赔得一干二净，晚年陷于贫困，宾夕法尼亚州议会为其支付退休金。德雷克去世后，遗体迁葬到他当初打井的地方，并建起了纪念碑。德雷克之后，旋转式钻井机问世，随着钻石钻头的使用，钻井深度一次次打破纪录，到 1944 年，油井深度超过 5000 米，至 1982 年年底，美国探井和生产井总数达到惊人的 280 万口，占世界总量的 73.7%。从 1859 年至 2007 年，美国累计生产原油 269 亿吨，居世界第一位。

桶；10 年后达到 425 万桶，1900 年的石油产量是 6000 万桶。在产量增加的同时，石油价格下降到原来的 1/3。

随着石油产量增加，专门的输油管道和火车运输油罐应运而生，一大批炼油厂如雨后春笋般在宾夕法尼亚州一带兴起，带动了钻机制造、油桶制造、铁路运输、化工原料、石油贸易等庞大的产业链，使美国石油工业一跃而起，迅速超过了欧洲。

从此，利用钻井获取石油、利用蒸馏法炼制煤油的技术真正实现了石油的工业化。石油热之下，大量廉价煤油涌向市场，人们赞叹说："作为照明用油，石油是无价之宝，它是时代之光。"煤油灯虽然亮度有限，但毕竟价格低廉，很快就使抹香鲸油退出了市场和历史舞台。世界捕鲸业迅速衰落。就这样，石油的出现拯救了鲸鱼，正如当初煤的出现拯救了森林。

煤油是第一种市场前景广阔的石油产品，它帮助美孚石油公司早在汽油和内燃机崛起之前，就在全球范围内建立起自己的商业帝国。

洛克菲勒的美孚石油公司通过收购和兼并，建立了一个垄断性的石油托拉斯，它几乎垄断了美国的煤油出口；换句话说，也几乎垄断了全球煤油市场。美孚还把市场延伸到太平洋彼岸的中国，独霸中国石油市场半个世纪，对中国的民生经济和近代化带来深远的影响。①

当时，世界各地的人都在等待着来自美国的“光明”。“在世界贸易史上，从来没有一种来自一个地方的产品像石油那样，征服了文明国家和非文明国家的那么多角落。”②

技术总是不断进步。1882 年，爱迪生发明了电灯，电灯取代煤油灯成为新的照明方式，煤油市场出现了短暂的萎缩，但不久之后，内燃机的出现，为石油开辟了更为广阔的前景。

石油时代

1876 年，奥托为他的四冲程内燃机申请了发明专利。第一辆奔驰汽车于 1890 年驶上马路。汽车、飞机、柴油机轮船和内燃机车的出现，完全改写了蒸汽机的火车时代。1910 年，美国的汽油销售量超过了煤油和其他照明用油的销售量，这代表一个石油能源时代的启幕。

随着石油产量不断提高，汽油、煤油、柴油逐渐成为广

---

① 可参阅：吴翎君《美孚石油公司在中国（1870—1933）》，上海人民出版社，2017。

②（美）丹尼尔·耶金《石油·金钱·权力》，钟菲译，新华出版社，1996。1870 年，约翰·D. 洛克菲勒成立了标准石油公司，通过兼并重组，迅速成为世界最大的石油托拉斯，控制了美国 90% 的炼油厂和石油管道。1890 年，美国国会通过了反垄断法。1911 年 5 月 15 日，美国联邦最高法院裁定标准石油违法垄断，将其支解为 37 家新公司。这些公司后来发展成为埃克森美孚、雪佛龙德士古、英国石油 - 阿莫科等世界石油巨头。

泛应用的新燃料，蒸汽机逐步被内燃机取代。与蒸汽机不同，内燃机烧的是油而不是煤，它靠火直接推动，因此它也不需要水。与蒸汽机相比，内燃机的效率更高，功率更大，体积更小，重量更轻，其种类和用途更为广泛，这不仅使车辆得以小型化和轻型化，也使飞机的诞生成为可能。

正如火车是煤炭的产物，汽车也是石油的产物——汽车靠石油驱动，汽车轮胎使用合成橡胶，道路用沥青铺成。在福特的努力下，到 1930 年，美国汽车已经达到 2300 万辆，世界石油产量达到 2 亿吨，是 1900 年的整整 10 倍。此后，世界石油产量以几年翻一番的速度增长：1940 年为 3 亿吨，1950 年为 5 亿吨，1960 年为 10 亿吨。石油迅速取代煤炭，成为现代世界能源与化工的主要来源，现代社会从煤炭时代进入石油时代。

石油出现的时期比煤炭出现的石炭纪（距今约 3 亿年）晚得多，许多油田的形成距今只有几千万年。据科学家计算，100 吨远古植物（相当于 16 公顷小麦田的产出）才能形成今天 1 加仑（3.785 升）汽油。与煤炭相比，石油的能量密度更高；作为燃料更易燃烧，也容易运输，石油为能源密集型工业提供了具有竞争力的优势。早在“一战”前，世界的航海业就开始从以烧煤为动力转向以石油为动力。石油不仅为世界运输业提供了主要能量来源，它本身也是最重要的运输货物，在任何时候都占据着地球上商业运输量的一半左右。

在20世纪中期，随着许多大油田被发现，世界油价大跌。廉价石油带来一场强大的能源冲击波，就1美元所产生的能量而言，石油要比煤炭便宜得多。而且石油不像煤炭行业那样，存在强大的矿工工会和没完没了的罢工风潮。对法国和日本这样既缺乏煤炭又缺乏石油的国家来说，廉价石油无疑是莫大的福音。于是，在工业革命中遥遥领先的西方发达国家率先完成了由煤向石油的能源转换。

1955年，煤炭占西欧全部能耗的75%，石油只占23%；到1972年，煤的比例已经减少到22%，而石油上升到60%。20世纪50年代初，石油在日本能源总消费中的比例只有7%，比木柴都低，到60年代后半期，石油比例达到70%；1955年日本只生产了不到7万辆汽车，1968年的汽车产量超过400万辆。在一定程度上，日本在战后的迅速崛起和繁荣与廉价石油是有联系的。

丹尼尔·耶金说："石油已屹立于其他商品之上，成为万能的助手，几乎是我们所做的一切的基础。"[①] 今天，世界石油工业已经发展成为年产值数万亿美元的庞大产业。

地理学家斯密尔总结说：现代社会最根本的特征是，我们拥有依赖大规模燃烧化石燃料的高能文明。石油能源的高

---

①（美）丹尼尔·耶金《石油·金钱·权力》。

效与便利，彻底改变了现代人的生活质量，但也带来全球变暖、漏油造成的海洋污染等环境问题。随着走向现代化的世界各国对石油资源越来越依赖，人们对石油矿产终将耗尽的恐慌也带来挥之不去的焦虑。

自从工业革命之后，以煤炭和石油为代表的石化能源完全取代了传统时代的自然能量。人类仅在 20 世纪消耗的能源，就相当于农耕出现以来这一万年所消耗的全部能源。生态学家杰弗里·杜克做过一个换算，从 1751 年到 1998 年，人类累计燃烧了 13300 年来以动植物为储存形式的太阳能量。杜克为了简化计算，假设地球的植物覆盖率为 100%，而且它们全部转化成了石油。

现代人类的富裕生活几乎建立在对巨大石化能源的利用上。英国工业革命开始到现在，最多只有 200 多年，但现代人的生活水平，保守估计也比工业革命前增长 1000 倍以上。今天普通家庭所享受的生活质量，比工业革命前的皇帝还要好；就算最贫穷的非洲地区，整体来说，也比工业革命前的欧洲国家生活得更好。

石油与战争

正像蒸汽机一样，内燃机的发明是动力机的一次新革命。内燃机不仅推动了交通运输业革命，引起了农业生产的机械化变革，也完全改变了战争的速度和范围。

石油为现代战争的惊人机动性开启了大门，燃油战舰比烧煤战舰更具战斗力。以石油作为燃料，使得英国人的舰船比对手的更快、更好，但是最重要的优势是它们能够长时间航行在海上。①

第一次世界大战，与其说是英、美、法战胜德国，不如说是石油战胜了煤炭；“协约国是乘着石油的波浪驶向胜利的。”德国对钢铁和煤炭过分关注，但是对石油的重视却不够。对战争而言，石油不仅是地球的血液，也是胜利的血液。

在第二次世界大战中，军队能够推进，主要依靠内燃机气缸中燃烧的石油。对德国来说，战争始于他们发起的闪电战，德国坦克能够以每天 100 公里的速度前进，最后因为没有石油，坦克变成一堆废铁，在盟军坦克飞机的进攻下，德国失败；对日本来说，战争始于他们对珍珠港的空袭，终结于美军空投于广岛的原子弹。

在现代战争中，石油不仅关涉后勤保障问题，它已经成为军队战斗力的主要构成要素。戴高乐为能源匮乏的法国悲

---

① 用石油作动力的战舰没有黑烟，不会暴露目标，而烧煤的战船拖着长长的黑烟，10 公里外都可以看见。烧煤的蒸汽机要达到最大马力，需要好几个小时，而烧油的话只需要几分钟。在给引擎添加燃料方面，烧煤战舰需要多几倍的人手，而在同样功率下，消耗的煤炭是石油的 4 倍。也就是说，燃油战舰的活动半径是烧煤战舰的 4 倍，不用中途补充燃料。此外，燃油战舰在速度和灵活性上也大大优于烧煤战舰。

叹："决定第一次世界大战胜败的是煤，法国没有煤；决定第二次世界大战胜败的是石油，法国没有石油！"

第一次世界大战基本以步兵为主，将大量步兵送到前线的是火车，战马也随处可见。海军依靠的是蒸汽机舰船，只有英国海军认识到燃油战舰的优势，这为英国取得最后胜利发挥了重要作用。英国海军舰艇由于完成了从煤到石油的燃料转换，活动范围变大、航速更快、燃料补给迅速，从而在海战中取得制海权。到了"二战"期间，战争完全走向机械化，各种武器装备几乎都以石油作为动力，坦克、飞机、潜艇、航空母舰主导了战争进程。如果说"一战"是一次静止的战争，那么"二战"就是一场运动的战争。

第二次世界大战中，石油被交战各方视为最重要的战略目标。

1942 年初，德军发动"蓝色行动"，旨在攻占苏联主要石油产地。希特勒曾对第 6 集团军司令保卢斯将军说："如果我拿不到迈科普和格罗兹尼的石油，那么我就必须结束这场战争。"虽然德军占领了迈科普油田，但始终未能占领更大的巴库和格罗兹尼油田。如果德军占领这些油田，战争绝对不是后来的结局，失去石油的苏联将不战而降。苏联高加索地区是欧洲最大石油产地，仅巴库油田出产量就相当于轴心国石油产量的 2.5 倍。

石油短缺迫使德国重塑与罗马尼亚和苏联的关系，高耗能的长期攻防战被基本放弃，以快速突袭为特征的节能“闪电战”成为主要选择。另外，作战目标也不再局限于攻城略地，更多的石油重镇和后勤基地被标注在德军总参谋部的作战地图上。

很多人不知道，德国主要是依靠苏联石油才发起“二战”：1939 年，苏德双方签订互不侵犯条约后，德国即从苏联获得 90 万吨石油；战争第二年，苏联石油达到德国当年进口总量的三分之二。德国之所以采用“闪电战”模式，并不是其耗费石油，而是节约石油。1939 年德国突袭波兰，因战事较短，只消耗了约 15.5 万吨石油，低耗能地实现了占领该国的目标。次年，德军发动西欧战役，从发动战争至法国投降，石油总消耗不足 150 万吨，是原先估计的四分之一，实际德军在战争中夺得的石油就不少于 150 万吨。

与德国一样，日本也是个贫油国，石油全部依赖进口，80% 来自美国，10% 来自荷属东印度群岛。石油的短缺匮乏始终是日本对外扩张的“阿喀琉斯之踵”。

日本侵略中国后，美国受到国内舆论的批评：“日本提供飞行员，美国提供飞机、汽油、石油和炸弹，摧残对象是中国手无寸铁的城镇。”当美国对日本实行石油禁运后，日满探矿会社在伪“满洲国”进行了大量勘探工作，但均与油田失之交臂，1940 年 8 月，失望的日本石油公司只得撤走。接下来，唯一的出路只能是强行攻占盛产石油的印度尼西亚，为此不得不与美国发生战争。假如日本当年能发现大庆油田和辽河油田，那么历史无疑将会重写。①

为了保护海上通路，特别是为了保证将来从苏门答腊及婆罗洲返回日本的油轮畅通无阻，1941 年 12 月 7 日，日本袭击了美国在太平洋珍珠港的海上舰队。②经历过战争的日本人都喜欢开一个苦涩的玩笑："当初为了石油去打仗，后来却因为没有了石油而败战。"

应当承认，日德之所以战败，美苏之所以获胜，与战争双方占有的石油资源有很大关系。虽然德国军工业发达，但由于油料不足，德国飞机和坦克的实际利用率越来越低；战争后期，许多飞机和坦克从生产出来便只能等着被美英飞机炸毁。战争期间，日本和德国因为石油短缺，只好从煤炭中

① 1999 年，一本名为《北满洲油田》的虚构小说在日本热销，其内容就是讲"充足"的石油怎样改变了日本现代史。1976 年，大庆油田原油产量突破 5000 万吨，进入世界特大型油田行列，此后 27 年，大庆油田原油年产量一直保持在 5000 万吨以上。日本侵略中国的前 5 年，日军总共才消耗了约 3000 万吨石油。可以设想，仅仅一个大庆油田就足够让日本战车开足马力运行。

② 日本石油消费量的 88% 都依赖进口，尤其来自南洋。日军袭击珍珠港时并没有轰炸到美军油库，美国航母也毫发无损，这一失误使美国海军能够迅速发起反击。美国太平洋舰队总司令尼米兹上将后来说："在珍珠港事件中，美军舰队的所有燃料都在地面的储油罐中，大约有 450 万桶油，哪怕 50 毫米子弹射击都可能完蛋，如果日本人摧毁了油库，战争就要延长两年时间。"发动战争之前，日本的石油储备只能维持两年，日本计划战时依赖荷属东印度群岛出产的石油，这种依赖被证明存在一个致命的弱点，就是忽略了海上运输的安全性。战争期间，美国针对日本海上航运的"丸之战"使石油供给线命悬一线，到 1944 年，被美国潜艇击沉的日本的油轮数目已远远超出了日本新建的油轮数量。燃料短缺严重限制了日本海军和空军的行动，处处被动挨打，一些舰船甚至改装为烧煤船，从而失去了应有的速度和灵活性。民用船又回到帆船时代。

提炼燃油，尤其在战争后期，煤制油成为轴心国的主要燃料来源。和其他国家相比，“二战”时期的美国在石油方面处于超强地位，石油产量约占世界的 70%。当时美国将 1/3 的石油用于战争，军用油料消耗量达到 18760 万吨。

在战争中，因为油料供应中断而导致战局逆转的案例比比皆是。

1942 年的阿拉曼战役，英军严密封锁北非德军的油料供应线，造成德军 500 余辆坦克因断油而被歼。隆美尔对此痛心疾首：“勇士不能没有枪，枪不能没有充足的弹药，然而在机动战争中，如果离开了装足汽油运载它们四下出击的车辆，则枪支弹药都毫无用处。”在诺曼底登陆后，正当巴顿将军率领的第三集团军横穿法国腹地，准备全歼德国主力部队时，油料供应突然中断，机械化部队无法前行，使整个“二战”格局发生变化，苏军得以抢先占领柏林。1945 年 8 月，苏联发动对日远东作战，坦克部队在第三天就因为油料耗尽而停止前进，直到日本投降，苏联地面部队还未到达预定作战位置。

直到 1960 年，美国一直是全球最大石油生产国（占全球 50% 以上）；可以说，是美国决定了两次世界大战的最终结局。第一次世界大战中，盟军的石油供应 80% 来自美国。整个“一战”的石油消耗仅为 3600 万吨左右；第二次世界大战中，石油消耗已达 3 亿多吨，几乎增长了 10 倍。石油占各类作战物资消耗总量的近四成。

随着现代军事技术的提高，石油对战争的影响越来越大，比如1982年的马岛战争，英军消耗石油达60万吨，占作战物资消耗总量的60%；1990年的海湾战争仅仅持续了42天，美军就消耗了625万吨石油，占物资消耗总量的70%以上。

荷兰病

石油被称为“黑金”，这种埋在地底下的财富如同一笔“横财”，让一些国家“一夜暴富”，也让一些国家走向衰落。石油时代让“荷兰病”成为一种普遍现象。

20世纪50年代，已经是世界发达工业国家的荷兰发现了大量石油和天然气，荷兰政府便大力发展石油和天然气，能源出口剧增。因国际收支之顺差，荷兰经济呈现出一片繁荣的景象。不幸的是，蓬勃发展的石油和天然气工业却对农业和其他工业造成严重打击，大大削弱了工业的国际竞争力。到20世纪80年代初期，荷兰遭受到通货膨胀上升、制成品出口下降、收入增长率降低、失业率增加的困扰，这被经济学家称之为“荷兰病”。

沙特有句谚语：“以前我的父亲骑骆驼，现在我开汽车，将来我的儿子开飞机，到了我的孙子——还要骑骆驼。”而一旦失去石油资源，富裕生活片刻也难以为继。

纵观世界现代化之路，包括爆发工业革命的英国在内，基本都是从制造业起步，通过增加就业，发展教育，提高国民素养，创造财富，然后向资本运营和技术创新发展。石油不同于煤炭的一点，是不需要大量工人，但需要大量资金。如果仅仅依靠输出石油，利润只会掌握在少数人手中，既带不来工业繁荣，也不会让年轻人就业，只能导致社会贫富悬殊和通货膨胀。因此，石油国家几乎无不陷入专制独裁和社会动荡，甚至激发恐怖主义。

对这些国家来说，石油财富既是福音，也是祸根。当石油价格暴涨时，拥有石油资源的小国也可以财大气粗；一些不学无术的大独裁者，仅仅依靠石油财富，就可以向全世界叫板。讽刺的是，对工业基础雄厚的石油进口国来说，石油价格的波动影响并没有想象得那么大，反倒是那些一切都依靠石油的非民主国家，国际油价的下跌，常常会造成灾难性的后果。前些年有个笑话，说是当石油价格为每桶 100 美元时，那些坐享石油红利的国家都是重量级的大猩猩；而当石油价格跌至 60 美元一桶时，它们就都成了尖嘴猴腮的猴子。

石油主要分布在亚、非、拉的一些贫穷落后国家，而石油消费者主要是欧美发达国家，因为石油资源在地理上分布得很不均衡，所以石油天生就是一个国际问题。

众所周知，全世界 70% 以上的石油都在中东，这里有许多盛产石油的小国，个个“富得流油”；这里没有什么工业，人们基本都不用工作，一切都坐享其成，民众也不用交税，国家跟他们也没有多大关系。石油带来滚滚财富，全都垄断在国王或独裁者手中，富裕并没有带来经济上的繁荣和政治上的文明。石油高涨时期的债务很容易使国家财政元气大伤，在萧条时期濒临破产。从委内瑞拉到印度尼西亚，从利比亚到伊拉克，它们最大的麻烦往往不是来自国外公司的竞争，而是来自国内的腐败和“社会成本”——沙特阿拉伯每年必须从它的石油收入中支出一大笔资金，用来安抚那些潜在的“不安分子”。

伊拉克的石油储量位居世界第二，号称“浮在油海上的国家”；自从发现石油之后，西方列强在伊拉克争权夺利，明争暗斗。伊拉克独立后，实现了石油国有化，仅仅 20 年时间，就从一个穷国陡然变成富国，人均 GDP 增长了 20 倍。后来发生的海湾战争其实就是石油战争，战争完全因石油而起。因为石油，伊拉克与伊朗这两个产油大国之间，曾经发生过长达 8 年的消耗性战争，彼此以对方的油田为攻击目标。战争毁灭了它们的石油，还造成 100 多万人死亡，这两个独裁国家又被打回原形，沦为穷国。

今天海湾产油国的情况与当年美洲金银流向伊比利亚半岛国家所带来的效应相类似。在这些国家，巨额的石油收入都浪费在外国奢侈品上，结果流向了外国工业化国家。当波斯湾油田枯竭时，石油收入的流入将会停止，正如美洲金银的流入将会停止一样。届时海湾国家将会发现，他们的处境比伊比利亚国家的处境更糟，因为石油枯竭后，海湾地区剩下的只有黄沙和枯井。①

位于拉丁美洲的委内瑞拉也是如此。早在 1929 年，委内瑞拉的石油产量就达到 1.37 亿桶，仅次于当时世界第一产油大国美国，直到 1960 年被苏联取代。20 世纪 70 年代，委内瑞拉成为拉丁美洲最富有的国家，是全球最富的 20 个国家之一。他们依靠原油红利，一度建立起堪比发达国家的福利系统。油价高企的时候，从医疗、教育甚至到民众的日常消费，政府都会有补贴。据说在委内瑞拉加满一箱油比买一瓶水还要便宜。因为缺乏发展经济的动力和竞争，其结果是整个国家缺乏其他经济支柱，仅有的一些企业也毫无竞争力可言；石油滋养下的民众长期养尊处优，好逸恶劳，一遇到油价暴跌，整个社会便陷入动荡之中，无法自拔。

对高寒之地的苏联或俄罗斯来说，石油简直是生命之源。石油是苏联唯一可靠的外汇来源，即使在今天，石油工

① （美）斯塔夫里阿诺斯《全球通史：从史前到 21 世纪》。“伊比利亚半岛”位于欧洲西南部，主要国家为西班牙和葡萄牙。

业也占俄罗斯整个经济的60%。尽管在石油储量上苏联排世界第七，但在出口量上，苏联却是老大。冷战时期，苏联为了扩大政治影响，不断扩大石油出口。从1948年到1973年，苏联的石油日产量翻了14番，从61桶上升到850桶。从1955年到1976年，苏联石油出口量增长了17倍。石油不仅帮苏联打赢了“二战”，在冷战时期，石油也是苏联与美国争霸的主要本钱。每当不断扩张势力的苏联需要更多资金时，总会有新的石油被发现；石油经济掩盖了苏联体制的种种弊端。70年代的石油高价期，石油价格每上涨1美元/桶，苏联就可以多获得10亿美元。当时，面对高油价，西方石油消费国加大了其他替代能源和节能技术的开发，美国还于1975年颁布了《节能法》。

进入20世纪80年代，沙特开足马力采油，石油市场顿时过剩，国际油价一落千丈；从1981年到1989年，世界油价以每年11%的速度下跌，从1980年的每桶40美元，跌到1986年的每桶9美元。国际油价每下跌10美元，苏联就要损失100亿美元。苏联的石油生产成本要比中东国家高得多，沙特平均产油成本每桶只有5到7美元，苏联每桶则要15到16美元。整个80年代，国际油价长期低迷，每桶石油的价钱始终徘徊在7到14美元，使得沙特在赚钱，而苏联在赔本。石油售价长期低于生产成本，导致苏联出口石油不仅无法盈利，反而变成流血的伤口。苏联经济完全陷于崩溃。[1]作为苏联遗产的继承者，俄罗斯尝试重新找回昔日的荣光，叶利钦面对低油价亦焦头烂额、无计可施。2003—2008年，国际油价暴涨5倍，从每桶27美元涨到每桶138.76美元。借助国际油价的升温，普京依靠石油，向能源帝国主义迈进，不断搅动世界政治经济格局。今天的俄罗斯，除去军火，还可以出口的就是石油和天然气，后者更是占俄罗斯出口总量的90%。

沙特、俄罗斯和美国仍是目前世界前三大产油国，但美国依靠其强大的技术创新能力和经济制度优势，在近年掀起一场前途无限的“页岩革命”，从根本上改变国际能源市场的定价与交易模式。短短10年时间，这场静悄悄的技术革命便颠覆了世界石油格局。被尊为“页岩革命之父”的乔治·米切尔在1998年实现了页岩气的大量开采；2007年，哈罗德·哈姆将米切尔的技术用于页岩油开采，并取得成功。美国的原油产量（包括页岩油）从2008年的每天300万桶，达到2015年底的每天900万桶，整体石油对外依存度从2005年顶峰时的60.3%，降到2014年的27.9%。2014年，美国取代了俄罗斯，成为全球最大的天然气生产国，其中页岩气占到了25%以上。15年前几乎不存在的页岩油气产业，如

① 美国五角大楼解密文件披露，20世纪80年代，美国精心策划，以经济战特别是石油战争来打败苏联。美国政府压缩石油进口额度，并联合其他西方国家一起行动，平抑油价。与此同时，美国让沙特加大石油产量，沙特石油储量高，且开采石油的成本低，到1985年，国际油价从每桶30美元跌到每桶12美元。

今创造了 200 万个就业岗位。[①]

2014 年，国际原油价格在 8 个月内暴跌 60%。布伦特原油价格更是从 2014 年中期的每桶 115.30 美元一路跌至 2016 年初的每桶 25.99 美元。2016 年，曾是石油化身的洛克菲勒家族正式向石油告别，售出名下价值 500 亿美元的石油业资产。

2011 年，委内瑞拉宣布成为全球第一大探明原油储备国，转眼就遭遇国际油价暴跌，从大繁荣跌入大崩溃，社会经济陷入危机。根据世界货币基金组织估计，2017 年委内瑞拉 GDP 下降 14%，贫困线以下人口增长 82%，通货膨胀率上升 720.5%（2016 年超过 600%），失业率上涨 26.4%。最讽刺的是，委内瑞拉的石油储量是美国的 8 倍，但如今却不得不从美国进口原油。

石油的世界

基辛格有句名言："谁控制了石油，谁就控制了世界，谁就能控制对手。"现代石油企业始终站在全球权力的顶端。世界 500 强的前十大公司中，半数都是石油公司。作为老牌石油企业，埃克森美孚石油公司俨然是一个独立的国家。它

①（美）拉塞尔·戈尔德《页岩革命：重塑美国能源，改变世界》，欧阳谨、欧阳勇锋译，石油工业出版社，2016。

拥有雇佣军、外交部和情报部门，掌握着一些大国的能源命脉，不仅可以左右国家政策，直接安排国家元首外事活动，代替国防部进行战争评估和支配战争，还能在一些地区以外交大使的身份进行活动。①

在 20 世纪 80 年代的中国，“的确良”（涤纶）和“尼龙袜”曾风靡一时，被视为神奇的奢侈品。这个关于“现代”的初体验，曾给当代中国人留下深刻印象，当时很少有人知道，这个神奇的高级布料是来自石油。

1939 年，尼龙和聚乙烯的诞生，象征着石油化工打开了一个新时代。从此以后，合成纤维取代棉、麻、丝和羊毛等天然纤维，成为现代纺织工业的主要原料。它作为服装面料，具有色彩艳丽、耐磨、质轻、廉价、易洗、快干、弹性好、免虫蛀等优点，而且产量不受任何限制。

古代人生产生活，衣食住行，所需所用，无一不是来自土地上生长的植物，即使家畜也是以植物来饲养。因为耕地有限，产出有限，古人一直生活在饥馑的边缘。尤其是中国平原地区因为人口密集，自古燃料都极其缺乏。人是熟食动物，为了吃一顿热饭，人们想尽各种办法，一到冬天，总难免饥寒交迫。晚清时游历中国的德国人李希霍芬在山东看到：

①（美）史蒂夫 · 科尔《石油即政治：埃克森美孚石油公司与美国权力》，杨婵宇译，文汇出版社，2017。

中国人采伐植物的方式令人窒息。现在这一代人的祖先已经把树木砍伐一空，仅剩的一些灌木也被连根拔起。我经常能看到一些人为了寻找燃料，在光秃秃的山上耐心寻找灌木的根茎，并把它们刨出来。但是在山东芝罘以及西部地区，这种状况已经不存在了，因为这里早就没有灌木了。人们将目标转向了地里的野草。在山坡上或者田埂上，常常能看到一群人辛勤劳作，手里拿着特制工具挖草，将野草连根挖起。一大片地方只需一天就被挖得干干净净。这种习惯应该由来已久了，我在东部和西部都见过人们使用这种工具。[①]

历史就怕对比，现在人们已经很难想象那种山穷水尽的窘境。在这样一个世界里，食物、燃料、衣物和住所这四种维持生命的必需品，大都是由各种生物质转化而成的，这些生物质有的来自对树木、灌木和草本植物的采伐、加工或燃烧，有的来自粮食、饲料和燃料作物的种植，有的来自食用、饲料用或药用的野生植物，但它们都无一例外地依赖植物通过光合作用将太阳能转化为可以直接或间接被人类消耗的能量。这种旧生态体制下，劳动主要是通过人力或畜力来

①（德）李希霍芬《李希霍芬中国旅行日记》，李岩、王彦会译，商务印书馆，2016。

完成的，也就是麦克尼尔所说的“肉体能源社会”。①

石油时代之前，建材、家具和各种工具大都是木制的；为了获取木材，大量砍伐山林，再加上开垦梯田，扩大耕地，导致严重的水土流失和旱涝灾害。因此，古代社会干旱和洪灾接连不断。石油、天然气和煤炭使现代人获得了丰富的远古能源和新材料，免除了冻馁之苦，而且节约了大量耕地。人类由此跳出了“马尔萨斯陷阱”。现代人的衣、食、住、行，主要都来自石油或石油产品，从而大大缓解了对土地的压力，即使在人地矛盾向来突出的中国，进入石油时代后，大量的山地也被“退耕还林”，甚至连大量的优质耕地也被开辟为公园景观，种上了草。

自晚清洋务运动以来，中国各地陆续建起了许多棉纺织厂，但因为棉花产量的限制，中国始终没有解决穿衣问题，后来只好用布票进行管制。对普通人来说，一件衣服往往补了又补，要穿很多年，有的穷人家甚至一家人只有一条裤子。到20世纪70年代，中国原油产量已经达到5000万吨，因为汽车比较少，石油根本用不完。当时只需200万吨石油原料，就能生产相当于中国全部棉花产量的化纤产品。1982年，通

① 无论是传统时代依赖植物资源还是现代所使用的煤炭、石油等能源，其实都是来自太阳的能量。太阳表面温度高达6000摄氏度，内部不断进行核聚变反应，并且以辐射方式向宇宙空间发射出巨大的能量。据估算，地球上每年接受的太阳能，相当于地球上每年燃烧其他燃料所获能量的3000倍，因此，大力开发利用太阳能是21世纪的高新技术。

过向西方国家引进相关技术设备，辽阳化纤厂终于建成投产。几乎一夜之间，中国不论男女老幼都穿上了没有补丁的新衣，尤其是“尼龙袜”和“的确良”（涤纶），几乎是那个年代的共同记忆。1984 年，通行了 30 年的布票被废止。接下来的十余年，“压锭限产”让无数棉纺厂倒闭，大量棉纺工人下岗失业。基于石油的化纤成为纺织服装行业的主流。

石油的贡献有多大？仅拿 1 万吨合成纤维来说，它就相当于 30 万亩棉田或 200 万头绵羊的纤维产量。全球每年合成纤维产量超过 3000 万吨。作为纺织大国，中国在 2000 年时，化纤消费量就占全部纺织纤维总量的 60%。中国 2000 年的化纤产量是 700 万吨，这相当于 1.4 亿亩棉田的棉花产量。中国全部耕地面积虽有 20 多亿亩，但实际可以用来种植棉花的好地只有几分之一。作为石油的另一个副产品，塑料超越木材、钢铁和水泥，成为一种用途广泛的生产生活材料。如果以体积论，全球塑料产量早已超过所有金属产量的总和。我们无法想象一个没有石油的世界，同样，我们也无法想象一个没有塑料的世界。在数码技术出现之前，摄影和电影都离不开塑料胶片。对现代人来说，塑料袋既是一个最伟大的发明，也可能是一个最糟糕的发明。一个塑料袋的降解至少需要 470 年，全世界每年大约有 800 万吨的塑料被倾倒入海洋，人类正通过危害自然环境来危害自身的生存。中国很早就颁布了“限塑令”。2017 年，东非国家肯尼亚全面实施“禁塑令”，违法使用塑料袋将被处以最高 4 年监禁或 4 万美元的罚款。这或许是人类告别“白色污染”一种实质性努力。

除了塑料和尼龙，基于石油的有机玻璃、合成橡胶、合成氨、油漆和其他化工产品，对现代社会的影响也非常大。以现代化程度最高的国家美国为例，农业生产几乎完全基于石油工业，化肥、农药、农膜无不来自石油化工，汽车、拖拉机、收割机等无不靠汽油和柴油驱动。正因为这样，美国每个劳动力才能够承担 67 公顷土地的耕种；只有全世界 5% 人口的美国生产了全世界 20% 的粮食。美国农业生产每年要消耗 6000 万吨石油。

现在地球上一氧化氮和氨的含量是 1800 年以前的 5 倍，制造氨所需的能量直接来自廉价的矿物燃料。现在每生产 1 卡路里食品，需要将近 5 到 10 卡路里的石油；如果是生产牛肉，石油的消耗则还要再提高 10 倍。

以煤炭和石油为主的化石燃料并不能完全解释工业革命的开始，但它们可以解释为什么这场革命不曾无疾而终。一旦化石燃料参与了进来，经济发展就真正插上了翅膀，并带着无限的潜力，冲破“马尔萨斯天花板”，马上提高人类的生活水平。马立博有个独特的观点，他说 20 世纪最重要的历史不是两次大战，而是氮肥的发明和生产。生命离不开氮，植物的光合作用离不开氮，如果没有氮就不会有生命。

在“旧生物体制”下，因为氮的束缚，人口增长和发展受到局限。即便把“旧生物体制”下各方面的因素都利用起来，全球最多也只能养活28亿人。但是20世纪初的合成氨法使人类能够生产氮肥，人类的命运由此发生了“大转折”。所谓“大转折”，就是人口增长发生了巨变：在1900年时，世界只有16亿人，到2000年就已经增长到了62亿，而2010年达到了73亿。从16亿人到60亿人，从渴望吃饱到发愁肥胖，如果没有化肥，根本不可能出现粮食增加7倍多，人口增加3倍多的现代化繁荣景象。

长江下游的江南地区自古人口密集，土壤因过度使用导致肥力严重下降。明末江南大儒袁黄不仅留下一部《了凡四训》，他还发明了制造高效粪肥的“煮粪法”，即把粪便放入大锅，加进人发或动物骨头，一起煮熟。然后取一些田土晒极干，加鹅黄草、黄蒿、苍耳子所烧成之灰，拌和煮熟之粪，晒极干，又洒熟粪水再晒干，即得高效肥料。袁氏在他的笔记中说，“亲曾试验，凡依法布种，则一亩可收三十石；只用熟粪而不用草灰，可收二十余石；凡不煮粪、不用草灰，其收皆如常，不能加多”。乾隆末期，江南农民不得不从满洲购入大量大豆用来施肥，这些大豆足够300万人食用一年。就中国历史而言，人们长期以来饱受饥馑的威胁，直至20世纪60年代，饥荒的阴影仍盘旋不去；大多数人都吃不饱肚子，连玉米、红薯和土豆，也要节省着吃。1972年，美国总统尼克松访华，中国与美国达成的第一笔交易，就是向美国订购了 13 座大型化肥厂。仅仅几年时间，中国便成为世界最大的化肥生产国和消费国。很多老人至今难忘对“日本尿素”的记忆。

如今中国耕地面积不足全世界的 1/10，消耗了全世界超过 1/3 的化肥，才勉强养活了占全世界 1/5 的人口——说“勉强”，是因为中国是世界上最大的粮食进口国。最近 30 多年间，中国粮食产量增长不到 1 倍，化肥消耗量却增长了将近 7 倍，农药消耗量增长了将近 100 倍；平均每人每年要消耗 50 公斤化肥和 2.67 公斤农药。在某种程度上，与其说是土地养活了现代中国人，不如说是石油养活了我们；甚至可以说，我们吃的不是粮食，而是石油。

工业革命时期的英国纺织工业联合会

惠特尼和他发明的轧棉机

美国新奥尔良港口等待装运的棉花

棉花田里劳作的奴隶

19 世纪棉纺厂里工作的童工

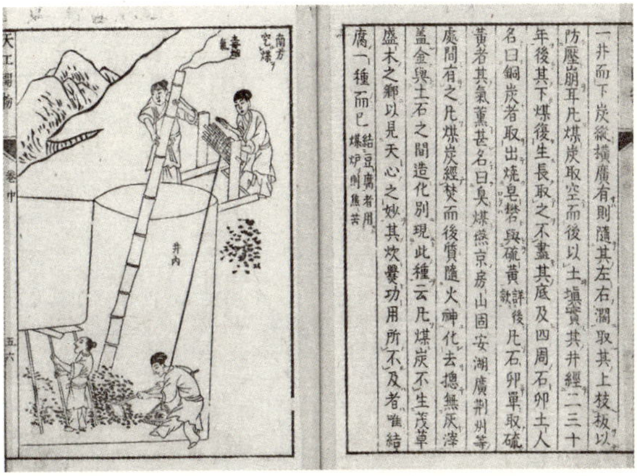
一井而下炭縱橫廣有則隨其左右濶取其上枝板以防壓崩耳凡煤炭取空而後以土填實其井經二三十年後其下煤復生長取之不盡其底及四周石卯土人名曰銅炭者取出燒皂礬與硫黃（詳後款）凡石卯單取硫黃者其氣薰甚名曰臭煤燕京房山固安湖廣荊州等處間有之凡煤炭經焚而後質隨火神化去總無灰滓蓋金與土石之間造化別現此種云凡煤炭不生茂草盛木之鄉以見天心之妙其炊爨功用所不及者唯結腐一種而已（結豆腐者用爆炉則焦苦）

《天工开物》中关于采煤和防止瓦斯爆炸的记载

北京运煤的骆驼走过卢沟桥

莫奈笔下的城市与污染

煤气灯的出现引起巨大轰动

费尔南德 · 德 · 雷赛布（1805—1894）

三叶橡胶树和它的种子

第四章

财富的代价

中国有句俗话：人为财死，鸟为食亡。“夫利者，人情所同欲也。同欲而共趋之，如众流赴壑，来往相续，日夜不休，不至于横溢泛滥，宁有止息。”财富是经济史的唯一主题，财富也是人类社会向前发展的最大动力，因此说，经济史其实也是社会史和政治史，或者说是社会史和政治史的一部分。

人类的历史是一部披荆斩棘的财富奋斗史。在大多数情况下，财富就是幸福。人类追求财富的方式有两种，一种是通过创造和交换，另一种是通过偷盗和掠夺；用张维迎先生的说法，前者是“市场逻辑”，后者是“强盗逻辑”。

传统时代，人类财富不仅有限，而且增长极其缓慢；从小时段来说，财富几乎是稀缺且固定不变的。在这个“前财富时代”，历史的核心命题就是财富分配。就古代中国而言，皇权体制具有对包括一切经济、财富在内的稀缺资源进行配置与支配的权力，权力大小决定了占有财富的多少，权力与财富密不可分。这往往使得强盗逻辑取代市场逻辑，掠夺成为获得财富的主要方式。这也是权谋与血酬能够成为中国历史主题的深层原因。

现代是一场革命。进入现代社会后，人类财富以井喷式增长，“财富时代”真正地来临了，财富从有限变成无限。现代社会中，财富主要来自创造，尤其是技术创新和制度创新。

经济学的诞生，使人们得以重新看待和解释历史，一些历史事件很适合作为案例来进行研究。历史的意义本来就是为了提供前车之鉴，从这些经济学案例中，不仅能够更清楚地了解经济发展规律，也能看到一部惊心动魄的人类社会史。在财富面前，人们何以变得如此疯狂——

在食盐垄断下，中国古代政府依靠抬高盐价来获得财政收入，盐権成为隐形税收。郁金香热堪称典型的“非理性繁荣”，这种虚假的财富泡沫一旦破灭，所造成的伤害甚至比贫穷本身更严重。

“商业革命”无疑为现代社会提供了“第一桶金”，但这还算不上完全出自“创造”，它在更深意义上仍是来自对大自然的偷盗和掠夺，其中也夹杂着对一些落后民族的侵略。在煤炭和石油之前，来自新大陆的鳕鱼和海狸皮无疑是一笔巨大的“生态财富”，即以地球表层生态环境为基础、利用物种繁殖规律获取的财富。

正如煤炭和石油对人类的巨大影响，鳕鱼和海狸皮这两种自然资源确实在短期内给西方人带来巨大财富，但贪婪和欲望是人性的弱点，郁金香热中的荷兰人是这样，涸泽而渔的印第安人也是这样。

圣雄甘地说：“地球提供给我们的物质财富足以满足每个人的需求，但不足以满足每个人的欲望。”在囚徒困境中，利润最大化和自由竞争导致了一场接一场的公地悲剧。

鸟粪让秘鲁和瑙鲁一夜暴富，但鸟粪被挖光之后，人们却发现已经回不到从前……

食盐

帝国的财政支柱

生物学家认为，人类作为动物，无疑是从海洋动物进化而来的，而吃盐是人和动物从海洋中带出来的一种习惯。在早期的狩猎采集时代，人类可以通过动物蛋白直接获取身体所需的盐分。直到火的“发明”，人类开始进入熟食阶段，而盐作为一种调味品进入人类的生活，这实际是农耕时代的事情。农业使人们的饮食结构发生变化，肉食大大减少，植物性食物缺乏盐分，因此人们需要以食盐来补充。

世界盐业，莫先于中国。中国盐业，发源最古。在昔神农时代，夙沙初作，煮海为盐，号称盐宗，此海盐所由此。煎盐之法，尽始于此。①

① 左树珍《中国盐政史》。

在古代汉字中，“鹽”（盐）字由“臣”“人”“卤”“皿”四个部分组成：“臣”代表官吏；“人”指工人；“卤”指卤水；“皿”就是煮盐的器皿。作为会意字，“盐”字本身形象地表现了中国古代皇权对盐的垄断。盐在《说文》中解释为“鹹”（咸）。①

在中国历史上，山西运城的河东盐池最为古老，有长达4000多年的开采史。河东盐池在中国盐业生产中一直占有重要的地位，辉煌时代，仅此一地的盐税，就占到全国财政收入的1/8。

钱穆先生在《中国文化史导论》中这样说：“解县附近有著名的解县盐池，成为古代中国中原各部落共同争夺的一个目标。因此，占到盐池的，便表示他有各部落共同领袖之资格。”为了争夺河东盐池，黄帝分别与蚩尤和炎帝进行了两场战争，即历史上著名的涿鹿之战和阪泉之战。这两场战争的胜利，使黄帝牢牢控制了河东盐池，控制了中原地区的食盐命脉，最终成为各部落的首领，乃至获得“中华始祖”的崇高地位。

根据一些历史记载，直至中国夏朝，盐还是一种仅限于贵族享受的奢侈品。但到了商代，盐已经为人们所熟悉，人们意识到盐的重要性，“以咸养脉”。周之后，盐已经成为人

① “咸”的意思是“全”“都”“普遍”（甲骨文从戌、从口，本意是用斧子砍头），比如咸丰、咸宁、咸阳、咸与维新。咸味的咸是“鹹”，简化后为“咸”。

们生活的必需品，“无盐则肿”。食盐作为烹饪的核心原料，《汉书》则称之为“食者之将”。盐在食物中是仅次于粮食的一种很重要的东西。对人来说，盐是支撑生命的基本物质，任何人都不可或缺；用现在流行的说法，食盐属于“刚性需求”。六朝时期，曾经有一种风俗，就是居丧期间，不仅不能吃肉沾荤腥，甚至不能吃盐。古籍中记载，许多严格恪守孝道礼节的士人，守孝三年，“不啖盐酢”“不进盐菜”，结果导致“坐卧于单荐，因虚肿不能起”，甚至有人毁瘠成疾，“未期年而卒”。

盐在自然界的分布极不均匀，并不是每个地方都出产食盐。战国七雄中韩国之所以最先灭亡，就与其缺盐有关。在传统农业社会，虽然大部分生产和生活资料都能自给自足，但盐必须从外界获得；不像粮食，只要有土地和水，就能生产。盐的自然储量大，开采、贮存和运输都很容易，理论上成本极其低廉，而且虽然每个人都需要，但需求量也极其有限。对人来说，食盐固然不可或缺，但从技术上或经济上来说，食盐本身并无太大价值，可怕的是垄断。任何东西一旦被垄断，社会就会出现不可避免的疼痛感。为了缓解这种疼痛感，人们愿意付出的代价，就会远远超出它本身的价值。

在 2000 多年的中国历史中，食盐对个人是重要的，但对帝国更加重要；换言之，帝国财政就建立在每个人的舌尖之上。《左传》中称盐为“国之宝”。宋应星言：“食盐，生人所必需，国家大利存焉。”

官山海

夏、商、周三代之时，中国还没有完全进入国家阶段。周以降，盐作为一种重要的特殊商品，引发一系列政治变革；依靠民众供养的贵族，迅速发现了这一财政“蓝海”，周天子开始设立盐官。

春秋战国作为中国的黄金时代，政治、经济、文化都走向早熟。随着盐的普及，盐的来源日益广泛，以崤山（潼关）为界，东面以海盐为主，西面以岩盐和池盐为主，南方则多为土盐和井盐；一些产盐之地甚至直接以盐城、盐亭来命名。在列国竞争的背景下，产盐的地区和国家依靠食盐这项自然资源，大发横财。与此同时，一些商人也依靠贩盐而平地暴富，如猗顿就依靠贩卖河东池盐，成为春秋时期第一代富可敌国的大盐商；猗顿还被后人奉为盐商始祖。范蠡弃官下海后，同样以盐起家，“与王者埒富”。“舜发于畎亩之中，傅说举于版筑之中，胶鬲举于鱼盐之中，管夷吾举于士，孙叔敖举于海，百里奚举于市。”[①] 这些历史人物其实都与盐有关。

---

①《孟子 · 告子下》。

到了春秋中期，法家崛起，提出“利出一孔”思想的管仲，率先在齐国对食盐实行官方专营，开创了中国历史上长达2000多年的食盐财政之先河。“量其重，计其赢，民得其七，君得其三”。夺私有为官有，变税收为垄断，官府的垄断权力，从政治领域延伸到经济领域，财政汲取能力大大增强，巨额财政利益达到了富国、弱民、抑商的多重效果。宋末史学家马端临说：

管夷吾相齐，负山海之利，始有盐铁之征。观其论盐则虽少男少女所食，论铁则虽一针一刀所用，皆欲计之，苛碎甚矣！……其意不过欲巧为之法，阴夺民利而尽之矣。(《文献通考》)

作为法家的代表人物，管仲以他的政治实践，奠定了一种“东方式”的统治模式。“民可使由之，不可使知之。”他认为，牧民之术也就是愚民之术，管仲反对明目张胆地对民众收税。最好的办法是虽然收了税，但民众却不知道自己被收了税；用现在的话，就是“既要拔鹅毛，又不让鹅叫唤”。

管仲的思路体现了一种传统的经济思想。他在《管子·海王篇》中说，国家征房屋税，人们会毁掉房屋；征树木税，人们会砍掉树木；征六畜税，人们会杀掉牲畜；征人口税，人们会拒绝生育。只有国家垄断食盐，人民才无法逃避。因此，盐就成为最理想的税收工具，人人都离不开盐，这就决定了谁也逃不了税收。管仲还专门为齐桓公算了一笔账：十口人十人吃盐，百口人百人吃盐。一个成年男子一月吃盐五升半，女人三升半，小孩二升半。一釜盐是一百升，每升盐价提高半钱，一釜可收入五十钱；每升加一钱，一釜可收入百钱。每升加二钱，一釜可收入二百钱。十釜为一钟。按一千钟算，就是二百万钱。一个万乘的大国有几千万人口，如果每天收入二百万，十日就是二千万，一月可得六千万钱。相比之下，一个万乘的大国，可征税的人口不过一百万人，每人每月征税三十钱，总共也不过三千万。你看，我们不用向大人小孩直接征税，就有了两倍的税收。但如果公开说：我就要对全国大人小孩直接征税了，那一定会民怨鼎沸。现在采取食盐财政之策，哪怕获得百倍的税利，也没有人逃得过。①

管仲食盐官营的"官山海"计划出笼后，齐国的盐价飞涨至他国数十倍。在盐专卖制度下，盐的生产、销售和定价

① 见于《管子·海王》。节选如下："桓公曰：'何谓官山海？'管子对曰：'海王之国，谨正盐策。'桓公曰：'何谓正盐策？'管子对曰：'十口之家十人食盐，百口之家百人食盐。终月，大男食盐五升少半，大女食盐三升少半，吾子食盐二升少半，此其大历也。盐百升而釜。令盐之重升加分强，釜五十也；升加一强，釜百也；升加二强，釜二百也。钟二千，十钟二万，百钟二十万，千钟二百万。万乘之国，人数开口千万也，禺策之，商日二百万，十日二千万，一月六千万。万乘之国，正九百万也。月人三十钱之籍，为钱三千万。今吾非籍之诸君吾子，而有二国之籍者六千万。使君施令曰：吾将籍于诸君吾子，则必嚣号。今夫给之盐策，则百倍归于上，人无以避此者，数也。'"

都由官府组织执行，导致其商品属性退化。盐再贵，人还是要吃盐，民众的财富通过盐这个媒介，迅速流进齐桓公的金库。司马迁在《史记》中评价道："齐桓公用管仲之谋，通轻重之权，徼山海之业，以朝诸侯，用区区之齐显成霸名。"

盐铁论

从齐国始，食盐成为国家统治的根本，秦时盐利更是二十倍于古。一个偌大的帝国，在接下来长达2000多年的时间里，竟然依靠普罗大众每日必需的小小调味品来支撑，这不能不说是人类历史上的奇迹。正如司马光在《资治通鉴》中所说："天下之赋，盐利居半，宫闱、服饰、军饷、百官俸禄皆仰给焉。"

汉武帝时，由于连年对外征服战争，国库空虚，武帝用大铁商孔汉和大盐商东郭咸阳为大农丞。这二人深知盐铁之道，给汉武帝上疏道："山海，天地之藏也，宜属少府，陛下不私，以属大农佐赋。"

汉元狩三年（公元前120年），汉武帝正式实行盐铁专卖政策，"笼天下盐铁"，由政府募民煎盐，食盐官收、官运、官销。在27个郡共设盐官36处，主要分布在沿海、西北和西南产盐区。凡是抵制盐铁国策者都受到打压，御史大夫卜式被贬逐，而颜异竟以“腹诽”被诛。

商人出身的桑弘羊，在汉帝国历任大司农中丞、大司农、御史大夫等重要职务，掌管天下财政大权40余年，成为后来盐铁国策的主要策划者。他在盐铁专营的基础上，还对商人实行苛刻的均输法和算缗政策。有人评论：“汉初商人不得为吏，而商业反兴；武帝时，商贾得仕宦，以至于大农，而商业反衰。”

始元六年（公元前81年）二月，在汉昭帝的主持下，从全国各地赶来的60多位民间知识分子，与御史大夫桑弘羊就盐铁官营展开辩论，这就是著名的盐铁会议。贤良文学批判盐铁官营是“与民争利”，《盐铁论·非鞅第七》中记载，“昔文帝之时，无盐、铁之利而民富；今有之而民困乏，未见利之所利也，而见其害也。且利不从天来，不从地出，一取之民间，谓之百倍，此计之失者也。”《盐铁论·复古第六》则记载了士大夫的反唇相讥，“宇栋之内，燕雀不知天地之高；坎井之蛙，不知江海之大；穷夫鄙妇，不知国家之虑；负荷之商，不知猗顿之富。”

这次盐铁会议，其实是法家与儒家的辩论，结果是鸡同鸭讲，没有达成任何结果，唯一的收获，或是作为会议记录的《盐铁论》。“外不障海泽，以便民用；内不禁刀币，以通民施”，儒士提出的这种自由经济主张，与司马迁在《史记·货殖列传》中的商业思想一样，完全吻合于1800多年后亚当·斯密的自由市场和小政府理论。

从齐桓公到汉武帝，官府对盐铁的垄断，不只是为了掩盖经济上对人民的野蛮掠夺。《管子》说："民，予则喜，夺则怒，民情皆然。先王知其然，故见予之形，不见夺之理，故民爱可洽于上也。"桑弘羊说，"商鞅相秦，外设百倍之利而民不见赋税之增"，"利用不竭而民不知，地尽西河而民不苦"（《盐铁论·非鞅第七》）。官营经济以超额的垄断价格，代替利税的征收，国家源源不断地攫取暴利，而民众却不知觉。垄断造成的高价掠夺，使民众苦苦挣扎，因此还可抑制民间力量的成长，"今意总一盐、铁，非独为利入也，将以建本抑末，离朋党，禁淫侈，绝并兼之路也"（《盐铁论·复古第六》）。

由于盐铁是朝廷的主要产业，其盐课收入在朝廷财政收入中举足轻重，为防灶户私煎盐货与朝廷争利，政府实行了极为严密的官给灶具政策。官给灶具始于汉代的"官给牢盆"，由此成为后世皇权统制盐铁业的基本制度。

三国时期，魏、蜀、吴在政治军事和经济上斗争不断，食盐几乎被视为国家的生命线，"夫盐，国之大宝也。"两晋以后，盐业专卖制度进一步加强，《晋令》载："凡民不得私煮盐，犯者四岁刑期，主吏二岁刑。"

唐朝的盐利收入达到了"中央实际总收入的二分之一，或至少达到五分之二"。为了筹措军费，镇压安史之乱，唐朝始立“榷盐法”（榷的意思是独木桥），将盐户生产的盐全部低价收购起来，然后再高价卖给民众[①]，即“尽榷天下盐，斗加时价百钱，而出之为钱一百一十”。实行民制、官收、官运、官销的严厉盐政制度，严禁私煮私贩，违者一斤一两，皆处极刑。榷盐法实施后，盐价惊人地上涨了 36 倍，每斗达 370 钱，而官府因此可获得 120 倍的超额利润。

最初，在一斗盐的原价十钱上加上十倍的一百钱，以一百一十钱贩卖。这已经是贵得吓人的价钱了，而随着时代推移，政府的财政愈发困难，盐价也随之上涨，变为三百一十钱、三百七十钱。这相当于原价的三十七倍，而唐以后的各个王朝，也大体上维持着同样水平的税率，一直到清末。明治以后，日本人来到中国，吃惊地发现盐竟然比糖还要贵。[②]

唐代刘晏任盐铁使之初，盐课岁入 40 万贯；大历年间，天下财政收入为 1200 万贯，而盐利占其大半，盐税是国家岁入的一半。即使安史之乱平定后，榷盐法仍在继续，其他

① 天宝十五年（756 年），颜真卿在河北正式榷盐，供应军队的支出。乾元元年（758 年），唐肃宗任命第五琦为盐铁使，总管全国盐政，正式确立盐法。“就山海开灶，收榷其盐，立盐院官吏，其旧业户洎浮人，欲以盐为业者，免其杂徭，隶盐铁使，盗煮私盐，罪有差。亭户自租庸以外，无得横赋，人不益税，而国用以饶。”

②（日）宫崎市定《宫崎市定中国史》，焦堃、瞿柘如译，浙江人民出版社，2015。

物价都在回落，只有盐价逆市日涨。韩愈批评道："国家榷盐，粜与商人，商人纳榷，粜与百姓，则是天下百姓无贫富贵贱，皆已输钱于官矣，不必与国家交手付钱，然后为输钱于官也。"

在中国，盐的产地有限，因而生产地与消费地之间的结合自然会逐渐固定。而使这一趋势确定不移的，则是从唐代开始实施的专卖法。某一产地盐的消费区域被严格指定，并在不同区域之间的边界上设立了严格如国境的警备线。设立这种人为的边界之后，其两侧的官盐价格不免要产生很大的差异。如果将盐从低价地区带入价高地区，就算携带的是官盐，也要受到和贩卖私盐一样的严酷刑罚。由此，生产地和消费地紧密地结合在一起。在唐代，长江流域的开发大为进展，为了向这一地域供盐，江苏省海岸淮南盐场的产量急速增加，所以领有此地的南唐得以称霸江南。而这片盐场被后周夺走后，南唐残留的部分以及湖南、荆南地区，不得不从后周接受盐的供给，而盐价必然奇高，仅仅因为这一点，这些地区便失去了自立能力。①

---

①（日）宫崎市定《宫崎市定中国史》。

盐政与盐商

宋太祖依靠淮南盐场所得的财政收入大举南下，南方诸国迎风而降，大宋得以统一中国。宋帝国能成为当时世界最富有者，盐利贡献最大。北宋庆历年间的盐课高达 715 万余贯。南宋政府财政中，“鬻海之利居其半”。因为食盐的生产、运输和销售完全被官府垄断，淮南、福建和浙江等沿海盐区，盐的收购价仅为每斤四文，卖给老百姓的价格则为三十三文，抬价高达八倍以上。

在食盐财政之下，北宋时期出现了“盐钞”和“交子”。作为一种信用票据，盐钞就是“用钞请盐”。对南宋朝廷来说，包括军费在内的一切费用，悉取于盐钞，故时人有语“南渡立国，专仰盐钞”。“交子”由四川的 16 家盐商联合印发，一交为一缗，这成为世界上最早的纸币。宋代的盐钞制度，其实就是明代盐引制度的前身，这标志着民间商人已经全面介入盐业专卖中，传统的榷盐制度宣告瓦解。[①]

元朝政府盐课最多时，为 766 万余锭，财政支出的十之七八，依靠盐利。元代的盐政更加苛刻和严密，“国家财赋，盐利为盛”“国之所资，其利最广莫如盐”。史家有“元代之亡，亡于盐政紊乱”之语。元末盐商叛乱，张士诚、方国

① 可参阅：梁庚尧《南宋盐榷——食盐产销与政府控制》，东方出版中心，2017。

珍等成为割据一方的大军阀。朱元璋在其控制地区设立“盐法。置局设官以掌之。令商人贩鬻，每二十分而取其一，以资军饷”[①]。

明帝国建立之后，军费一直居高不下，“国家财赋，所称盐法居半者，盖岁计所入，止四百万，半属民赋，其半则取给于盐筴”。明朝政府借鉴宋朝的盐钞，以“盐引”控制食盐专卖。商人每给边关运送200石粮食，官方就给一张引票；凭此引票，商人就可以在两淮或河东换盐去卖，其中的差价就是商人的利润。“自中盐之法兴，虽边陲远在万里，商人图利，运粮时至，于边陲不为无补。”[②]实际上，开中法并不限于边防卫所补充军粮，它开创了一种国家与民间的证券交易方式。“召商中盐”在此后逐渐被扩展到赈灾、建设等很多方面，甚至被用来支付官俸和军饷。只要军国所需，朝廷以盐利（即食盐运输权）为交换条件，即可吸引民间商人投入开中。为了获得军马，明朝还在陕西实现纳马中盐制度，“上马一匹，与盐百引；中马一匹，与盐八十引，听于陕西地方鬻之”[③]。开中法实行后，拥有地缘优势的山陕商人开始兴起，成为明清两代著名的商帮。

简单地说，自刘晏创立民制、官收、官卖、商运、商销

---

①《明太祖实录》卷九。
②《明太祖实录》卷一九七。
③《明英宗实录》卷三八。

的就场专卖制以来，沿用855年，至明万历时代，逐渐被民制、商收、商运、商销的盐商专卖制所取代，开启此后绵延300余年官督商销、权力寻租的红顶商人时代，陕商、晋商和徽商等民间商帮因此而崛起。

“自利官之设，三业之起，贵人之家，云行于途，毂击于道，攘公法，申私利，跨山泽，擅官市，非特巨海鱼盐也。”[①] 明朝中叶之后，由于官商勾结，通同作弊，私盐充斥，专卖制度紊乱。

正统九年（1444年）壬辰，“敕户部曰：‘朝廷令人易纳马草，关中盐粮，本期资国便民。比闻各场纳草之人，多系官豪势要及该管内外官，贪图重利，令子侄家人伴当，假托军民，出名承纳。……又各处所中盐粮亦系官豪势要之家占中居多，往往挟势将杂糙米上仓，该管官司畏避权势，辄与收受，以致给军，多不堪用。及至支盐，又嘱管盐官搀越关支，倍取利息，致无势客商，守支年久不能得者有之。丧赀失业，嗟怨莫伸，其弊不可胜言！’”[②]

明朝初期，在食盐管理上实行“计口授盐”的原则，严格按照州县人口统计数字，进行食盐配给，以防止食盐供应过剩导致贬值。盐税也就是人口税，“盐口之税，每吏每口

①《盐铁论·刺权》。
②《明英宗实录》卷一百十五。

十二斤，市民六斤”[①]。为了吃盐，民众每月必须缴纳盐粮，“大口月二升，小口一升”。据《明太祖实录》记载，仅山西河曲、太原等县，“居民岁纳盐粮米六万五千九百余石”。然而，后来食盐逐渐市场化，但盐粮并没有取消，而是被改为盐银。“国朝颁户口食盐于天下，而岁收其钞，曰户口钞，盖乃盐课钞也。今盐不颁已数世矣，而民岁折银钱户口钞如故，天下咸病。”[②]也就是说，食盐人户上纳户口盐银，实际上并无盐支给，这部分盐银即作为“正赋”，列入国家财政岁入。

这一不合理的税收，终明一代，未予减免。

晚明时期，国库空虚，盐税之上的各种加派数不胜数。“担负明朝廷财政收入一半以上的盐业发生严重混乱，势必危及明王朝的统治基础。”[③]

清朝实行官督商办，就是国家只出售限量的许可证，而不直接买卖食盐。在完全的垄断体制下，乾隆时代食盐的购价与销价相差三四倍，年利润率则高达194.1%。因此，孟森先生说：“盐务之坏，坏于高宗之侈心。”据乾隆年间统计，两淮产盐在当地每斤值钱十文，加上税银七文，每斤成本值钱十七文；而运销到湖北等地，每斤可以卖到五六十文

①（明）顾炎武《天下郡国利病书》卷八四。

②（明）倪元璐《国赋经略·盐钞》。

③ 刘淼《明代盐业经济研究》，汕头大学出版社，1996。

不等。

关中属于河东潞盐的专卖区域，“斗盐之价至一两有奇，民苦不能旧，甘心淡食，而有司俱按口授之，追取其值，如正赋然”。河东盐在产地每斤卖二十多文，运到关中便要卖到七八十文，甚至上百文。尤其是关中西府，盐船由“渭水逆流牵挽，运费过重”，导致官盐价格奇高，连一些富豪缙绅也无法忍受。光绪年间，官盐在凤翔激发暴动，盐局被民众焚毁。

有清一代，虽然表面上说“永不加赋”，但实际上官府并没有从民众身上少收一分钱，不过这些钱都是经过盐商掠夺来的。乾隆“时河东课额四十二万九千两有奇，较国初为三倍之入”，加上各种杂费，“岁额遂至五十一万余两”。所谓“商人捐办，不碍务本之民”，盐商成为不穿官衣的帝国税吏。正如孟森先生所言：“国取润于商资，商转嫁于民食，国取其什一，商耗其百千。”①

清代的盐商垄断盐引的情况远比明代严重得多。依靠对食盐的特许经营权，盐商完全有别于普通商人，他们与官府的关系非常密切。“盐商时邀眷顾，或召对，或赐宴，赏赉渥厚，拟于大僚，而奢侈之习，亦由此而深。”②一方面，扬州盐商以专利而暴富；另一方面，上至皇帝，下至盐务和地

① 孟森《明清史讲义》，中华书局，1981。

②《清史稿·食货志》。

方官吏，皆以盐商为利薮，竞相分肥，这导致食盐成本越来越高，食盐越来越昂贵。晚清改良运动，一度图谋变革盐务官制，遭遇到官商既得利益者的坚决抵制，直至天朝覆亡。史称“专商积弊与清代相终始”。

晚清时期，为了镇压南方叛乱，自咸丰三年（1853 年）实行盐税抽厘，以供充军费。盐厘其实只是“雁过拔毛”的厘金之一种，具体征收由各省自行掌握，并无统一标准，因此导致盐厘远大于盐税。与此同时，盐税也不断上调，还有各种附加税，这其实就是增加人头税。在清末的十余年间，盐价几乎上涨了近一倍。

1931 年，国民政府公布新《盐法》。“盐就场征税，任人民自由买卖，无论何人，不得垄断。”从春秋战国直到满清，中国用了 2000 多年的时间才走完了食盐财政的历史过程。

从各个王朝正史的食货志及相关文献记载来看，盐利收入与田赋相当。就征收赋税和实施盐专卖两种做法比较而言，后者的社会成本数倍于前者，全社会为之付出高昂的福利损失代价。食盐专卖制度获利的隐蔽性，充分满足了统治者搜刮民众财富与保证政权稳定性的双重目标。最能表现盐专卖制度品格的无疑是“民不知”三字，古人说：“民不知而谋其利，实与贼无异也。”帝国政府就是这样大肆窃取民众之财富。实际上，“专卖并非只限于盐，几乎（与唐代榷盐法）同时，酒的专卖也开始实行，不过因为实施较为困难而时行时罢。接着，茶的专卖、矿山税、津渡税等，都开始实行。只要能成为收税对象的东西，都一个个找出来，能收的税全部收走。”①

自管仲开始盐铁官营，食盐税利一直是中国历代王朝的财政支柱。中国的制盐、采盐技术也令人惊叹。清代时，自贡盐商已经大量采用天然气来煮盐。“1835 年，自贡钻探到一口新井，叫作深海井。在钻到 2700 英尺时碰到了天然气。在钻到 2970 英尺时碰到了盐水，可是钻探仍旧进行，直到 3300 英尺，成为当时世界上钻得最深的井。而 24 年后，美国人却还在为宾夕法尼亚州泰特斯维尔 69.5 英尺的井欢呼。”②

官盐与私盐

从唐宋到明清，作为帝国命脉的食盐财政，使运河源头的扬州成为东方大都市。明清两代的国家盐运使公署就设在扬州，而当时中国最大的商业资本集团也是麇集扬州的两淮盐商。因地利之故，徽商几乎垄断了两淮盐业，成为著名的官商。

---

①（日）宫崎市定《宫崎市定中国史》。

②（美）马克·科尔兰斯基《盐：品味食物中沉淀的文化，触摸历史中隐含的细节》，夏业良、丁怜青译，机械工业出版社，2005。

两淮地区东临黄海，西接运河，沿海的盐场很多。乾隆时期，两淮每年的赋税占全国商业税收的一半，其中主要是盐税，可谓“关系国库，最为紧要”。其时，扬州垄断了最为富庶的两淮食盐市场，城内富商云集，侨居者达数万之众。“富者以千万计，百万以下者皆小商。”乾隆多次南巡扬州，也不禁感叹：“扬州盐商拥有厚资，其居室园囿无不华丽崇焕。”《清稗类钞·度支类》记载：“扬州繁华以盐盛，两淮额引一千六百九万有奇，归商人十数家承办。中盐有期，销引有地，谓之‘纲盐’。以每引三百七十斤计之，场价斤只十文，加课银三厘有奇，不过七文，而转运至汉口以上，需价五六十文不等，愈远愈贵，盐色愈杂，乡曲贫民，有积日累旬坚忍淡食者矣。此非正课致之，商人积弊累之也。”

盐商在盐业垄断专营中，积累了巨额的商业资本，特别是清乾隆时代，全国人口倍增，盐商的资本总额也随着比明朝时期增加了数倍，用富可敌国来形容丝毫不为过。[①]盐业暴利带来畸形繁荣，盐商竞相炫富，“侈靡奢华，视金钱如粪土，服用之僭，池台之精，不可胜纪”，“衣服屋宇，穷极华靡，饮食器皿，备求工巧；俳优妓乐，恒舞酣歌；宴会嬉游，殆无虚日，金银珠贝，视为泥沙；……骄奢淫佚，相习

---

① 据明人宋应星估计，万历时，扬州盐业资本约为三千万两；入清后，汪喜孙估计为七八千万两。乾隆三十七年（1772 年），中央户部库存银为七千八百余万两。也就是说，扬州盐商手中积累的商业资本几与此相等。

成风。各处盐商皆然，而淮扬为尤甚”。[①]

清代乾隆时期的食盐财政所产生的“扬州现象”，不过是一个政治垄断下的经济怪胎。食盐的开采与贩运并非任何革命性产业模式，与欧洲同期发生的蒸汽机工业革命不可同日而语。扬州的红顶盐商作为一个显赫的政治集团和财富集团，他们已经从某种意义上把持了一个国家的经济命脉；而由他们敛聚出来的巨额两淮盐税，也成为上至皇族、下至胥吏的腐败支出来源。[②]因此盐商与官府结为利益同盟，狼狈为奸、沆瀣一气，官府无限庇护盐商的胡作非为、哄抬盐价；反过来，盐商投桃报李，慷慨资助官府和官员一切“特殊开支”。梁启超在《淮盐平议》里说“上下挥霍无度，便掠之于民；民变在即，便掠之于商”，这句话概括了历史上中国盐政的基本面貌。也就是，平时纲盐法窝养盐商，大家一起吃百姓；乱时票盐法盐价崩盘，大家一起吃盐商。

官府与盐商之间的亲密关系，还体现在科举入仕方面。盐商子弟不仅被准许在行商省份附籍入试，还享有另立学额的优遇权；这样一来，盐商子女的中举率要远远高出常人许

---

① 可参阅：朱福烓《扬州史述》，苏州大学出版社，2001。

② 在乾隆、嘉庆两朝，盐商因军事、天灾、河防工需或巡幸典庆等，被勒令上缴的“纳捐”就达 3826 万两，相当于他们所拥有财富的一半左右，其他名目的“捐纳”更不可胜数。据《两淮盐法志》载，从乾隆三十八年到四十九年的 11 年中，扬州盐商江春与他人“急公报效”“输将巨款”达 1120 万两之多，到后来，江春的盐行近乎破产，乾隆不忍，只好借给他“帑银”25 万两救急。江春死时，几乎没有留下什么家产，其子孙生计艰窘。

多。盐商也往往不惜重金资助艺术家和学者，有些盐商除了营造寺院、会馆和园林，还斥巨资修建书院和藏书楼。当然，建戏楼、养戏班更是普遍，扬州甚至一度成为中国的戏曲中心。

常言说，无君子不养艺人。徽商养徽班（京剧），西商养乱弹班（秦腔），中国主要的两大代表剧种几乎都与盐商有关。

徽商在扬州，西商在四川。四川是重要的产盐地区，千年产销史促进了“川盐古道”的形成。该古道起于四川（包括今重庆）东部及南部产盐区，跨越川、鄂、湘、黔、滇各省，几乎贯穿中国中部与西南腹地，经过数千年时间，逐步成为庞大的综合运输网络。古道还促进了包括自贡、凤凰在内的一系列古镇的形成。自贡是一座著名的“盐城”，从东汉章帝时期自贡第一口盐井富义盐井开始，到明代大公井的盐质甚佳而成为贡盐，再到整个抗战时期成为国家命脉所在——据不完全统计，在八年抗战中，自贡盐场累计生产食盐达 193.9 吨，供应华中、西南及西北各省占全国三分之一的人口，向国家上缴盐税 209665. 8 万元，为前线提供了巨额的军费开支。①

淮浙靠近东南沿海，自古有“甲东南之富、边饷半出于

---

① 孙明经等摄影《遍地盐井的都市：抗战时期一座城市的诞生》，广西师范大学出版社，2005。

兹”的渔盐兴旺地之称，淮浙一带还有盐城、盐官、海盐，这些与“盐”有关的地名一直沿袭至今。这些地方也的的确确自古就盛产盐。譬如：盐城就以“环城皆盐场”而得名。太平天国战争造成江淮盐业残破，自贡企业迅猛发展，川盐几乎垄断两湖，然而，曾国藩出任两江总督后，为恢复淮盐，极力驱逐川盐。川盐失去了大片市场，自贡盐商遭到迎头痛击，中小企业纷纷倒闭。

与盐商的富有相反，真正煮盐的灶户和运盐的船民则贫寒至极。盐灶运卤工人每天背负重达 300 斤的卤水，从楻桶运至盐锅。一个极壮实的人平均一月才挣一串钱，即便如此，对他的雇用很可能时有时无，且雇主不提供伙食。乾隆三十五年（1770 年），仪征盐场一场大火，烧毁运盐船 130 多只，1400 多船民遇难。汪中撰《哀盐船文》曰：“……是时盐纲皆直达，东自泰州，西极汉阳，转运半天下焉。惟仪征绾其口，列樯蔽空，束江而立，望之隐若城郭。一夕并命，郁为枯腊，烈烈厄运，可不悲邪？”

民国时期，汉中食盐大多来自关中，全赖苦力用背篓背运翻越秦岭，往返一趟需要十七八天。自凤翔购买的食盐，每百斤 9 元左右，贩运到汉中，可得一本一息。因为背运上山极其劳累，挑夫每次行至山巅，常取出一块石头放在石壁上，祈求山神减轻一些背上的重量。

“盐是土人口下血”[①]，在帝国的食盐财政体制下，本是生活必需品的盐一直是一种奢侈品，历史上“积日累旬，坚忍淡食”之事屡见不鲜。在北方许多地区，穷人们常常从盐碱地里拾取苦涩的盐碱食用；即使这个辛酸的举动，也招致官府严厉的打击，借口竟然是食用盐碱有害健康。

那么古代的盐到底有多贵，不妨以嘉庆时期为例：当时汉口盐价是每斤四十多钱，一年人均五斤盐，共需二百多钱；一个粮船水手的工钱是一两二钱，合一千二百钱，仅吃盐的开支占其工钱的百分之二十左右。有些时候和有些地区盐价奇高，吃盐的开支甚至会占到收入的小一半。如果考虑到养家糊口，盐价之高，几乎可以使底层民众破产，“农民粜终岁之粮，不足食盐之价”。在高不可攀的盐价面前，穷人只好少吃盐，甚至不吃盐，或者买私盐。

与官盐相比，私盐的价格就低多了。官盐贵则私盐盛。南宋时期，福建路便遭遇这种局面。当时不仅官盐价高，而且官盐中还掺入大量灰土，使人民不堪食用。这使建州、南剑、临汀、邵武等四州民众，成群结伙地到广东的循州、梅州、潮州一带贩运私盐。由于路近、价廉，又不掺杂，私盐几乎将官盐赶出市场。官府因此四处巡查缉捕，最终导致暴

---

① 出自元代陈椿《自题〈熬波图〉》。全诗为：“钱塘江水限吴越，三十四场分两浙。五十万引课重难，九千六百户优劣。火伏上中下三则，煎连春夏秋九月。严赋足课在恤民，盐是土人口下血。”

力对抗，发生了大规模的“范汝为起义”。后来不得不调来韩世忠大军，围攻建州，造成数万人死亡。

在中国历史中，私盐如同现代毒品，一直遭到官府的严厉打击，不仅生产、运输、贩卖私盐有罪，连吃私盐也同样犯罪。但实际上，暴利使私盐屡禁不绝，而且往往倍于官盐，就连官船、军船也参与其中。“当商力充裕时，军船回空过淮，往往私带盐斤。”南宋末期，奸相贾似道运用权势大量贩卖私盐，时人写诗讽曰：“昨夜江头长碧波，满船都载相公鹾。虽知要作调羹用，未必调羹用许多。”明代的刑罚极其严厉，《大明律》中，专门有惩处贩卖私盐的条款：“凡犯私盐者，杖一百，徒三年；若有军器者加一等；诬指平人者加三等；拒捕者斩，盐货车船马匹并入官；引领牙人及窝藏寄顿者杖九十、徒二年半；挑担驮载者，杖八十、徒二年。”①

有这样的真实故事：山东有丁氏四兄弟，分别叫丁一、丁二、丁三、丁四。因为务农艰难，交不起税赋，他们兄弟就贩卖私盐。丁一串通灶户于某，终于搞到了一千斤盐，但出了盐场后，遭到官兵追查。盐被没收，丁三因拒捕被杀，其他人四散奔逃。于某后来被官府以“脱籍”处斩；丁一走投无路，做了太监；丁二流落做了海盗，死于非命；丁四在

① 蒲坚《中国法制史》，光明日报出版社，1987。

家务农，年馑时饿死。[1]

按照开中法原则，盐引作为商人行销官盐的重要凭证，意味着商人在盐场凭盐运司发给的盐引支领官盐；自此之后的整个行盐过程中，其盐货与盐引不得分离，有引则为官盐，无引则为私盐。开中法刚施行之时，朱元璋就特别颁发禁令："凡公侯伯及文武四品以上官，不得令家人、奴仆行商中盐，侵夺民利。"但后来盐引发放逐渐失控，各王府、内外官和军人都争相奏讨盐引，并发展到直接贩卖私盐。成化二十一年（1485年），内官熊保奉命往河南，"多载私盐，强抑州县发卖"。时人如此描述势要人等贩盐的情景："此辈一得明旨，即于船首揭黄旗，书'钦赐皇盐'字样，势焰煊赫，州县驿递官应酬少误，即加笞辱，至于盐商灶户，虽凌辱万状，谁敢诉冤？"[2]万历时期，经营食盐销售的盐店业发展迅速，"今天下盐商不止数万家，天下盐店不止数万处"。这些盐店分为官盐店和民盐店，而皇室成员和官宦之家开设的特权盐店数不胜数。

有明一代，官盐销量小，征税面窄，盐商靠私盐买卖牟取暴利。全国食盐需求量大约有18亿斤，而官盐固定行销量只有5亿斤左右，食盐市场的2/3为私盐独占，严重影响盐税收入。嘉靖以后，政府一直努力采取增加引目、提高引

① 李连利《白银帝国：翻翻明朝的老账》，华中科技大学出版社，2012。
②（明）王世贞《弇山堂别集》。

斤等措施增加官盐销量，以期提高盐税收入。可是人口一定，食盐市场有限，价廉质优的私盐在市场竞争中胜过价高质次的官盐，政府的种种努力终归失败。

在食盐市场混乱的背景下，官方对民间私盐的打击，往往会导致私盐商贩的暴动和起义，而民众往往会在这场争斗中迅速成为官府的敌人，这几乎成为中国历史最令人惊叹的一页。

“考唐以前榷盐之法，偶行辄罢，不为经制。刘晏以善理盐筴著名，置十三巡院以捕私，私之名始见于史。继晏者更累加盐赋，而私之利益厚，积私贩为枭盗。有后利以歆之，而趋附日众；有拒捕以习之，而犷悍日增，捕以公战怯，枭以私斗勇，既常苦于不相敌。而为他劫掠之盗，民必仇之，助官踪迹除患；为枭道则与国争利，无累于民，民反得廉价购盐之益，故不加嫉视或反阴庇之。至秕政更多，善良失业，倚盗为生者益多，则大乱成矣。黄巢之亡唐，张士诚、方国珍之亡元，皆最著之盐枭。明之倭寇，清之海盗，倚海为巢，即依盐以活。其余凡持久不散之秘密社党，无资粮不能团结，资粮莫如私盐。此必然之事无待疑议者也。官盐价平，制私盐无利而枭自散，无所用其捕也。以捕胜私，则为盗练抵抗之力，使由小盗为大盗而已矣。”[①]

① 孟森《明清史讲义》，中华书局，1981。

郁金香

疯狂的游戏

对现代人来说，郁金香只是一种普通的观赏植物。但在400年前的商业革命时期，郁金香却风靡整个欧陆，并在荷兰引起一场经济狂热。有趣的是，郁金香、咖啡、糖、茶、土豆等，这些新事物传入欧洲时，都激起了剧烈的社会反应，常常会风靡一时，然后走向商品化。只有郁金香引发了严重的商品投机。

据说郁金香原产于中国西域，沿着丝绸之路传入西方。君士坦丁堡陷落（1453年）之后，郁金香在奥斯曼帝国广为种植。16世纪中期，神圣罗马帝国派驻奥斯曼的大使布斯拜克（1522—1592年）把郁金香带回欧洲。因为郁金香很像土耳其人的头巾，而且土耳其人也喜欢把郁金香插在头巾上，所以布斯拜克就把郁金香命名为“杜勒普”（Tulp），在土耳其语中是头巾的意思。

进入 17 世纪，郁金香这种神奇的花卉已经传遍整个欧洲。因其稀有罕见，郁金香起初作为爱情的象征，被誉为欧洲鲜花市场的皇后，更是园林艺术中无可争议的宝石。“如果人类是上帝选中的生灵，那么郁金香绝对就是上帝选中的花朵。”典雅高贵的郁金香受到欧洲上层社会的热烈追捧，甚至一度取代了玫瑰的地位。贵夫人在晚礼服上佩戴郁金香以显示地位和身份。达官显贵和富豪们一掷千金，争相购买最稀有的郁金香品种。尤其法国王室盛行的奢侈之风，更为郁金香热潮推波助澜。这种富于异国情调的花卉也出现在当时的各种美术作品中，甚至成为时尚的服装图案。

作为一种受欢迎的观赏植物，市场需求激发了郁金香产业。但樱桃好吃树难栽，郁金香的栽培和生长颇为不易。一般而言，栽培郁金香有两种方法，一种是用种子培育，从生长到开花需要 3～7 年；另一种方法是用球根培育，一个母球根可生出两三个子球根，子球根当年就可以长大开花。总体而言，郁金香难以在短时间内大量繁殖。

17 世纪的荷兰是当时世界第一经济强国。因其独特的气候和土壤条件，荷兰很快就成了郁金香的主要栽培国，尼德兰人建起了无数郁金香园。1630 年前后，荷兰人培育出一些新奇的郁金香品种，极受市场欢迎。到 1634 年以后，郁金香市场迅速升温，尤其是一些名贵品种的郁金香，价格节节攀升。一枝上等的郁金香花茎的价钱，甚至相当于同等重量的黄金，甚至还有用一个高级郁金香球根交换了一座豪宅的纪录。

在一场疯狂的炒作之下，郁金香市场形成巨大的投机泡沫。当时的尼德兰人迷恋郁金香已经到了着魔的程度，甚至有人将自己的名字也改成“杜勒普”。① 当所有荷兰人都陷入“郁金香狂热”中的时候，郁金香的培育速度远远赶不上突然之间增长的需求量，货源短缺导致价格飙升到不可思议的天价。荷兰郁金香市场俨然已是投机者云集的大赌场。当时，一个郁金香球茎的价格超过普通工人年收入的好几倍；等到泡沫过后，价格却不到高峰时的百分之一。

作为人类历史上有记载以来最早的投机活动，荷兰的“郁金香泡沫”昭示了此后人类社会的一切投机活动，尤其是金融投机活动中的各种要素和环节：对财富的狂热追求、羊群效应、理性的完全丧失、泡沫的最终破灭和千百万人的倾家荡产。郁金香效应也让人们第一次领略了大众的集体疯狂和投机引起的社会悲剧。

郁金香神话

1581 年，荷兰各城市联合宣布：废除西班牙国王的统治

① 杜勒普是郁金香的荷兰文写法 Tulp。在画家林布兰的名作《杜勒普医生的解剖课》中，画中的主角杜勒普原名查理 · 比得兹，因为迷恋郁金香，在 1621 年改名为尼可拉 · 杜勒普。

权，成立荷兰共和国。这是人类历史上第一个“赋予商人阶层充分的政治权利的国家”。独立后的荷兰，迅速发展成为一个海上贸易强国，并从葡萄牙手中夺取了香料贸易生意。进入 17 世纪，随着荷兰联合东印度公司的成立，荷兰的商船数目超过欧洲所有国家的商船数目总和，被誉为“海上马车夫”。[①]

17 世纪的荷兰画家维米尔有几幅著名油画，在不经意中为后人记录了当时的全球化经济让荷兰何等富足：美洲的海狸毛皮、土耳其地毯和中国瓷碗同时出现在荷兰人的客厅里；荷兰码头“货品的丰富程度令人难以想象”。[②] 在一定程度上，正是荷兰人攫取全球财富的迫切贪念，完成了对传统世界的改造，而且改造世界的彻底程度也完全超出任何人的想象。

当时整个欧洲大陆深陷三十年战争，商业活动几乎集中在阿姆斯特丹，成千上万的欧洲新教徒为躲避迫害，蜂拥而来，劳动力和财富都出现过剩。1602 年，荷兰出现了世界上第一个买卖股票的市场；1608 年，又在阿姆斯特丹建立了人

---

① 当时，荷兰东印度公司在全球有 15000 个分支机构，悬挂着荷兰三色旗的商船多达 15000 艘，遍布世界五大洋，当时全世界商船总数不过才 2 万艘。荷兰在世界各地建立殖民地和贸易据点，通过垄断东南亚的香料和白银贸易，荷兰建立起全球商业霸权，贸易额占到全世界总贸易额的一半。

②（加）卜正民《维米尔的帽子：从一幅画看全球化贸易的兴起》。约翰内斯 · 维米尔（1632—1675 年），荷兰黄金时代绘画大师，其作品以风俗题材为主，基本上取材于市民平常的生活。《戴珍珠耳环的少女》为维米尔最伟大的作品，与达 · 芬奇的《蒙娜丽莎》齐名。

类有史以来第一个期货市场。

在这段荷兰历史的“黄金年代”，城市兴起，商业发达，荷兰人最先沐浴在现代文明的曙光之下。

当时荷兰的园艺业方兴未艾，美丽的郁金香吸引了许多新富阶层。对从事海外贸易的暴发户来说，拥有一座种满异国花卉的花园，无疑是提升自己身份的最好方式。在一个有品位的花园里，自然少不了郁金香这颗明珠；比谁家花园里的郁金香最美最壮观，成为人们攀比炫富的重要手段。那一时期，新贵阶层穿着华丽的丝绸礼服相互拜访；在琳琅满目的盛宴上，摆满东方精美的瓷器，弥漫的香料让人超凡脱俗，无处不在的郁金香更被他们誉为“友谊之花”。

在一神教的传统中，花园是天堂的缩影。拥有花园自然昂贵，但要保持郁金香花园的姹紫嫣红更加奢侈和不易。暴富起来的荷兰人对郁金香普遍表现出一种病态的倾慕与热忱。哈勒姆的一位商人不惜花费自己一半的财产，去买了一株稀有的郁金香，他因此而名声大振。确实，他不惜重金购买这株郁金香的目的，并非是转手获利，而仅仅是为了收藏，为了让人们羡慕他。

在当时香料贸易的背景下，荷兰的植物科学极其发达。莱顿大学有一座大型植物园，在这里，可以培育出各种各样的新品种郁金香，这里也成为各路贵族名流云集之地。

1600 年时，郁金香花只有 100 多个品种，到 17 世纪 30

年代，人们已经培植出 1000 多种郁金香，这主要是荷兰人的贡献。为了与众不同，一些园艺家和郁金香爱好者不断改良品种，培育出许多前所未有的高级品种，这些新品种一般都用人们最崇拜的高官和英雄来命名，如“里弗金提督”“海军上将艾克”“总督”“大元帅”，等等，还有一种因病变而产生紫白条纹的郁金香叫作“永远的奥古斯都”。

郁金香如此受欢迎，再加上私人花圃越来越多，郁金香球根贸易便应运而生，这让那些花商们赚得盆满钵满。

在 1634 年以前，郁金香和其他花卉一样，都是由花农种植并直接经销的，价格波动的幅度并不大。普通的单色品种郁金香价格不算很贵，但也要 1000 荷兰盾以上[①]。从 1634 年开始，郁金香引起了投资者和投机者的注意。当时，很多荷兰人通过投资东印度公司股票获得了极大利润，对他们来说，郁金香作为投资品，具有理想的稀缺性，而且郁金香比那些商船似乎更加奇货可居。他们对于郁金香本身并不感兴趣，他们看中的是潜在的获利机会。

作为有史以来第一个资本主义国家，当时荷兰是欧洲最富有的，但富人只限于执政者、农场主和贸易商，这些人拥

① 盾，gulden，荷兰货币单位。在 17 世纪早期的荷兰，4 头公牛或者 1 辆拖车的价格约为 480 盾，1000 磅（约 454 公斤）奶酪，价格为 120 盾。1 荷兰盾等于 20 个荷兰币；6.5 荷兰币可以购买一块 12 磅重的面包；13 荷兰盾可以购买 1 吨鲱鱼。在郁金香投机达到顶峰的 1637 年，一个木匠一年的工钱为 250 荷兰盾，一个普通商人每年能挣 1500 荷兰盾，当时 300 荷兰盾就能满足一家人全年开销。

有着无处消耗的过剩财富，而大多数荷兰人以手工业为生，并不富裕。

城市的聚集效应，让富人和穷人都把目光投向郁金香。所有人都看到其中的商机，只要能弄到好品种的郁金香球根，花一开，就会有好几倍的回报。强烈的发财欲望，再加上一点赌博精神，让越来越多的人冒着倾家荡产的风险，不顾一切地投入到郁金香热潮中。

人们节衣缩食，把生活费用来买郁金香，甚至为了凑到足够的资金而变卖房产。在离阿姆斯特丹几英里之外的哈勒姆，很多织工都改行倒卖郁金香。

在这种全民非理性的繁荣下，郁金香的价格水涨船高，仅仅两三个月，“总督”郁金香就从 15 荷兰盾卖到 175 荷兰盾，“大元帅”从原来的 95 荷兰盾暴涨至 900 荷兰盾。

刚开始，郁金香交易是在教堂或者其他公共场所进行，后来逐渐发展到酒馆。随着郁金香市场的逐渐升温，荷兰郁金香商人于 1634 年年底成立行会。行会有权对郁金香这种奢侈品交易按 1/40 的费率收取“酒钱”，单笔交易收费最多不超过 3 盾。郁金香交易被行会纳入统一管理后，买卖双方的信息得以迅速流通，交易成本大为降低。人们普遍看好郁金香的交易前景，纷纷投资购入郁金香合同。

郁金香球茎在每年 9 月收获。郁金香交易借鉴风险极大的商船投资，交易不仅包括当年已经收获的郁金香，还涉及来年收获的郁金香，期货交易就这样出现了。对投资者来说，交易物其实是郁金香合同，合同很容易买进卖出；投资者买空卖空，几经易手，郁金香价格随之节节拔高。

郁金香热潮很快从阿姆斯特丹扩展到周边城市，对一夜暴富的渴求让更多人投身其中。郁金香热让其他贸易都相形见绌，商人们纷纷削价抛售商品，以便能够用收回的钱来投资郁金香。

荷兰人如此强烈地希望占有这种花，以至于连对国家普遍存在的工业问题和人口问题也不闻不问了。当时，就连社会最底层的人们也开始从事郁金香贸易了。郁金香交易愈演愈烈，其价格也随之上扬。到 1635 年，许多人就愿意出 10 万盾的高价购买 40 支花。……奥古斯都是人们梦寐以求的品种，就连最差的球茎竟然也可以卖上 2000 盾。1636 年年初，全荷兰一度只有两棵，一棵在阿姆斯特丹的一位商人手中，另一棵在哈勒姆。人们为了得到它们，急切地做起了投机买卖。有人愿以 12 英亩的地产来换取哈勒姆的那一棵。阿姆斯特丹的那一棵，则被人以 4600 盾、一辆新马车、两匹马和全套的马具买走。[①]

①（英）查尔斯·麦基《大癫狂：非同寻常的大众幻想与群众性癫狂》，程浩译，电子工业出版社，2013。

投资与投机之间其实并没有明显的区别，“投机在获取成功时被称之为事业，只有失败时才是一种罪恶的事物”。随着郁金香的价格飞涨，越来越多的投机商选择大量囤积，待价而沽；在价格低时买进，价格高时卖出，从中获取巨额利润。这让许多人在一夜之间就成为百万富翁。

一个早期从事郁金香贸易的种植者温克尔，到市场最为狂热的时候，积累了大量品种的郁金香，其中不乏珍贵的品种。一株紫色郁金香球根成交价是5200荷兰盾，加上其他珍贵的品种，仅一笔交易就达到了令人咋舌的21000荷兰盾。

当时一株价值3000荷兰盾的郁金香，可以换来8只肥猪、4只肥公牛、2吨奶油、1000磅奶酪、1盏银杯、1包衣服、1张带床垫的床，外加一条船。

郁金香的价格之高，甚至可以从计价单位看出来，普通品种用个数来计算，高级品种则以黄金专用的盎司为计价单位，1盎司=0.05克。

到1637年，郁金香的价格已经涨了整整59倍。有人估计，4年期间郁金香纸面总交易额达到近4000万荷兰盾；相比之下，当时富商们在阿姆斯特丹银行的储蓄额才只有350万荷兰盾，而贸易网络遍及全球的东印度公司，其资本也只有650万荷兰盾。

天下熙熙，皆为利来；天下攘攘，皆为利往。一本万利的神话让人们争先恐后地涌向郁金香市场，就像蜜罐上的苍蝇一样密密麻麻。“谁都相信，郁金香热将永远持续下去，世界各地的有钱人都会向荷兰发出订单，无论什么样的价格都会有人付账。在受到如此恩惠的荷兰，贫困将会一去不复返。无论是贵族、市民、农民，还是工匠、船夫、随从、伙计，甚至是扫烟囱的工人和旧衣服店里的老妇，都加入了郁金香的投机。无论处在哪个阶层，人们都将财产变换成现金，投资这种花卉。”

这个时候的郁金香交易全部以球根现货来进行，随着郁金香市场规模的迅速扩大，交易模式也发生了改变。为降低买卖的门槛，有人把一朵郁金香分割为几分之一，使交易者可以买卖几分之一的郁金香。此外还有只需少许预付款即可进行的期货交易也大行其道——即使“少许预付款”也并不一定是现金，用牲口或家具抵押也无妨。这种分割和预付制度吸引了许多没有本钱的底层穷人。这个群体数量巨大，导致许多原本被商家看不上的普通郁金香也跟着这股热潮鸡犬升天，扶摇直上。

1636年，郁金香热空前高涨。在阿姆斯特丹、鹿特丹、哈勒姆、雷顿、阿尔克马、霍恩等城市，兴起一批股票交易所，股票经纪人大量买卖郁金香股票，并想方设法地操纵股票价格的涨落。除了股票交易所，荷兰各地还涌现出大批郁金香交易市场。有的地方干脆就在酒会上交易，参加者通常有数百人之多，大家一边饮酒一边喊价，热闹非常。刚刚出现的报纸也不甘落后，马上创办了所谓的郁金香市场行情专版。一时之间，郁金香市场泥沙俱下，洪流滚滚。各种各样的票据几经转手，甚至有人连谁是债权人，谁是债务人都搞不清楚。到 1637 年初，郁金香交易达到了白热化的高潮，投身其中的人们已经丧失最后的理智。这种疯狂的高峰期持续了一个多月。

由于许多郁金香合同反复易手，现货与期货的交割变得困难重重；当最后一个手持合同的人向前一个卖主讨债时，这个人只得再向更前面的人索债。整个郁金香市场转眼之间风向大变，从一片狂热的天堂，变成逼债逃债的地狱。

被吃掉的郁金香

当荷兰陷入一片郁金香热中无法自拔时，英国的工业革命还没有发生。在富得流油的荷兰人眼中，英国人都是毫无见识的穷光蛋。

当时荷兰流传着一个笑话，说一个英国船员居然不认识郁金香，将船主花 3000 金币从交易所买来的郁金香球茎当成洋葱，愣是一层层剥开，就着熏腓鱼吃进肚子。这名英国水手的一顿早餐“奢侈得足够宴请一次奥兰王子和整个联合省政府了”。这听起来像是笑话，仔细一琢磨，又或许是一件真事。从这个不是笑话的笑话中，人们似乎听出了一种苦涩的真实，正如那位愚蠢的英国水手从这个昂贵的“洋葱”中尝到了真实的苦涩。当人们意识到这种投机并不创造财富，而只是转移财富时，总有人会清醒过来。

投机市场向来是买涨不买落，有少数谨慎的人士终于发现，这种不顾后果的狂热不会永远持续下去。风起于青萍之末，该来的早晚会来。这个无法考证的“偶然事件”引发了一场暴风雨。击鼓传花的游戏到了鼓声停止的那一刻，最后一只靴子终于落地了。仅仅在几天之内，炙手可热郁金香变成了烫手的山芋，没有人再去接手。从来见涨不见落的郁金香价格一泻千里，转眼间就暴跌到原来价格的 1% 不到。

直到今天，这一切仍是整个世界金融史上最大的悬案。根据记载，这一天是 1637 年 2 月 4 日。这天上午，荷兰的郁金香交易仍像以往一样火热，没有人知道是谁第一个将自己的郁金香合同全部清空，但从这一刻起，郁金香交易的多米诺骨牌便被推倒了。

还有一种说法，说是在当天的哈勒姆酒馆有一场拍卖会，拍卖师先是开出较低的 1250 荷兰盾，通常肯定会有不少买家竞争，但当天却无人应价。拍卖师只好降价为 1100 荷兰盾，甚至 1000 荷兰盾也还是无人问津。这种可怕的寂静让所有在场的人都突然意识到——“赶紧卖！”这个不幸的消息迅速传遍整个荷兰，随之而来的，是所有人争先恐后抛售自己手中的合同，谁也不想成为最后一个傻瓜。郁金香的价格瞬间跌到冰点，交易所里，人们歇斯底里地叫骂，整个阿姆斯特丹陷入末日般的恐慌。

1637 年早春的一天，一个叫弗朗索瓦·科斯特的商人以 6650 荷兰盾的天价购买了几十个郁金香球根。在一个 300 荷兰盾能够满足一家人全年开销的年代，这样一笔交易显然是很不寻常的。他坚信这笔投资是稳赚不赔的。科斯特买下球根后不到一个星期，郁金香的价格就毫无预兆地下跌了。科斯特只付了 820 荷兰盾的定金，无力支付 5830 荷兰盾的尾款，最终被愤怒的卖家告上了法庭。因为大量合同违约和票据无法兑现，3000 多名投机商人债台高筑，不少人还同时身兼债权人和债务人。即使诉诸法律，大多数债务人都已丧失应有的偿还能力。荷兰的经济秩序陷入一片混乱。

至此，曾经繁荣似火的郁金香泡沫宣告彻底破灭。许多在郁金香交易的高峰期跳出贫困生活的人，现在又重新被抛了回去，而过去的富翁现在则沦为乞丐，那些世袭贵族也在这场浩劫中倾家荡产。许多人因为高价购入郁金香而血本无归，眼睁睁地看着一生财富化作流水，只能跳河自杀。除了极少数暴发户，大多数郁金香狂热者只能在债台高筑的重压下度过凄惨的一生，这其中包括伟大的风景画家戈延，他后半生的所有画作都是催债压力下的产物。

在哀鸿遍野的惨痛中，荷兰政府于同年 4 月 27 日下令终止所有郁金香合同的交易。第二年，政府出台法令规定，买主可以要求解除合同，但需支付合同原始价款的 3.5% 作为补偿。这场风波逐渐平息。

郁金香事件沉重打击了举世闻名的阿姆斯特丹交易所，使荷兰经济陷入崩溃的边缘；荷兰这个强盛的殖民帝国由此开始走向衰落，欧洲经济中心逐步向海峡对岸的英国转移。潮水退去之后，郁金香还是郁金香，是花园里供人欣赏的美丽花朵，直到今天，荷兰依旧是郁金香的胜地。因为郁金香狂潮故事的广泛流传，人们都想一睹这一绝世花卉的真容，郁金香出口贸易应运而生，并最终促成了荷兰在国际花卉市场上的主导地位。

郁金香热也给欧洲留下许多艺术作品，如杰罗姆的油画作品《愚蠢的郁金香狂热》，布罗海尔创作的《郁金香狂热的寓言》；法国作家大仲马以 17 世纪的荷兰为背景，写出了著名的《黑郁金香》。①

当然，在荷兰郁金香热时，英、法等国也未能完全免俗。英国一株郁金香的价格甚至要比一棵橡树高很多；一株稀有的“特里斯”郁金香的价格相当于 12 英亩谷物的价钱。1636 年，伦敦的交易所公开买卖郁金香，投机者最大限度

①《黑郁金香》的主人公拜尔勒爱好培植郁金香，他在培育一种没有一点杂色的大黑郁金香，如果成功，就能获得一笔可观的奖金。拜尔勒的邻居博克斯戴尔也想培育出黑郁金香，他暗中破坏拜尔勒培育的郁金香。

地哄抬他们从阿姆斯特丹买来的郁金香价格。在巴黎，投机商也掀起了一场郁金香炒作热。但他们对郁金香的热爱都比不上荷兰人。当英国的富翁炫耀自己的纯种赛马和高级古画时，荷兰的富翁只为自己的郁金香洋洋得意。

有趣的是，到了18世纪20年代，郁金香又回到奥斯曼帝国，荷兰人创造出来的新品种让苏丹惊叹不已，伊斯坦布尔也刮起一场炒作旋风。这段时期在土耳其历史上被称为“郁金香时代”。

荷兰这场郁金香狂热经常被现代经济学家当作“博傻理论”的最佳案例。经济学家的解释是，人们购买郁金香，不是为了其内在的价值或作观赏之用，而是期望其价格能无限上涨并因此获利。虽然人们大都知道郁金香球茎的价格早已偏离其真正的价格，但是他们宁愿相信别人会比他们更傻，会心甘情愿地付出更高的价钱。但无论如何，投机狂潮也不可能永远持续下去，最后来不及退场的就是最大的“傻瓜”。

世界上没有永动机，但世界上从来不缺“傻瓜”。事实上，狂热是奢侈品市场的最大推动力，所谓“利令智昏”。在这场郁金香热中，每个置身其中的人都不是“傻瓜”，他们都知道这场狂热始于投机而必然终于幻灭；这场非理性狂热之所以能发生，是因为人们都相信一夜暴富的“神话”。因为同一个“神话”，所以买卖双方发生合作，出现合谋，并吸引更多的人加入进来。

在人类社会，这样的“神话”常常能发挥神奇的作用。“如果你信教，如果你认为有上帝存在，你会发现其他人也认为上帝存在。”尤瓦尔·赫拉利在《人类简史：从动物到上帝》中说，“这里的秘密很可能就在于虚构的故事。就算是大批互不相识的人，只要同样相信某个故事或神话传说，就能共同合作。无论是现代国家、中世纪的教堂、古老的城市或者古老的部落，任何大规模人类合作的根基，都在于某种只存在于集体想象中的虚构故事。”①

人类喜欢历史，是因为想从历史中吸取教训，但事实上，历史总是重复发生，历史并不能阻止人们去犯同一个错误。在郁金香热过去一个世纪之后，荷兰人再次为一种叫洋水仙的植物而疯狂，并重蹈了郁金香泡沫破灭的悲剧。所以有人说：“郁金香热是一种永远不会彻底消失的病毒，它是一种纯粹的人性疾病。”②

作为有史以来最早的现代国家之一，荷兰对商业和利润的狂热追求反过来伤害了自身的正常发展。为了赚钱，荷兰商人在东方帝国面前卑躬屈膝，毫无廉耻，在巴达维亚对华人进行疯狂屠杀。当初荷兰为了独立，不屈不挠地击败西班牙和英国，但在唯利是图的荷兰商人眼里，只有金钱没有国

---

①（以色列）尤瓦尔·赫拉利《人类简史：从动物到上帝》，林俊宏译，中信出版社，2014。

②（英）迈克·达什《郁金香热》，冯璇译，社会科学文献出版社，2015。

家，他们把武器和马卖给印第安人，“路易十四如骑虎之势征服荷兰时，这个商人之国却在定期向他提供武器弹药”。进入18世纪，荷兰经济每况愈下。曾称霸全球的荷兰舰队到1666年时连本国的海运都不能确保。实际上，荷兰国运的颓废与东印度公司的衰败互为因果，用一位荷兰人的说法，后者糜烂的程度甚至“让东方民族特有的腐败和贪婪都黯然失色”。①

但应该承认，荷兰人在商业精神的激励下，设计出来的证券市场、期货交易和国际贸易，从17世纪以来一直支配着现代世界经济。随着现代金融市场的出现，类似郁金香泡沫的经济狂热已经成为现代人的家常便饭。

在20世纪80年代，正处于经济高涨时期的日本陷入全民炒地买房热潮。在房价永远不会跌的神话下，从1985年底到1990年初，日本城市地价翻了一番。仅东京的地价就相当于美国全国的土地价格，而美国的面积则是东京的1.5万倍。接下来房价暴跌，国民财富持续缩水，损失高达1500万亿日元，相当于日本3年的GDP总和。日本经济从此萎靡不振，此后20年间，日本年均GDP增速只有0.75%，即所谓“失去的二十年”。

中国近40年经济转型，市场快速发展，人民普遍富裕，

---

①（日）唐纳德·金《日本发现欧洲1720—1830》，孙建军译，江苏人民出版社，2018。

也出现过“君子兰热”“普洱茶热”“藏獒热”等非理性现象。原本100元的君子兰的球根交易价达到了20万元的天文数字；“藏獒热”过后，曾经价值20万美元（约合123万元人民币）的藏獒只能以每只5美元的价格卖给屠宰场。

在荷兰郁金香泡沫破裂80年后，出现了法国密西西比股市泡沫和英国南海股市泡沫。密西西比公司和南海公司的股票价格和当年郁金香价格一样，在很短的时期内大起大落。泡沫破裂后股票跌幅超过95%。二者不同之处在于：郁金香泡沫所炒作的只不过是一种商品，牵涉到的人数毕竟有限，而英、法股市泡沫却发生在股票和债券市场，把很多中下阶层平民也都卷了进去，就连牛顿也血本无归。从这一点来说，后者更具现代特色。[①]

人们一般将郁金香热和法国密西西比、英国南海股市泡沫并称为近代欧洲三大泡沫事件。说到底，这都是人性中愚昧、贪婪、投机和不劳而获的弱点所导致的灾难，正如郁金香是因感染马赛克病毒才令花朵因变异而娇艳。人常常会因宗教、政治、领头人等原因陷入集体狂热，但最令人着迷的

① 1602年，荷兰阿姆斯特丹证券交易所成立，主要业务是经营荷兰东印度公司的股票。从那时起，股票市场和国家经济发展就被紧紧地捆绑在一起。通过现代金融系统的建立，政治圈和证券市场之间的桥梁被架构起来。随着时间的推进，二者的关系也愈加暧昧。在阿姆斯特丹证券交易所诞生一百多年后，金融和政治的纠缠不清终于引发了人类历史上两次早期的股市大泡沫——英国的南海泡沫和法国的密西西比泡沫——这是大约发生在三百年前的历史。可参考：孙骁骥《致穷：1720年南海金融泡沫》，中国商业出版社，2012。

还是“万能的金钱”。传统的天主教教义认为“贪婪”是七宗罪之一，一切“投机增值”的行为都是罪恶的；荷兰的新教运动则激励个人成功，“有一分钱可挣的地方，会有十双手来抢”。经济学家韦伯就认为资本主义与新教伦理存在一定的关系。因此，荷兰发生这样的投资狂热也有其深层的社会原因。

如果从积极的一面来看，商业必然伴随着投机和风险，投机的出现也常常意味着一个地方市场经济正在兴起。

17 世纪的荷兰就是如此。

鳕鱼

渔夫与金鱼

在农业社会出现之前，人类主要以采集渔猎为生。即使进入农业社会后，渔猎仍作为重要的生产形式得以继续，尤其是对于沿海或靠山的居民而言。欧洲许多海洋国家以海为田，渔业构成其生存的根本。这其中，有些海鱼深深影响和改变了历史走向，比如鳕鱼和鲱鱼。

在工业革命之前，欧洲和世界上任何一个地方一样，长期处于饥饿和贫困的边缘。在中世纪的欧洲，大多数农民都依靠粗糙的黑面包生活，只有极少数富人和贵族才能吃上肉。因为肉食昂贵，穷人的蛋白质主要来自奶制品和豆制品。虽然欧洲有理想的渔业资源，但运输和保鲜比较困难，限制了海鱼的贸易性，远离海岸的内地人根本吃不到新鲜又廉价的鱼肉。

巴斯克人最早发现鳕鱼并成为垄断者。在那个没有冰箱的年代，巴斯克人用腌鳕鱼干的方法，解决了新鲜鳕鱼易腐烂的问题，使长途贩运成为可能。

对欧洲来说，大西洋暖流非常利于鱼类生存和繁衍。在大西洋北部大陆架海域，鳕鱼最为知名。鳕鱼以其他鱼类及无脊椎动物为食，吃得多，长得快，因集群性洄游生活，很容易捕捉。鳕鱼肉质细嫩，少刺而高蛋白。

鳕鱼与鲱鱼相比，鳕鱼含油脂少，个头又大得多，非常适合腌制，这样就可以防止腐坏。在相当长的一个历史时期，鳕鱼干是欧洲人生活中重要的食物之一。特别对吃不起鲜鱼的穷人来说，腌鳕鱼干是一道既便宜又营养的好菜。根据基督教不同教派的规定，每年有四五个月不能吃鱼类以外的肉食，这导致腌鳕鱼干在斋戒时期大行其道。鳕鱼的蛋白质含量高达 18%，比一般鱼肉高出了很多，被做成鱼干后，浓缩的蛋白质几乎可以达到 80%。对农业基础贫瘠的欧洲来说，鳕鱼不仅是一种美味，更重要的是它养活了更多人口，“鳕鱼是除了面包之外唯一的食物”。欧洲人的肚子就这样被鳕鱼喂饱了。

同时，鳕鱼因其广阔的市场，也意味着巨大的商机。许多欧州国家都视鳕鱼为战略资源；说它是中世纪的“石油”也不为过。中世纪后期，巴斯克人失去了对鳕鱼的垄断，大量欧洲人加入捕捞大军，捕捞鳕鱼发展成一个重要的产业；尤其是对临近北海的挪威、英国和冰岛更是如此。当时英文中 fish 如果不作特别说明，就默认为是鳕鱼；而在冰岛，鳕鱼就是金钱的代名词。

为争夺鳕鱼，1486—1532 年间，来自汉堡的武装船队与保卫自己渔船的英国海军发生了 8 次冲突。现代以来，英国人和冰岛人为了争夺鳕鱼，甚至诉诸战争。在旷日持久的“鳕鱼战争”中，寸海不让的冰岛不仅保护了自己的权益，也让小小的鳕鱼改变了整个世界的海洋游戏规则，为全世界沿海国家争取了一个 200 海里专属经济圈的概念。

荷兰鲱鱼

从面积来说，荷兰是欧洲的小国，西边和北边都傍着北海，海岸线比德国还要长。作为低地国家，荷兰完全是人类对抗海洋的结果，荷兰人一方面从大海获得土地，另一方面通过航海和渔业，从海洋获得食物和财富。为了发展航海，荷兰政府还规定星期五晚餐必须吃鱼，以支持渔业与远洋活动。依靠这种精神，荷兰从一片没有人烟的荒蛮之地，变成现代世界最早的经济中心和最富庶的地区。

北海及邻近沿海历来是荷兰渔民的活动场所。每年夏季，成群结队的鲱鱼就洄游到北海和波罗的海。

虽然鲱鱼只有 10 厘米长，但因肉质鲜，产量大，便支撑起荷兰渔业的发展。14 世纪时，荷兰的人口还不到 100

万，就有20万人从事捕鱼业，每年捕获的鲱鱼高达1000多万公斤。当时波罗的海的鲱鱼鱼群极其稠密，以至于有人把斧头扔进去，斧头甚至会在鱼群中保持直立状态。

在欧洲其他国家看来，荷兰人连自己都养不活。“荷兰尽是浇薄之地，土地漂浮在水面，草场每年三季被淹，耕地狭小，产粮不足以养活居民的五分之一。”大量的鲱鱼不仅解决了缺少农田的荷兰人的吃饭难题，还用来出口。鲱鱼形成的产业链带动了整个荷兰经济，捕鱼业对各类船只的需求，推动了造船业的兴起，还有其他诸如木材、织网和盐业等相关产业，几乎一半荷兰人或多或少都与鲱鱼有关。可以说，阿姆斯特丹作为世界第一贸易港的历史，也是从一只只装满咸鲱鱼的大缸开始的；这里总是船满为患，“樯桅林立，遮天蔽日”。在不少人看来，鲱鱼成为荷兰崛起的“第一桶金”。

在17世纪初的北海，有大约500余艘被称为“鲱鱼公交车”的荷兰大型专业捕鱼船四处游弋，一个捕鱼季能够收获大约3.3万吨鲱鱼。17世纪上半叶，荷兰共有1500条渔船，这些渔船船身宽大，能在船上将鱼整理、腌制和装桶，另外还有船只负责将成品鱼运走，送往荷兰或英国；英国的鲜鱼价格更贵一些。这1500条渔船上，共有12000名渔民，每次捕捞作业可获得30万桶鲱鱼。

渔业和海上贸易给荷兰带来滚滚财富。鲱鱼尤其带动了港口和城市的新建，阿姆斯特丹、鹿特丹、恩克屋和弗拉丁都是鲱鱼的重要港口；阿姆斯特丹更有“建在鲱鱼骨头上的城市”之称。到 1850 年，鲱鱼港口发展到几乎所有沿海城市，荷兰在北海作业的捕鲱船达 3000 多艘。

说起鲱鱼，还有一个有趣的细节。在冷藏技术出现之前，捕捞上来的鲱鱼很难保持新鲜，转眼就会死掉发臭。直到 1358 年，荷兰一个名叫威廉姆的渔夫，发明了“一刀切”的处理方法，即用一种特制的刀子，把鲱鱼的肚子剖开，将鱼的内脏取出，把头去掉，然后把盐放在里面，这样处理过的鲱鱼可以保存一年多的时间。

正是这个简单的“荷式保鲜法”，让荷兰的渔业获得了彻底解放，渔船可以深入更广阔的海域，进行长期作业；经过加工的腌制鲱鱼，被大量销售到欧洲其他国家。因此有人说，一把神奇的小刀，奠定了荷兰对鲱鱼贸易的垄断地位。

对荷兰这种海上国家来说，捕鱼为关系国民生计的根本。有人说，假如没有鱼和鱼制品的贸易，荷兰贸易将只剩下一半。鲱鱼贸易还推动了食盐贸易的发展；渔业和盐业贸易又进一步扩大了荷兰在波罗的海和大西洋的贸易优势。

15 世纪，鲱鱼群逐渐离开了波罗的海，荷兰渔船只能到英国沿海的多格浅滩捕鱼。荷兰对鲱鱼的主导地位保持到 19 世纪，之后被苏格兰取代。1855 年时，苏格兰从事鲱鱼渔业的海船只不少于 1.1 万艘，拥有 4 万多名船员，还有 2.8 万名腌渍工和其他劳动者。每年到了春天捕鱼季节，成千上万的英国妇女从全国各地涌向苏格兰北方。

进入 20 世纪后，渔业技术出现了革命性进步，鲱鱼捕获量上升程度之高，以至于这种超级丰沛的渔业资源崩溃。

美国鳕鱼

在工业革命之前，大多数商品都不是人工制品，而是来自自然特产，如香料、咖啡、茶叶、海鱼、毛皮等。当时，一个富饶的渔场就如同一个海上金矿，让渴求财富的人们望眼欲穿。巴斯克人长期是欧洲鳕鱼的垄断者，直到哥伦布发现新大陆后第五年，英国人才发现了巴斯克人的鳕鱼秘密。

1497 年，约翰 · 卡伯特奉英王亨利七世之命，从布里斯托尔出发，去寻找从北方到达香料群岛的新航线。出海 35 天后，他到达新大陆，这里没有香料，却有数不尽的鳕鱼。卡伯特将这块陆地命名为“纽芬兰”（Newfoundland）——意为“新发现的土地”。实际上，早在 500 年前，北欧维京人就曾经从格陵兰岛航行到这里，称之为“文兰”（Vinland）。

布罗代尔说：“15 世纪末年起，在纽芬兰的浅滩上大规模捕捉鳕鱼，其后果不亚于一场革命。”[①] 在今天加拿大的纽芬兰，有数不清的鳕鱼群，鳕鱼密密匝匝地拥堵在一起，人几乎能踩着鱼背在海上行走。“海中挤满了鱼，甚至不需要渔网，只要往篮子里放一块石头让篮子沉下去，就可以抓到鱼。”所以当时的地图上一般称纽芬兰为“巴卡劳”（Bacalao），即鳕鱼干之地。

随着鳕鱼的消息传开，荷兰、法国、西班牙等国的渔船蜂拥而至，“到了 1517 年，横跨大西洋的航行几乎成为常规，该年约有 50 艘船穿越海洋，追寻鳕鱼和财富。到 16 世纪末，船队规模已经增加到每年 150 艘以上”。如果路上顺利，这些远洋渔船几乎每次都满载而归。据说 1578 年时，在这里捕鱼的渔船不下 400 艘，每只船上有 12 名水手，一个月可以捕获 2 万多条鳕鱼。1595 年，仅是英格兰普利茅斯港口内就停泊了 50 艘要去纽芬兰的鳕鱼捕捞船。一些因鳕鱼而发财致富的“鳕鱼贵族”，甚至将鳕鱼图腾刻画在纹章上顶礼膜拜。

捕鱼业的规模很大，每年都要捕获、腌制和风干成千上万条鱼。纽芬兰的海滩成了露天加工厂。不是一个人从头到尾处理一条鱼，而是码头工人被组织成了一条高效的生产

①（法）布罗代尔《十五至十八世纪的物质文明、经济和资本主义》，第一卷。

线，可以让他们在一个小时内处理几百条鱼。每个人执行的任务各不相同。①

纽芬兰渔业的发展，对于欧洲人后来在北美的殖民产生了重要的影响。它不仅为欧洲提供了一种重要的食物来源，而且还是欧洲海军的育成基地；纽芬兰渔场培育了接连好几代训练有素、能胜任远洋航行的海员，后来探寻“西北水道”的船队，与西班牙作战的英国海军，也是从纽芬兰渔场中锻炼出来的。从1570年到1689年间，英国舰船的吨位增加了7倍。有一种说法是，“大英帝国诞生于纽芬兰多石的海滩上”。

对于后来的欧洲殖民地来说，渔业还促进了造船和海外贸易的发展。纽芬兰渔业还无意中引导出北美另外一个重要的产业，即毛皮贸易。当时北美印第安人有20多万，在海岸捕鱼的欧洲渔民经常会遇见印第安人；印第安人基本上还处于石器时代，他们对白人随船携带的“舶来品”非常感兴趣，包括刀、斧、锅等金属器具，以及小镜子、玻璃球等小物件，而他们唯一能够拿来与渔民交换的，只有身上所穿的毛皮衣服。于是，纽芬兰的渔民不由自主地成为第一代毛皮贸易商人。

①（英）莉齐·克林汉姆《饥饿帝国：食物塑造现代世界》，李燕译，北京联合出版公司，2018。

“欧洲人和他们的物质文明迁移到新世界来，简单地说，向新世界殖民的过程，是从北大西洋捕鱼开始的。”[①] 如果不是因为鳕鱼，北美洲或许不会吸引来那么多欧洲探险者。鳕鱼和毛皮贸易的丰厚利润，使欧洲人对北美趋之若骛，大批商人举家前往“新英格兰”。他们中不仅有渔民，还有木匠、铁匠、桶匠、牧师等；移民社区的扩大，逐渐形成早期的城市，今天的波士顿就由此起源。新英格兰的许多港口，归根结底都曾经是捕鳕鱼的根据地。

肥美的鳕鱼不仅喂养了欧洲，也是美洲奴隶的重要食粮。当时，西印度群岛的制糖业正如日中天，到处都是甘蔗种植园，岛上几乎不种其他粮食作物。北美腌鳕鱼干比牛肉便宜得多，承担繁重体力劳动的奴隶们需要大量的蛋白质，鳕鱼就成为这些“人肉机器”的“燃料”。[②] 不仅如此，欧洲人还直接把鳕鱼干运到西非，从那里的奴隶贩子手中交换奴隶，再把奴隶贩运到糖岛，返程满载蔗糖和食盐——食盐用来腌制鳕鱼。如此这般，鳕鱼作为重要的国际商品，在 18 世纪时，使新英格兰已经崛起成为跨大西洋贸易的重要中心之一。两个多世纪以来，鳕鱼每年都能装满两三百艘船。尽管如此，也并没有让捕鱼者觉察到它们的数量在减少，这真

①（美）拉尔夫·亨·布朗《美国历史地理》，秦士勉译，商务印书馆，1973。

② 1780—1787 年，因为英国禁止美国商船在英属西印度群岛殖民地进行贸易，导致糖岛种植园的奴隶断绝了蛋白质来源，仅牙买加就有多达 15000 名奴隶死亡。1834—1849 年，西印度群岛的奴隶获得解放，北美鳕鱼业遭受到沉重打击。

是一座超级矿山，比秘鲁和墨西哥的银矿更有价值，而且需要的花费更少。

鳕鱼不仅扮演了大西洋经济发动机的角色，还支撑了北美殖民地的崛起。1620 年，102 名来自英国的清教徒乘坐“五月花号”帆船来到新大陆，他们登陆的地方叫作“鳕鱼角”。后来的日子里，他们成为优秀的渔夫，在新英格兰海岸建起渔场。鳕鱼会随着捕捞的增加数量减少，尤其是体型较大的成年鱼会越来越少，新英格兰的鳕鱼明显比纽芬兰的鳕鱼大得多。到 1640 年，新英格兰人每年已经可以捕捞 30 万条鳕鱼。

在一种自由的环境下，新英格兰人逐渐成为富有企业家精神的现代商人，这让亚当·斯密在他的《国富论》中大加赞赏。

财富带来尊严和自信。1677 年，新英格兰的精英们就向大英帝国提出：“我们很惶恐地认为，英格兰的法律以四海为界，并未延伸至美洲。这里的民众在大不列颠的国会里并没有任何代表，所以我们不认为自己的贸易该为他们定出来的法律所妨碍。”据说这份“通牒”被郑重其事地送给英国政府，这份“礼物”还包括 1000 条鳕鱼、10 桶草莓和 2 份玉米汤。按照英国的《航海法案》，殖民地人民只能与英格兰进行买卖和贸易，如果直接向西印度群岛出售鳕鱼并购买蔗糖，便是违法行为。但北美的鳕鱼产量之高，英国市场根本无力消化，至少有 2/3 的北美鳕鱼销往西印度群岛并换取蔗糖。[①]1733 年，英国政府又颁布《糖蜜法》，对非英属的加勒比海地区进口的蔗糖课以重税，这无疑对新英格兰的鳕鱼贸易造成严重打击。1769 年，马萨诸塞州宣称，贸易禁令使他们损失了 400 艘捕鳕鱼船。

英国与殖民地为捕鳕鱼发生激烈竞争，英国人抱怨说："北方殖民地几乎把我们赶出了纽芬兰渔场——这个伟大的海员培训场；仅仅是新英格兰的捕捞量就超过了英国。"[②]为了经济上的自主权，一场独立运动终于势不可当地发生了。在波士顿倾茶事件中，那些装扮成印第安人的反抗者，大多属于鳕鱼贵族集团。当时波士顿的港口，不仅有茶叶，可能还有成吨的鳕鱼。

1776 年，随着《独立宣言》发布，美国在名义上刚刚诞生，第一批发行的硬币上，赫然就是鳕鱼的图案。随着英国与美国的战争结束，纽芬兰浅滩成为美国的财富之地。

鳕鱼战争

美国独立之后，欧洲捕捞鳕鱼的渔船逐渐转场到冰岛海域。1905 年，冰岛从英国购买了第一艘拖网渔船，高效的拖

① 向糖岛运送鳕鱼干的商船返程时，装载的除了蔗糖还有食盐，用来腌制鳕鱼，甚至连荷兰腌制鲱鱼的食盐也来源于此。

②（美）查尔斯·比尔德《美国文明的兴起》，杨军译，北京时代华文书局，2017。

网渔船不仅为冰岛创造了第一批现代企业家，也从根本上改变了农业和工业基础薄弱的冰岛。

冰岛临近北极圈，四周环海，自然资源极其匮乏，30万人口只能靠海吃海；好在这里有大量的鳕鱼，依靠渔业赚取外汇，然后再进口各种食品和消费品。“一战”接连“二战”，欧洲长期战云密布，战火连天，大量渔船都因战争被军队征用，传统渔业几乎完全处于瘫痪状态，这使得孤悬海外的冰岛能够坐收渔利。尤其是“二战”期间，全欧洲的鳕鱼供应基本上都被冰岛把持，冰岛因此积聚了巨额财富。“二战”尚未结束，积累了足够财富的冰岛就宣布脱离丹麦统治而独立。可以说，鳕鱼不仅成就了冰岛，更成全了这个作为国家的冰岛。

战争结束后，欧洲各国都恢复了传统渔业。面对大国竞争，为了保卫鳕鱼资源，冰岛于1950年宣布，距离海岸线4英里以内的海域为禁渔性领海，其他国家船只不得擅入。按照当时的国际法，海洋是公有的，冰岛此举无疑是开了一种先例。实际上，早在1882年，法国、德国、荷兰、丹麦和英国等国为减少渔业纠纷，在联合签署的《北海渔业公约》中就提出过距海岸线3英里内禁渔。英国与美国之间曾经签署协议，美国渔民可以在加拿大海域合法捕鱼，但在1866年后，进入3英里海域内的美国渔船需要向英国缴纳若干费用。虽然有了4英里渔业保护区，但冰岛并不能阻止鳕鱼捕捞量的持续下滑。1958 年，冰岛宣布将领海扩大到距海岸 12 海里，这一下子惹恼了英国人。

自从工业革命以来，英国人的饮食习惯发生了天翻地覆的改变。19 世纪诞生的蒸汽火车大大提高了货物在陆路的运输速度，这使得沿海地区的海鲜能够迅速运到远离大海的内地，因此英国所有城市都出现了炸鳕鱼和炸薯条这两种极受欢迎的大众食品。对现代英国人来说，炸鱼、薯条已经不只是用来果腹的食品，而是和红茶一样，成为一种文化传统。

16 世纪时，瓦洛阿家族和哈布斯堡家族发生战争，但到了鲱鱼汛期时，双方一起罢战，各自忙着去捕鱼。时过境迁，如今捕鱼不仅不能成为罢战的理由，反而成为战争的借口。为了和冰岛争夺鳕鱼，英国甚至派出 37 艘皇家海军舰艇前往冰岛海域，为本国的渔船护航，其中不乏参加过“二战”的驱逐舰和护卫舰。但冰岛毫不示弱，巧妙地通过外交手段逼迫英国退让。冰岛与苏联签署协议，用鳕鱼换石油。为了北约组织的安全，美国不得不向英国施压；英国只好“以大局为重”，放弃对冰岛的抗议。

此后，冰岛又两次将禁渔界限扩大到 50 海里、200 海里，并发明了一种专门破坏渔船拖网的技术，用来对付侵入禁渔区的他国渔船。英国为此又兴师动众，但结果跟第一次“鳕鱼战争”一样，还是铩羽而归。

面对大英帝国的虎狼之师，小小的冰岛不仅赢得了胜利，在后来的日子里，他们所倡导的200海里海洋专属经济区也成为一种国际共识，被写入《联合国海洋公约》。公约规定，沿海国对自己专属经济区内的生物及非生物资源，享有所有权；有勘探开发、养护和管理的主权权利。谁也没有想到，小小的鳕鱼就这样改变了整个世界的海洋游戏规则。

最后的渔夫

从巴斯克人开始，在后来的几百年中，欧洲渔民用来捕捞鳕鱼的方法并没有任何改变。但从17世纪开始，导航技术的进步极其显著，18世纪的计时革命使经度计算更加准确，探险者不断发现新的鱼群。进入现代之后，电报让所有渔船得以联网，实现了即时性的信息共享，人们能够更加准确地掌握天气变化和鱼情动态。然而，直到20世纪初，这些新发明对渔民的捕鱼能力也没有多大提升：渔船全部靠风帆驱动，冰岛人则保持着摇桨的传统，捕鳕鱼仍是一件危险而辛苦的工作。但不久之后，捕鱼技术突然发生了一场“可怕”的革命，渔船装上了大功率的引擎，渔网从固定网变为非固定网，实现拖网捕捞。拖网渔船的捕鱼量是传统风帆动力渔船的6倍。①

① 拖网捕捞是指渔网沉到海底，渔船拖着走。一旦启动，不仅鳕鱼，沿途所有海底生物全被拖走。就像理发剃头一样“推平”一条路。带上甲板后生物基本死绝，不需要的生物扔回海里。这种破坏，使海底一片狼藉，海底生态系统是无法长期承受的。

当机械动力逐渐取代帆和桨后，捕鱼不再是被动的行为。传统渔业使用渔具等鱼上门，现代渔船却可以主动追击。当渔船引擎发展日益强大后，捕捞规模甚至可以无限扩张下去。短时间内，技术进步常常让鳕鱼的年捕捞量迅速提高。

第二次世界大战期间，世界渔业最重要的技术进步就是结合三大发明（大马力渔船、拖网和冷冻鱼）建成的巨型海上工厂。1946 年，伯宰发明了快速脱水的处理方法，再度改进食物冷冻技术，这项技术后来也被应用到了其他行业。冷冻鱼可以被运到任何地方，世界各地从此都有了便宜而充足的海产供应。鳕鱼切片技术的发明，更是极大提高了人们对鳕鱼的需求。1955 年，美国人普雷提克发明了捕鱼滑车；10 年时间，它成为全世界主流渔船的标准装备，世界渔业产量瞬间便增加了 5 倍。造价昂贵的多功能大型拖网船出现之后，渔船已经从捕鱼船变成一个集捕鱼、加工、提炼和处理的现代化工厂。因为固定资产投入高，为避免资本闲置，捕捞作业越来越密集。渔船所过之处，鱼类几乎被一网打尽，就连鱼骨都被利用。再加上现代探鱼技术，如海洋温度卫星照片、GPS、海水温盐仪、海流剖面仪、电子海底地形图、彩色声纳鱼探等，海洋虽大，鱼儿竟无处躲藏。于是，鳕鱼撑不住了。

过度捕捞使鳕鱼的数量急剧减少。随着捕捞技术的进步，全世界鳕鱼的捕捞量反倒由1970年的3100万吨下降到了2002年的89万吨。[①] 世界自然基金会（WWF）警告，若各国政府不控制捕捞，鳕鱼将在15年内灭绝。这真是一种莫大的讽刺，渔船越来越高效，竟致使捕到的鱼越来越少；若想捕捉更多的鱼，唯一的办法是少捕鱼，让鱼长大。这就是典型的“公地悲剧”。面对海洋这个“蓝色沙漠”，为了捕到鱼，人们不得不走得更远。

现代以来，渔船引发的国家争端日渐增多，甚至发生流血事件，或导致兵戎相见。工业化技术竞争导致的涸泽而渔，正在使传统渔业走向终结。难怪一位海洋保护生物学家将现代渔业史称为“一部自我毁灭的人类文明史”[②]。俄国作家普希金写过一个《渔夫与金鱼》的寓言，一个渔夫从海里钓到了一条金鱼，渔夫的妻子先是向这条金鱼索要一只新木盆，接着又要大房子，后来又要珠宝，要成为贵妇人，女皇，乃至成为海上霸主……最后，已经成为“贵妇人”的渔夫妻子，转眼又回到了从前。

其实，早在很多现代捕鱼技术尚未出现的19世纪90年代，北海渔业资源就已经出现了衰竭的迹象，但人们并没有因此采取控制措施，而是改往更加丰饶的冰岛海域作业。鳕

---

①（美）马克·科尔兰斯基《一条改变世界的鱼：鳕鱼往事》，韩卉译，中信出版社，2017。

②（英）卡鲁姆·罗伯茨《假如海洋空荡荡：一部自我毁灭的人类文明史》，吴佳其译，北京大学出版社，2016。

鱼以贪吃闻名，鳕鱼的天敌也非常多，但人类比鳕鱼更加贪吃，人类也是鳕鱼最可怕的天敌。大仲马曾在《烹饪大辞典》中写道："有人计算过，如果每颗鱼卵都能顺利孵化，每条小鱼都能长大成熟，那么，只要三年时间，鳕鱼就可以把海洋填满，到时候你就可以足不沾水地踩在鳕鱼背上横越大西洋了。"纽芬兰大浅滩这个曾经号称可以"踩着鳕鱼脊背就能上岸"的地方，因肆意捕捞，最终于 1992 年关闭。在加拿大，渔民从政府领取补助；对他们说，捕鱼越来越不像是一种职业，而更像是艺术一般的存在。

海狸

新世界的征服

维米尔（1632—1675）是荷兰黄金时代的绘画大师，他的绘画作品向来以日常生活场景为主题。在一幅绘画中，一名荷兰军官倾身向前，正对着一名面带笑容的女子；这位只有背影的军官最引人注目的，是头上戴着一顶时髦的帽子，这帽子是用珍贵的海狸毛皮制成的。①

1634年夏天，杰恩·尼克雷（1598—1642）从法属殖民地魁北克出发，到五大湖地区解决那里的部落冲突，这些冲突威胁着加拿大在世界经济中占有一席之地的毛皮贸易。尼克雷还受命在可能的情况下，航行到“西洋”。当地的土著居民带他去密歇根湖，他深信，大湖的对岸就是中国。当时

①（加）卜正民《维米尔的帽子：从一幅画看全球化贸易的兴起》，黄中宪译，湖南人民出版社，2017。

尼克雷身上，穿着一件中国绸缎袍子。[①] 这是历史学家卜正民很喜欢的两个小故事，他想以此来形象地说明发生在 17 世纪的全球化贸易。这两个故事中，都提到了毛皮；实际上，当时全世界的珍贵毛皮——尤其是海狸皮——都来自遥远的北美洲。

对当时的欧洲人来说，毛皮贸易是一项古老而又主流的支柱经济。北美的毛皮贸易就如同拉丁美洲的贵金属一样，支撑起欧洲经济崛起的半壁江山。在欧洲人进入北美之后的两个多世纪中，他们对西部内陆地区的兴趣几乎仅限于毛皮贸易；或者说，正因为毛皮贸易，欧洲人才深入美洲大陆的每一个角落，几乎所有印第安人部落都被席卷其中。北美毛皮贸易主要以海狸皮为主。当时海狸分布在北美的绝大部分地区，数量达数千万只。除了较为昂贵的海狸皮和海獭皮，毛皮贸易还包括其他动物皮革，如北美东南部的白尾鹿皮、西北地区的驯鹿皮、熊皮和麋鹿皮，以及大草原上的野牛皮等。不过，海狸皮长期是毛皮贸易的核心。

在人类最远古的狩猎采集时代，人们猎取动物，食其肉，寝其皮。随着农耕社会的出现，到哥伦布发现新大陆之后，狩猎采集只局限于少数边远地区。当时世界毛皮贸易的

① (加) 卜正民《纵乐的困惑：明代的商业与文化》，方骏、王秀丽、罗天佑译，生活·读书·新知三联书店，2004。

输出地主要是西伯利亚和北美。[①] 现代合成材料和高效率的暖气技术问世之前，是一个貂皮大衣、海狸皮帽风行的年代，各式各样的毛皮、兽皮需求极大。毛皮贸易鼎盛时期，每年大约有 100 万只海狸被捕杀。无数张被海狸的鲜血染红的毛皮经毛皮商人之手，变成巨额财富。从美洲印第安人那里以微薄的代价换来一张海狸皮，运到欧洲加工后，至少可以获得 10 倍以上的利润，最高甚至达到 200 倍以上；在 17—18 世纪，一张上等海狸皮在欧洲可以卖到 90 先令。海湾毛皮公司在成立的头 20 年里，每年向股东支付的股息达到 298%。

毛皮具有质轻、价高、易运输和易保存的优点，从事毛皮贸易并不需要多大的资本，也不需要很特别的技术，任何人都可以；低门槛和高回报，使毛皮贸易在几百年里长盛不衰。从历史角度来说，毛皮这个“软黄金”带来的丰厚利润和市场需求，也极大地推动了西欧殖民者对北美的开发。对俄国来说，毛皮的诱惑促使其越过乌拉尔山，进入远东的西伯利亚，最后使沙皇的统治从欧洲和亚洲，一直延伸到白令海峡对面的美洲大陆。

正如贵金属和蔗糖贸易对南美的影响一样，毛皮贸易对北美的历史影响同样巨大。作为一种独特的边疆开发模式，毛皮贸易使印第安人、荷兰人、法国人、英国人、俄国人、

① 和毛皮贸易类似的还有来自非洲的象牙和犀牛角贸易；在 19—20 世纪，每年输入西方的象牙超过 1000 吨。

西班牙人和瑞典人等，都卷入其中。与农业生产相比，毛皮贸易离不开印第安人的合作。印第安人既是猎手，又是中间商。印第安人以涸泽而渔的方式屠杀海狸，然后用毛皮从白人手中换取烈酒和枪支；随着海狸的灭绝，印第安人被迫放下武器、迁入保留地。

毛皮贸易从 16 世纪初兴起，直到 19 世纪 70 年代结束，总共持续了 3 个半世纪。在早期阶段，列强逐鹿，毛皮商人以国家的名义明争暗斗；到了后期，一方面毛皮资源锐减，另一方面现代纺织品兴起，毛皮贸易逐渐走向没落，西部大陆的毛皮地区走向农业化。

应当承认，毛皮贸易塑造了西伯利亚征服史，毛皮贸易也造就了美国和加拿大的早期历史；实际上，美加两国的边界就是沿着毛皮贸易南北边界划定的。毛皮贸易为新生的加拿大缔造了一个横贯大陆的经济体系，毛皮贸易的利润也为美国后来的工业化积累了重要的资本。

新尼德兰

人类社会利用毛皮的历史非常悠久。毛皮，尤其是珍贵的毛皮向来都是奢侈品；它不仅价格昂贵，而且是身份和社会地位的象征。

以着装来强化社会等级差别，这在世界各地不同文化中都是一样的。按照春秋裘衣制度，天子用狐白裘，诸侯用狐黄裘，卿大夫用狐青裘，士用羔裘，卫士用虎裘、狼裘，庶民穿犬、羊之裘，也穿羊毛做成的毡衣、毛褐。[①]孔子把“乘肥马，衣轻裘”看作一种奢华待遇；杜甫在《壮游》诗中描述人生最得意的事情，就是“放荡齐赵间，裘马颇清狂”。13世纪的一个英国木匠辛苦工作40天，其收入仅能买一条兔子皮的镶边，而亨利八世国王的一件礼服，就用了100张黑貂皮和50张松鼠皮。1336年，英国国王爱德华三世规定，只有王室成员、贵族和少数教士才能穿珍贵毛皮，貂皮为宫廷专用，贵族可穿海狸皮、海獭皮和狐皮等，普通平民只能穿羊皮。一些法令还特别禁止妓女穿着毛皮服装。

16世纪的欧洲，毛纺和丝纺业兴起，虽然人们对穿毛皮大衣的兴趣有所减弱，但对一顶毛皮制成的帽子仍然孜孜以求。按照当时的欧洲风尚，男士都要戴一顶宽沿的大帽子，当他们在路边碰见熟人、进屋或者面对女士，他们会脱帽致

① 这里的狐白裘并非白狐皮做的大衣，而是狐狸腋下的白色毛皮拼缀而成，所以有“集腋成裘”的说法，“千羊之皮不如一狐之腋”。狐腋裘数量稀少，一般只有天子才能穿（实际上，诸侯、大夫也穿，孟尝君就有白狐皮大衣）。汉朝郑玄认为狐裘原本是祭服，后来演变为视朝之服；羔裘原本是朝服，后来演变为游宴之服。诸侯穿狐裘的时候，裘服之上要加罩锦衣以为裼，锦衣之上又加皮弁服。这是祭祀的装束。《礼记》称“麑裘，素衣以裼之。羔裘，缁衣以裼之。狐裘，黄衣以裼之”。这个麑裘是用小鹿皮做的裘皮衣，轻而软。《论语》里提到“狐貉之厚以居”，貉子皮做的裘衣与狐裘并列。赵简子“敝车瘦马，衣羖羊之裘”，其宰曰：“车新则安，马肥则疾，狐裘则温，君宜改之”。从周朝起，天子祭天时要穿大裘冕，是黑色羔皮做的。但是在宋朝之后，棉衣普及，大裘冕就从天子服饰中消失了。据说毛皮作为游牧民族的服饰，也象征着华夷之别。

意，表现出风度翩翩的绅士礼仪。从中世纪时期，人们就喜欢以帽子来显示社会地位；用海狸皮制成的礼帽防雨又好看，有身份的人必不可少。当时欧洲经过长期消耗，毛皮资源早已枯竭。因为毛皮珍稀，早在1424年，苏格兰国王便下令禁止貂皮的出口。

从历史角度来说，美洲——尤其是北美的发现，不仅拯救了欧洲毛皮业，也使毛皮贸易兴盛起来。哥伦布最早到达中美洲，很长时间里，西班牙人都未能向北美发展。北美大陆不像南美大陆一样拥有黄金和白银之类的贵金属，但却与欧洲距离更近。最早来到北美的是北欧渔民，他们被纽芬兰的鳕鱼所吸引；但随着他们与当地印第安人交换的海狸皮越来越多，这些渔民便改行成为毛皮贸易商。因为毛皮比鳕鱼有更大的利润。

财富的力量是无形的。最早的北美大陆探索和殖民史基本上就是从毛皮贸易开始的；对巨额利润的追求，成为早期欧洲人“开发”北美大陆的主要目的和动力。为了抢占更多优质的毛皮资源，在毛皮贸易过程中，英、法、荷等国的殖民者可谓无所不用其极。英、法两国先后于1608年和1620年在圣劳伦斯和普利茅斯建立了殖民点，并以此为据点向北美大陆南北扩展。1609年，哈德逊到北美探险的这一年，荷兰人到达新英格兰南部，并宣布对新领地的占领权。为了排除其他竞争力量，阿姆斯特丹的商人组建了新尼德兰公司，并在美洲建立了两个贸易站：一个在曼哈顿，即纽约的前身；另一个奥兰治堡，即后来的阿尔巴尼。

新尼德兰公司的主要目的就是毛皮贸易。随后到来的荷兰西印度公司进一步加强了美洲的殖民地建设。整个新尼德兰大致包括今日美国的纽约州、康涅狄格州、新泽西州和特拉华州部分地区。1626 年，荷兰人以 60 荷兰盾的代价从印第安人手里买到哈德逊河口的岛屿，取名为新阿姆斯特丹，这里便成为新尼德兰的行政中心。40 年后，新尼德兰的居民发展到 1 万人，其中不到 2000 人住在新阿姆斯特丹。一本 1655 年出版的《新尼德兰记述》夸赞说："这里有印第安人，他们提供的毛皮质量高、数量大，每年我们毫不费力就能收获价值相当于数吨黄金的毛皮。"

尽管荷兰政府试图在新尼德兰发展农业，但毛皮贸易远比农业开发诱人得多。1624 年，荷兰人从美洲运出 7246 张海狸皮，1850 张海獭皮，总值 2.8 万荷兰盾；第二年运出 5000 张海狸皮，500 张海獭皮，结果这些毛皮卖出了 4 万荷兰盾；1626 年，收获 7000 张海狸皮，800 张海獭皮，卖得 5.6 万荷兰盾；1628 年，虽然收获的毛皮比上年少，但却卖了 6.1 万荷兰盾。此后几年，收获量都比上年有所减少，但收益却逐年增加；直到 1632 年，产量突然增加到 1.4 万张海狸皮和 1700 张海獭皮，售价达 14 万荷兰盾。从 1624 年开始，荷兰东印度公司每年还从新占领的台湾向日本和福建出口 10 万张鹿皮，这些鹿皮全部来自台湾原住民，人称“猎鹿人”。

在后来一个世纪中，奥兰治堡始终是新尼德兰毛皮贸易的中心。作为美洲原住民的易洛魁人带着毛皮来到这里，与荷兰人交换朗姆酒或马匹、枪支。根据记录，仅 1656 年，荷兰人就从这里运走了 3.5 万张海狸皮。实际上，走私商人比正规商人所取得的毛皮还要多。

最早来北美进行毛皮贸易的法国人，在魁北克建立了一个永久居民点，在此基础上形成了新法兰西殖民地。1673 年，传教士雅克 · 马尔凯特和毛皮商人路易 · 约里奥顺密西西比河而下，到达阿肯色河；1682 年，拉萨尔又顺流而下，到达密西西比河口。根据谁先到谁占有的原则，法国人宣布密西西比河所流经的所有地区都是法国国王路易十四的土地，并将其命名为路易斯安那。法国人以圣劳伦斯河的上游为中心，向着密西西比河和落基山两个方向发展，到 18 世纪中期，新法兰西殖民地面积已经非常大，在北美形成了一个庞大的毛皮帝国。

在法国之后，背负巨额债务的英国清教徒跨越大西洋，到达普利茅斯。普利茅斯从一开始就是一个毛皮贸易站。1631—1636 年，清教徒共向英国共输出 1.2 万磅以上的海狸皮和大约 1000 磅海獭皮。借助毛皮贸易，普利茅斯殖民地用 21 年的时间就还清了欧洲债务。“《圣经》与河狸是年轻的殖民地的两个支柱。前者拯救了他们的精神，后者解决了他们的开销，同时这种啮齿类动物在二者中更为重要一些。”①

普利茅斯的成功让马萨诸塞的英国移民大受鼓舞，他们从梅里马克河扩张到康涅狄格河谷。将这里的荷兰毛皮商人赶走之后，所有毛皮贸易全部落入英国人之手。从1652年到1674年，他们运往英国的海狸皮价值11752英镑，这还不包括其他种类的毛皮。1667年，英国和荷兰的战争暂告一段落，根据双方签订的《布雷达和约》，新阿姆斯特丹被迫转让给英国。②当时的英国国王查理二世将这片新领地交给其弟约克公爵，新阿姆斯特丹遂被改名为“新约克（New York）”，即“纽约”。

荷兰为了集中力量垄断东南亚的香料贸易，忍痛割爱，退出毛皮贸易，北美便成为英法两国的逐鹿之地。

---

①（美）埃里克·杰·多林《毛皮、财富和帝国：美国毛皮交易的史诗》，冯璇译，社会科学文献出版社，2018。

② 1664年，英王查理二世将新尼德兰赐给他的兄弟约克公爵，包括哈德逊河和特拉华之间的整个地区。英国海军未对荷兰人提出任何警告，就突袭了新阿姆斯特丹，勒令荷兰人立即投降。荷兰总督彼得·斯特伊费桑特强烈抗议，但也无济于事。此前不久，荷兰被郑成功的南明军队赶出了台湾。1685年，约克公爵继承王位后，纽约成为皇室殖民地。

毛皮帝国

海狸皮贸易的黄金期持续了大约一个半世纪。

1699 年，纽约一年运出的毛皮就达 1.5 万张；1717—1720 年，纽约出口收入为 63746 英镑，其中 40% 来自毛皮。1762 年，大约有 17.3 万张海狸皮从北美洲运出，其中 9.4 万张来自加拿大，5 万张来自北边的哈德逊湾公司，1.5 万张来自纽约。这些毛皮大约价值 4.3 万英镑。如果加上走私的毛皮，估计每年输往英国的毛皮价值在 5 万～10 万英镑。

北美大陆幅员辽阔，南北差异较大，就毛皮贸易而言，北方以海狸皮为主，南方则盛产白尾鹿。

在 17 世纪初期，鹿皮贸易并不受重视，弗吉尼亚殖民地禁止与印第安人贸易。《航海条例》出台之后，鹿皮贸易与烟草种植成为南方经济的两大产业。进入 18 世纪以后，鹿皮交易规模达到顶峰，鹿皮和奴隶被视为“18 世纪南部最好的商品”。暴利所在，就连路易斯安那殖民地的法国人也染指鹿皮贸易；到 1726 年，法国总督比安维尔估计每年有 5 万张鹿皮从路易斯安那运出。与其他可再生资源不同，毛皮贸易一直处于一种高度的竞争状态，最明智的方法是在其他竞争者到来前尽量猎捕；在恶性竞争下，毛皮商人普遍采取涸泽而渔的方式，以最大限度地获取动物毛皮，这就注定了毛皮贸易的不可持续性。在大规模的商业化猎杀下，珍贵动物迅速灭绝，并连带造成动物栖息地的毁灭。[①]

海狸几乎伴随着毛皮商人的脚步逐渐走向灭绝：1630年的安大略南部，1640年的马塞堵塞海岸，1660年的纳拉冈塞特塞特湾，海狸一步步从原先的栖息地绝迹。

为了寻找新的毛皮资源，毛皮商人只能不断探索陌生区域。

一代又一代的毛皮贩子深入北美大陆，他们获得的经济资料和信息为后来的农业打下了基础；或者说，毛皮贸易为后来的农业开发铺平了道路，毛皮商人所探索的西部小道成为后来农业移民迁往西部的捷径。与毛皮经济相比，农业生产需要更多的劳动力人口。法国在北美的殖民地“新法兰西”，占据着当时从大湖到落基山脚下的大半个北美地区，在毛皮经济下，总共只有区区6万人；相对而言，东部的新英格兰的农业社会已经拥有多达160万人口。[②]

毛皮贸易的竞争与扩张，最终导致英法两国为争夺北美的主导权而发生战争。1763年，英法七年战争结束，英国夺取了法国在密西西比河以东的全部殖民地，取得了对北美

---

① 海狸为生活习惯所限，多半住在当地由它们自己挖掘的洞穴中，很容易被有经验的猎人捕获。猎人用挖掘工具打开冬季坚冰，挖开水边的洞穴，就可以将海狸连大带小整窝捕获。这种捕捉方式大大影响了在正常情况下原本就很低的海狸繁殖率。

② 从魁北克的建立（1608年）到1700年，总的移民人数约为15000人，占当时法国人口一个很小的比例，即100万人中只有8个移民；而邻近的英国在1630年到1700年间，1/3的人口，即38万人移民到新大陆。

毛皮贸易的控制权。与法国的战争刚刚结束，美洲原住民庞蒂亚克人又爆发起义。英国政府为这场镇压花费了10万英镑。作为这两次战争的结果，英国政府对新获取土地设立了三个殖民地，即加拿大、佛罗里达和格林纳达，并对之实行军管；毛皮贸易及印第安人事务全部由政府统一管理，由官方确定毛皮交易价格；禁止在贸易站以外私自交易，并禁止向印第安人出售朗姆酒。新管理机构和大量驻军需要一笔巨额费用，英国政府决定这笔支出应由北美十三殖民地承担，《印花税法》随之出台。

当时，因为毛皮资源逐渐枯竭，毛皮贸易的重要性在新英格兰已经开始下降。唯独拥有广阔的西部腹地的纽约和宾夕法尼亚仍对毛皮贸易十分依赖，1765年，纽约还向英格兰输送了价值5565英镑的毛皮。当时北美各殖民地都希望英国放松限制，使大量新增移民能够对西部进行农业扩张。对英国政府来说，农业移民带不来任何商业利益，反而会因为侵占土地而激发印第安人暴动，相比之下，加拿大的毛皮贸易更值得保护；1774年，《魁北克法案》出台。在英国政府的大力支持下，加拿大的毛皮贸易迅速扩张。在接下来的几年里，加拿大每年输往英国的毛皮价值20万英镑左右。

不久之后，美国独立战争爆发，或许正是为了反对大英帝国的商业垄断，并争取对西部进行自由开发的权利。美国成为这场战争的最大结果和赢家，它获得了梦寐以求的五大湖以南、密西西比河以东的大片地区，领土面积增加一倍。对美国人来说，他们其实想要的是对西部进行移民和拓殖，而不是毛皮贸易。在谈判中，富兰克林甚至要求英国将加拿大也送给美国。①

从后来的历史看，在英国政府眼中，北美殖民地并没有多么重要。加拿大最看重的毛皮产地都被轻率地划入美国领土，这让加拿大人非常失望。尤其是西北海岸的毛皮贸易，这里盛产海獭皮，这些海獭皮运到中国后，每张可以卖到50～100美元，最好的可以卖到300美元，相当于海狸皮的30倍。

仿佛世界上所有的好处都让美国占尽。美国本来意在发展种植园经济，结果独立后的美国竟一下子成为西北海岸海獭皮贸易的主导者，而中国也意外地成为美国最大的毛皮销售地。②依靠毛皮贸易，美国诞生了历史上第一个百万富翁——阿斯特。

---

① 虽然英美于1783年达成《巴黎条约》，但事后并未移交西部地区。1812年美国发动战争，意欲兼并英国的殖民地加拿大，彻底占有整个北美大陆。美军攻入加拿大首府多伦多，放火烧毁议会。英国军队也还以颜色，攻入美国首都华盛顿，火烧白宫。战争期间，英美双方互相劫掠对方的商船，美国运送毛皮的商船“猎人号”在广州港被英国人劫持，后来一段时期，英国几乎垄断了对华毛皮贸易，直到战争结束。1814年，英美双方握手言和，根据《根特条约》，美国人获得圣劳伦斯河的捕鱼权。

② 从1785年起，清朝一度禁止与俄国的毛皮贸易，英国东印度公司的垄断权使得很多英国商人无法公开从北美向中国运送毛皮，因此美国成为美洲与中国之间的唯一合法运输者，很多加拿大甚至俄国的毛皮被运送到美国，然后再转运到中国广州。

1779年，进行全球探险的库克船长[①]路过广州，将1500张从温哥华收购的毛皮出售，获利不菲。“6便士购得的毛皮在中国可以卖出100美元。”跟随库克的雷雅德把这场奇遇写成书出版，然后开始寻找投资人，来实现往中国贩运毛皮的商业计划。随后便有了“中国皇后号”。因为资金所限，投资人放弃了雷雅德计划中的太平洋航行，而是走古老的非洲航线。1784年，“中国皇后号”作为美国第一艘来华商船到达广州，货物中有2600张海狸皮。

1790年，“哥伦比亚”号完成了美国人的首次环球航行，由此开启了“美国人著名的三角贸易：把马萨诸塞州的廉价小玩意儿运到西北部的太平洋沿岸，从那里将毛皮贩售到广州，再运送中国商品绕过半个地球回到波士顿”。[②]从1788年到1826年，美国船队共完成了127次中美之间的贸易。1800年，美国运往中国的毛皮剧增，超过40万张，其中海豹皮为38万张。1794—1815年间，美国加上英国，总共向中国出口毛皮近500万张。“当苏格兰探险家和毛皮商亚历山大·麦肯齐于1793年成为穿越北美洲大陆的第一位欧洲人时，他的本意是寻找一条可以将加拿大毛皮贩往中国的实

① 詹姆斯·库克（James Cook，1728—1779），英国皇家海军军官、航海家、探险家和制图师。他多次在太平洋探险，发现澳大利亚、新西兰和夏威夷。早年曾对圣劳伦斯河地区和纽芬兰岛进行了大量测绘工作；最后因与土著发生冲突而死于夏威夷。

②（美）埃里克·杰·多林《美国与中国最初的相遇：航海时代奇异的中美关系史》。

际可行的商业路线。”[①]据估计，从1793年至1807年，单从马萨夫洛岛就有350万张海豹皮被运到广州销售；1805年至1834年，美商销往中国的海豹皮获利达350万美元以上；在整个中美毛皮贸易过程中，交易额在1500万到2000万美元之间。[②]

这一期间，数以万计的海獭皮从西北部的太平洋沿岸和加州流向广州。但暴利并没有维持多久，随着越来越多的毛皮进入市场，价格也随之下跌。不过，一张海獭皮依然可以卖出20～30美元，利润往往能达到航行成本的300%以上，并且一度飙升至2200%。[③]

为了毛皮，美国人穿越美洲大陆，到达加州西海岸，甚至远赴夏威夷。因为檀香也很受欢迎，一些毛皮商便改行专门在夏威夷从事起檀香木贸易；夏威夷港口火奴鲁鲁便被华人称为“檀香山”。

1804年，在杰斐逊总统的推动下，美国以1500万美元的价格买下了法国在北美的毛皮殖民地路易斯安那。这片近

---

①（美）约翰·麦克尼尔、威廉·麦克尼尔《人类之网：鸟瞰世界历史》，王晋新、宋保军等译，北京大学出版社，2011。

② 在1800年前后，一艘200吨的商船进行为期2年的一趟中国贸易，大致花费5000～7000英镑，这其中买船需要2000～3000英镑，买设备需要2000英镑，收购毛皮需要1500～2000英镑，总收益为25000～30000英镑，利润率为250%～450%。在1804—1814年的10年间，共有21艘美国商船，携带50万美元的货物在西北海岸换成毛皮，然后运到中国卖了1112万美元，利润率达2200%，即使去掉人员和船只开支，仍有525%的净利润。

③（美）埃里克·多林《美国与中国最初的相遇：航海时代奇异的中美关系史》。

乎原始的土地比当时美利坚合众国的国土面积还要大。[①] 早在1785—1789 年间，杰斐逊作为美国代表停留巴黎，探险家约翰·莱迪亚德就告诉杰斐逊，应该在美洲西海岸建立一个毛皮贸易栈。

征服西伯利亚

大约从 15 世纪初开始，全球气候进入一个寒冷时期，中国称为“明清小冰期”，年平均气温降低了 1℃左右。来自东北严寒地带的满清统治者入主中国后，对“汉地十八省”推行剃发易服政策，将女真服饰文化强加于民。有清一代，精致的皮裘成为身份地位的重要象征，尤其是在北方。[②] 故

---

① 法国这片殖民地面积达 100 万平方英里，包括今天的路易斯安那州、阿肯色州、堪萨斯州、科罗拉多州和明尼苏达州的一部分、艾奥瓦州、内布拉斯加州、南达科他州、北达科他州、怀俄明州、爱达荷州的一部分、蒙大拿州和俄克拉何马地区。美国购买路易斯安那时，这里仍是一个毛皮殖民地，所有的一切都用毛皮来衡量，一磅鹿皮 40 美分，一张熊皮 3 美元，一张牛皮袍子 6 美元，大物件按一捆毛皮计算：100 磅重的一捆海狸皮 180 美元，貂皮 300 美元，水獭皮 450 美元，猞猁皮 500 美元。随后发生的刘易斯和克拉克探险，将密西西比河以西的土地彻底变成了美国领土的一部分。

② 清朝官员和达官贵人在冬天喜欢穿翻毛皮外褂，竞相炫耀裘皮之贵重。有一种羊羔皮叫“草上霜”，其毛根附皮处是纯灰黑色，而毫端则是白色，圆卷如珠，以这种羔皮做成的外褂极其贵重，与海龙（海獭）、玄狐皮并称。满洲贵族常常用貂皮来装饰帽子、束腰和披肩等，皇帝冬朝服披领和袖襟风沿以及外褂，均为貂皮所制。一本 1688 年出版的西方人记述北京的书中写道：“京城的四千名官员从头到脚穿戴价值极其昂贵的紫貂皮，在皇宫正殿里朝贺天子。有钱人简直就是裹在裘皮里过日子，他们的鞋子、马鞍镶着毛皮，座椅有毛皮垫子，帐篷用毛皮做衬里。”（布罗代尔《15 至 18 世纪的物质文明、经济和资本主义》第一卷）

此，清代中国成为世界最大的毛皮市场。

中国本土出产的毛皮非常少。明清时，许多森林被开垦为田地，普通树林面积太小，毛皮动物难以繁衍生存，所以毛皮在中国尤其珍贵。当时东北地区荒无人烟，保留有大片森林，清廷在黑龙江设立布特哈总管衙门，负责贡貂，要求东北成年人每年必须缴纳一张貂皮，但所得仍极其有限。清代对外输出丝绸、瓷器和茶叶，毛皮是白银之外不多的几种输入商品。进口毛皮中，有一部分来自俄罗斯；更准确地说，是来自中国北边的西伯利亚。

戴蒙德在《枪炮、病菌和钢铁：人类社会的命运》一书中指出，人类和自然物种一样，往往更容易沿着纬度传播，因为在同一纬度上往往有着相似的气候和地理环境。如果说欧洲“发现”了美洲，那么也可以说俄国“发现”了西伯利亚。在西欧国家开拓美洲时，俄罗斯于 1581 年跨过乌拉尔山，向东方扩张，毛皮是重要的诱惑。

自古以来，西伯利亚就盛产貂皮。据传，当年成吉思汗成婚时，新娘的嫁妆就是一张貂皮，后来这张貂皮作为珍贵礼品，被成吉思汗送给另一位部落酋长。在 16—17 世纪，黑貂皮引诱哥萨克人跨过一条河又一条河，不断东进。面对无尽的荒原，哥萨克人与那些美洲毛皮商人一样，体现了极大的毅力和勇气，承受了极大的困苦和危险。他们与西班牙殖民者一样，一边向前推进，一边修筑要塞。西伯利亚的通古斯、鞑靼等游牧部落因为人口稀少，文化技术落后，几乎难以有效地抵抗哥萨克的入侵。尤其是哥萨克人每到一地，便立刻四处绑架原住民的女人和孩子为人质，以此来要挟其投降和缴纳毛皮实物税。哥萨克在给沙皇的报告中称："每年从新征服的那些通古斯人和布里亚特人为陛下征收的实物税，都是用马刀和鲜血换来的。"①

1584年，英国探险家沃尔特·雷利爵士在北卡罗来纳的罗厄诺克岛登陆；几乎与此同时，俄罗斯探险家叶尔马克率军占领西伯利亚汗国首都卡什雷克。②不到半个世纪，俄罗斯人已经到达北冰洋和太平洋，并在太平洋海岸建立了鄂霍茨克要塞。1632年，他们建立雅库次克要塞，1639年，雅库次克地区送交莫斯科的貂皮为近5万张，价值28331卢布；1643年的貂皮数量达到14.7万张。1645年，俄罗斯人到达贝加尔湖；在中国历史中，贝加尔湖被称为"北海"，乃是苏武牧羊之地。

"激励俄罗斯人向西伯利亚大肆扩张的基本动因就是毛皮。俄罗斯人把一整套纳贡制度强加给西伯利亚各个民族，要求每个健壮的成年男子都必须为其提供毛皮。"③西伯利亚极其严寒，自然环境恶劣，难以发展农业；在当时情况下，

① 徐景学《俄国征服西伯利亚纪略》，黑龙江人民出版社，1984。

②（俄）M.И. 齐保鲁哈《征服西伯利亚：从叶尔马克到白令》，杨海明译，中国社会科学出版社，2017。

③（美）约翰·麦克尼尔、威廉·麦克尼尔《人类之网：鸟瞰世界历史》。

除了毛皮，几乎没有太大价值。在俄罗斯人的征服史上，毛皮贸易一直支配着西伯利亚，倚重程度比北美更甚。1586 年时，进入俄罗斯国库的毛皮总量已经极其可观，包括 20 万张黑貂皮、1 万张黑狐皮、50 万张松鼠皮以及许多海狸皮和貂皮。在整个 17 世纪，从毛皮获得的收入约为 10 万～15 万卢布，也有人估计一年的毛皮收入就可达 60 万卢布。

毛皮收入约占当时帝国岁入的三分之一；沙皇政府通过各种手段获取毛皮，并保持对毛皮贸易的完全垄断。“政府从毛皮贸易中支付掉在西伯利亚的行政开支后，保有大量盈余，并使国家增加了一块巨大的地区。”

1644 年，沙俄武装探险队队长波雅尔科夫顺阿穆尔河而下，到达松花江，他带回了 480 张黑貂皮。1657 年，俄罗斯人占领阿尔巴津，并修筑一系列要塞。①这时，他们遭遇了强大的清政府，双方之间的冲突很快升级为一场战争；经过欧洲耶稣会士居中调停，清朝和沙俄于 1689 年签订《尼布楚条约》。换约之后，中方的礼物是丝绸，俄方送给清朝官员的礼物是貂皮长袍。根据条约，俄国虽然暂时失去了鄂霍次克海，但与清国建立了正式的贸易关系，西伯利亚的毛皮从此有了一个庞大的市场。“中国市场愿意为西伯利亚的各种

① 中国清政府称“雅克萨”，在今呼玛县西北漠河东黑龙江北岸，由中国索伦部达斡尔族所筑。1650 年被沙俄侵占，以阿尔巴津为名。1689 年中俄订立《尼布楚条约》，规定其地仍属中国营辖，俄人由此撤退，拆毁其城。1858 年沙俄与清朝政府订立《瑷珲条约》，复为沙俄所得。

毛皮支付高昂的价格，紫貂和狐狸皮都可以卖上好价钱，而貂熊的价格还要更高。”在《尼布楚条约》之前，活跃于丝绸之路的布哈拉商人常常扮演着中俄贸易中介者的角色。根据《尼布楚条约》，涅尔琴斯克被辟为对华通商口岸，毛皮商人蜂拥而至。因为陆路运输困难，西伯利亚的毛皮卖到欧洲，利润几乎与运费相抵，相对来说，中国就近得多。[①]1696年，对华贸易额突破 10 万卢布。看到利润丰厚，1698 年后，沙俄官方垄断了对华毛皮贸易，参加“京师互市”商队规模有时达到 3000 人。随着大量毛皮涌入北京，再加上毛皮属于耐用消费品，导致价格大跌，毛皮一度大量滞销。

《恰克图条约》签订后，俄国从北美获得了大量毛皮，于 1762 年取消毛皮官营。中俄贸易以恰克图为据点，年交易额从 100 万卢布迅速发展到 600 万卢布；山陕商帮用茶叶交换俄商的毛皮，毛皮占对华出口的 90% 左右。1792 年，仅灰鼠皮出口量就达到 700 万张。[②]

---

① 从西伯利亚到俄罗斯的海道贴近北极圈，每年有数月封冻期，无法通航，此外，沙皇政府担心毛皮走私，因此所有西伯利亚运往俄罗斯的毛皮必须由陆路运输。长期以来，俄国毛皮以北京和北方市场为主，从广州进口的英美毛皮对准南方市场。但因为陆路运输成本高，恰克图交易的俄国毛皮在中国竞争不过英美毛皮。1785 年，中俄交恶，恰克图被短暂关闭，西伯利亚的毛皮被拒之门外，广州毛皮进口顿时繁荣起来，毛皮价格上涨了 20%。1805 年，俄国俄美公司的船队从阿拉斯加运载了 15.1 万张海豹皮、9288 张狐狸皮和 4220 张狐狸皮绕道广州，意图挤走英美毛皮商。这扰乱市场的事件遭到清廷的抗议。

② 殷剑平《西伯利亚的毛皮贸易》，《西伯利亚研究》，1998 年第 6 期。

> 运到恰克图销售的毛皮和生皮，是俄国人最重要的出口项目……在这些皮货中，最贵重的是海獭皮、海狸皮、狐皮、狼皮、熊皮、布哈拉羔羊皮、阿斯特拉罕羊皮、貂皮、黑貂皮、白鼬皮及灰鼠皮。上述毛皮和生皮绝大部分来自西伯利亚和新发现群岛。①

从后来的历史来看，对西伯利亚的征服堪称一个神奇的成就。征服西伯利亚的哥萨克人就如同征服美洲的西班牙人一样，以小得惊人的力量，以极其残暴的手段，在短短几十年的时间里，就获得了 1000 万平方公里、相当于月球表面积的广袤土地。“到 1796 年凯瑟琳死的时候，俄国人像潮水一样吞没了这个曾经令人望而生畏的鞑靼社会。”②

经过一个世纪的猎杀，西伯利亚的毛皮产量迅速减少。17 世纪末，紫貂已经从西伯利亚彻底消失。俄罗斯毛皮商人将目光投向更东方的勘察加半岛、阿留申群岛，甚至阿拉斯加。1725 年，彼得大帝派白令考察美洲，结果白令死在阿拉斯加。阿拉斯加地区实在不适宜人类生存，即便是对一直生活在高寒与荒芜地带的俄国人。但这里有许多海獭，它们“毛发的光泽远胜黑色的天鹅绒”。当时，俄国商人也仿照欧

①（德）米勒、彼得·帕拉斯《西伯利亚的征服和早期俄中交往、战争和商业史》，赵雨时译，商务印书馆，1979。
②（美）威廉·麦克尼尔《欧洲的草原边疆 1500—1800》。

洲殖民公司成立“俄美公司”。追踪着海獭和海狸，他们从阿拉斯加沿着太平洋海岸向南航行，这其实比走陆路要容易得多。到 1780 年，俄罗斯毛皮猎人沿着海獭的足迹，已经到达南方温暖的旧金山湾；在这里，他们遇到了美国人和西班牙殖民者。从阿拉斯加到旧金山长达 4000 英里的北美西海岸，生活着无数海獭，但宰杀海獭需要非常专业的技巧，只有土著印第安人（尤其是阿拉斯加的阿留申人科迪克人）才能胜任。俄罗斯人将这些土著人的妇女和儿童扣作人质，强迫男人为他们工作。整个西海岸迅速变成一个大屠宰场，这里的海獭种群不久便灭绝了。

为了毛皮贸易，俄罗斯人在旧金山修建了包括罗斯堡在内的一系列要塞，等到后来附近的海獭和海狸等逐渐绝迹，夹在美国和墨西哥之间的俄国人只好把罗斯堡卖给美国的淘金者。

美国独立后，俄国毛皮商人在温哥华一带被美国人和英国人处处打压，日子越来越不好过，最后也只有放弃。到 1860 年，阿拉斯加的海豹和海獭早已绝迹，这时俄国人恰好借《瑷珲条约》从清朝手中得到了 60 万平方公里的毛皮产地。再加上俄国在克里米亚战争中一败涂地，出于对英国将阿拉斯加并入加拿大的担心，俄国便迅速以 720 万美元的价格，将整个阿拉斯加卖给了美国。[①] 俄罗斯就这样彻底退出了北美。

野牛的灭绝

北美的毛皮贸易繁荣时代，海狸皮虽然价值较高，但贸易额最大的却是野牛皮。海狸皮只是满足西方贵族虚荣心的奢侈品，而野牛皮则被视为现代工业原料的一部分，这在一定程度上导致对野牛皮的需求量要大得多。在 1870 年左右，欧洲革新了皮革鞣制技术，可将美洲野牛皮制成高价值的工业制品，由此引发大量牛皮进口。以英国利物浦港为例，1873 年到港的美洲牛皮数量是 93498 件。1871—1883 这 13 年间，美国输出了约 6 百万张野牛皮。由于出口需求量大，价格稳定，许多人加入这个行业，很快就形成一个庞大的产业，从猎杀、剥皮到加工、装运和贸易。

工业革命作为一场动力革命和机器革命，直接推动了齿轮和皮带传输的广泛应用；野牛皮因其良好的通透性和韧性，成为制作传输带的绝佳材料，这导致对牛皮的需求几乎

---

① 俄罗斯在北美最鼎盛时期，阿拉斯加的俄国人也从未超过 800 人。美国购买阿拉斯加的价格为 720 万美元（约合今天的 1.2 亿美元），平均下来每英亩只有 2 美分。尽管如此低价，这笔交易仍受到美国国内许多批评；批评者认为，阿拉斯加可利用价值连每年付出的管理费用都不够。但后来在阿拉斯加发现了大量的矿产和石油资源，再加上其重要的战略价值，证明阿拉斯加购买案对美国非常有利。

没有止境。作为美国第五大工业产业，制革工业不仅消耗光了美国野牛，还需要从拉美国家进口大量野牛皮。

1800年以前，野牛分布在北美大陆三分之二以上的地区；1800年以后，牛皮交易量迅速上升。1805年，西北公司交易了1135张牛皮；1830—1843年，美国毛皮公司每年交易的牛皮达7万张。从1825年到1830年，仅仅通过新奥尔良运出的牛皮袍子就超过78.5万件，平均每年约13万件，其中1825年运出了18.4万件。到19世纪40年代，印第安人每年交给东部商船的牛皮袍子达10万件以上。从交易额来看，美国毛皮公司的野牛皮袍子贸易已经远远超过之前的海狸皮贸易。

随着美国内战的结束，白人移居者终于可以腾出手来对广袤的美国西部进行开拓。西部牛仔离不了马和枪，而枪带与枪套都是牛皮做的，马鞍、马靴、马缰也是如此。横跨北美大陆的火车加快了草原的开发：猎人更容易进入草原腹地，野牛皮也更容易运出草原；仅在1872年冬，道奇城两个牛皮商就通过圣菲铁路向外运输了20万张牛皮。当时每节车皮可以装3000张牛皮，仅1876年，就有大约350节满载牛皮的列车到达东部城市。1872—1874年，圣菲铁路、堪萨斯太平洋铁路和联合太平洋铁路，共运送了大约1378359张牛皮，这意味着有3158730头野牛被猎杀。

因为现代枪械技术非常先进，猎杀野牛是一件很容易且很“英雄”的事情，但剥皮则麻烦得多，甚至非常令人厌恶；结果，被猎杀的野牛要比被剥皮的野牛数目大得多，很多被猎杀的野牛还没有被剥皮，就白白腐烂了。在1872年时的一份统计显示，大约每猎杀5头牛才能获取一张完整的牛皮。在当时，公野牛的皮被认为没有价值，一般只取母野牛和牛犊的皮，而且也只取用最好的1/3张牛皮。本来为了牛皮才发生的猎杀野牛活动，到了后来简直是为了猎杀而猎杀。

工业从一开始就表现出反自然的倾向。铁路公司将四处游荡的野牛视为眼中钉肉中刺，因为野牛群会威胁到火车的运行安全。圣菲铁路曾设立专列，让乘客从行驶的列车上向野牛射击，车厢变成了“轮子上的室内射击场”。沿着圣菲铁路的两侧，一路都可以看见成堆的野牛白骨。随着西部铁路全面开通，野牛的栖息地支离破碎，野牛失去最后的庇护和生存环境。实际上，铁路给野牛造成的影响从修建之时就开始显现。成千上万铺设铁轨的工人需要吃饭，野牛肉正好是他们最喜欢的食物。因此铁路公司雇用了猎人负责提供肉食。

在欧洲人到来之前，印第安人没有马和枪，只能用传统方式狩猎少量野牛，以满足生存所需。当印第安人进入西方殖民者的经济体系后，尤其是马和枪的普遍使用，使得猎杀野牛成为一场毁灭性的灾难。1830年，科曼奇人一年捕猎了

28万头野牛，远超过食用和取皮的需要。印第安人喜欢骑马把大群的野牛赶到悬崖陡坡，野牛跌下去时骨断腿折，只能任人宰割。这种“杀牛坡”在美国中西部随处可见。到19世纪下半叶，野牛越来越少，专职猎杀野牛的印第安人连基本生活都难以维持了。

北美野牛是北美大平原地区特有的动物，也是一种高大的群居性动物。在西方人到达美洲之前，北美大平原上的野牛大约有1500万～5000万头；美国内战结束时，仍有1200万～1300万头野牛栖息漫游在大平原上。在1872—1874年间，每年被杀死的野牛高达300万头。结果在短短的数年内，野牛的数量从原来的上千万头锐减到不足200头。从1870年到1883年短短的十余年间，北美草原的数百万野牛就这样骤然消失了。即使活野牛已经没有了，那些遗留下来的野牛骨头仍然是火车运输的主要货物。这些牛骨被卖到东部工业区，加工成肥料和颜料。在高峰期，铁路每年运送的牛骨就达5000车皮。以前人们说“火车所到之处，野牛都会减少”，实际上，火车所到之处，连牛骨头都不剩。猎狗多了，兔子难逃一死。北美野牛在如此短的时期内就遭遇灭顶之灾，无疑是毛皮贸易的最后疯狂。或者说，野牛的灭绝成为毛皮贸易走向终结的标志。

在此之前，毛皮贸易已经将北美的海狸、海獭和海豹捕杀殆尽。1800年到1915年，大约4000万只海豹被杀；仅

1897 年北太平洋地区就杀了 10 万只海豹。陆地上的海豹绝迹后，猎人又追到海上，直到海豹彻底灭绝。北美东南部的白尾鹿原先达到 4000 万只。18 世纪时，每年平均运出查尔斯顿的鹿皮为十几万张；在贸易鼎盛时期，每年大概要屠杀 100 万只鹿。到 19 世纪末，曾经无处不在的白尾鹿已经踪迹全无。

最后的印第安人

大自然长久以来形成了一个复杂的生物链，每一个物种的消失和灭绝，都会引起连锁反应。海獭灭绝后，海胆族群数量迅速增加，海藻被蚕食殆尽，依靠海藻为生的大海牛很快就饥饿而死。虽然人们也大量捕杀海牛，但饥饿比猎杀更快地导致海牛灭绝。

就在印第安人疯狂屠杀海狸的时候，一位温尼伯湖边的老人预言道："我们如今不费力地去屠杀海狸，现在很富足，但很快就会变穷。"没有了野牛，世世代代居住在草原上的印第安人，突然发现自己失去了一切——不仅失去了土地和野牛，还失去了他们的生活来源和文化传统。毛皮贸易不仅毁灭了北美的原生动物，也给印第安人带来一场灭顶之灾。正如一位美军将领所言："每一头野牛死掉，都表示一个印第安人的消失。"毛皮贸易让印第安人沦为白人的杀戮工具。为了得到毛皮，西方毛皮商人为印第安人提供了大量的烈酒和枪支。1799 年，每季度大约有 9600 加仑朗姆酒被运往加拿大的西北地区；1803 年时增加到 21000 加仑。相比朗姆酒，枪支更为贵重。最早时候，一支枪可以换到和它等高的毛皮；即使到了 1718 年，一支枪也可以换到 25 张上等毛皮。

枪支的增多，加快了猎杀的速度，使动物加速消亡。为了获得更多的毛皮，印第安人部落之间互相争夺地盘，火枪使冲突变得更加频繁和惨烈，从而需要更多的枪支弹药，欧洲人得以坐收渔利。在这场贸易中，白人得到了动物毛皮，印第安人得到了酒和枪，还有死亡——酒让他们上瘾和沉沦，枪让他们自相残杀。据估计，从 1620 到 1750 年的 130 年间，新英格兰有 3.6 万印第安人死亡，其中有 1 万人死于火枪战争。

除了酒和枪，白人携带的天花病毒和瘟疫对印第安人更是一场巨大浩劫。白人带到西北地区的天花，使得 90% 的奇帕维安人灭亡；在 17 世纪前半期，新英格兰土著人口从 7 万多人下降到 1.2 万。由海狸毛皮换来的枪支和美酒，以及不期而至的病毒，使得北美东海岸的印第安社会最终走向崩溃。

西奥多·罗斯福在 1901 年担任美国总统前，曾以 4 卷本的《征服西部》而一举成名，成为美国历史学会主席。他有一段评论颇具代表性——

> 虽然屠杀野牛既无目的也很残忍，对于这种物种的几近灭绝非常遗憾……但是，野牛的毁灭是解决印第安人问题的唯一办法，只要对这种大型动物的游猎仍然存在，印第安人就不能被圈在保留地里，并且在战争时期总会得到足够的牛肉供应和支持。而它们的消失是迫使后者最终放弃其部分的野蛮生活方式的唯一办法。从人性的广阔视角看，野牛的毁灭是一个福音。

归根结底，是现代工业和美国经济体系导致了野牛的大灭绝。美国对待公共资源向来采取的是“先到先得”的森林法则。站在西方殖民者的角度看，野牛和印第安人都不重要。美国一位环境史学者指出：“19 世纪 70 年代到 80 年代早期对野牛的猎杀，无疑是工业社会的一个杰作。西部草原变成了全球工业经济的一个遥远的延伸，是其对自然资源需求的一个目的。”

野牛的消失，意味着北美草原走出蛮荒时代；随着农业移民大量输入，被开垦的草原转眼就变成了“世界粮仓”。包括阿斯特在内的许多毛皮商都将资本投入制造业，毛皮贸易成为美国工业化初期资本积累的一个重要途径，推动美国走上工业道路。

从茶叶、香料、蔗糖、咖啡，到鳕鱼、毛皮、棉花、煤炭、石油，具有强大整合能力的资本主义，为了追求疯狂的累积，不断开辟新的边疆和殖民地，进行全球扩张。他们运用各种暴力和技术，以确保廉价战略得以贯彻。这种不顾一切的廉价，撕裂了包括人类在内的自然万物的和谐生态，造成了文明毁灭、环境破坏、物种灭绝等人道灾难和生态灾难。①

天下没有免费的午餐，廉价并不是没有代价的。哥伦布到达新大陆 400 年后，北美大陆上随处可见的海狸、海獭、白尾鹿、野牛等全部消失了，欧洲人用几个世纪的时间，在新大陆完成了一个巨大的改造自然的工程，重新复制了一个“新欧洲”。这样一来，失去猎物的现代人彻底统治了地球。不久以后发生的两次世界大战中，人类将枪口对准了自己的同类，现代工业的悲剧大抵如此。在《圣经》传说中，人类历史始于一场大洪水，这场大洪水灭绝了地球上所有的动物，只有诺亚方舟上的人类和少数几种家禽家畜得以幸存。这或许是一个关于农业时代的隐喻。农业需要的是土地，而不需要土地上的植物和动物，除非它们经过人类的驯化。在农业时代刚刚开始的时候，人类以及各种家畜、家禽和宠物，仅占地球所有脊椎动物总量的 0.1%，如今这个数字

①（美）拉杰 · 帕特尔、詹森 · W. 摩尔《廉价的代价：资本主义、自然与星球的未来》，吴文忠等译，中信出版社，2018。

是98%，各种野生脊椎动物只有2%。在工业化的300年间，至少有300多种野生脊椎动物遭到灭绝。

在毛皮贸易时期，还有一样重要的商品，就是北美的西洋参。1717年，法国耶稣会教士拉菲托在加拿大发现了西洋参；此后，北美殖民者便利用印第安人在北美森林大量采掘西洋参。这些西洋参被贩运到中国后，获利极高。中国人将其视为“长寿药”，也称之“花旗参”。“中国皇后号”首航广州，就装载了30吨花旗参；货值之大，仅次于白银。

中国向来缺乏毛皮资源，但因为养猪较多，中国的猪鬃一度垄断了全球市场。尤其是“二战”时期，因为必须用猪鬃做的刷子来给军事装备刷漆、上油和清理，猪鬃成为重要的军事物资。对于当时的中国来说，猪鬃也是主要的出口商品，堪比从前丝绸、瓷器和茶叶的外贸地位。1939年，国民政府行政院公布了《全国猪鬃统销办法》，对猪鬃实行统购统销。自1938年至1945年，共计收购猪鬃8万多公担，价值法币70.95亿元。当时官方收购价每箱只有法币5万元，但出口到美国的价格高达67万元，相差10多倍。猪鬃也是中美开辟“驼峰航线”的主要动因之一。[①]1937年至1945年

① 日军攻陷缅甸后，滇缅公路被切断，中美只能以空中航线来保持战略物资流通。这条航线西起印度阿萨姆邦，连接云南和四川（当时四川是中国主要的猪鬃产地），全长800公里，因沿途高山连绵如驼峰，故名“驼峰航线”。3年时间，共运送了85万吨的战略物资，美军为此付出了惨重代价，共损失1500多架飞机，损失率超过80%。

的 9 年间，中国出口猪鬃外汇收入达 3000 万美元。“二战”之后，随着塑料和尼龙工业的兴起，中国的猪鬃贸易逐渐没落。

历史的主题是进步，在进步的名义下，古老的毛皮贸易落下了帷幕。没有了猎物和自然，并不意味着人类社会不再需要动物的毛皮。在后来的历史中，来自动物养殖场的毛皮成为主流。在 20 世纪 20 年代，北美出现了 1000 多个养殖场，美国每年的毛皮交易额达到 5 亿美元。

直到今天，英国白金汉宫的近卫兵头上，仍然戴着高高的黑色熊毛帽；英国政府每年要为此花费 6 万英镑，来购买加拿大的黑熊皮。如今的毛皮贸易正越来越受到国际动物保护组织的抵制。回想早期人类对海狸和野牛的大屠杀，毛皮消费似乎更需要重新打量。正如童话“披着羊皮的狼”所隐喻的，动物毛皮确实美丽，但只有在动物身上时才如此，再奢华的毛皮穿在人身上，所展现的只是一种残忍和野蛮。

鸟粪

暴富之后

早在一亿多年前的恐龙时代，鸟类就已经在天空飞翔。作为卵生动物，鸟类在陆地上有许多天敌；这样一来，远离大陆的海岛往往就成为鸟类栖息的天堂。亿万年以来，这些海岛几乎成为鸟岛，上面覆盖着一层厚厚的鸟粪。

地理大发现以后，许多遥远的海岛陆续被人类所了解。

随着蒸汽轮船和铁路的出现，世界大宗货物的运输成本迅速降低。这些鸟岛在近代历史上突然受到极大的重视；那些亿万年积累下来的鸟粪变成一种奇货可居的资源，一方面使一些海岛小国一夜暴富，另一方面也引发了大规模的国际纷争和移民潮。

鸟粪时代

人类学家戴蒙德指出，人类饲养大型动物（如牛和马）之所以对农业很重要，不仅是因为它们有利耕作及运输，同时也因为它们所产生的大量粪便是前化肥时代不可或缺的肥料。

中国古语说：庄稼一枝花，全靠粪当家。没有足够的肥料，农业必然会因地力的衰退而歉收。中国古代社会，以农为本，为了多生产粮食，"粪像黄金一样被珍惜"。[①] 清代小说《掘新坑慳鬼成财主》中，写了一个浙商靠卖粪发了财的故事：湖州乌程县义乡村的穆太公建了一个厕所，每天起早贪黑，免费提供草纸，以招人如厕；收集的粪便以每担一银钱的价格出售，也可用柴、米、油等物交换，结果成为村里最富的财主，号"新坑穆家"。

在 19 世纪，工业革命引发欧洲人口激增，粮食的需求越来越大，因此造成极大的农业压力；科学家们致力于提高农业产量，不久便发现植物从腐殖质中获取养分，而海鸟粪由于富含氮和磷，是十分理想的有机肥料。就这样，饥饿和科学促使欧洲人将目光转向遥远的鸟粪岛。

现代农业可以说与两名德国人息息相关，一个是德国著

---

①（韩）崔德卿《东亚农业史上人粪生态学》，世昌出版社，2016。

名的自然科学家亚历山大·冯·洪堡，他在环球旅行的途中，在秘鲁海岸边发现当地人采集岩石峭壁上的鸟类排泄物，便对此产生了极大的兴趣；另一个是化学家尤斯图斯·冯·李比希，他对这些排泄物进行分析后发现，鸟粪中含有大量的氮和磷，可以作为上好的肥料使用。不久之后，这种被秘鲁当地人称为“鸟粪石”的东西，便迅速成为欧洲大陆需求量最大的进口货物之一。1841年，英国进口了1880吨鸟粪，1843年是4065吨，1845年是219764吨。据历史学家查尔斯·曼恩估算，如果把当时从秘鲁出口的天然肥料的价值换算成现在的数据，可能差不多高达130亿美元。[①]

当时最著名的鸟粪岛，是秘鲁沿海的钦查群岛、马卡维岛、瓜佩岛、洛沃斯岛等岛屿。这些散落在太平洋上的荒凉岛屿，因为鱼类丰富，鸟群得以在此繁衍生息，鸟群密度高达每平方公里220万只；再加之岛上常年干旱无雨，大量的鸟群排出的粪便堆积如山，厚度达数十米。

很早的时候，印加人就已经开采海岛上的鸟粪，来给农田施肥，所以他们管这些岛叫“瓦努”，意思就是粪便。印加帝国深知鸟粪对农业的重要性，他们把众多鸟粪岛分配给不同的农业地区，以防止过度开采，并在鸟类繁殖季节禁止人登岛，违反者将被处死。

①（美）查尔斯·曼恩《1493：物种大交换开创的世界史》。

在西班牙人征服印加帝国300年后，土著印加人开始反抗，终于在1821年宣布独立，成立了秘鲁共和国。秘鲁独立后，便陷入长达20年的内战，随着传统银矿资源的枯竭，国家财政举步维艰，鸟粪一经发现，马上发挥了其神奇价值。这些天然肥料为新秘鲁带来滚滚财富。

因为鸟粪，秘鲁进入一个长达40年的繁荣时期，即所谓的“鸟粪时代”。这些堆积着厚厚鸟粪的岛屿都被收归国有，鸟粪收入全部进入政府腰包。在这个鸟粪时代，秘鲁成为拉丁美洲最富有的国家之一，鸟粪收入几乎占秘鲁财政总收入的一半。

秘鲁历史上曾有长期的白银开采史。相对而言，鸟粪比白银更易开采，几乎没有任何成本和技术要求；秘鲁人将挖鸟粪的工作全部交给外来苦力，其劳动力成本仅占整个鸟粪开采成本的4%。鸟粪最终销售价的65%至70%，归秘鲁政府所有，秘鲁政府因此获得暴利。40年的鸟粪时代，秘鲁总计出口了大约1400万吨鸟粪，获得了大约1.5亿英镑的收益。仅仅1850年1月至1851年4月，秘鲁对英国输出的鸟粪就达到135068吨，每吨出口价9英镑，扣除各项费用，秘鲁政府获得的净收入为333537英镑。[①]一开始，秘鲁的鸟粪贸易由英国公司掌握，后来秘鲁夺回了鸟粪贸易的垄断权，

①（美）克里斯蒂娜·胡恩菲尔特《秘鲁史》，左晓园译，东方出版中心，2011。

但运输和销售仍交由英国公司来完成。这些鸟粪通过大型货船和火车，被贩运到欧美等国的农田，特别是美国南部的棉花、芜菁、小麦和烟草等作物，需要大量的鸟粪作为肥料。

在鸟粪最紧俏的那几年，每年运送到美国的鸟粪平均下来有 76000 多吨，花费甚巨。1856 年，美国政府通过《鸟粪岛法案》，号召美国公民去发现和占有任何有鸟粪沉积且无人居住的岛屿，甚至是岩石；只要这些鸟粪岛不在他国政府管辖之内，便受美国法律的保护。一时之间，美国掀起一股寻找鸟粪岛的热潮，美国人利用一切手段，对全世界的海洋进行地毯式搜索。

因为鸟粪供不应求，秘鲁积累起了大量的财政收入。这些收入使秘鲁迅速还清外债，并消除了奴隶制、人头税等各种不利于资本主义发展的因素；同时，这些天上掉下来的巨大财富，也使北部沿海地区的甘蔗园迅速兴起，人们的收入也大幅度增加。

苦力贸易

从鸦片战争开始，中国已经不可避免地进入全球化的近代世界。

随着奴隶制度在世界范围内的全面取消，人口众多的中国成为最重要的劳动力输出地。许多沿海地区的流民被西方公司以招募劳工的形式送往美洲，其中不乏被诱骗和被拐掠的农民；这些华人在海外被当作不需要技术的苦力使用，因此，历史上将这种劳动力输出称为“苦力贸易”。

正如蔗糖贸易和棉花贸易促进了奴隶贸易，秘鲁的鸟粪贸易也极大地促进了“苦力贸易”，来自中国的苦力成为开采鸟粪的主力军。这些来自广东和福建城乡的劳工在离开自己的家乡之前，往往要与外国公司签订劳务契约，看似自愿，其实等这些劳工一到澳门，便立刻失去了人身自由，与囚徒、奴隶无异。逃跑者和反抗者都会遭到严厉的惩罚，甚至被处死。从这一刻起，这些中国劳工就变成了西方劳务公司的贸易商品——“猪仔”。

从中国到美洲，要跨越整个太平洋，这比“贩奴船”当年跨越大西洋还要路途漫漫。运输华工的船只为了最大限度地赚钱，往往严重超载。当时的美国报纸称“每只船所载苦力人数，都超过船的法定载客数额几倍甚至十倍”。在这些“浮动的地狱”中，每个人所占有的空间非常逼仄，苦力们“日则并肩叠膝，夜则交股架足而眠”。舱内阴暗潮湿，人多拥挤，便溺呕吐物四溢，卫生条件恶劣不堪，而且食物和水严重不足，也常常变质，导致劳工在运输途中死亡率极高，常常有三分之一的人葬身大海，有时甚至达到40%。曾经有一批被运往秘鲁的775名华工中，就有289人死于途中。

鸦片战争后的那段时期，中国人的生存状态急剧恶化，尤其是底层穷人，完全处于贫困绝望之境地，常常被几块外国大洋引诱，就把自己的亲戚、邻居骗去当苦力。1872年（清同治十一年），一艘从澳门开往秘鲁的苦力船“玛也西号”，因遇到风暴在日本横滨搁浅，被一艘路过的英国船救起；英国人向日本报警后，日本又将情况通报清政府。这200多名华工被辗转安全送回家乡。①

这些运送苦力的商船的暴行与当年的贩奴船相比有过之无不及。为了防止苦力暴动，船上戒备森严，警卫人员荷枪实弹，如临大敌。即使如此，仍不断有劳工暴动发生；当时秘鲁的报纸说：“除非极少例外，没有哪一艘运载中国劳工的船只不发生一次或多次暴动的。”1857年，一艘载有260名中国苦力的船只自澳门到秘鲁的航程中发生暴动，导致很多被关在船舱中的华工被火烧死。1870年，运载华人劳工的法国货船“诺维尔·朋内罗普”号上发生暴动，导致船长和8名船员死亡。在法国的压力下，清政府将逃回中国的16名劳工处死。

尽管长达4个月的海上旅途危险重重，但大多数劳工仍被安全地运送到了大洋彼岸。据统计，从1849到1874年，通过“苦力贸易”被运送到秘鲁的华人达10万人。这些人大多数被送去棉花、烟草或甘蔗种植园劳动，最不幸的就是

---

①（美）孔飞力《他者中的华人：中国近现代移民史》，李明欢译，江苏人民出版社，2016。

被派去鸟粪岛的人。华工被送到鸟粪岛之后，真正苦难的日子开始了，他们立刻从囚犯变成了苦役犯，在黑人监工的皮鞭下日夜劳作。华工每天的劳动时间达 16 个小时。按理说，华工不是奴隶，根据合约，他们的劳动报酬低廉，但许多人根本不可能活着拿到这笔钱。有西方人这样说："希伯来人、爱尔兰人、意大利人甚至苏格兰人，为了使恶神息怒并满足其报仇之心时所设想的地狱，也比不上秘鲁鸟粪矿藏的开采和装船时的热毒和恶臭，以及被迫来这里劳动的人们所受的苦刑。"

《纽约时报》在 1853 年报道说："这项工作极为繁重，更甚于我国南方种植园的黑奴。他们被迫在烈日下努力工作，整天如此。"每名苦力，"无论强弱"，每天都要挖出五吨鸟粪，再用手推车运到 400 米外的码头，倒入通往船只货仓的溜槽。由于岛上从未有过降雨，鸟粪"坚硬，像黏土一样，挖开之后则粉尘飞扬"，苦力经常会被呛到，眼睛、喉咙、肺部被灼伤。华工们在热带骄阳下每日赤身劳作，"黑人司机"手持皮鞭，站在他们中间维持秩序。生存条件之恶劣，以致每周都有一些苦力不堪痛苦而自杀，以求"逃脱命运"。①

1859 的伦敦《时代画报》有这样触目惊心的报道："70

①（美）埃里克·多林《美国和中国最初的相遇：航海时代奇异的中美关系史》。

余名中国人于石头上自杀……鞭刑让中国人喘不过气来，被带去医院，当他们恢复行动能力后，他们便自杀了。”钦查岛上曾爆发过三次大规模的暴动。

人们常常认为非洲黑奴的命运很悲惨，却不知道在鸟粪岛，非洲黑奴充当的是中国劳工的监工。沉重的劳动和严厉的惩罚，让很多远离故土的劳工感到痛不欲生、生不如死。鸟粪岛上的中国苦力死亡率是如此之高，以至于1869年运来的4000名华工全部葬身于此。①

鸟粪战争

对秘鲁来说，鸟粪时代带来了一种虚假的繁荣。那些对华工敲骨吸髓的鸟粪大亨们，穿着最新款的巴黎时装，挽着珠光宝气的妓女，在利马大街上招摇过市，让任何有良知的人都无比愤怒。

依靠鸟粪经济，秘鲁政府财大气粗，超过一半的财政支

---

① 1873年前的25年间，许多华工被骗往秘鲁做苦力，其中许多人因备受虐待而死亡。1873年秘鲁遣使来华谈判通商条约，李鸿章对秘鲁虐待华工情况严辞批评，表示这个问题如不能得到正当解决，就无法立约。1874年清政府与秘鲁、西班牙政府经过谈判，与秘鲁订立《查办虐待华工专条和商约》，有禁止拐骗掠卖华工的规定，同时订立调查华工境况的专条。当时驻美副公使容闳奉派前往秘鲁进行了3个月的调查，取得华工仍然遭受迫害的确证。1875年秘鲁遣使换约时，李鸿章即以这些确证使对方无法狡辩，不得不通过照会的形式再次做出维护华工权益的保证。虽然积弱的晚清政府并不能使保护海外华工的问题得到真正解决，但总的来说使秘鲁华工情况有所改善。

出都被用于扩大官僚和军队；同时，秘鲁政府以鸟粪资源作为抵押，大举借债。政府权力的扩张并不能促进经济的发展。鸟粪带来的暴富和乐观，导致了经济上的“荷兰病”。正像白银时代的西班牙一样，随着进口产品的大量增加，秘鲁本国的失业率大幅上升，大多数民众并没有从鸟粪贸易中获益，反而成为受害者。

虽然鸟粪的积累花费了亿万年，但不到30年时间，鸟粪便被开采一空了。秘鲁的好日子到头了。没有了鸟粪，秘鲁的财政来源迅速枯竭，从一个钱最多的国家立刻就变成一个债务最多的国家。1876年，秘鲁宣布对一切债务拒绝履行。对秘鲁来说，从当初政府财政的大量盈余，到后来的债台高筑，可谓成也鸟粪，败也鸟粪。鸟粪时代的繁荣，使一个不受约束的政府大量扩充机构，大笔借债，盲目投资；随着鸟粪的断绝，整个国家都陷入困境。

由此可见，没有技术创新的资源经济都是极其脆弱的，也不可能持久。对秘鲁来说，即使鸟粪资源还没有山穷水尽，氮肥的横空出世，也足以结束其辉煌的“鸟粪时代”。

随着氮肥（硝酸盐）成为欧洲主流的肥料来源，人们在秘鲁、玻利维亚和智利三国交界的阿塔卡马沙漠，发现了蕴藏量丰富的硝酸盐矿床。为了争夺这个天上掉下来的新馅饼，爆发了著名的“南太平洋战争”，也称“硝石战争”和“鸟粪战争”。这场战争持续了4年。1880年，秘鲁海军已经全军覆没，但秘鲁拒绝了智利提出的议和条件。1881 年，秘鲁首都利马被智利军队攻陷；两年后，秘鲁不得不与智利签订《安孔条约》，战争结束。

秘鲁不仅输掉这场战争，还丧失了南部领土和硝酸盐矿区。秘鲁政府因战争失败垮台后，整个国家陷入一场内战，曾经的辉煌被一场灾难彻底取代。

鸟粪的寓言

实际上，被鸟粪改变和左右的国家不只是秘鲁。与秘鲁相比，岛国瑙鲁的命运更令人寻味。

瑙鲁位于新西兰和夏威夷之间的太平洋上。从国土面积来说，它基本上是个袖珍小国。岛屿面积只有 22 平方公里，但依靠海鸟的恩赐，他们每年仅开采 200 万吨鸟粪，其总产值就高达 1.2 亿美元，因此而成为世界上最富有的国家之一，也被叫作“快乐岛”。瑙鲁的鸟粪富含天然的磷酸盐，不仅可作为上等的有机肥，还可以从中提炼咖啡因，这是制造复方阿司匹林和强心剂等药物的重要原料。

从 1888 年起，德国、英国、日本和澳大利亚曾先后统治瑙鲁，并为开采鸟粪彼此争斗。1968 年，只有 600 人的瑙鲁取得独立，成为世界上最小的共和国。夺回了对鸟粪的开采权后，瑙鲁便开始毫无节制地大规模开采，鸟粪换来了巨大的财富，瑙鲁人口暴增 20 倍，最多时达到 12000 人。

对瑙鲁这样的小国寡民来说，鸟粪足以让他们为数不多的国民过上天堂般的生活；人均年收入 8500 美元的瑙鲁人富得流油，从物质上来说，即使与西方发达国家相比也毫不逊色。在瑙鲁，人们不需要承担任何税收。从教育、医疗、住房到自来水、电灯、电话等，瑙鲁公民统统均可享受免费服务。瑙鲁人如果觉得岛上仅有的两家小医院不能满足其看病需要，政府会出钱让他们飞往澳大利亚，在那里最好的医院接受治疗。瑙鲁学生如果想上大学，也会被政府送往国外最好的大学，一切费用都由政府承担，包括学费、生活费和往返机票。

汽车作为现代社会的身份标志，尽管整个岛上只有一条公路，瑙鲁平均每个家庭也都有两辆汽车。尽管瑙鲁四面环海，但他们所吃的鱼却全部仰赖进口。最糟糕的是，可能因为过于养尊处优，90% 的瑙鲁人都身材痴肥，成年男性的体重大多超过 150 公斤，有一半瑙鲁人都患有糖尿病。瑙鲁男性的平均寿命只有 53 岁，比世界男性平均寿命要少将近 20 岁。这或许是与遗传有关，但其生活的慵懒与舒适也是一种诱因。他们唯一的消遣就是喝酒，然后开车绕岛兜风，瑙鲁的交通事故死亡率也是全世界之最。一位西方外交官评论道："这是生活在那里的人民看不到有必要从事劳动所必然产生的后果，因为一切全都依赖国家。"这句话其实也可以这样说——因为一切全都依赖鸟粪。包括粮食在内，瑙鲁的一切都依靠进口。

常言说，坐吃山空，即使瑙鲁的磷酸盐储量有3800多万吨，居世界第一，但也会有山穷水尽的那一天。或许是考虑到这一点，瑙鲁政府曾未雨绸缪地进行了一些国际投资项目，比如在墨尔本建设了一座50层瑙鲁大厦，但因为经营无方，最终化为乌有。

20世纪90年代，瑙鲁的鸟粪资源逐渐走向枯竭，长期开采造成严重的生态灾难，被废弃的陆地就像月球表面一样荒凉。没有了鸟粪，瑙鲁走向破产的边缘，国民也苟延残喘。为了生存，瑙鲁想尽各种办法，比如向集邮者发行特色邮票，发放廉价护照，卖给海上走私者“方便旗”，帮助犯罪组织洗钱（离岸中心），等等，结果一度被美国列入“流氓国家”。

2001年，一艘载有阿富汗和斯里兰卡难民的木船在澳大利亚附近的海域沉没，船上的难民虽被救起，但澳大利亚却拒绝难民入境。国际社会经过协商，提出“太平洋解决方案”——将难民安置在瑙鲁，澳大利亚向瑙鲁提供几百万美元的巨额援助以作补偿。瑙鲁人为这笔飞来横财喜出望外，但那些难民却极力反对，他们宁愿待在船上，也不愿去瑙鲁。①

---

①（英）斯蒂芬·韦尔《权力的任性：人类历史上最糟糕的决策①》，夏建兰译，党建读物出版社，2015。

在鸟类的历史上，曾经有一种生活在荒远海岛上的鸟，叫作“渡渡鸟”。因为在海岛上食物充足，且没有天敌，渡渡鸟身体越来越肥大。经过无数代的进化（或者说退化）之后，渡渡鸟完全失去了原来的飞行肌，它再也离不开海岛和陆地了。随着大航海运动的开始，可怕的人类来到了海岛，这些不会飞的大鸟毫无悬念地变成了盘中餐，渡渡鸟就这样灭绝了。

《天工开物》之“煮盐灶场”

宋代煎煮海盐图

一幅欧洲古代捕鱼的插画

维米尔作品《士兵与带笑的女孩》(1658 年)

纪念币上的美国商船“中国皇后号”

俄国画家克拉姆斯柯依《无名女郎》(1883 年)

第五章

商人之帮

在中国历史长河中，商业的历史跟农业的历史一样悠久。据说周之前的商便是一个贸易繁荣的时代。在现代考古出土的商代墓葬中，数量最多的便是各种货币，甚至最古老的文字也因商业记账和契约而诞生。

周文化树立了农耕传统，尤其是秦汉以后，重农轻商成为主流观念，商人被贬为“四民之末”。两宋时期，轻商观念松动，中国进入商业文明的黄金期，至明清两朝，四民并列，商人阶层逐渐发展成为中国社会中一支最为先进的精英力量，他们的经营活动松动着传统社会的根基，推动着传统社会的缓慢转型。

明清时期，中国传统的手工业和商业已逐渐脱离农业，发展成一个主流产业；用一些历史学者的话说，中国已经出现“资本主义萌芽”。17 世纪来华的传教士杜赫德写道：“各省都有其独特的财富，由河流和运河所供给的商品交流的便利，使帝国内部的贸易一直是十分的兴旺。……中国内地的贸易规模如此巨大，以至整个欧洲的商业都无法望其项背。各省就如许多王国，互相交流各自的物产，这促使各地区的人们融化为一，并促使一般城市都繁盛充裕。”

在明清之前，商人只是个体分散式的经营，基本没有什么大的商人群体，有“商”而无“帮”。但到明清时期，情况发生了改变，由于商业经济的快速发展，商人地位的提高、竞争的加剧以及人们从商观念的转变等种种因素，全国各地逐渐形成了一个个各具特色的、以地域为中心的商帮，商人开始以群体形象活跃在历史舞台。

地域商帮，顾名思义，是以地域为中心，以血缘、地缘（乡谊）为纽带，以“相亲相谊”为宗旨，由自由商贩组成的商人群体。

明清时期的地域商帮举不胜举，比较著名的就有陕西商人、山西商人、山东商人、洞庭商人、徽州商人、龙游商人、广东商人、福建商人、宁波商人、江西商人，等等。对这些行贾四方的商人来说，会馆与公所就是他们与家乡以及同行间进行联系的纽带，是他们在异乡可以倚靠的组织。

可以说，在中国传统的农业礼法时代，商帮是一种最典型和最主流的商业组织模式。

古代交通通信技术落后，出门谋生，闯荡商海很不容易；地域商帮的形成，可以让同族或同地，具有共同地域背景的商人相互照应。有了这层血缘和地缘的关系，商人之间不仅有了很强的亲情认同感，商业的成败、兴衰更直接与本族、本地的利益息息相关。

随着商业的发展，商帮规模的扩大，有些行业在某些地区，就有可能完全被某个商帮所垄断，其他商帮难以插足。如明朝时期的陕西商人和山西商人在茶盐贸易上声名远扬，龙游商人依靠珠宝业、造纸业和印书业而独树一帜；入清以后，来自福建的广州行商则垄断了对外贸易的经营权；进入晚清，山西商人几乎控制了全国的钱庄和票号，洞庭商人晋身买办者极多；宁波商人在上海崛起，成立了中国最早的一批现代企业。

陕商

走不出的乡土

明朝初期，为了解决边防要塞的军粮供应，朝廷实施“开中法”。

所谓开中，就是政府开出军需标（物资名称、运达地点），如标的物是粮食，商人可根据要求，输军粮至边关指定地点；政府收到标的物后，按公示的标准付给商人一定数量的“盐引”，称为中的。商人则凭盐引到政府指定盐场购盐，销售后获取购销差价，便是经营利润。

明清两代政府都对盐实行垄断经营，成本低而售价高，商人只要获得食盐许可证，便有暴利可图。明朝的开中法始行于毗邻“九边”的山西和陕甘。近水楼台先得月，陕商因此迅速崛起。梁漱溟先生指出，在西方，商业一般依靠海上交通，以国际互市为大宗；但中国因为长期海禁，闭塞的西北内陆反倒领导了东南沿海。[1] 陕商兴起恰好与明朝实行的海禁政策有一定关系。不过中国不像欧洲国家，中国区域面积大，地区之间又差异显著，因此足以形成一个庞大的国内贸易市场，从而支撑起一些大型商业组织。陕商基本上是靠省际贸易，尤其是内陆地区的贸易而发展壮大的。

明清 500 年，陕西商人借助政府实行的食盐开中、茶马交易、棉布征实、布马交易等一系列特殊经济政策，成为全国著名的商帮。他们把茶叶贩运到甘肃和青海，把食盐贩卖到四川和贵州，从江苏贩卖棉布，把烟草贩卖到江浙。经过长期发展，财力雄厚的陕商逐渐占据了以泾阳和三原为中心的西北、四川、贵州、蒙古和西藏等几大市场，被称为“西秦大贾”和“关陕商人”。尤其是四川，清代雍乾以后淮扬盐业渐衰，蜀中盐业渐盛，以“泾（阳）（三）原”为主体的陕西商人遂纷纷“弃淮入川”，先是主要经营盐业，继而兼记川丝、夏布、药材、当铺、铁砂等多个品类。嘉（定）道（光）以后，“泾原”陕商更是遍布全川，以至于“川省正经字号皆属陕客”。[2]

① 梁漱溟《中国文化要义》，上海人民出版社，2011。
② 宗鸣安《秦商入川记》，陕西人民出版社，2015。

盐与茶

费孝通先生指出，商业是在血缘之外发展的，而地缘则是从商业里发展出来的社会关系；血缘是身份社会的基础，而地缘却是契约社会的基础。“从血缘结合转变到地缘结合，是社会性质的转变，也是社会史上的一个大转变。”

明清时期的中国，具有全国影响的商业集团一般都以地域乡缘为组织纽带，被称为十大商帮，包括徽商、晋商、陕商、粤商、闽商、洞庭商、江右商、宁波商、鲁商、苏商。“十大商帮”中，陕商与晋商常常合称为“西商”或“山陕商帮”，他们在某些区域内常常处于领袖地位。在很多地方，人们都管山西商人叫作“老西”，管陕西商人叫作“老陕”。因其独特的商业文化，西商成为中国古代商业史的重要一页，有所谓“无西不成商”之说。

“一家发财，惠及乡党，出入相友，资表比服。”从明初到清末，山陕商人以其轻生重死、厚重质直、博大劲直的气概，从盐业起步，将业务扩展到棉、布、粮、油、茶、药材、毛皮、金融等诸多行业；贸易范围不仅包括国内，还远及朝鲜和俄罗斯，称得上是雄霸一方。

日本学者藤井宏说：“在明一代，作为盐商的陕西商人，其势力曾凌驾山西商人之上，其老家是三原县、泾阳县、绥德州等地。”[①] 明朝中期以后，开中法取消，中国食盐主要产地在两淮，集散地又在扬州，具有地缘优势的徽州随之雄起。为了跟徽商抗衡，风俗习惯相似的陕商与晋商时有联合，遍布全国的“山陕会馆”正是联合的地缘产物。

明代宋应星谈到商帮时说“商之有本者，大抵属秦、晋和徽郡三方之人”，而陕商一度在晋商和徽商之上。明代陕商多靠经营布匹起家，等资本雄厚便涉足盐茶等大宗。当时垄断西部贸易的陕西商人，每年经营的布匹达 2700 万匹，茶叶 1125 多万斤，毛皮 150 多万张，羊毛 2500 多万斤，药材 1500 万斤，烟草 700 万斤。

明清时期，三原泾阳茶业很发达，谓之“三原商贾，大则茶盐”（《三原县志》）。到了清代，泾阳为茶业集散地，茶商属集，茶叶加工人数众多，据道光时卢坤《秦疆治略》记载：“官茶进关运至（泾阳）茶店，另行检做，转运西行，检茶之人亦万有余人。”关中不少商人因开茶店经营茶叶而致富。

陕商经营的商品以茶叶和盐为大宗，这两类商品都有专营的色彩。明代张瀚在《松窗梦语》中说：

……然茶盐之利尤钜，非钜商贾不能任。第市法有禁，

① 张海鹏、张海瀛《中国十大商帮》，黄山书社，1993。

西北在茶，东南在盐。茶禁通于西北之虏，而多产于东南，故其法久而可守。盐禁限于行盐之地，而在在有之，故其法拘而难行。且茶利食于人、榷于国者，什之一二；盐利食于人、榷于国者，什居七八。故原大则饶，原小则乏；上则富国，下则富民；得者有余，拙者不足。此其大经也。

在中国古代商业中，“盐者利之宗”。陕商从明初就以盐商而闻名，明中期大量迁居扬州。扬州现存的法净寺明代称“大明寺”，便为弘治六年（1493 年）陕商捐资修建。正德之后，陕西盐商麇集扬州者，多为关中人，财力称雄服众望者，有三原县的梁家、泾阳县的张家和郭家，还有西安的申家以及临潼县的张家。这几家是陕西盐商在扬州的主要势力，每家都有自己的商号，以此为据点，吸引了大量的亲属和宗族来扬州，从事盐业贸易。

入清之后，陕西盐商与山西盐商逐渐分化，山西盐商在长芦和河东盐区取得了控制权，陕西商人从清初就主导着四川的食盐贸易。在四川盐场每斤盐只需数文，而在湖广可以卖到 90～200 文。将食盐沿长江运出去，再换成棉花运回，一斤盐能换一斤棉花，最夸张的说法是一斤盐可以换一斤白银。陕商因此积累了大量财富。

四川盐业兴起于宋代，新的凿井技术促成了四川盐井的高产和稳产。自贡盐业在中国乃至世界产业经济史上都有其独特的地位，有研究者认为自贡盐业是“中国第一个资本密集、大规模生产的私营井盐工业”。

清代时，依靠陕商资本，自贡盐业迅速崛起。采盐是系统工程，它涉及土地租赁、卤水开采、卤水运送、成品加工、食盐销售等诸多方面，一口盐井钻探几年后方能“见功”，如资金链断裂，势必前功尽弃，而出卤后能否盈利，也还要看老天是否保佑，毕竟有的井高产，有的井贫瘠。陕商为防范风险，设计出复杂的金融工具，既平衡了各方利益，又保证了持续投入。这与美国资本家进行早期石油开采时的做法类似，而且这些盐业大亨大都是白手起家，依靠高度成熟的专业经理人制度。尤为令人震惊的是，在清末，自贡完全自发地实现了产业升级：自贡初期靠吸卤炼盐，随着卤水井越来越少，人们找到了储量更丰富的岩盐资源。将水打入地下，充分溶解矿盐后再吸出来，自贡商人迅速完成了从发现到实验，再到量产的全部环节，在不经意间，他们创造出当时世界上最先进的采盐方式，将产能提升至现代企业的水准。①

陕商在自贡的商号达150余家之多，西秦会馆的碑文中，所谓“三秦客友，运榷滇黔，运樯万艘，出没于穷濆巑溁之内”。从商业进一步跻身工业制造，这是陕商在晚清时

① 可参阅：曾小萍《自贡商人：近代早期中国的企业家》，董建中译，江苏人民出版社，2014。

期最大的变化。有人估计，陕西商人所占四川食盐生产的总资本，从1830年的无份额，上升至19世纪70年代的百分之七八十。此外，陕西商人在四川全省的茶叶贸易和当铺设立上，也占据突出的地位。

陕商入川，多是由泾阳、三原出发，经岐山、凤翔到宝鸡，从宝鸡翻越秦岭，再经留坝、勉县到广元，进入四川。陕商以水道将川盐运销贵州，途径泸州，沿赤水河上溯至茅台，卸盐下船再用人背马驮，分运贵阳和安顺，怀仁县茅台镇就成为陕商重要的水陆中转站。据说，有一个姓刘的陕西商人常驻茅台，他是凤翔柳林镇人，见当地白酒紧缺，遂从家乡请来一位姓田的酿酒师傅，按照西凤酒的配方开始造酒；到了清末，盐商华联锋和王立夫在茅台创建成义烧坊和荣和烧坊，茅台酒逐渐成名酒。被称为“西南巨儒”的清代著名诗人郑珍，就写有“蜀盐走贵州，秦商聚茅台”的诗句。

明代茶马互市政策也在很大程度上带动了陕商的兴起。清朝时期，中国茶叶成为国际市场的畅销品。英国与俄国是中国茶叶的主要进口国（后期英国以印度茶叶取代中国茶叶，俄国逐渐代替英国成为中国茶叶的主要市场）。英国依靠海运优势把持了茶叶贸易，中俄茶叶贸易则主要依靠陆路，陕商和晋商具有传统优势。

横跨亚欧大陆的“中俄茶叶之路”，是继丝绸之路的又一条国际商路；虽然其开辟时间比丝绸之路晚了一千多年，但是其经济意义以及巨大的商品负载量，是丝绸之路所无法比拟的。茶叶从汉口出发，经汉水运至襄樊，再经唐白河、唐河水道北上，到达赊旗（今社旗县），此后改陆运北行，由骡马驮运，北上至张家口和归化（今呼和浩特），再远销俄国恰克图。[①]中国从恰克图输往俄国的商品以茶叶为大宗，输入则主要是毛皮，其业务皆为山陕商人所垄断。

汉口因茶而兴盛。像当初的广州一样，汉口作为“中俄茶叶之路”的起点，从乾隆时代就极其兴盛，万商云集。《清史稿》说：“汉口之茶，来自湖南、江西、安徽，合本省所产。溯水以运于河南、陕西、青海、新疆，其输至俄罗斯者，皆砖茶也。”[②]

从汉口到恰克图的“中俄万里茶路”，赊旗恰好是水运终点和陆运起点。这种特殊的地位，使这个明代时期尚不见经传的赊旗小镇，在清朝数十年间便成为所谓的“天下第一店”（赊店）。乾嘉年间，赊旗汇集了来自全国16省的商家，

① 恰克图在俄语中意为“有茶的地方”，汉语称为“买卖城”。雍正五年（1727年）中俄在此签订《连斯奇条约》（俄方称《恰克图条约》），划定两国以恰克图为界。嘉庆、道光以来，恰克图成为中俄贸易的中心。

② 早在1820年，汉口茶叶的出口量已经占到了中国对俄出口总量的74.3%，这一数字在20年后被刷新到了94.4%。让这一庞大的出口额成为可能的，正是南起汉口，北至恰克图，绵延万里的茶叶之路。1861年汉口港出口茶叶8万担，1862年增至近22万担，此后逐年增长，从1871年至1890年，每年的茶叶出口均达到200万担以上。“当时，中国出口的茶叶垄断了世界茶叶市场的86%，而由汉口输出的茶叶就占了国内茶叶出口量的60%，大量运茶船源源不断地出入汉口港。”

镇内街道商号林立，全镇有72条街道，大小店铺几百家，人口达13万之多。21家骡马店，朝夕客商不断；48家过载行，日夜装卸不停；500多家商号总集百货，72条街分行划市相聚经营。

乾隆四十年（1775年），来自陕西韩城党家村的商人贾翼堂在赊旗镇创办了商号“合兴发”。到嘉庆年间，“合兴发”拥有赊旗镇南北太平街上的全部商业店面，常驻赊旗镇的雇员有数百人。据说，嘉庆、道光和咸丰三朝，从河南往韩城老家运送银两的镖驮不绝于道，“日进白银千两”。①

商业很容易受到政治动荡和战争的摧毁。明末时期民变四起，李自成在西安“下掠金令”，经过李自成军在三原、泾阳的搜索拷掠之后，许多盐商家破人亡。关中大盐商在明代惨淡经营了200多年，从扬州运回大量金银，在关中开设的商铺和当铺，还有埋在地下的金银，都在乱军“追赃助饷”下被没收，“家业已荡然如洗”。

从晚清到民国，战争在中国持续了将近一个世纪，这使传统盐商遭到灭顶之灾。在陕商云集的四川，“战火延蔓阖省，地方全行糜烂，户口逃亡几尽；其时西商遇害者亦十之八九，遂使各歇业不前，黔省盐务势以中绝”。同时，“秦中又遭回患，家产荡然”，“著名如泾阳、三原等县，向号商

① 黄德海《变迁：一个中国古村落的商业兴衰史》，人民出版社，2006。

薮……从前各处财富之户，多贸易于东南。自东南用兵，陕省物力既已潜消默耗，又加本籍被灾，资产悉付兵燹”。①

茶叶贸易也好不到哪儿去。进入20世纪，俄帝国的覆灭与印度茶的竞争，将中国茶无情地逐出国际市场。与此同时，随着京汉铁路和俄国远东铁路的开通，传统的水运迅速没落，赊旗与恰克图一样，失去了交通枢纽地位，因茶而兴的山陕商人也随之风流云散。

本与末

明清时期的陕商，大多出自关中几个县，如泾阳、三原、富平、凤翔等；他们的生意都在四川、河南、江苏、湖南等外省，虽然获利不赀，但对关中经济影响甚微。他们既不在陕西置买田产，也不兴办实业，“千金之子，身无寸土”，“家资巨万，无一陇之殖”，如《泾阳县志》所说：“贾虽多，何与于泾？”

和所有的传统商人一样，陕商最后基本上都是结交官宦，让子弟转向科举，当官发财，发财当官，这才是“正途”。“三水唐家”后来就走向官场，第六代唐迁铨成为官居三品的盐运使，实现了从商人到“红顶”的成功转型。到清

① 田培栋《陕西社会经济史》，三秦出版社，2007。

末，唐氏子孙中捐得或考取各种官衔的有36人之多。

“三水（旬邑旧称三水）唐家”祖上是山西人，明末迁居陕西。乾隆年间，唐士雅把南方的茶叶、绸缎运向北方，把北方的烟叶、蚕丝等运到南方；在这种南北贸易中，积累了大量财富。极盛时，其商号遍及一十三省，号称“汇兑中国十三省，包捐知府道台衔；马走外省不吃人家草，人行四川不歇人家店”，其规模之大可见一斑。乾隆六十年（1795年），唐家第三代唐景忠亲赴北京，参加了乾隆皇帝举行的“千叟宴”，受赠七品官服、银牌、手杖及御制七言律等，荣极一时。

明清时期，关中民间教育主要是通过社学、义学和私塾，五十户为“社”，社学即村办学校。在很多地方学校，除了《三字经》《百家姓》《千字文》等蒙学，经商教育也是基本内容。泾原一带的经商教材《入川生理备要》开篇写道：

> 窃以生财之道，理本得众，亦由仁义而已矣。欲谋经营必先以揣其本末，和缓得中，终始理焉、道焉。语云：临事而惧，好谋而成者也。凡事得中，得其理。勿以行险而侥幸，不为无益而有害之也。其利人皆所欲也，然而理之道达方为货财。殖而屡中者，可谓生理之师也。[①]

① 宗鸣安《秦商入川记》，陕西人民出版社，2015。

在关中传统乡村，一般农户供养一个成功的读书人的难度相当大；相比之下，托关系去衙门做个官差，倒要容易得多，因此地方风俗“多习书吏，故刀笔甲天下，次者儒，又次行贾”。当商人势力崛起后，许多地方风俗也随之改变，人们“崇儒薄吏。与其吏也，宁贾。故仕宦视昔十倍，富人亦数倍之，而吏习顿减”。在生活上也追求奢侈，“裘马绮罗充塞街衢，十金之子耻于布衣，俊宇画栋在在有之，婚丧酒礼惟以豪华相高”。

徽州因为人多地少，逼迫人们出去经商，从而形成职业化程度较高的商帮——徽商。相对而言，关中人地矛盾倒没有徽州那么紧张，一部分陕商是依靠农业原始积累进入商业的。在一定程度上，关中人更接受一种亦商亦农的生活方式。所谓“以末致财，以本守之”，以农为本，以商为末。这也导致陕商始终没有脱离小农意识，在经营上不思进取，见好就收，“人贵知足，有足富者，非可以必终，何日仆仆然毋有已期也”，“财不贵积”，“苟可以足日用……夫何以厚为哉”。这种“财取足用”的局限，使陕商在后期资本积累规模上，远远逊色于晋商和徽商。

传统中国以家族为社会基础。陕商走上商业的活动，就其社会背景而言，大多都是家贫子多之家；他们不是儒商兼业，就是农商世家，或则为吏为医，他们的一切，都是照应着全家族的利益，为代表家族的一种行动。于是在其商业利润的累积达到一定的程度时，要么析箸分家，要么供养整个家族的人。所谓“三致千金，积而能散”，这固然是传统社会之美德，但对于资本的积累，不能说不是一种阻碍。[①]

西汉时，贾谊曾抨击“秦俗日败”，“以侈靡相竞”。[②]商业虽然能取得暴利，但陕商往往将大量钱财用于挥霍，“作富贵状”；实际上，那些极尽奢华的山陕会馆也是一种炫富摆阔的象征。当时就有人评价关中“商贾多不量力，竞争事奢侈，外似富而内无深藏”。这与西方早期资本家那种视积累为“天职”的“新教伦理”截然相反。

关中商人凭借雄厚的资本，开当铺、放印子钱（高利贷），获利丰厚，因此很少投资于农业和手工业生产。在嘉庆时期，陕西西安、凤翔等五府四十余州县，就有各种质库当铺800余座，平均每县有20个。陕西虽然产棉很多，却无力加工成布，大量棉花运往外省，然后再把棉布运入。明清两代，往来南北的陕商没有把江南的先进生产技术带入陕西，反而让江南浮奢之风极大地败坏了关中社会风气，“吾关中民俗渐失古朴，一寿一丧，巨富糜金数万，次亦数千……耗中人数十家之产，以壮数日之观瞻。”

---

① 傅衣凌《明清时代商人及商业资本》，人民出版社，1956。

② 贾谊《治安策》云：“秦人家富子壮则出分，家贫子壮则出赘。借父耰鉏，虑有德色；母取箕帚，立而谇语。抱哺其子，与公并倨；妇姑不相说，则反唇而相稽。其慈子耆利，不同禽兽者亡几耳。……今转而为汉矣。然其遗风余俗，犹尚未改。今世以侈靡相竞，而上亡制度，弃礼谊，捐廉耻日甚，可谓月异而岁不同矣。逐利不耳，虑非顾行也，今其甚者杀父兄矣。”

“三水唐家”堪称“秦商巨贾”，经商致富后，在旬邑、彬县、淳化、耀县等地置买大量土地，每年巨额地租收入都被用于奢侈享受。“唐家有个九弯弯，一脚踢了十三万”，说是唐廷铨为了看一个女人裸跑，一脚就踢了 13 万两。嘉庆年间，唐家全家不过 60 口人，雇用的仆人丫鬟就达 165 人，“出门不离车马轿，全堂执事开道锣”。

著名的“唐家大院”建于道光五年（1825 年），整个建筑为木石砖结构，历时四十三年，做工极其精细考究。最多一天，有三四百名匠人同时施工。每座房子均用磨光的砖和精雕细刻的石头砌成，与山陕会馆的建筑风格颇为相似。大院落成后，唐家专门盖了一座大戏楼唱戏庆祝，一连唱了三个多月。这座八十七院、两千七百多间宫殿式的唐家大院，经子孙变卖和战乱毁坏，只有五座院子留存至今。

晋商

农业帝国的商人

商业往往是交通的产物；或者说，人与物在流动中发生交换，就产生了商业。

在中国历史版图上，山西居于极其重要的边缘位置。其黄河与太行山之间的南北走向，正好构成一个文化大通道，北边是蒙古游牧民族，南边是农耕文化的中原腹地。草原民族需要茶叶、铁器和绸布，中原王朝需要牛和马，这种天然需求就造成互通有无的商业往来。如果没有商业，就会爆发残酷的战争。即使在战争期间，山西作为重要的军事通道，各种军需物资仍然需要商人来组织和运输。

晋商的兴起，就源于其特殊的地理区位。早在秦汉时，太原和平遥等地就已经是重要的商品集散地。唐朝以太原为北京，使之成为繁华的大都市。到了宋代，山西商人与徽州商人并称，成为当时商业的中坚力量。元代时，马可·波罗在他的游记中，也记载了山西商人足迹遍天下，获利丰厚。特别是明清时期，晋商依靠盐和茶，成为当时中国最成功的商帮之一；至晚清发展出的票号商业模式，更使晋商达到一个前所未有的巅峰。

对于中国这个农业帝国来说，经商在很多时候是迫不得已的无奈选择。山西跟徽州一样属于山地，“开门见山，出门爬坡”，号称“八分丘陵二分田”，因为地瘠人贫，为了生存，才走上经商之路。因为北方气候早寒多霜，山西人比徽州人的生活更加艰难，也更加勤俭，“其富甚于新安，新安奢而山右俭也”。

盐商

在中国古代，盐税在历代朝廷财政收入中占据很大的比例。为了保证盐税收入，政府往往采取垄断性的盐业官营或特许专卖制，因此食盐价格非常高，经营食盐的利润也绝非其他商品可比。

因为拥有著名的解州盐池，早在先秦时期，山西（晋国）就出现许多商人。著名的盐商猗顿就依靠从山西贩运盐和牲畜而发迹。《国语》中记载：“绛邑富商，其财足以金玉其车，文错其服，能行诸侯之贿。”日本历史学家宫崎市定在《历史和盐》一书中提出，中国的商业起源于盐，中国最早的商人就是盐商，而这些盐商大多是山西人。从这种推论来说，晋商堪称中国最早的商人。

与陕商一样，晋商作为一个商帮，是在明初实施“开中制”之后兴起的；换句话说，“开中制”为晋商提供了机遇。于是，山西人依靠推车挑担，从河南或江南地区收购粮食，然后千里迢迢地运往北方边镇，以此换取“盐引”；有了盐引，就可以在解州盐池换取大量的食盐。就这样，近水楼台先得月，邻近解州盐池的晋南平阳、泽州、潞安等地的商人，很快就赚到了“第一桶金”。对这些初级商人来说，贩运大宗粮食，再换取盐引，这一过程往往需要大笔资金，并且周转期漫长。因此能拿得出起始资金的，都是家底丰厚的富户。负责和分担运营各环节的人员，全部使用同族或同乡，称为“伙计”。伙计作为合伙人，要发誓不贪污私拿。

盐业作为一种官方垄断的特种商业，并不是任何民间商人都可以进入的，即使能够成为盐商，仍然时时刻刻要依赖官方权力的支持和保护。因此无论是徽商还是晋商，刚从盐业起步，便走上了官商结合的道路；换句话说，就是亦官亦商的红顶商人。

得利于“开中制”的晋商，依靠盘根错节的家族联姻，大多拥有根基深厚的官场背景。以蒲州（今永济）的张王两家为例：王瑶的二子王崇义为盐商，三子王崇古为嘉靖二十年（1541 年）进士，历任刑部主事、陕西按察使、河南布政使、右副都御史、兵部右侍郎、宣大总督等职。王崇古的大姐嫁给侨居蒲州盐商沈廷珍之子沈江，二姐则嫁给了蒲州盐商张允龄。张允龄之子张四维，在万历年间曾任内阁首辅。张四维之弟张四教在河东与长芦两个盐区是数一数二的大盐商。

明朝时期，山西的太原、平阳和蒲州都是比较大的商业城市，它们的兴盛都与盐商有关。明人沈思孝在《晋录》中说："平阳、泽、潞豪商大贾甲天下，非数十万不称富。"古代虽然没有福布斯排行榜，但嘉靖年间的权臣严嵩之子严世潘曾有这样的论断："天下富家，积资满五十万以上，方居首等。"按他的看法，当时全国够得上"首等"的只有十七家，其中"山西三姓，徽州两姓"。

明中期以后，白银大量流入，"开中制"改为"折色制"，朝廷直接给九边拨付饷银，不再以盐引兑付粮饷。山西盐商纷纷转移到扬州。与此同时，明朝与北方的鞑靼、女真等游牧狩猎民族加强了商贸往来，开放了几处马市，新兴的晋商致力于拓展茶叶、棉布和铁器等边疆贸易。太谷的曹家从朝阳起家，因此留下"先有曹家号，后有朝阳城"的说法。明后期，北方边疆局势紧张，长期陷入战乱，晋商一度涉险从事走私业，与蒙古和后金等进行秘密贸易。有人因此认为，后金从晋商手中得到了大量铁制武器，从而能够以原始部落迅速崛起，并在很短的时间内成为明朝可怕的灾星。

明亡清兴，因为当年这段渊源，晋商颇得清廷信任，被封为八大皇商之一。

茶商

到明朝末期，以盐商为代表的晋商已经彻底没落；进入清代之后，新崛起的晋商与明代晋商基本没有多少传承关系。

清代的晋商主要可分为三种：船帮、驼帮和票帮。

铜是清朝重要的铸币金属。在清前期，晋商基本垄断了日本铜的进口，他们将中国的瓷器、丝绸、文房四宝等运至日本，然后换取日本的铜，再运回中国。这种跨国跨海贸易依赖于船，故称为“船帮”。晋商因这种国际贸易而获利丰厚。据《东倭考》记载，“大抵内地价一，至倭可得五；及回货，则又以一得二。”至清后期，晋商全面转向“票帮”，从事钱银兑换、借贷和金融汇兑，由传统的长途商品贸易到以网络化的金融服务为主，规模与利润都迅速暴增，从而达到晋商史上的鼎盛阶段。相比之下，在以“康雍乾盛世”而闻名的清中期，只有“驼帮”才是晋商的主流。无数晋商依靠茶叶国际贸易而发展壮大，从而使晋商和陕商、徽商并列，成为当时著名的三大商帮。

康熙二十八年（1689），中俄两国签订《尼布楚条约》，

“嗣后往来行旅，如有路票，听其交易”。由此打开了中俄贸易之路，特别是中国的茶叶和西伯利亚的毛皮，这两项大宗商品，使中俄贸易一度极其繁荣。恰克图在很短时间内，就从一个荒凉的无名小镇发展成为国际大商埠。雍正五年（1727），中俄签订《恰克图条约》，以恰克图为中点，出现了一条横跨欧亚大陆南北的商业大通道，这条著名的“茶叶之路”——由中国南端的福建为起点，一路向北，从武夷山到恰克图长达4500多公里，最后终点是俄国的圣彼得堡。清人衷干《茶叶杂咏》一书记载：“清初茶叶均由西客经营，由江西转运河南再销关外。西客者山西商人也，每家资本约二三十万至百万，货物往还络绎不绝。”

在整个茶叶贸易中，晋商实行“运销一条龙”，他们不仅是组织者，还是生产者和加工者，一些晋商购买了大量土地，用来开辟茶园。他们在南方的湖北、湖南、安徽、江西、江苏、浙江和福建等地收购茶叶，然后统一加工成砖茶，装运上船，依靠水路运送到河南赊店，再改陆路，由骡马驮运，经山西到张家口或归化。过了张家口，就是漫漫黄沙，只能依靠骆驼，每只骆驼驮茶4箱，从张家口到库伦（今乌兰巴托），每箱运费高达3两银子。

随着茶叶市场的拓展，茶叶交易额也在增加。嘉庆二十四年（1819），晋商运往恰克图的茶叶就高达67000箱，约合500万磅，好茶每磅单价为2卢布，俄国商人运到圣彼得堡可以卖到3卢布。马克思说过："恰克图一带的边境贸易，事实上而且根据条约都是物物交换；银子在其中不过是价值尺度。"俄国禁止白银外流，晋商出口茶叶，从俄国人手中只能换取毛皮等商品，但仍有一部分茶叶款是以粗制的银器支付的。晋商将这些银器熔铸成重达千斤的银坨（俗称"没奈何"），用大车拉回山西后，再加工成银锭和元宝。从乾隆二十二年（1757年）到嘉庆五年（1800年），中俄商人在恰克图的贸易额从113万卢布增加到623万卢布。这项国际贸易，无论是对中国还是对俄国，都显得举足轻重，而且中国完全居于顺差地位。直至清末民初，晋商运往俄国的茶叶仍高达25万吨。

在长达两个多世纪的中俄茶叶贸易中，晋商积累了大量财富，并在商路沿线建设了大量贸易货栈，留下许多形制各异、规模宏大的山陕会馆（山西会馆、陕西会馆）和私家宅院。

恰克图

任何历史总有一个盛极而衰的过程，借用佛家说法，就是"成、住、坏、空"。作为茶商驼帮的晋商，一方面因为国际化而兴起——俄国对茶叶的需求成就了晋商，另一方面，也因为19世纪国际政治风云的变幻而衰落。

1840 年，中英因为鸦片贸易而引发战争；20 年后，战争再次爆发。作为大清帝国的传统邻国，俄国假借调停者的身份，趁清朝之危获得了大量领土和特权。随着国际关系的改变，俄国商人大量涌入中国。对晋商来说，这些曾经的合作者正变成自己的竞争者，而且从各方面来说，晋商都处于下风而节节败退。这种竞争从一开始就很不公平，俄商运销的茶叶享有减免税的优惠，而晋商却要承担超出俄商 10 倍的税费，特别是从咸丰年间开征的厘金，更让晋商不堪重负。俄商用现代蒸汽货轮运送茶叶，从汉口到上海，再到天津，或者到海参崴，甚至全程海运直达圣彼得堡。这比晋商传统的陆路运输不知要节省多少费用。晋商贩运的茶叶从汉口到张家口，至少要经过 63 个厘金关卡，每个关卡都要雁过拔毛。

俄商与晋商此消彼长。从同治四年（1865 年）到同治六年（1867 年），俄商运销的茶叶猛增 5 倍多，从 165 万磅发展到 866 万磅。到同治七年（1868 年），恰克图的晋商字号从原来的 120 家一度锐减至区区 4 家。“1886 年后，因俄国人的竞争，中国茶商年年赔本。西伯利亚最大茶商莫勒恰诺夫在中国经营，使归化城好几十家华人茶商破了产。”[①] 在茶叶加工方面，晋商一直依靠手工作坊式生产，虽然从人力上

①（俄）波兹德涅耶夫《蒙古及蒙古人》，刘汉明、张梦玲、卢龙译，内蒙古人民出版社，1989。

投入很大，但在产量和质量上却不尽如人意。俄商大力引进欧洲最新技术，以机器取代手工，以蒸汽机代替人力，大大降低了砖茶的制造成本，而且产量和质量都很高。至清末，一半以上的出口茶控制在俄商手里。

作为西方工业革命的标志物，火车对这场国际竞争造成颠覆性的影响。光绪三十一年（1905 年），西伯利亚铁路全线通车，茶叶经海参崴转为铁路运输，火车的便捷，远非晋商的骡马、骆驼可比。在铁路开通的第三年，俄商与晋商贩运的茶叶相对量便发生逆转，从 1：2 变为 4：1。

随着苏联的诞生和蒙古的独立，没有晋商的恰克图重新沦为一个不毛之地。

票号

虽然晋商从明至清一直颇有影响，但直到“票号”兴起，晋商才真正崛起为“天下第一商帮”。在票号出现之前，中国已经有不少从事金融服务的典当行、钱铺和银号，且不乏晋商投身其中。当铺即以物品抵押小额贷款，钱铺和银号则以银钱兑换为主。票号主要是做城市之间的银钱汇兑，规模远比典当行和钱铺银号大得多，但其中仍有很多相似的历史渊源。

票号之所以能从晋商中发展起来，与其遍及全国的网络化商业有关。“票号”其实并不是新鲜事物。中国古代一直以铜钱和白银为法定货币，相比黄金来说，银和铜都属于单位重量价值较低的金属。对于大额远程交易来说，因携带和运输不便，货币交割成本偏高，再加上银块没有统一标准，其重量和成色千差万别，因此便有了替代性的“飞钱”和“会票（银票）”。

对晋商来说，历经长时期发展，到晚清时，已经出现了许多资金雄厚的大商巨贾，其商业网络遍及全国各地，乃至海外。大宗商业贸易必然伴随大额资金交易，这对远程汇兑既构成需求，也形成天然的便利条件。就这样，“山西票号”水到渠成地诞生了。余秋雨在《抱愧山西》中写道：

> 在山西最红火的年代，财富的中心并不在省会太原，而是在平遥、祁县和太谷，其中尤以平遥为最。这里吸引人的不仅仅是古文物、古寺庙、古色古香的民居，更有称雄全国的金融都市，这里有号称中国第一家银行的日升昌票号。在当时全国 51 家票号（银行）中，平遥就占有 22 家，这里被称为中国的“金融华尔街”。①

① 余秋雨《文化苦旅》，东方出版中心，2001。

日升昌

一般研究者都认为，山西颜料商人雷履泰创办了中国第一家“票号”——日升昌。

明清时期，人们的衣物大都是手织布，这种棉布须经手工染色。颜料虽小，却价值巨大。广阔的市场需求，使颜料商成为晋商中极其显赫的群体，特别是平遥颜料商。仅在北京一地，就有 36 家平遥颜料商，此外，通州还有 36 家。这其中，“西裕成颜料庄”便是规模最大的一个，除了北京，它在天津、沈阳、四川等地也有不少分号。

晋商在外经商，经常要将大笔银两运回山西老家，为了保证安全，还要雇用镖师沿途护送。到嘉庆后期，北方接连爆发白莲教起义和天理教起义，再加上灾荒歉收，饥民四起，运送现银的风险非常大。靠着大树好乘凉，一些小商人便找到雷履泰，请他看在同乡的分儿上，从京城往老家代捎银两。时间一长，便有了固定的做法：先将银子交到西裕成北京分号，由分号写信给平遥总号，然后再在平遥提取银子；西裕成也从免费的友情相帮发展到略收一些“内贴”。当这种“内贴”逐渐发展成为西裕成一项重要收入时，雷履泰不会意识不到这是难得的商机。

大约在道光三年（1823 年）前后，雷履泰将“西裕成颜料庄”改头换面，变成了专营汇兑业务的“日升昌票号”。

票号实行总号、分号制，总号下各地设分号；因为北京达官贵人多，南方商业发达，便采取“北存南放”的总体经营策略。票号设大掌柜和二掌柜作为负责经理，还有账房、文牍和跑街等部门：账房负责会计账目出纳；文牍负责来往信函等文秘工作；跑街主要是承揽客户和拉业务。

雷履泰其实是“日升昌”的大掌柜，真正的东家叫李大全。不过晋商很早就实现“朋伙制”，由职业经理人负责正常管理和经营，东家并不过问；用现在的话说，就是所有权与经营权分离。此外，晋商的股俸制也是一种大胆的创新，“出资者为银股，出力者为身股”①，经营者和投资人（“东家”）均可参与盈利分红。一般在创业初期，银股占多，后期逐渐会身股大于资股，经营者成为主体。

日升昌票号的利润构成包括 4 种：一是根据汇兑地区远近收取 0.4%～10% 的汇费，称“汇水”；二是利用存取时间差“吃空期”，比如一笔银子从北京汇往苏州，汇款时间为 20 天，就可以在这期间将这笔银子用作流动资金；三是存贷款，存款一般无息或低息，贷款则可以收取五厘到一分的利息；四是平色余利，平即天平，色即成色，也就是银子在不同重量、不同成色之间的兑换差价。此外，票号还发行可自由兑换且不记名的银两票，实际就是一种准钞票。

① 徐珂编撰《清稗类钞》。

对中国金融史来说，票号的独特之处在于以金融票据往来的方式，彻底取代了商业往来中直接用金属货币作为支付和结算的传统方法。因此说，票号在本质上已经不属于经营普通商品的商业，而完全进入了金融领域。之所以有人将票号称为“现代银行的乡下祖父”，是因为它已经具备现代银行的三大主要功能：存款、贷款和汇兑。作为一种内生而非外来的金融创新，票号的出现，改变了中国传统的货币流通方式。雷履泰的贡献，是他创造了一套全汉字的密码体系——无论是银两的金额数字，还是年月日的时间，都以汉字作为签发汇票的代码，“法至精密”。比如，用“谨防假票冒取，勿忘细识书章”代表12个月；用“堪笑世情薄，天道最公平，昧心图自利，阴谋害他人，善恶终有报，到头必分明”代表每月的30天；用“赵氏连城璧，由来天下传”代表10个数字；用“国宝流通”代表“万千百两”。如果某票号汇银三千两，编成密码就是“票利连宝通”。

日升昌票号成立后，获利颇丰，其他晋商纷纷群起而效仿。仅与日升昌一墙之隔的“蔚泰厚绸缎庄”也紧跟着改作票号，其东家是平遥首富侯荫昌。

为了跟日升昌竞争，侯荫昌把日升昌的二掌柜毛鸿翙挖了过来，让他做了大掌柜。毛鸿翙与雷履泰向来针尖对麦芒，这种私人竞争使这两家票号迅速扩张。短时间内，日升昌在北京、汉口、广州、苏州、长沙等地先后开设了35家分号；蔚泰厚则发展出蔚泰厚、蔚丰厚、新泰厚、蔚盛长、天成亨等五家连锁性的“蔚字五联号”。

类似毛鸿翙这样，协同庆票号的掌柜陈平远、百川通票号经理武大德、广西银行总经理王治臣等，也都出自日升昌。为了笼络人才，激励业绩，有的票号身股数量压倒银股，如大德票号银股占20股，身股占24股；1908年，每股分红2万两，这是一个极其可观的数字。

有了日升昌的成功，许多晋商以“日升昌”模式，先后开设了许多类似的票号，在各个城市设立了分支机构，形成了一个全国性的金融汇兑网络。这被人们称为“山西票号”。道光皇帝还给日升昌赐亲笔牌匾“汇通天下”。

汇通天下

“一纸之符信遥传，万两之白银立集”，“万两白银”即使按今天的标准衡量，重量也将近一吨。以汇票方式代替现银往来，无疑要方便安全得多，这必然促进了商业流通。经济学家马寅初评价说：“如是既无长途运现之烦，又无中途水火盗贼之险，而收解又可两清。商业之兴，国富以增，票庄历史上贡献不可谓不大。”

山西票号之所以具有强大的生命力，很重要的一个原因就是诚实守信。日升昌票号从未发生过一起错领或冒领事件，更无携款外逃之事。道光年间许梅称赞“千金纸票，交银于此，取银于彼，从无坑骗”，“所输汇兑，不论款额大小，路途远近，均能按期兑付，很少拖延”。咸丰年间，江南河道总督杨以增也说：“各省银号汇兑银两，银钱累万，竟以一纸为凭者，信也。”

山西票号诞生之时，恰好正值风雨飘摇的晚清。内忧外患的政治形势对晋商既有打击，但在一定程度上也创造了许多契机。太平天国战争一起，南方完全陷入一片战火，南方的很多票号毁于战乱，被迫撤庄，同时又要承受巨额的“捐输”。明清两代以北方统治南方，严重依赖南方的经济供给，漕运就是帝国的生命线。清政府的运银官道因战争而断绝，大量京官无法领饷。不得已的情况下，清政府被迫由票号汇兑京饷。就这样，票商从原来的民间商帮进入了官商时代，成为官方最大的金融及理财合作伙伴，还有些权贵官僚们因为担心安危，也将自己的钱财存入票号，这成为票号迅速膨胀的根本原因。

票号承汇京饷之后，各省之间的“协饷”也改由票号承汇。从同治三年（1864 年）开始，随着洋务运动兴起，山西票号进入一个快速发展的时期。左宗棠平定西北民变，军费也全赖票号承汇解交。从 1865 年到 1893 年，由平遥票号汇兑的山西奉拨陕甘新协饷以及其他协饷达 1154 余万两，平均每年将近 40 万两。就这样，在同光年间，一方面票号数量大幅增加，另一方面，票号业务由经营民间银两汇兑，逐渐转向为官方汇兑巨额公款为主，清政府的税收等项都交由票号汇兑存储。

清朝财务制度非常松懈，公款不同于私人存款，一般都不计利息，山西票商因此可以获得很大的利益。1900 年庚子事变，八国联军攻陷北京，慈禧携光绪仓皇出逃山西，当地晋商极尽逢迎。慈禧不仅将各省督府解缴中央的款项全部由“大德通”来经营，还将庚子赔款连本带息约 10 亿两白银交给它。山西票号俨然成为清王朝的“临时国库”，一下子冲上了财富顶峰。

大德通票号在光绪十四年（1888 年），每股分红为 850 两，到光绪三十四年（1908 年），每股分红达到 17000 两。光绪三十二年（1906 年）时，山西票号掌握着大清户部三分之一的银两。历史学家黄仁宇先生指出：“山西钱庄实为票行，偏重于中国传统之汇兑业务，而不能发展为现代性银行。巨商大贾在这种落后的商业组织中，能利用其政治特权，在短期内获得暴利。”咸丰年间，太谷孙氏富约两千余万两，曹氏和贾氏约四五百万两，平遥侯氏和介休张氏约三四百万两，介休和祁县家资百万者有数十家。仅山西这几个县的富户，家产就超过了一亿两白银。这个数字比当时大清国库的存银还要多。

据 1904 年统计，当时山西票号在全国 100 多个城市共开设了450家分号，经营额接近8亿两白银。在这些票号中，合盛元票号还远涉重洋，在日本的东京、大阪、横滨、神户以及朝鲜的新义洲等地，开设分庄，从事国际汇兑业务。但实际上，晋商仍是传统的农业时代商人，这些票号无一例外都由山西老家的总部控制。作为偏居内陆的家族企业，山西票号因其封闭和保守，拒绝向现代商业股份银行转型，这使其消失于时代的大潮中。

中国传统社会以农为主，也没有什么商法，商人也没有什么独立的法人地位，在政治上属于贱民。为了生存和发展，晋商不得不寻求权力的庇护；或者说，必须与官府合作。票号业的兴起，就与清政府的“支持”不可分割。

清朝灭亡后，失去靠山的票号也随之倒塌，有90余年历史的日升昌票号于1914年关闭，标志着山西票号历史的终结。

晋商的没落

作为中国古代最著名的商帮，晋商历经明清两代，创造了令人瞩目的辉煌和荣耀，但在现代化的大潮来临之际，却黯然倒下。

从鸦片战争始，中国的现代化伴随着一系列严重的暴力和动荡。从晚清到民初，战乱不仅毁灭了农业经济，更让传统商业无处容身。在暴力掠夺面前，财富与劳动、智慧失去联系，乱世中的商人往往脆弱不堪。他们曾经引以为荣的财富，反倒为他们带来数不尽的灾难。在一场又一场的浩劫中，辛辛苦苦积累的财富被掠夺一空。与此同时，现代化所带来的新文明与新秩序，又让这些传统商人无所适从。往日不再，曾经的风光总被雨打风吹去。

正如晋商的兴起是因为明朝初年的战争需要，晋商的衰落也与晚清时期的战乱时局有密切的关系。山西票号曾依靠战乱而崛起，最后也在时局动荡中损失惨重，再加上课税繁重，捐输不断。最为讽刺的是，清朝的覆灭，不仅不是一种解放，随之而来的竟是一场灭顶之灾。

山西票号向来“北存南放”，即在北京等地大量吸收王公大臣权贵地主的存款，再到江南一带投放给工商业。战争一起，票号的商路和汇路基本断绝，大量贷出去的款项无法收回，票号损失惨重。

影响最大的就是持续 10 年的太平天国战争。江南地区自古富庶，工商业极其发达，又是晋商倚重的茶叶和纺织品的重要产区。太平天国战争彻底毁灭了江南的经济和社会稳定，晋商的货源枯竭，商路中断。山西人“买卖在三江两湖者十居八九，自粤匪窜扰以来，南省半为贼扰，山西买卖十无一存，祁太汾平各县向称为富有者，一旦化为乌有，住宅衣物之外，别无长物”。[①] 更令晋商雪上加霜的是捐输。战火四起，作为财税主要来源的江南一片糜烂，清廷疲于镇压，财政吃紧，便盯上了富商巨贾的腰包。“自咸丰二年二月起，截至三年正月止，绅商士民捐输银数，则山西、陕西、四川三省最多。山西共计捐银一百五十九万九千三百余两”，咸丰六年（1856 年），又捐输白银 201 万两。几年下来，先后共捐输白银“数逾千万”。据清朝档案记载，到咸丰三年（1853 年）年底，山西商人向朝廷捐献的军饷，超过二百七十万两白银，将近占了全国商民捐款的一半。

太平天国硝烟散去，以后每逢战事，向晋商寻求捐输基本成为清廷的一种惯例。同治三年（1864 年），左宗棠出兵西北，大量军饷都由晋商和陕商提供。“晋省前后捐输五六次，数逾千万。”甲午战争爆发，山西票号又成了冤大头。晋商的大笔银子流入官府银库，作为回报和安慰，他们可以得到大小不等的官衔——这种官衔并非正式任命的实缺，而只是一种品级上的名誉。比如日升昌的财东李箴视荣获四品知府的头衔。因为捐输太多，李氏家族上下几乎都拥有这种荣誉官衔，甚至连早已入土的祖宗和家庭主妇也都封了头衔。对“亦官亦商”的晋商来说，一旦沦为官府的命运共同体，清朝的覆灭就成为致命一击。到清末时期，各种对外赔

①（清）徐继畬《松龛全集》。

款重压之下，清政府财政日益拮据。许多赔款都由晋商垫付，这些欠账后来因清廷覆灭而成了一笔死账。清朝覆亡，晋商也随之成为陪葬。

清末民初的一个时期内，中国基本上处于无政府状态。日升昌票号在四川、陕西各省“总计损失白银300万两以上”，广西军政府持枪抢走10万两白银；天成亨票号遭遇土匪抢劫，损失现银100多万两。到1913年，山西14家主要票号被拖欠债权达3000多万两。有资料这样记述晋商衰落：“一蹶于庚子之乱，再毁放辛亥，商人失业，而致岁入归于乌有，向之富者已贫，向之贫者益困，以放正货短少，金融闭塞。”

祸不单行，晋商的国际贸易也遭遇滑铁卢。西伯利亚铁路修通后，延续数百年的恰克图商道被废，晋商的茶叶贸易尽为俄商所夺。在日俄战争中，晋商在东北经营几个世纪的商业网络遭到破坏；光绪三十三年（1907年），仅营口一地的晋商就亏折200余万两。从“一战”到俄国革命，俄国社会频繁动荡，晋商在俄的生存环境极度恶劣，拖欠货款、劫掠商队、屠杀绑票等恶事，屡见不鲜。仅大德玉、大升玉、大泉玉、大美玉、独慎玉等几家商号，在莫斯科的损失就达140万两。革命政府成立后，这些晋商的财产全部被没收，一夜之间，在异国他乡沦为乞丐。

长期研究晋商文化的经济学者梁小民先生指出：“最终

摧毁山西商人的并不是这些动荡，而是山西商人自己。而且，社会动荡也为晋商发展提供了新的机遇。”不能与时俱进，没有开放的眼光和革新精神，守旧的经营方式无法适应新时代的进步，最终只能被无情的历史淘汰。正如尼采那句名言：“不蜕皮的蛇只有死路一条。”

历史的尾声

在中国历史上，19 世纪处于一个新旧交替的近代时期。晋商作为传统的农业时代商帮，在“五千年所未见”的历史大变局面前，遭遇到前所未有的冲击。与西方文明的碰撞，除了对腐朽的清政府构成“船坚炮利”的军事挫败，中国传统工商业首当其冲，几乎毫无招架之力。

因为对外通商条约的限制，外商在中国拥有各种低税或免税的优惠特权，而晋商却只能在苛捐杂税的重压下苟延残喘，从而使经营更加困难。另一方面，因晋商采用传统的生产技术和工艺，相比西方工业技术显得极其落后，从而导致质次价高，在与洋商洋货的竞争中严重处于劣势。

山西煤矿和铁矿资源丰富，以煤炼铁极其方便，故而铁器向来是晋商最为典型的主打商品之一；山西土铁赫赫有名，不仅畅销全国，甚至远销海外。乾嘉年间，长治荫城便是全国铁货集散中心，每年交易额达一千多万两白银。到

19 世纪下半叶，随着洋铁持续大量进口，山西土铁便滞销不畅。根据当时烟台海关的报告，1868 年进口洋铁 11932 担，1896 年进口洋铁 50701 担，洋铁逐渐取代了山西土铁，甚至连山西本省也不例外。“以前本省使用的土铁大部来自山西泽州府（今晋城），现在几乎已经完全被洋铁所代替了，洋铁成本比土铁低一半。”

再以缝衣针为例，在洋针进来之前，山西土针几乎一直是中国针的代名词，晋商是绝对的垄断者，晋城太阳镇的土针甚至远销中亚一带。西方工业革命最早实现了钉子和针的大批量生产，这些进口洋针光滑坚硬，物美价廉；相比之下，山西土针都是手工制造，成本高，质量差。无论生产者怎么努力，都不可能将土针的价格降低到一包（90 到 100 枚）50 文以下。土针就这样被洋针取代。针虽小，但家家都需要，从全国来说，这无疑是一个大市场。同治六年（1867 年）到光绪七年（1881 年），仅进口洋针一项，就从白银 53671 海关两增加到 334969 海关两，增长了将近 6 倍。从光绪十三年（1887 年）以后，传统的山西土针几乎绝迹了。梁小民认为：“晋商没有完成两种转化。一种转化，就是没有从封建商业资本转向现代工业资本，没有完成这种转化；那么第二种转化，就金融来说，没有从封建钱庄的金融制度转化成为现代银行制度。”晋商重视贸易而轻视工业，即使票号业聚集了大量的财富，但这些资本也没有用于投资工业制造业。票号的钱主要放给钱庄和大商人，这些钱主要都用于周转和救急，很少做长期投资。可作为对比的是，华尔街的银行家往往直接进行股权投资，从而获得更大更稳定的收益。

山西票号虽然号称富可敌国，但就单个票号而言，其资本量通常都非常小，一般只有几十到一百多万两银子，远算不上资本雄厚。现代银行因为是对全社会揽储，吸收的资金量非常大，而票号资金一般都来自少数几个大户，本钱并不是特别多。

此外，山西票号在体制上完全不同于现代银行。自创立之初，山西票号就采取“一言九鼎”的信誉贷款模式。只看重对方的信誉，不需任何抵押。相比之下，现代银行主要是抵押贷款，注重法律和契约，从制度上来说，这要比票号严密得多，自然也更为优越。票号业的兴起以及与清政府的合作，并没有推动中国的币制改革；相反，西方银行从进入中国开始，就凭借雄厚的实力发行纸币，以纸币代替银两，迅速主宰了中国金融业。此举严重打击了仍停留于传统银两汇兑的山西票号。

值得令人玩味的是，面对这种冲击，隐居山西老家的票号老板并不以为意，他们并不把西方银行放在眼里，采取“你走你的阳关道，我过我的独木桥”的消极姿态。后来终于不得不面对银行这个新事物，一些有远见的票号经理才开始向东家提出改革票号的主张。

光绪三十年（1904年），组建中的“大清户部银行”力邀山西票号入股。这个参与国家银行的天赐良机，竟然遭到了票号老板的一致拒绝，从而失去了将票号改组为银行的机会。1904年，清政府颁布《钦定大清商律》，票号经营陷入困境，一些票号债台高筑，“因股东负无限责任，只得将股东的住宅拍卖，股东早恃其遗产为生，无生活的能力，形成了早为堂皇冠冕的富家翁，晚成饿殍，沿街乞讨，多饿死于道途”。

美国汉学家魏斐德在《中华帝制的衰落》中指出：“中国拥有世界上最好的商人，但是他们不能被看做大资本家。”尽管晋商靠从内部自发而生的制度创新有了发展，但它们还是没能成为现代经济学意义上的资本家。晋商是特定历史下特有的产物，当初因穷则思变而兴起，后来则因富有而失去更高的追求，“急于享受而不求再进”。晋商虽然足迹遍及中国和国外，但眼光始终没有离开山西和土地，著名的日升昌等“十大票号”总部都在偏僻的平遥，很难想象，这些“乡下财主”竟然控制着一个覆盖所有繁华大都市的庞大金融网络。

总体上来说，晋商是保守和封闭的，他们完全是农业制度下的商人。经商的目的就是为了“挣钱还家，买房置地养老少”。

在山西，商业成为更好的一种谋生手段。商业经营的初期，使经济水平急剧抬升，有更多的人可能读书仕宦，光宗耀祖，但是当商业极度发达，商人可以通过经营本身确定自己的地位时，就不需要用读书入仕来肯定自己的价值存在。从这个意义上来讲，山西人的尚商、次农、下士，其实处于一种极低的层面，仅仅是经济生活的需求，商人根本没有成为新价值的代表，与传统功利观在理论层面上直接对话，它没有经过与传统价值观的碰撞、磨合、调适的痛苦经历，它也不可能对传统社会性质的改变做出任何贡献，无论其商业规模何等赫赫。①

自乾隆至道光期间，奢靡之风盛行于晋商，“饰亭台，聚古玩，买姣童于吴阊，购美玉于燕赵，比比也，纵博博，蓄优伶，宾从杂沓，一言之悦，乾没万金不问”。商业经营积累的财富，最后都变成了乡下一座座豪华体面的深宅大院。著名的如乔家大院。据不完全统计，保持至今依然完好的晋商大院仍有1000多座。建筑学家梁思成考察山西时，这样记录晋商大院：“这种房子在一个庄中可有两三家，遥遥相对，仍可以想象当日的气焰，其所占地面之大，外墙之

① 刘影《皇权旁的山西：集权政治与地域文化》，新星出版社，2007。

高，砖石木料之工艺，楼阁别院之复杂，均出于我们意料之外许多。”

晋人经商的传统是不可能完全消失的，在民国时期的中国历史中仍可看见晋商的影子。主政山西多年的阎锡山便出身晋商，而原籍山西太古的孔祥熙更是一名纯正的晋商。孔祥熙长期担任国民政府的财政部长和中央银行总裁，当时中国金融体系的各级中高层管理者，几乎都是山西人，人称“任人唯晋”。

徽 商

儒商与官商

明万历年间有书记载："富室之称雄者，江南则推新安，江北则推山右。新安大贾，鱼盐为业，藏镪有至百万者，其他二三十万，则中贾耳。"新安即徽州，山右即山西。意思是说，最富有的当属南方的徽商和北方的晋商。

清朝国力最为强盛之时是乾隆时代，当时国库存银高达7000多万两，以国为家的乾隆皇帝却感叹说："富哉商乎，朕不及也！"他所说的"商"就是徽商。与山陕商人类似，明清两代，徽商主要依靠茶和盐的垄断性经营，积累了大量财富，成为中国最著名的传统商帮。

徽商，指的是出自徽州的商人集团。徽州地处"吴头楚尾"，这里山高林密，人口稀少，发展一直较为滞后。晋末、唐末和宋末，北方游牧民族入侵和中原战乱，先后引发了三次大规模的移民潮。北方难民为躲避战乱而大量迁入徽州，这里才开始繁荣起来。据说徽州的名称来自宋徽宗。中国古代有四民之分，农本商末，但这种观念主要是基于统治，而非为了人民生计。司马迁在《史记·货殖列传序》里说："待农而食之，虞而出之，工而成之，商而通之。……《周书》曰：'农不出则乏其食，工不出则乏其事，商不出则三宝绝，虞不出则财匮少。'财匮少而山泽不辟矣。此四者，民所衣食之原也。"也就是说，一个社会必须有四个基本行业：有农业，才有饭吃；有虞业（采集业，包括打猎、伐木、捕鱼、采矿等），才能够把重要自然资源开发出来；有工业，才能把各种原料加工成为用具；有商业，才能够把各种货物流通天下。明代王阳明同样主张四民并列："古者四民异业而同道，其尽心焉，一也。士以修治，农以具养，工以利器，商以通货。"

常言说，靠山吃山，靠水吃水。徽州人经商，也离不开其天然的地理优势。他们最早是向外贩运石材和木材，尤其是南宋初期，首都迁到杭州，城市营建，需要大量的建材；徽州人占有地利之便，从徽州沿新安江下行，就进入浙东富春江，再往下就是钱塘江，最后到达杭州。虽然有崇山峻岭，但水路极其便捷，一路顺风顺水，运输成本很低。徽州地形多山，"其地险狭而不夷，其土骍刚而不化"，适合耕种的土地极少，所谓"七山一水一分田，一分道路和庄园"。为了多一些土地，人们不得不在山上开垦梯田；但山势陡峭，即使十数级梯田，加起来也不够一亩。这种石头缝里求生存的农耕，说起来条件非常艰辛，远非平原地区的人们所能想象的。

穷则思变，徽州人不得不另寻出路，吴日法在《徽商便览》中说："吾徽居万山环绕中，川谷崎岖，峰峦掩映，山多而地少。遇山川平衍处，人民即聚居之。以人口孳乳故，徽地所产之食料，不足供徽地所居之人口，于是经商之事业起。"

"人人皆欲有生，人人不可无贾矣。"人地矛盾的压力之下，经商逐渐取代农业，成为徽州人的"第一等生业"。据说在徽州成人男子中，有超过七成的人以经商为生。徽商因此而闻名天下。"丈夫志四方，不辞万里游。"按照徽州当地的风俗，一般男孩子从十几岁就要跟着长辈外出，从伙计开始，学着做生意。如果学徒期未满就回家，或者生意蚀本，空手而归，都会被家乡人看不起。所以，从一开始，徽州人就有一种破釜沉舟的意志，他们背井离乡，别妻离子，一年到头四处奔波，为了生意，兢兢业业，不遗余力，不成功便成仁。徽州人"诡而海岛，罕而沙漠，足迹几半宇内"，胡适先生因此把徽商称为"徽骆驼"。

对经商的追求，徽商比之于晋商和陕商，有过之而无不及。有时候他们数年才能回家小住一次，大多数人都要等到年老体衰，才回家养老，真是少小离家老大回，黑发出门白发归。一首《新安竹枝词》写道——

健妇持家身作客，
黑头直到白头回。
儿孙长大不相识，
反问老翁何处来。

无徽不当

在传统的中国社会，商人属于“四民”之末。但徽州人从思想观念上颠覆了这一偏见，宣扬“士、农、工、商皆为本业”“士商异术而同志”“四民异业而同道”。在徽州人看来，“读书贵矣，但农、工、商、贾各专一业，便非不肖子孙”。

保留至今的徽州黟县西递村已经被联合国教科文组织列入“世界文化遗产保护名录”，这里有一副著名的楹联：

读书好，营商好，效好便好；
创业难，守成难，知难不难。

徽商经营的商品，以“盐、典、茶、木为最著”。徽州有丰富的茶叶和木（竹）材资源。特别是明清时期，茶叶不仅是中国人的必需品，后来还发展成为中国出口到全世界的重要商品，徽州商人因此迅速壮大，商业网络甚至延伸到国外。与茶叶类似，盐也是徽商得以纵横天下的核心商品，和晋商陕商一样，徽商因茶盐而起。

明朝初年，以“开中法”解决军需，“召商输粮而与之盐”，一批徽州商人成为盐商。弘治时期，开中制改折色制，两淮和江浙地区成为盐业贸易的中心，徽商近水楼台先得月，逐渐取代山陕商人，执中国盐业之牛耳。因为盐业属于明清两代政府的财政支柱，实行官督商销的垄断政策，徽州商人依靠官商身份，获得了高额垄断利润，积累了大量财富。明朝时期就不乏百万级的富商，歙县盐商“以盐筴祭酒（总商）而甲天下者，初则黄氏，后则汪氏、吴氏，相递而起，皆由数十万以汰百万者”。

值得一提的，嘉靖年间著名的倭寇首领汪直原本也是一位徽州盐商，后来成为从事海外贸易的大海商。海禁时期，他以日本为据点，从事武装走私。当时很多走私海商（海盗）都将头剃成日本武士的发型，变身为对抗明廷的“倭寇”。汪直自称“徽王”，几乎控制了东南亚与中国、日本之间的交易。汪直吸引来中国和葡萄牙的商人，使平户成为一个繁荣的贸易港。嘉靖三十八年（1559 年），汪直死在杭州，而此前招安他的是另一个徽州人——浙江福建都御史胡宗宪。

入清之后，徽州盐商的资本更是发展到了千万级别。徽商汪福光手下仅运盐船就上千艘，所销之盐占淮盐之半。徽商与扬州密不可分，与其说扬州因盐而兴，不如说是因徽商而兴。从明代中期到清代乾嘉年间，两淮盐商均以徽商为主体。据《扬州画舫录》记载，扬州的著名徽商有马、鲍、郑、巴、江、黄、吴、徐、程九个家族，共八十一人。徽商称雄扬州，不仅人数众多，更重要的是他们资本雄厚。扬州从事盐业的徽商，掌握着超过四千万两银子的资本，真正是富可敌国。陈去病《五石脂》中这样说：“扬州之盛实徽商开之，扬盖徽商殖民地也。”

典当业作为古代中国的民间银行机构，在传统商业占有重要的地位。明清两代，徽商在典当业实力非凡，乃至有“无徽不当”之说。不像其他大宗商品交易，经营当铺需要大量的专业知识，徽州休宁人便长于此道——“治典者亦惟休（宁）称能。凡典肆无不有休（宁）人者，以专业易精也。”

除了茶、盐、木、典，徽州商人在粮食、棉布、丝绸、土漆等方面也极其活跃，特别是笔墨纸砚——即歙砚、徽墨、澄心堂纸、汪伯立笔等俗称“文房四宝”，徽州人几乎拥有垄断性的地位。在餐饮、旅店、药材、杂货、出版、渔业等方面，也不乏徽商的身影。

分家不分店

清代有一部笔记小说中，讲述了两个徽州商人靠一文钱起家的故事。两位安徽商人到苏州经商，遇到灾祸，沦落为乞丐。晚上二人栖身在破旧的古庙中，甲唉声叹气，感叹如今一文不名；乙从身上摸出一文钱，说还有一文钱呢。二人破涕为笑，想来想去，终于想出了一个办法。他们用这一文钱买了一些面粉，调成浆糊，然后用捡来的鸡鸭羽毛、破纸竹片，做了许多玩具，在集市上卖给妇人小孩，结果赚了几千文。他们就这样做了两年玩具生意，竟也积攒起一笔不小的资产，便在苏州城开了一家大商铺，名字就叫“一文钱”。

实际上，无论做哪种生意，都需要大量的资本，盐和茶更是如此。在清代两淮盐场，经销一纲盐，往往需要两千多万两本银。如果经营茶叶，就要在茶叶采摘之前先付茶农定金，缴付税款，再加上茶叶的采摘、加工、包装和长途运输，没有巨额资金根本不行。徽商的这些本金，一般都是来自宗族范围内的借贷。因为借贷发生在同乡同族内部，所以一般利息较低，甚至无息，这使得徽商能够以较低的资金成本，获取最大的商业利润，从而发家致富。

作为传统商帮，徽商与陕商、晋商一样，都有浓厚的宗族文化色彩。山陕商人建设了大量的山陕会馆，供奉着关公；徽商也修建了许多会馆，供奉的是朱熹。徽商完全依据血缘和地缘关系，形成了一个非常牢固和信任的商业共同体，在组织内部休戚与共，齐心合力，形成极强的竞争力，“挈其亲戚知交而与共事，以故一家得业，不独一家食焉而已。其大者能活千家百家，下亦至数十家数家，且其人亦皆终岁客居于外，而家居者亦无几焉”。

很多经济史学家在谈起古代中国未能出现资本主义时，常常将矛头指向中国的分家传统。西方观念中，一般由长子继承家产，中国则由多子平分，这导致财富分散化，难以形成大的资本。徽商则很好地解决了这个问题。他们在许多不同的行业中，常常以合资经营的方式，保证了资本的完整性。如歙县盐商鲍志桐与家居仰山的堂兄合资经营，十年时间积累上万资产。

徽州人通常是“分家不分店”，非商业性的一般田产和房屋可以分，但店铺与公田不能分，这一方面避免了资本的分散，另一方面也加强了宗族的凝聚力。每个人名下的资本以股份形式投入经营，资本拥有者以投资者身份获得相应股份和分红，这是一种良性循环。值得一提的是，家族中人还可将自己的闲散资金作为“附本”投入，在获得商业回报的同时，也扩大了经营资金的来源。

无徽不成镇

徽州人大多都是南迁的中原士族后代，在长期的战乱和迁移中，宗族文化得到了极度的强化，再加上程朱理学的影响，徽商非常注重宗族传统和儒家文化。这是农民色彩强烈的山陕商人无以比拟的。

徽州人一般聚族而居，经商也是一种全族行为，因此商业组织往往是家族性的，举族上下成百上千人，根据每个人的性格特长，构成一个牢固严密的商业团体。对徽商来说，他们不仅修建会馆，更喜欢修建宗族祠堂，将族谱和祭祖看得特别重。歙县汪氏家族《汪氏谱乘》开篇写道：

> 吾汪氏支派，散衍天下，其由歙侨于扬，业卤两淮者则尤甚焉。居扬族人，不能岁返故里，以修禴祀之典，于是建有公祠。凡值春露秋霜之候，令族姓陈俎豆、荐时食，而又每岁分派族人专司其事。数十年来，人物既盛，而礼文器具未尝稍弛。

徽商一生漂泊，就是为了一朝发迹，衣锦还乡，光宗耀祖。对徽商来说，宗族是其生存的根本，不仅资金和人才来自宗族，而且其管理和文化也完全来自宗法传统。可以说，没有强大的宗族文化，就不可能有徽商。

不同于陕商和晋商，徽商更注重儒家教育，贾而好儒，“贾者力生，儒者力学”。经商是为了生存，尊儒才能上进，所谓“贾为厚利，儒为名高”。与北方的山陕相比，徽州的教育水平在明清时期达到相当高的程度，“十户之村，不废诵读”。家族重视，商人资助，延请名师，建设各种学堂试馆，从而徽商中人才辈出，有“连科三殿撰，十里四翰林”之说。明清时，徽州五县就出了 2018 个进士。中国现代史上赫赫有名的胡适先生就出身徽商家庭。

古代中国是“学而优则仕”，“官（士）”为四民之首，“商”为四民之末，有这些徽州子弟担任高官，徽商自然在一定程度上获得了政治话语权，他们的商业利益也得到了最大程度的保护。如出身徽商世家的徐承宣官工科掌印给事中时，“扬州五塘关政滋弊，承宣谓此关外之关，税外之税也。慷慨力陈，一方赖之”。与喜欢买虚职官衔的山陕商人相比，徽商对“官”与“商”的结合更加紧密，他们的行为作风，基本摆脱了底层农民的色彩，体现出精英化的士大夫情结；用戴震的话说，就是“虽为贾者，咸近士风”。就徽商而言，儒教伦理与商业主义精神结合得非常紧密。

由仕而商，多少也是有些迫不得已。从明到清，中国人口增加了几倍，但入仕名额并未增加，科举竞争极其激烈，中举者不到 1%，大批落榜秀才只能走上经商之路。经商需要记账立约，读书人从商比较容易。《丰南志》记载，明末就有“士而成功也十之一，贾而成功也十之九”之说。歙县《竦塘黄氏统宗谱》中记载，黄崇德弃儒从商，到山东贩盐，最后成为大商人。

徽商与他们的祖先一样，以经商的方式继续着移民生活；他们随着生意的发展而散落各地，但仍保留着宗族这个牢固的纽带。徽州人走到哪里，哪里就会因商业而繁荣起来，因此便有了“无徽不成镇”之说。

胡适先生对徽州人有一段评论——

徽州人正如英伦三岛上的苏格兰人一样，四出经商，足迹遍于全国。最初都以小本经营起家，而逐渐发财致富，以至于在全国各地落户定居。因此你如在各地旅行，你总可发现许多人的原籍都是徽州的。例如姓汪的和姓程的，几乎是清一色的徽州人。其他如叶、潘、胡、俞、余、姚诸姓，也大半是源出徽州。

金钱与堕落

尊儒传统使得徽商与陕商、晋商极其不同，徽商作为民间商帮体现出深厚的文化底蕴。

明清时期，官僚阶层都是读书人出身，商人要在官僚统治下生存，有读书人身份无疑要优越得多。徽商传统上重视教育，教导子弟熟读经书，不是进入仕途为官，便是下海为儒商。因为这种“师出同门”的机缘，徽商与官僚的关系更加密切，如鱼得水，相得益彰；共同文化语境下的官商一体，一方面使徽商能够依靠权力的庇荫而一支独大，另一方面也导致徽商后来随着传统权力的瓦解而走向没落。有清一代，徽商几乎垄断了两淮地区的盐业，扬州盐商大多出自徽州。康熙和乾隆多次驾临扬州，徽商每次极尽逢迎。可以说，康熙皇帝六次南巡、乾隆皇帝七次南巡，这些费用也都由徽商所出。有人推算，扬州盐商手中积累的商业资本基本与清朝国库不相上下。

因为盐业专卖制度，徽商与官府自然结成利益共同体。为了使这种关系更加可靠，徽商非常鼓励天资聪颖的子弟走读书科举之路，这已经不像早期那样，让孩子优先学做生意。小生意固然可以不需要官府背景，但大生意如果没有官府支持，根本难以为继。对资产丰厚的徽商来说，最保险的办法莫过于让自己的子弟当官做后盾。据嘉庆《两淮盐法志》记载，从明洪武后期至清嘉庆前期，两淮共有陕西、山西、徽州籍科举职官 403 人，其中陕西 96 人、山西 21 人，而徽州多达 286 人，占 71%，远超山陕商人。清中后期的政局中，出身徽商的官吏群体已经崭露头角。如出身盐商的曹文埴、曹振镛父子，二人都曾担任军机大臣，并历经乾隆、嘉庆、道光三朝。根据何炳棣先生在《明清社会史论》中的统计分析，明代科举中，平民出身的进士约占总数的50%，清代则减至37.2%；而出身官宦之家者，则由明代的50%，升至清代的62.8%；可见平民向上流动的机会已经减少。清代，尤其清代后期，大行捐纳制度，富与贵紧密结合，有钱才能做官，做官才能有钱。

朝中有人好做官，朝中有人更好经商。官府与徽商之间存在一种默契，这些徽商子弟不仅被准许在行商省份附籍入试，还享有另立学额的优遇权；这样一来，其子弟的中举率要远远高出常人许多。如果家族中没有当官的，就只能用各种方法巴结官员。为此，徽商不惜慷慨解囊，为朝廷捐输报效，用大把的金银对盐政衙门和盐官“效忠”。徽商鲍志道是乾隆年间的两淮总盐商，他先后向清政府捐赠白银2000万两，粮12万余石。

清朝盐业实行官督商办，就是国家只出售限量的许可证，而不直接买卖食盐。在完全的垄断体制下，乾隆时代食盐的购价与销价相差三四倍。徽商与官府的畸形关系，催生了扬州奢靡的消费文化。徽商“侈靡奢华，视金钱如粪土，服用之僭，池台之精，不可胜纪”，“衣服屋宇，穷极华靡，饮食器皿，备求工巧；俳优伎乐，恒舞酣歌；宴会戏游，殆无虚日，金银珠贝，视为泥沙；……骄奢淫佚，相习成风。各处盐商皆然，而淮扬尤甚”。为了讨好官吏和皇帝，徽商热衷于修建园林、豢养文人和妓女，也使徽班和徽菜盛极一时。

与《清明上河图》齐名的《扬州画舫录》出自清代画家李斗之手，它逼真地描绘了扬州徽商的奢侈生活。用经济史学家何炳棣先生的话说，徽商生活腐化是其自身的需要，不只是为了享受和炫耀，因为他们要以此来结交和贿赂官员。

徽商的没落

亦官亦商，亦儒亦商，这并不是说徽商的生意毫无风险、稳赚不赔。在中国传统观念中，商人是“富而不贵”，虽然有钱，但却没权，因此社会地位不高，他们既是官府的小肥羊，也是官府的替罪羊。

权力的欲望是没有止境的。随着清后期财政越来越吃紧，徽商的压力也越来越大。乾隆时，盐税每引只有 12 两，之后就徽商需要缴纳的税费越来越多。羊毛出在羊身上，超高的负担最后必然会转嫁给食盐者。盐价高涨，以至于吃盐花费占到普通人收入的三成到四成。官盐吃不起，私盐日渐泛滥，徽商处境日益艰难。

道光十一年（1831 年），两江总督陶澍为革除淮盐积弊，对盐业专卖制度实行改革，改行票法，运销分离之后，剥夺了徽商对盐业的垄断特权，这对徽商构成致命打击。

徽州盐商受惠于官府的庇护，凭借其垄断地位才获得高额利润，从而积累了大量财富。据乾隆年间的统计，两淮产盐在当地每斤值钱十文，加上税银七文，每斤成本值钱十七文；而运销到湖北等地，每斤可以卖到五六十文不等。盐商向来是徽商的中坚力量，就因为官府的不支持，一下子失去举足轻重的传统地位，沦为普通盐商，真所谓“成也官，败也官”。

江春的遭遇堪称徽商盛极而衰的一个缩影。江春长期担任两淮盐业总商，袁枚称之为“以布衣上交天子”“身系两淮盛衰者垂五十年”。江春一方面通过盐业特权获得了巨额财富，另一方面又因为报效捐输和无度挥霍而千金散尽，最后竟陷入了“贫无私蓄”的困境。乾隆五十四年（1789年），曾经富可敌国、官至一品的江春贫病而死，身后没有留下什么家产，其子江振鸿几乎沦为乞丐。

实际上，晚清著名“红顶商人”胡雪岩比江春更能代表徽商的命运。胡雪岩年轻时在钱庄做伙计，资助王有龄赴京补缺，王后来官至浙江巡抚，胡雪岩因此发迹。王死后，胡雪岩投靠左宗棠，协助其办洋务，创建福建船政局，订购西洋军火。胡以此为资本，从事贸易，在各市镇设立商号，广泛涉及典当、丝、茶、药诸业，利润丰厚，短短几年，家产超过千万。

晚清时期的大官僚和军阀身边，都少不了这类“红顶商人”为其运作资金：李鸿章用盛宣怀；左宗棠用胡雪岩；张之洞卸任山西巡抚后，公私业务仍由平遥“百川通”票号打理。胡雪岩主要依靠左宗棠的权势，帮助清政府借款、买办等特殊的政商生意，并借助这些高官和军队的公私存款，进行包括钱庄、当铺、药局和生丝进出口等生意。当时胡雪岩名声之大，几乎天下皆知。《异辞录》记载，胡雪岩“藉官款周转，开设钱庄，其子店遍布于南北，富名震乎内外。官商寄顿钱财，动辄巨万，尤足壮其声势”。“雪岩”二字本为“冰山”之意。胡雪岩最得意时官居二品，赏穿黄马褂，被称为“活财神”“江南药王”。转眼失势，便成为千古罪人，“亏欠公项及各处存款为数甚巨”，落得家产尽没，郁郁而终。

晚清时期，天灾人祸频发，太平天国战争引发长时间的兵燹劫难，这对徽商的打击更加沉重和致命。曾国藩曾描述到：“自池州以下，两岸难民，皆避居江心洲渚之上……老幼相携，草根掘尽，则食其所亲之肉。……徽、池、宁国等属，黄茅白骨，或竟日不逢一人。”

徽商云集的扬州明末时曾被满清八旗屠城，晚清时再遭厄运。南京是徽州木商的集中地，太平天国定都南京后“禁商”，“天下农民米谷，商贾资本，皆天父所有，全应解归圣库”。清军与太平军在皖南展开拉锯战，十村九毁，十室九空。战争过后，在洋商和洋货的冲击下，徽州茶叶、生丝和棉布贸易也一落千丈。同时，清政府对典当业进一步提高税率并预征典税，再加上现代银行业的兴起，颇受徽商倚重的典当和钱庄也遭受重创。

在帝国的余晖下，曾辉煌几个世纪的徽商无可挽回地走向衰落。英国与中国在茶叶贸易上存在巨大的逆差，英国试图以鸦片贸易来平衡贸易逆差，结果引发了鸦片战争。战争之后，印度茶叶逐渐取代了中国茶叶在国际市场上的垄断地位，徽州茶商一蹶不振；再加上落后的加工技术和高额的厘金，这场灾难完全是灭顶式的打击，不仅茶商破产，连带徽州的茶农也深陷困境。一些史料记载："今日东洋产绿茶，印度产红茶，均免出口税，则又用机器制造，成本甚廉，行销甚广。故中国之茶日形壅滞，无不互相贬价，年甚一年，近来各商罢业居多，综合出口茶叶，较之从前销数十绌其四五矣。"当时的皖南茶厘总局的资料记载，光绪十一年（1885 年）至十三年（1887 年），亏本自三四成至五六成不等，已难支持；十三年亏折尤甚，统计开银将近百万两，不独商贩受累，即皖南山户园户亦因之交困。在整个徽州地区，"以业茶破家者十有八九"。

作为传统商人，徽商所经营的商品属于传统的手工业制品；随着晚清现代大变局，价廉物美的西方工业产品大量进入，如文房四宝被钢笔墨水取代，传统手织棉布被机织布取代。更残酷的是传统商业知识被时代淘汰，一些传统行业直接被新兴产业颠覆，如银行取代了钱庄。

在这场天翻地覆的历史大变局中，比徽商更有地缘优势的广东和江浙商人，与西方殖民势力和军阀官僚结为新联盟，在商业和经济领域占据了优势地位，徽商被完全边缘化。

应当承认，徽商之所以在清朝末期衰落，更深一层的原因是传统儒家文化的衰落。在全球化的现代浪潮涤荡之下，中国传统社会遭遇到前所未有的变革和震荡。徽商所依重的茶丝国际贸易江河日下，盐业经营也陷于崩溃。

事实上，徽商与陕商、晋商殊途同归。传统商帮的没落，只不过是大清帝国走向末日的一个缩影而已。

徽商的遗产

顾炎武说："新都勤俭甲天下，故富亦甲天下。"徽商崛起于草根，在创业之初，必然离不开勤俭节约，这样才能积少成多，由小到大，积累起原始资本；即使经商发家之后，依然讲求"家居务为俭约，大富之家，日食不过一脔，贫者盂饭盘蔬而已"。

徽商和晋商一样，都是农业时代的传统商人，崇尚"以末致财，用本守之"。经商致富之后，不是置地就是盖房，积累起来的财富往往都变成可见的土地和建筑，不是"田连阡陌，富甲一方"，就是"堂构田园，大异往者"；有的竟至

"田地万亩，牛羊犬马称是，家奴数十指"。因为受儒家文化的长期浸染，徽商将大量的资金用来修建会馆、义庄、祠堂和祖坟，置买族田，此外还要修订家谱，开办义学、试馆，兴建藏书楼等。从好处说，这种观念有慈善和反哺乡梓的一面；从坏处说，过度的挥霍和乐善好施也消耗了资本，损害了"扩大再生产"。

对今天的人们来说，徽商已经成为历史，但他们的遗产仍处处可见，如著名的徽派建筑和江南园林，如被称为"国粹"的京剧。徽商赋予徽派建筑富贵及高雅的独特气质。行走在古老的徽州，但见"粉墙矗矗，鸳瓦鳞鳞，棹楔峥嵘，鸱吻耸拔，宛如城郭，殊足观也"。可以想象，当年就是这样一片山清水秀、人杰地灵的地方，孕育了引领中国商业数百年的徽州商人。

徽州建筑充分体现了中国传统的"天人合一"居住文化，徽州的"三雕"——木雕、石雕和砖雕尤为传神。每一处楼阁、门坊、廊柱、梁架、栏杆、窗户，都精雕细刻；主题多样，含义隽永，或神话传说，或名人典故，或奇珍异兽，或风景山水，或市井百态，或田园牧歌。这一切都让人浮想联翩，不禁感慨所谓"诗意的栖居"。美国史学家白铃安曾花巨资买下黄村的古老建筑荫余堂，漂洋过海搬到波士顿，被搬到美国的零件包括 2735 个木构件、972 块石片和当时摆放在屋内的生活用品。汤显祖曾说过："一生痴绝处，无梦到徽州”。徽派民居以高深的天井为中心形成的内向合院，四周高墙围护，雨天落下的雨水，从四面屋顶流入天井，俗称“四水归堂”，这也形象地反映了徽商“肥水不流外人田”的心态。错落有致的马头墙又是徽派整个建筑的点睛之笔；不仅造型精美，更融合了古人的智慧。传统民居多是木质结构，村落聚居，最怕失火；在遭遇火灾时，马头墙便是防火墙，可阻断火势的蔓延。

因为徽州地处偏远，大量白墙黛瓦马头墙的明清建筑保留至今，依然完好无损。特别是徽州的牌坊群，几乎为全国所仅见。著名的许国牌坊规模宏大，两座建筑，前为三间四柱三楼，后为两侧单间双柱三楼，所用石料质地精良，且巨大无朋，梁枋、栏板和斗拱上都有各种精美的立体雕塑，极其罕见。徽州之外，徽商还在江南地区留下大量鬼斧神工的私家园林，今天大都成为让人流连忘返的旅游胜地。

或许有人不知道，京剧与徽商也有一段渊源。在徽商的会馆文化中，戏曲是一个重要的组成部分，实力雄厚的徽商拥有许多戏班，一般以昆曲和皮黄为主要戏曲样式。作为一个显赫的精英阶层，徽商的审美偏好影响了整个社会，戏曲行里的“徽班”风靡一时，有所谓“无徽不成班”之说。徽商可“布衣交天子”，徽班也连带着受到了皇帝的青睐。

乾隆五十五年（1790年），乾隆皇帝八十大寿，徽商江鹤亭在扬州组织了一个徽班进京祝寿，没想到一下子轰动京城。这样一来，又有三家有名的“徽班”也去了北京，这就是著名的“四大徽班进京”。徽班很快成为北京戏曲舞台炙手可热的主角，“戏庄演剧必‘徽班’。戏园之大者，如‘广德楼’‘广和楼’‘三庆园’‘庆乐园’，亦必以‘徽班’为主。下此则‘徽班’‘小班’‘西班’，相杂适均矣。”

此后，经过近一个世纪的发展革新，最后诞生了中国戏曲文化的最高成就——京剧。

甬商

商人当如叶澄衷

商业的兴起离不开天时地利人和。地处东海之滨的宁波是中国最早的贸易口岸之一，从唐宋时期，宁波商人便投身贸易，被称为“甬商”。“甬”为宁波之简称，因余姚江、奉化江在此汇成甬江而得名。

明朝时期，宁波是接待日本贡船的主要港口，前后有 19 次日本贡船到宁波。嘉靖二年（1523 年），宁波发生著名的争贡事件，日本商人大掠宁波，致使举国震惊，与该事件有关的宁波掮客宋素卿被处死，宁波市舶司被罢废。合法的海外贸易受阻后，民间走私海商便活跃起来。嘉靖年间，宁波通番者已不可计数，以汪直为首的海商集团，船多势众。日本对华贸易，尤其是特许之外的海上走私贸易，主要途径便是靠宁波掮客进行。

宁波的区位优势得天独厚。古代交通困难，唯水运便利可资。中国海岸线漫长，宁波恰好居其中，南北船只在此交汇和周转，因此成为重要的港口。此外，宁波还是京杭大运河南端的出海口，著名的“海上丝绸之路”即由此始发。沿运河上溯，可以直达中国腹地。宁波作为中国东南物流中心，汇集全国各地客商和船帮；保留至今的庆安会馆和安澜会馆，便是历史的见证。

清康熙时期解除了海禁，宁波海运再次繁荣起来。从辽宁、山东到福建、台湾、广东，宁波人用他们的沙船和宁船，将货物贩运到南北各地。他们通常把北方的大豆和小麦运往上海，把南方的蔗糖、海产和洋货运往天津。海船制造成本高，装载量大，这种埠际贸易需要巨额资本，近代宁波商帮因此渐成规模。甬商与晋商、徽商有一点很相似，就是受土地所限，仅仅依靠农耕无法生存，经商从一开始往往是不得已而为之。宁波流传的民谣就说：“大海泱泱，忘记爹娘。”早期的宁波商人，大概就是这样，被逼上梁山，沿着“沙船之路”走向上海，当地人称为“跑码头”。

上海与宁波一苇可航，是早期宁波商帮的重要活动地域。康熙年间，已有不少经营沙船业的宁波商人到上海发展。嘉庆以后，宁波商帮中的几个著名家族集团，相继来到上海。伴随着上海在中国和世界的崛起，宁波商帮也成为中国现代商业的弄潮儿。

明清时期，各大商帮风云一时，其中以甬商、徽商、晋商和陕商最为著名。在世界商业大潮侵袭之下，随着中国社会近代化巨变和转型，徽商和陕商、晋商都走向衰落，唯独甬商能与时俱进，顺应历史大势，不仅没有没落，反而激流勇进，推动了中国商业和中国社会的现代进步。

红帮裁缝

中国传统文化以“耕读传家”，但在宁波，商业的地位胜过农业。

江南自古文化昌明，民间对教育非常重视，所以世家大族颇多；作为一种现象，这里的民间藏书楼之多远非其他地方可比，著名的如“天一阁”。按照宁波教育传统，一个孩子可以不掌握八股策论，但必须实实在在地学好书法、尺牍和珠算，说白了要会书写和计算，这样即使做不上官，也能做个安身立命的自由商人。在中国最早的百科词典《广雅》中，对“商”的解释是：“商者，度也。”度即度量、计算的意思。此外，“商”还有商量、商讨之意。所以经商离不开计算和交流。

近代以来，上海相对宁波，显示出更强的区位优势。因为与宁波隔海相望，所以上海在开埠之前，就已经成为宁波商人汇聚之地。1797 年，宁波人在上海建立了第一个同乡会馆“四明公所”；1819 年，宁波商人和船主又建立了更大的

“浙宁会馆”；1831 年，在上海的宁波手工匠人也建立了“水木业公所”。这些自治性行会和会馆，加强了宁波商人之间的信息交流与经济合作，使得甬商作为一个重要商帮发展壮大成为可能。

鸦片战争以《南京条约》的签订宣告结束，上海正式开埠，甬商迎来了一个前所未有的发展机遇。在当时，到处都是长袍马褂的中国，西方商人的西服革履代表的不仅是一种外来文化，在某种意义上也成了现代文明的标志。谁都不会想到，宁波人就从“为人做嫁衣”开始。当时有一大批宁波裁缝，专门给在沪的外国人做西装；因为这些白种人被中国人称作“红毛”，所以这些宁波裁缝也就成了“红帮裁缝”。

“红帮裁缝”在上海声名鹊起，很快便传遍大江南北。宁波裁缝也随之扩散到全国各地。在相当长一段时间里，宁波裁缝几乎垄断了全国西服行业。上海比较有名的老字号西服店，更不用说，都是宁波人所开。在没有缝纫机的年代，宁波人仅仅依靠一把尺子和一把剪刀，硬是掀起了一场中国近代服装革命，让中国男人改头换面。不仅中国第一套西服出自宁波人之手，他们创造的“中山装”更将现代服装文化提升到民族的高度。作为中国近现代史上的第一大商帮，甬商比传统的陕商、晋商和徽商更有创造力和想象力，仅从西装这一件事，便可知甬商的眼光与野心。

现代文明的到来，是一场颠覆传统的彻底革命，在毁灭了无数个传统行业的同时，也创造了无数个新兴行业。甬商的出现恰逢其时，他们以见贤思齐的学习精神和商业创新头脑，成为中国诸多现代行业的第一个吃螃蟹者，诸如钱庄、西药、电影、洋布、缫丝、糖业、水产、煤铁、五金、香烟、洋火（火柴）、房地产、轮船、银行、百货、钟表，等等，几乎每个新兴行业，都活跃着甬商的身影。中国第一家日用化工厂，第一家机器染织厂，第一家灯泡制造厂，第一家信托公司，第一家证券交易所，第一家牙膏厂……都是在宁波商人的手中诞生的。中国第一家近代意义上的中资银行，第一家中资轮船航运公司，第一家中资机器厂……也都是宁波商人创办的。

1854 年，费纶志、李也亭、盛植管集资白银七万两，向英国购买了中国第一艘轮船“宝顺”号；1882 年，董秋根在上海创办了中国第一家私营机器制造厂——永昌机器厂，修造小火轮，制造缫丝车；1905 年，孙梅堂创办钟表厂，开始现代钟表的国产之路；1897 年，鲍咸昌、鲍咸恩、夏瑞芳、高凤池等人创办商务印书馆，开启中国现代图书的印刷出版之先河；1905 年，朱葆三、严信厚等创办了中国第一家保险公司——华兴保险公司。

在晋商大力发展银号和钱庄的晚清时期，甬商基本掌握了上海钱庄的半壁江山。与晋商拒绝向现代银行转型不同，甬商创建了中国第一家商业银行和股份制银行。1934 年，浙江兴业银行的一份报告中称："全国商业资本以上海居首位，上海商业资本以银行居首位，银行资本以宁波人居首位。"[①]现代中国人都喜欢将大资本家称为"大亨"，这个词就源自宁波方言。[②]宁波商业家族实行多元化全球化经营，其中不乏世界级的工商业巨子，如包玉刚、邵逸夫、刘鸿生等。宁波商帮对中国现代工商业的发展影响很大，可以说，如果没有甬商的贡献，就没有近代上海的崛起和"二战"后香港的繁荣。1920年，上海公共租界共有华人68万人，而其中宁波人竟占40万人之多。

作为与传统徽商、陕商、晋商完全不同的海派商帮，甬商以巨大的包容和创新精神，不仅从自身完成了从传统商业到现代商业的转型，更重要的是促进了中国在近现代变革中的华丽转身，从一个封闭保守的传统中国，走向一个开放文明的现代中国。[③]

在众多宁波商人中，叶澄衷最具有代表性。叶澄衷少年家贫，只身到上海白手起家，依靠最具现代性的煤铁、五金、石油和金融，成为一代甬商领袖。晚年的叶澄衷热衷公益慈善事业，体现了一个现代资本家的信仰与追求。从叶澄

① 张海鹏、张海瀛《中国十大商帮》，黄山书社，1993。

② 宁波天一阁藏书楼有应钟《甬言稽诂》曰："俗有称地方豪酋为大亨者。"上海开埠后，随着大量宁波人涌入，"大亨"一词也流入上海，后经上海传遍全国，乃至港澳台。

③ 张实龙《甬商、徽商、晋商文化比较研究》，浙江大学出版社，2009。

衷的身上，或许更典型地映射了宁波商人的抱负与情怀。

洋泾浜

叶澄衷，字成忠，宁波庄市人。他出生那年，正好是鸦片战争爆发的1840年。作为这场战争的结果，广州、厦门、福州、宁波、上海被划为通商口岸；多年以后，叶澄衷的命运因此改变。

叶澄衷出身寒门，6岁丧父；孤儿寡母无以为生，他仅仅念了半年书，11岁就去附近的一个油坊做学徒。稍微大些，亲戚把他带到上海，在法租界的一个杂货铺里面做学徒。叶澄衷的工作就是驾着舢板，将食品和日用品等贩卖给外国轮船上的洋人。

当时上海虽然开埠不久，但已经成为中国第一航运贸易大港，每天都有来自世界各国的轮船进出港口。当时上海有一条河叫洋泾浜（现在已经变成延安东路），有很多像叶澄衷这样摇着舢板的小商贩，他们用半中半洋的语言向外国水手推销他们的商品，时间长了，竟然形成了一种“洋泾浜语”。叶澄衷没有念过多少书，但很快就掌握了这种“洋泾浜语”，基本可以与洋人进行日常对话。当了3年学徒，能学的也都学会了，叶澄衷觉得再这样下去没有什么前途，就用仅有的一点积蓄买了一条旧舢板，开始做起小贩来。

17 岁的叶澄衷刚刚踏上前途未卜的经商之路，就中了命运的“头彩”，他的事迹还上了报纸。当时报纸刚刚出现在上海，还是一种新鲜的东西。在半个世纪后的《清史稿·孝义传》中，有一段对叶澄衷的记载：

西人有遗革囊路侧者，成忠守伺而还之，酬以金不受，乃为之延誉，多购其物，因渐有积蓄。

某英国洋行的经理因为醉酒，把自己的公文包遗失在叶澄衷的舢板上。公文包中，除了重要的生意单据，还有数千美金和英镑。叶澄衷一直想参加英文补习班，但苦于交不起一元的学费；这笔巨款对叶澄衷来说，简直是飞来的横财。但诚实的叶澄衷没有为此动心，他在原地等待了整整一下午，终于将公文包交还到这个洋人手中，并谢绝酬谢。这位英国人大受感动，便给叶澄衷留下一句话：任何时候，只要叶澄衷去找他，他都愿意提供帮助。

当时像叶澄衷这样的小贩，在贩卖食品和日用品之外，也常常从洋人那里低价置换或购买一些中国没有的工业制品，如钢铁、绳索、油漆或机械配件之类。叶澄衷就经常从商船上换来很多五金日杂制品，将这些洋五金拿到岸上后，可以卖较高的价钱。时间一久，他就有了开一间五金日杂店的想法。于是，他就去找那个英国人。

英国人兑现了自己的承诺，不仅为他在虹口的美租界百老汇路口找到了一间黄金的铺位，还给了他一笔不菲的启动资金。叶澄衷以为这个英国人想要入股，但对方告诉他：这笔资金完全是借给他用的，什么时候成功了，再还不迟。就这样，叶澄衷在上海滩创立了第一家中国人的五金店——顺记洋杂货店。

有了这位英国贵人鼎力相助，叶澄衷开始在商业领域崭露头角。基于相互之间的信任，叶澄衷不用支付任何货款，就拿到了英国洋行提供的各种小五金类商品等货物，卖出去后再付款。在接下来的日子，叶澄衷又开设了“老顺记”“新顺记”“羲昌成记”等新商号。依靠当时英国洋行和江南制造局的支持，叶澄衷的五金商业网络，开始从上海延伸到长三角，他进而又将营业范围扩大到机械、钢铁，甚至军需器械等方面。作为上海滩赫赫有名的“五金大王”，叶澄衷通过拆借方式，发展了200多家联号，这些联号都是叶澄衷拆借给其他小商号。因为五金商品繁多，规格复杂，小店铺经营的品种不够齐全，因此免不了互相拆借，以满足客户需求。

叶澄衷以自己的厚道与实力，确立了同业拆借这种行业协作模式，成为中国近代商业的一大创新。

美孚

随着五金市场的稳定，叶澄衷又接手了经营不善的外国企业“可炽铁号”，涉足钢铁和煤炭行业。经过一年多的管理整顿，华北的煤炭和铁矿开始源源不断地流入上海，经过冶炼和加工后变成五金制品，进入叶氏的五金网络。

为了满足市场需求，叶澄衷还从欧洲进口了大量优质钢材。当时的上海得现代工业的风气之先，城市建设和发展风头正健，对煤炭和钢铁的需求十分旺盛，这给叶澄衷的煤铁生意带来了极大的发展机遇。

1859 年，美国发现石油。十多年后，洛克菲勒便依靠“美孚石油”迅速崛起。当时还没有出现内燃机，最主要的石油制品就是用来照明的煤油，在中国叫作“火油”。1880 年，美国美孚石油公司进入上海，叶澄衷成为其最满意的中国代理商。

美孚急于扩展火油在中国内地的销售，叶澄衷就开拓中国市场提出了一揽子建议。他根据中国人节省的习惯，要求美孚重新生产一种体量更小的煤油灯。此外，他还提议搞“买一送一”活动，即买一大桶（30 斤）煤油，送一个煤油灯。考虑到玻璃灯罩易碎，叶澄衷认为应当允许人们用破碎的旧灯罩换新灯罩。他还告诉美国人，煤油桶用完之后，中国人常常用它来做成两个簸箕——

在欧洲，这个油箱使用完以后，基本上就扔掉或回收了，而在中国，这个油箱对剖一剪二的话，是一个很好的垃圾簸箕。所以算一算，很合算。农民想，我既点了灯，价钱又不贵，房间又亮得多了，还多了两个垃圾簸箕，那有什么不好。

出于信任，美孚给予叶澄衷的合作条件非常优厚，一是独家经销；二是佣金提高到 25%（其他公司为 20%）；三是提货后 3 个月结算货款。叶澄衷延长资金的周转期，90 天滞留期，等于得到了一大笔无息贷款，这笔巨额资金投入钱庄和实业，所得回报甚为可观。仅煤油一项，就为叶澄衷带来至少 10 万元的利润。

叶澄衷涉足的工业和商业门类极其广泛，不仅包括房地产业、金融业和航运业，他还创办了中国第一家缫丝厂。当时香烟和火柴刚刚传入中国，成为最热门的产品。叶澄衷创建的燮昌自来火公司是当时上海最大的火柴厂，有工人 800 名，日产火柴 36 万盒，上海市场的占有率超过 1/3。他创办的鸿安轮船公司，规模仅次于英商的“太古”“怡和”以及中国的招商局。

票号和钱庄是晚清商帮的主流，而叶澄衷长袖善舞，积累的资本达 800 万银两之巨。光绪二十三年（1897 年），叶澄衷与同乡严信厚、朱葆三等人，在上海创办了中国第一家银行——中国通商银行，并为首任总董之一。中国通商银行一经成立，就被清政府作为整理币制的枢纽，授予其发钞权，可发行银元、银两两种钞票。中国从此正式发行纸币，逐步夺回自己的金融主权。

十三行

天朝的牙行

千禧年时，美国《华尔街日报》曾经做了一次跨越历史的富豪评选活动，最后评选出了公元1000—2000年全世界最富有的50个人，其中出自中国的有两个人，除了大贪官和珅，另外一个便是广州十三行商人伍秉鉴。

伍秉鉴祖籍福建，依靠十三行从事对外贸易；因其长袖善舞，他经营的“怡和行”在所有行商中首屈一指，在晚清时期创造了一个令人叹为观止的财富神话。研究者估计，伍秉鉴拥有的资产大约为1872万两白银。这个数字接近当年清朝政府财政收入的一半左右。如果加上十三行的潘、伍、卢、叶四大行商的家产，总和比当时的国库收入还要多，绝对是货真价实的“富可敌国”。

广州十三行是清朝对外贸易的洋货行，也叫“洋行”，十三行洋行最早出现在明末，其称谓亦为“沿明之习”。自西人来华，尤其是澳门崛起之后，广州的外贸便日趋繁荣，广州已成为中国最大的对外贸易窗口，明代沿海走私贸易也被称为“走广”。明朝末期，广州的牙人组成牙行，作为中外贸易的中介人，他们不仅评议物价，也作为承销商出现。[①]同时，他们还为外国商船供应食物，代官府征税。这些牙行组织严密，实际上已经成为半官方机构。入清后，他们逐渐发展成为著名的“十三行”。

明末清初的岭南诗人屈大均有一首《广东新语》，诗云：

洋船争出是官商，
十字门开向二洋；
五丝八丝广缎好，
银钱堆满十三行。

康熙二十四年（1685年），清政府解除海禁，设立了江、浙、闽、粤四处海关。当时粤海关招募了十三家较有实力的商行，代理海外贸易业务，是为“十三行”（说是十三行，但实际并不限于13家，行商数量后来经常变动不定，最少

① 牙人，也称牙侩，指立于生产者与坐贾与客商之间，受买、卖当事人委托为媒介交易的中介人，兼须协助评定货物价格。牙侩以通晓当地商场习惯、供需境况，与凭信用博买卖双方信任为要件，于当时商业行为乃必不可缺，今日经纪人也仍是相同的意味。古称驵侩，唐朝而此类专门职业开始发达，以牙郎、牙人、牙侩或单称“侩”等种种称谓活跃于文籍中。至五代，同业组合的牙行也已发生，明朝以后，牙侩机能便转用牙行名义接替。

时有 4 家，最多时有 20 多家）。

从达·伽马开始，早期的欧洲商船都是绕过非洲好望角，经印度洋来华；因地利之便，欧洲商人一般都停靠广州，并在当地设立商馆。1715 年，英国人首先在广州设立商馆；1728 年，法国馆成立，之后荷兰、丹麦、瑞典等国也陆续设立了各自的商馆。这里拥有通往欧洲、拉美、南亚、东洋和大洋洲的环球贸易航线，是清政府闭关政策下唯一幸存的海上丝绸之路。对于清廷来说，海关贸易税收一向是可观财源，每年上缴的税收超过百万两，大多用作皇家开销，所以人称“天子南库”。

乾隆二十二年（1757 年），清廷因为洪仁辉事件，令欧洲商人只能到广州贸易，即所谓“一口通商”。[①] 这期间，中国与欧美国家建立了直航通道，东西贸易进入繁盛时期，欧洲国家取代阿拉伯国家和东亚、东南亚地区，成为中国贸易的主要参与者，欧洲和美洲也因而成为中国外销商品的主要市场。

从名义上来说，官方的粤海关专门负责管理对外贸易和征收关税等事宜，但实际上，这些事务都承包给了十三行，

---

① 从唐朝、宋朝、元朝直到明初，由市舶司管理对外贸易。清朝撤销市舶司设立江、浙、闽、粤四处海关。粤海关成立后，就停止了对澳门的陆路贸易，所有海上出入的洋船都在粤海关衙门交税。乾隆二十二年（1757 年），撤销其他海关，仅留粤海关一处对外对欧贸易，是为“一口通商”。历史学家王尔敏先生认为，有清一代，并无一口通商之事实，只是广州专门接待西洋二十三国，其他如宁波口岸接待日本商船，福州泉州接待琉球贡船，恰克图专为俄国陆路通商。

由十三行出面主持，对各种内外贸易报关纳税，以及代办商品购销买卖等。粤海关并不与外商直接对接，具有牙行性质的十三行，在实际操作中，扮演着商业—商人和外交—官府的双重身份，或者说是一种有官方授权许可的半官方组织。

行商代表政府行使权利，却没有独立的行政权。行商被称为“官商”，但“官”是象征性的，官位是花银子买的，在政府中并没有实际权力。他们既像官员一样参与管理，又像商人一样采买销售，还负责在清政府和外商之间的上通下达，这就使行商与官府、外商之间形成错综复杂的关系。

因为这种官方背景的垄断性，十三行能够获取正常商业经营无法企及的暴利，从而积累起巨额财富。在夕阳西下的晚清时期，十三行成为旧帝国的最后一抹余晖。

十三行的兴起

蒋廷黻先生曾经说，清代中国与世界各国之间只有朝贡关系，因此也只有朝贡贸易，而没有国际贸易。这句话其实并不完全准确。清以降，中国进一步融入全球贸易体系，以牙行经纪代理官方的对外贸易。十三行就是广州专做对外贸易的牙行。与十三行对称者有十三夷馆，外国人称为“工厂”（factory），为外国商人之营业及居留所，都是租赁自十三行商，但建筑风格完全是西洋式设计。[①]一本西方历史学家的著作中这样描述："留居广州的白种人在工厂内犹如犯人，账房、货仓及茶叶审查室都在底层，并且设有银库、买办室、助理员室及工人宿舍也在底层。二楼是休息室、食堂，三楼则是白种人的寝室，房屋总占地面积是 15 亩，其中大部分是临江的空地。"[②]

在 1684 年之前，清廷一度禁止一切海外贸易，之后清政府设立十三行，用威尔斯的话说，其目的在于"阻止接触，而不是从中受益；控制洋人，而不是与其合作"，这就导致了"单方面做出决定和实行官僚主义的规定，而不是谈判和信守条约"的中国作风。[③]

康熙时期，清廷指定由一家牙行独家包揽对外贸易大权，只要其纳银 4 万两入官。乾隆时，清廷建立保商制度，从广州二十多家行商中择取五家为保商。乾隆以后，清廷通过十三行对外贸实行严格的直接管理，以防止中外商民自由交往。

十三行由官府对私人牙行"招商承充"，扶植其成为具

① 美国传教士马礼逊于嘉庆十二年（1807 年）来华后，就长期居住在十三夷馆。他首次将《圣经》翻译为中文，并且编撰出版了第一本《英汉词典》，在他的努力下，现代印刷技术传入中国。可参阅：查时杰《马礼逊与广州十三夷馆》，广西师范大学出版社，2010。

②（美）威廉·乌克斯《茶叶全书》，依佳、刘涛、姜海蒂译，东方出版社，2011。

③（英）小约翰·E. 威尔斯《胡椒、枪炮和会谈：荷属东印度公司和中国，1622—1681》，转引自费正清主编《剑桥中华民国史》，杨品泉、孙开远、黄沫译，中国社会科学出版社，1998。

有官商身份的贸易代理人，也即保商。外国商船到广州贸易和纳税等，均由保商担保。保商一方面为外商采办出口丝茶，另一方面也承销进口洋货，为外商提供仓库和住房，并代为雇请工作人员。保商有贸易优先权，但也有义务垫付在其他行商拖欠的税款。保商最重要的功能是扮演中间人身份，以避免清政府直接与外商联系；或者说，官府试图假保商之手来间接控制外商。如果外商有事需要向官府交涉，只能由保商代为传话，官府不直接受理外商的交涉。

对外商来说，保商其实就是官府的代理人，但外商对保商制度屡有不满。乾隆二十四年（1759 年），英国东印度公司不堪官府和行商层层索贿，特别是各种名目繁多的规礼，为此特委派精通华语的洪仁辉北上京城告御状；后来他的告状信还真的到达了“天庭”，乾隆皇帝为此大为震怒，但最后也不了了之，东印度公司一无所获。

保商制度下，商业与权力深深地纠缠在一起。行商和外商既互相斗争，也互相利用，一切都围绕利益展开。他们可以互相勾结，也可以互相欺骗。在官府和外商之间，精明的行商往往左右逢源，获得暴利；有的行商则两头不讨好，落得倾家荡产，甚至被抄家发配。

行商经营往往需要巨额资金，有些资金微薄的行商不得不四处拆借，导致债务缠身；所有行商都免不了负债经营。贸易本身的风险再加上政治风险，行商的生存和发展都极其不易。

有研究者发现，行商和行商数量经常发生改变，这些行商的平均寿命不到 10 年。在 1760—1843 年的 84 年中，先后共有 47 家洋行开张营业；而在 1771—1839 年间，停业或倒闭的就有 37 家，平均不到两年就有一家关门。这些行商不是因为外国商人欠债不还而倒闭、破产，就是因为积欠官方税银而被抄家、下狱。研究中外贸易史的美国学者马士发现，1811 年，中国十大行商中，有 7 家靠借债度日，只有卢观恒、伍敦元、潘长耀等 3 家有偿付能力。从 18 世纪到 19 世纪，愿意做行商的人越来越少，后来的新行商甚至是官府强迫指定，不得已而为之。同文行的潘致祥花了 50 万两银子才得以安全退休，没几年又被强迫开了同孚行；潘致祥去世后，其子潘正亨拒绝继任同孚行行商，他说："宁为一只狗，不为行商之首。"

但行商的高风险，也意味着高利润。据经济史学家陈国栋先生研究，以最大宗的茶叶贸易为例，行商从每担茶叶中可获得至少 4 两利润；1784 年到 1810 年间，东印度公司每年进口的茶叶货值约为 300 万两到 900 万两，而行商从中取得的利润约为每年 30 万两到 100 万两不等。

按照商帮传统，广州十三行联合成立了同业行会，即所谓"洋行会馆"，也叫作"公行"。建立公行主要是为了减少行商内部的竞争，维持行商垄断的地位；反过来，英商为打破公行垄断，经常对行商和官府行贿。

首富伍秉鉴

清前期实行开海，厦门在对外贸易的繁盛程度上远远领先于广州，闽南商人基本主导了中国外贸。十三行的行商，大多数也不是广东商人，而是以家族传承的福建商人为主，其中最著名就是潘氏的同文行（后改同孚行）和伍氏的怡和行。伍国莹早年曾在同文行担任账房，后来独立创办了怡和行。怡和行到伍秉鉴这一代，已经发展为十三行行商之首。在伍秉鉴的领导下，十三行成为当时与徽商、晋商齐名的商人团体。

在中国经济史上，伍秉鉴无疑是一个商业奇才。传统的晋商和徽商往往把大量资本用来置买土地和修建豪宅大院，伍秉鉴则更像一位现代资本家。他将大量资金用于投资，而且是国际投资，从这一点来看，他超越同时代中国商人许多。在伍家的支持下，美国在广州的柏金斯洋行、旗昌洋行先后垄断了美国对华贸易。伍秉鉴长期担保旗昌洋行，被美商称为“教父”。[①] 伍秉鉴在国内拥有大量地产、房产、茶山和店铺，同时还在欧洲、美国、印度有许多投资，涉及铁

① 贺痴、吕静霞《清代世界首富伍秉鉴的财富人生》，中国致公出版社，2010。

路、银行、证券、保险等，他甚至还是英国东印度公司的最大债权人。当然，这些国际商业合作都是秘密进行的。

伍秉鉴以其精明强干，在与外商的长期交往中建立了一个全球性的商业关系网络。伍秉鉴当时的大量商业信函保存了下来，显示伍秉鉴更像是一个跨国投资财阀，而不只是十三行的一名普通商人。

19 世纪正是工业革命之后世界经济大变革的时代，通过一些外国商业伙伴，伍秉鉴进行了大量国际投资。作为一名中国商人，伍秉鉴与他的外国朋友之间的信赖程度多少超出了一般人的想象，外国人尊称他为“浩官”。据说有一位美国商人欠了他 7 万多两银票，滞留广州无法回国。伍秉鉴知道后撕掉欠条，告诉对方欠账已清，去留听任自便。在不少外国商人眼中，伍秉鉴“在诚实和博爱方面享有无可指摘的盛名”，是一位非常好的商业伙伴。

历史学家一般认为，鸦片战争的起因是英国向中国大量输入鸦片，导致白银流失；而实际上，没有十三行的帮助，走私鸦片和偷运白银出境基本是不可能的。这其中，与东印度公司有密切合作的伍秉鉴扮演了一种暧昧的角色。从 1776 年（乾隆四十一年）走向独立，美国就积极发展对华贸易。随着鸦片贸易的兴起，美国商人的活跃程度丝毫不逊色于英国人。19 世纪 20 年代，美国的走私贸易远比英国东印度公司的贸易量要大，其中的主要货物就是鸦片。1827 年，作为美国在华最大的鸦片走私商，旗昌也是美国在中国最大的代理机构，其实力堪与英国东印度公司相抗衡。旗昌与伍家的关系特别紧密，甚至说旗昌的建立就是伍秉鉴一手促成的——他给了美国义子福布斯 50 万银元，帮助他成为旗昌洋行的合伙人。

1817 年，美国商船“沃巴什号”在澳门遭袭，5 名美国水手被杀。事后，船长甘特照会清政府要求赔偿。两广总督怀疑其运载鸦片，拒绝赔偿，并通告行商说：“此事确系全属由于该外国商人运来违禁品鸦片而起，甘特咎由自取，如其他船只不运送鸦片，则彼等将无所疑惧。”当时的十三行首席行商是伍秉鉴，这艘美国商船亦由他承保，为此伍浩官被罚了 16 万两白银。

在一些严厉的历史学家看来，伍秉鉴的荣耀与光鲜来得并不怎么光彩，特别是在鸦片问题上；换言之，他的原始积累都来自串通外商和勾结官府，大量贩卖鸦片和私运白银。如果这样看，那么大清帝国的大富豪伍秉鉴与另一个富豪和珅并没有本质上的区别，两人所为的都是一种损国利己、损人利己的疯狂敛财行为。

一个令人玩味的现象是，十三行商人很少愿意让人知道自己的真实名字，他们或改名换姓，比如梁纶枢对人自称梁承禧；或沿用父亲的名字；甚至兄弟共用一个名字。据说伍秉鉴这个名字，就曾出现在不同人身上，让人搞不清哪个才是真正的伍秉鉴。

从一开始，十三行便与官府互相利用，甚至谈不上真正的信任与合作。大清官方让行商代为“管理”外国商人，但外商却不承认行商的官方身份，只将其看作生意伙伴。在传统的朝贡贸易体制下，清朝外贸制度与西方自由贸易原则发生冲突在所难免。行商并没有独立自主的法律地位，一旦起纷争，他们夹在外商和官府之间，两头不讨好。西方商人对十三行垄断性的商业中介地位极为不满，却没有途径向清朝官府进行投诉或抗议。清朝政府则将外商的不轨行为全部归咎于十三行，特别是鸦片的大量流入，十三行便成为无处可逃的替罪羊。

1833 年，英国取消东印度公司的对华贸易垄断权。随着自由商人的大量加入，由十三行主导的中英贸易频频发生摩擦，西方与清廷的矛盾迅速激化，最终爆发了鸦片战争。

鸦片与战争

日本学者增井经夫在《广州十三行》中说，官僚压迫商人，而商人自己也是官僚，中国官僚是“一种商人”；换句话说，中国的富豪实际上都是一种官僚，无论晋商还是徽商，发财之后都要花钱捐官，为自己戴上“红顶子”。

广州十三行也是一种官僚化的商人，他们的命运时刻受到官府的左右和影响。在外商和官府的挤压下，十三行商人最终难免沦落乃至破产；虽然垄断可产生暴利，但这些暴利最后还是要转移进官府的腰包。

按照清朝朝贡传统，外国商人往往不受大清律例约束，以体现天朝的宽宏仁慈。十三行商人一旦与外商发生商业纠纷，他们很难得到官府的支持和公平对待。外商欠了行商的钱不还，官府不管不问；但行商如果欠了外商的钱，就可能被抄家还债，甚至由十三行全体行商担责偿还。

行商的生存与发展都需要仰官府之鼻息。在掌权者眼中，商人就是一只肥鹅，可以吃鹅蛋，也可以吃鹅肉；伍氏就曾自喻为“一只容易被剥光的肥鹅”。随便找个借口，就可以没收罚款，堂而皇之地敲诈勒索。行商偷税违规，自然要接受处罚；外商偷税违规，行商负有担保之责，也要承受罚款，而且是几十倍上百倍的重罚。一位东印度公司船员的私人物品中有两对钟表，海关官吏认为是偷税漏税，作为担保商的怡和行想要缴付180银元，结果被重罚50倍。“西里塞斯特”号商船被怀疑走私48匹羽纱，承保的行商按100倍重罚，这足以让行商倾家荡产。

乾隆一生嗜好西洋玩好，如钟表、八音盒等，这些奢侈品价格不菲，最后埋单的常常是十三行商人，所以被称为“金山珠海，天子南库”。遇到战争或自然灾害，商人要“捐输”；没有战乱，遇到皇帝生日，商人要“报效”。明明是明火执仗地抢劫，却仿佛商人自愿奉献一样。

1814 年，清政府因急需一笔巨款，令广东捐助 40 万两，其中 16 万两由盐商负担，24 万两由行商负担。行商潘启官、叶仁官、伍沛官、卢茂官等都捐出了两万两至五万两不等。英国人对此颇为同情：“行商破产之一部分原因虽由于骄奢淫逸，无可避免债务之梏桎，然根本原因则在饱受政府大吏之苛敛勒索所致。”据研究者统计，1773—1835 年间，仅见于官方档案记载的行商捐款就达 508.5 万两白银，实际数字自然要更高。以伍秉鉴为例，“计伍氏先后所助不下千万，捐输为海内冠”，仅 1833 年捐款就达 50 万两。鸦片战争时，道光皇帝密令洋行商人设法购买大型洋船，伍秉鉴花 14400 两银子买到了一艘美国夹板兵船。伍秉鉴后来对他的美国朋友说：“我们被迫出资修建堡垒、建造战船、制造大炮、所承受的巨大负担，对我这把可怜的老骨头来说，实在是有些沉重。”

世事变幻无常。作为十三行首席商人，伍秉鉴可以在外国人那里得到应有的尊敬，但在中国官府面前却毫无尊严可言。

十三行行商的资格来之不易，但一旦成为行商，要想退出更是难上加难。伍秉鉴年老想退休，官方不许，他只得花了 90 万两银子，才被允许由他儿子接班，但他仍要承担十三行的全部责任。后来他向朝廷表示，愿意捐献全部财产中的 80%，只求留下 20% 以安享晚年，结果也未能如愿。

无论对清廷还是对十三行，鸦片战争都是一场灾难，对后者来说，更是毁灭性的。战端未启之时，伍秉鉴自告奋勇，极力想居中调停，以避免战祸发生。结果人微言轻，钦差大臣林则徐根本没把他当回事儿。为了威逼西方商人交出鸦片，十三行的商馆遭到封锁。伍秉鉴不顾官方禁令，偷偷将食物和饮水送进商馆。后来伍氏父子双双被林则徐逮捕下狱。

鸦片战争以清朝失败而告终，为了让英军退出广州，清廷向英军交纳了 600 万银元的赎城费，行商承担 200 万元，其中伍秉鉴交了 110 万元。据说这笔钱是两年前林则徐禁烟时，伍秉鉴在劝说英商交出鸦片时许诺的烟价赔偿，因此人们对行商抱着幸灾乐祸的态度，当时广州民谣说："四方炮台打烂，伍怡和银子顶上。"①

根据《南京条约》，清朝需要支付英国 2100 万银元的战争赔款，这其中行商又承担了 300 万元，伍氏一人又得交 100 万元。道光二十二年七月二十四日，即 1842 年 8 月 29 日，英方与清朝共同签订了《南京条约》，其中第五条写道：

凡大英商民在粤贸易，向例全归额设行商，亦称公行者

① 覃波、李炳《帝国商行：广州十三行》，九州出版社，2007。

承办，今大皇帝准以嗣后不必仍照向例，乃凡有英商等赴各该口贸易者，勿论与何商交易，均听其便；且向例额设行商等内有累欠英商甚多无措清还者，今酌定洋银三百万银元，作为商欠之数，准明由中国官为偿还。

这一条款极其重要，它直接指出处于绝对垄断地位的广州商行，拖欠英商贸易款项，而且数额巨大。战争打破了商行垄断，不仅打开了对外开放的大门，也给清朝重农抑商政策下民间商业的发展提供了机会。乾隆当年关闭其他口岸，只许广州“一口通商”，结果不到100年，一场战争后又回到“五口通商”的局面。

作为一项自由通商条约，《南京条约》彻底废除了清朝延续一百多年的公行制度，从此以后，英国商人可以在中国各通商口岸与华商自由交易。

十三行之路

从历史的角度来看，1842年是中国历史上前所未有的自由贸易时代的开端。因为一场战争和一纸条约，十三行失去了对外贸易的垄断权，在接下来的日子里，他们也曾试图维持旧日的辉煌，但无可奈何花落去，曾经的商贸世界已经不属于他们。最后是一场不期而遇的大火，将十三行彻底化为灰烬。

1857年1月12日，第二次鸦片战争中，英军于西濠登陆，放火烧了整个十三行的商馆区东西沿江一带的洋行，连带被焚的还有数以千计的民房。约100年前，即1757年，乾隆关闭了江浙闽三海关，只留广州“一口通商”；约300年前，即1557年，葡萄牙人把澳门浪白奥的交易场地移到了广州的海珠石附近，参与这里一年两季的东西贸易，“十三行”由此诞生。

历史不能假设，如果做一个有趣的对比，中国的十三行与英国东印度公司几乎存在于同一时期，而且互相之间经常合作；但十三行中，从未有一家洋行能发展成像东印度公司那样积极扩张的全球性企业，其中原因值得令人深思。值得一提的是，1857年，十三行毁于一场大火；同一年，印度发生叛乱，英国政府剥夺了东印度公司对印度的管理权，并没收了东印度公司在印度的所有财产。曾经独步天下200年的荷兰东印度公司由14家贸易公司联合而成，开创了世界上第一家现代股份公司。

1833年，东印度公司失去了对中国茶叶贸易的垄断权，两个英国人威廉·渣甸和詹姆士·马地臣来到中国，以茶叶与鸦片贸易起家。鸦片战争后，他们不仅取代了伍家“怡和行”的商业地位，而且借用其老字号，创办了“怡和洋行（Jardine Matheson）”。

在19世纪后半期，雄踞香港的“怡和洋行”成为在中国的最大外商，其广告语称：“只要有贸易的地方，就有怡和洋行。”在某种程度上，怡和洋行继承了十三行（尤其是怡和行）和东印度公司的商业精神。1875年，怡和洋行下属的吴淞铁路公司在上海修建了中国第一条铁路。“我们与旧中国做了100年的生意，我们还将继续与新中国再做100年的生意。”1949年后，怡和成为新中国政府最重要的贸易公司；改革开放时期，怡和又成为中国第一家中外合资企业。今天的怡和是一家名副其实的根植亚洲服务全球的500强跨国公司，业务几乎涵盖了所有行业，雇员达到45万人。在中国近现代史上，没有一家外国企业像怡和这样，如此深刻地影响过中国的内政与外交。①

从走向世界，走向近现代化而言，澳门及广州十三行更功不可没，这不仅仅指经济而言。众所周知，以利玛窦为代表的传教士，他们不单只是传教，而且带来了西方先进的科学技术。如法国路易十四派来的传教团，其实是其科学院众多的科学家、学者，给康熙教授了丰富的科学和数理方面的知识，甚至参与了制定历法、地图、机械，以及代表中国与俄国谈判。与此同时，西方的人文主义、启蒙思想，也通过

① 刘诗平《洋行之王：怡和与它的商业帝国》，中信出版社，2010。

澳门，通过十三行，尤其是十三行行商，逐步传入了中国。如果没有十三行，就没有后来的洋务运动、戊戌变法。历史是无法隔断的，澳门、十三行沿袭下来的，正是一部中国史的近代进程。[①]

一部洋行兴衰史，也是一部清朝对外通商史。十三行被撤之后，中国海关正式成立，并请英国人赫德担任总税务司。此后海关关税成为清朝财政收入的重要支柱，到了清末甚至超过了土地税的收入。[②] 在贪腐成风的天朝，这个由英国人管理的中国海关也是最为廉洁高效的政府机构，这体现了现代政府与传统官府之不同。

今天的广州已经很难再找到十三行当年的遗迹，只有城西一条孤零零的“十三行路”。虽然“十三行史料陈列馆”于 2011 年建成开放，但对很多不熟悉历史的人来说，所谓的“十三行”或许是“十三行服装批发街”。

从现代的眼光看，十三行堪称中国最早的自贸区，这些行商也是当时最早见识到现代文明、最具国际视野的中国精英。同文行老板潘振承（潘启官）担任行首达 39 年之久，

① 谭元亨《广州十三行：明清 300 年艰难曲折的外贸之路》，广东经济出版社，2015。

②《清史稿 · 食货志》：“咸丰末年，只四百九十余万。同治末年，增至千一百四十余万。光绪十三年，兼征洋药厘金，增为二千五十余万。三十四年，增至三千二百九十余万。宣统末年，都三千六百十七万有奇，为岁入大宗云。”洋药即鸦片。

他懂4门外语，不仅参股瑞典东印度公司，还搭乘瑞典东印度公司的商船（可能是“哥德堡号”）去过瑞典，多次游历南洋。伍秉鉴也是一位具有世界眼光的中国商人。晚年的伍秉鉴甚至想移民美国。“如果我现在是青年，我将认真地考虑乘船往美国，在你附近的某处定居。”台湾学者陈国栋这样评论道：“看来鼎鼎大名的伍浩官不但对洋行的工作失望了，对整个中国的社会制度也失望了。”

镖局

最后的江湖

对中国历史来说，明清时期发生了一场前所未有的“大变局”。这主要表现在三个方面：首先，新大陆的玉米、红薯和花生等新作物引发了“农业革命”，中国人口迅速增长；其次，美洲白银大量进入中国，这场“白银革命”不仅改写了中国的货币体系，也促进了民间商业的崛起；同时，随着西方殖民帝国的纷至沓来，中国无可选择地进入一个全球商业网络，中国的丝绸、茶叶、瓷器等商品大量出口西方世界，这对中国而言，可谓是“三千年之大变局”。

从这个角度来说，晋商、徽商和陕商等商帮在明清时期兴起，并不意外。商业是生产力提高和人口富余的结果。经过两三千年发展，农耕经济在这一时期已经达到极致，商业和手工业成为新的突破点。商业是自由的产物，特别是清初实行“摊丁入亩”制度，极大地解放了人身自由，自由商人开始大量涌现。

与西方殖民公司面临着海盗问题相似，这些中国商人同样面临土匪和响马的劫掠与骚扰。正是在这一背景下，出现了为商人保驾护航的专业镖局。

镖局的兴起

镖局是受人钱财，凭借武功，专门为人保护财物或保障人身安全的机构。镖局也叫镖行。镖局的主要业务项目包括走镖、护院、坐店、坐夜（坐更）、保护库丁、汇款等。

有历史学家考证认为，保镖业最早出现于明代晚期，即万历到崇祯年间。当时松江一带的大宗纺织品外销北省，称为“标布”，“标”为“镖”的早期写法，并非指武器。《金瓶梅词话》成书于万历年间，第五十五回中写道：“家里开着两个绫缎铺，如今又要开个标行，进的利钱也委的无数”，第六十六回写到西门庆等人搭“标船”出门“办货”。也有说法认为，“保标”起源于明末脱离兵营，流落江湖的“标兵”，“巨商大贾常募捐款以护重赀，彼与俱，则竖红标，故曰标兵”。

除了押运货物，镖局最重要的业务是押运银钱。明清时期，货币都是重金属，即铜钱和白银。出外远行或经商，免不了携带银钱，量小可随身携带，量大的话，就得车载马驮，分外扎眼。尤其是常用的铜钱，十两银子换成铜钱，将近一万枚；即使几百上千两的银锭，一般人也无法负重。每次科举考试，全国各地的举子赴京赶考，盘缠路费就需要几百两银子，只能雇人肩挑背扛。一路之上，携带大量财物，免不了被匪盗歹人觊觎，最好的办法是请镖师护送，这样可保证平安到达目的地。

相对普通人，从事大宗商品贸易的商人需要调运的银钱数目更加巨大。明清时期的白银基本都是从美洲和日本进口，从沿海进入内地，大规模的白银运输便需要武装保护。政府的运输可以调动军队，民间自由商人便委托镖局提供保护。特别是清朝中叶以后，民间票号兴起，加速了货币流通。当时社会极其动荡，大额的票号和现银都离不开专人押送，以保证安全。如此一来，在货镖之外，有了银镖和票镖。有人望文生义，说“镖”字就来源于“票（号）”，此外，还有私人保镖和看家护院的坐镖。乾隆时期的袁枚就曾提到：“吾父某亦曾为人保镖，路逢劫盗，与角斗，不胜而死。”对雇主来说，保镖的责任是防贼防盗，保证货物安全到达，但沿途和官府税务、厘金局打交道的事情都要靠雇主来打理。镖师也可以帮忙打通关节，但不能白帮忙。

古代中国一直没有邮局，官方有专用驿站通邮，而民间通信则极其不便。随着镖局的出现，民间通信成为可能。一般人只要花上不多的费用，就可以让镖局将书信投递给远方的亲朋好友。当时一些大一点的镖局在各地都设有分局，镖路遍布周边数省；镖局与镖局之间也有一定的合作，从而形成一个四通八达的信息和物流网络。

开办镖局虽然要向官府登记，但镖局本身几乎是无本买卖；用不着多少资金，就可以开办一个镖局。镖局实行股份制，以人力股为主，不看出资多少。一般而言，镖局由镖户和镖师组成。打仗亲兄弟，上阵父子兵。正如传统商帮一样，同一家族、同一师傅或者同乡，往往组成一个小团体，这就是镖户。离开镖户的个体镖师也非常多。资深镖师称为“达官”，不仅武艺高强，而且阅历丰富。镖师是自由的，与镖局也是合作关系，从这一点来说，镖局就是一个企业。

镖局的收入，来自雇主支付的“镖礼”，一般根据路程远近和货物价值而数额不等。与其他传统行业相比，镖局这种企业有一定的特殊性。在镖局建立和股份制度上，即便是在镖局生意兴隆的全盛时期，也不会有哪位富豪会出资办一个镖局，镖局靠的是镖师而不是本钱。在洋枪进入镖局之前，镖师的武器都是私人所有，马匹也是个人的，只不过由柜上（镖局财务）发饲料而已。

镖局作为传统行业，其生存基本依赖于武术，在武器上并没有什么特殊之处，所用以短矛为主。这种短矛放在镖车上，一旦遇到贼匪，可以抛出，极具威力。这与西方传统武器标枪有些类似，比中国传统飞镖更有杀伤力，而且可作近战武器，用于白刃格斗。因此也有说法认为，“镖车”“镖旗”“镖局”等名称即来源于此。

满清一代，对武器控制甚严，严禁民间拥有弓箭和火枪，镖师只能使用弹弓、镖枪，或以大刀防身。实际上，作为武林中人，镖师主要是依仗武艺和拳术，武器往往是备而不用。

兴隆镖局

镖局的出现与商帮的出现有密切的关系，镖行不仅服务于商业，其本身也是商业的一种。

据说最早的镖师是山西人张黑五，因其武功盖世，人称“神拳无敌”。乾隆年间，张黑五成立了兴隆镖局，专门为富商大户押运贵重物品，尤其是银钱，兴隆镖局也是最早的镖局。卫聚贤的《山西票号史》一书中这样记载：“考创设镖局之鼻祖，仍系乾隆时神力达摩王，山西人神拳张黑五者，请于达摩王，转奏乾隆，领圣旨，开设兴隆镖局于北京顺天府前门外大街，嗣由其子怀玉继以走镖，是镖局的嚆矢。”

兴隆镖局开办后，首先方便了在京的晋商。这些晋商每逢年底结算，总要将大量的钱财运回山西老家。山高水长，路途遥远，有兴隆镖局保驾，就没有了后顾之忧。

应该承认，山西票号与镖局有相当的伴生关系。票号实现了银钱的远程支付和汇兑，这不仅没有终结银钱的远距离转移，反而加速了银钱的跨地区流通。不同票号或不同地区之间，大量银钱的运输都依赖镖局的支持。

陕商往来四川，在秦岭翻山越岭，一般雇请刀客保镖。这些刀客在关中渭北一带非常活跃，并形成秘密帮会，即“哥老会”。清帝逊位后，这些刀客兴风作浪，风云一时，成则军阀，败则土匪。晚清时，西安有七大镖局，经营者都是“哥老会”的刀客，镖局名号有大德通、大德恒、宝丰隆、大成亨、百川丰、裕泰厚、裕丰厚，都集中在盐店街一带，这里票庄银号和大商家云集，可谓是如鱼得水。[①]

镖局的兴起，一方面是因为商业繁荣，另一方面也是社会治安恶化的结果。进入清后期，人口过剩，流民四起，不仅引发了许多大规模的武装暴动，还出现了数不清的流寇盗匪。道光以降，中国南北，更是伏莽丛生，旅途不靖，连官员亦不能免灾。道光二十一年（1841 年），胡林翼自京返湘，途中便遭强盗洗劫。道光二十七年（1847 年），广东巡抚黄恩彤与顺德县令鹿钟之等结伴同行，半路亦遇劫掠，损失达五十余万金。

晚清时期，尚没有建立现代警察制度，民间镖局的出现，多少填补了社会治安方面的空白。光绪十一年（1885

① 宗鸣安《秦商入川记》。

年）的《点石斋画报》将镖局比作西方保险业，如江西新城县鸦片商人解银到省城办货，途遇强盗抢劫，幸有保镖押运，力战克敌，得保不失。

镖师虽然不是公职人员，但练武之人往往都有正义感，如苏州一镖师就见义勇为——

北方土地高厚，人之躯干亦较南边为结实。其膂力过人者，精习拳棒，投入镖局，为经商北省之家，保银货往来不失事。亦犹洋人保险意也。比来北上者多附轮船以去，此风亦少衰矣。而东豫晋陕诸省，所历多旱道，仍赖若辈挟之而后行。苏城阊门内穿珠巷一带，房屋杂瓦砾中，宵小易于匿迹。日前有米店学徒持洋八十元经此，为游勇攫去，学徒哭喊，得镖师追赶，发一镖适中游勇手，洋遽堕地，取以送之归。然则镖固不可以不发也。惟其得乎时，乃有益于事。

清后期，随着大量流民进入东北，即所谓“闯关东”，一度马贼（土匪）泛滥成灾。同治八年（1869年），20万两官银在官兵的押送下尚被劫掠一空。一般商旅往来，更是离不开保镖护送。

一时之间，镖局成为最红火最暴利的行业。仅光绪年间，营口就出现了日升、福顺、金成等大小镖局23家，镖师、趟子手和脚夫多达400多人，大多来自沧州、山东和河南等地。实际上，这些镖局都与马贼暗通款曲，镖局收了“保护费”，也要给马贼分一杯羹；马贼遇险，镖局也少不了提供庇护。每个镖局都有自己的势力范围，在其势力范围之内，马贼与镖局保持默契；或者说，镖局可提供的安全路线，基本上由他们与土匪的关系决定。

中国人讲天时地利人和，镖局依附于巨商和高官，基本都位于交通要道和通都大邑，尤其是北京，镖路也基本与官道相重合。与一般生意不同，开设镖局绝非易事，“当家的”不仅要武艺高强，胆识过人，还必须熟悉三教九流，人情练达。晚清时期民变四起，地方大办团练，战争过后，大量退役军人不是落草为寇，就是开设镖局。

保镖并不意味着总是动手打架，实际上都是化干戈为玉帛，和气生财。对镖局来说，没有商户就没有财源，没有匪盗，商户也就用不着保镖。因此贼匪对他们而言并非完全的敌人。仅从这一点来说，他们就大可不必与贼匪拼命。在现实中，一般也很少发生严重打斗和流血事件。

会友镖局

镖局并非现代商业企业，其本质上仍具有强烈的传统文化色彩，其生存土壤就是那个由“人情”构成的熟人圈子，即所谓“江湖”。

在中国历史上，有千里走单骑和千里送京娘的美谈。在中国经济史上，镖局的历史很短暂，可以说是昙花一现。它是晚清这个大变局下的时代产物，从这个角度上，大刀王五和他的源顺镖局就具有某种代表意义。王五本名王正谊，河北沧州人，武功高强，为人急公好义，在江湖上威望极高，号称“能手定法律，约束河北山东群盗”。光绪五年（1879年），王五在北京前门外创建“源顺镖局”。王五身为民间镖师，因为介入谭嗣同事件而为人所知，后死于庚子之乱，镖局亦遭清廷查封。

据说在庚子之乱中，慈禧挟光绪帝西逃，担任沿途护送的就是数十位著名镖师。清朝覆灭，民国初兴，现代国家制度和金融制度逐步建立，尤其是火车、轮船等现代交通工具和新式枪械的出现使得传统镖局和票号一样，迅速走向衰落。

北京会友镖局是最著名的镖局，创立于道光二十五年（1845年）。创始人宋彦超，人谓“神拳宋老迈”，曾在“大清神机营”效力，并被钦赐五品顶戴。会友镖局在全国各地设有多处分号，在鼎盛时期，镖师超过千人，就连李鸿章家宅都由“会友”担任保卫任务。民国十年（1921年），会友镖局关门大吉。

从文化角度打量，镖局既有传统商帮的色彩，又不乏武林的特殊身份。作为商人，重信用；作为练武之人，讲究武德。虽然也有失镖或镖师丧命的事情发生，但从未有过镖师吞掉镖银的现象。在中国传统中，武林即江湖，镖客多侠士之风，救危困，重然诺，轻视文字契约，万金之事，只凭口头信约。英雄风流云散，如今竟然很难找到更多的历史印记。

对我们当代人而言，关于镖局的印象，主要来自评书和小说。晚清时期，印刷技术促进了大众通俗文化的繁荣，传统的武侠演义为之一变，更贴近现实的镖局和镖师成为故事的主角，如《施公案》《彭公案》《永庆升平》和《十二金钱镖》等，都成为流传一时的著名话本。

其实，传统的历史就是这样被人们记载和传说的。

山陕会馆高大的门楼

晋商大院精美的砖雕照壁

遍及全国各地校园的逸夫楼

后记

2013年，我的第一部历史习作《历史的细节》出版，得到很多读者朋友的喜爱。因为《历史的细节》，我认识了很多知识分子和媒体人，其中有一位《企业观察家》杂志社的编辑；他热情地邀请我为他们杂志写些好读好看的历史小文章，最好是像《历史的细节》那样的。

从那时起，我就有了一个专栏作者的身份。每月一篇，每篇4000字，这样写了好几年，日积月累，最后就成了《新食货志》这本书的初稿。

这些专栏文章都是我自己提供的选题，主要以经济史为主。每篇文章都有一个完整的话题，专栏的各期文章之间，也多少存在一些关联。从这些文章的整体来看，依然保持了《历史的细节》的风格和写法，只不过更加简短一些。

作为一本地方性经济类杂志，《企业观察家》影响力有限，我也很少见到杂志样刊。专栏文章的阅读效果如何，我也从未收到什么反馈。这两年，在电子媒体冲击下，传统纸媒举步维艰，《企业观察家》也发生了不少人事变动，而我的专栏竟然一直没有中断，只是从早期的每期 4000 字压缩到后来的 2500 字。

从 2014 年起，为了写《现代的历程》，我开始了全职写作的生涯。中间除了偶尔写点书评，几乎很少再写零散的小文章，这些专栏文章无疑是例外。

虽是专栏文章，但一篇文章跟一本书一样，它也有其独特的主题。作为大众阅读、深入浅出的通识性文章，我必须涉猎相关的专著和各种资料，消化后整理成一篇短文。为了写这些专栏，我读了不少书，有时仅仅为一篇文章，就可能涉猎十几种学术专著；其中不少文章，花费的时间和心血之多，我至今仍记忆犹新。

经济学家熊彼得说："那些读懂经济史所蕴含的信息的人，将更清醒地预感到那震撼世界的惊雷。"我一直觉得，对于一个普通人，尤其是现代人，这些有关我们生活和工作的经济史，应该有所了解，但如果去专门阅读一本专著，又可能会心有余力不足；所以，我将这些貌似边缘或"冷知识"的历史写作成一篇篇短文，对非专业研究的普通读者，这种拼盘式历史或许是有点意义的。也因此，从一开始，我就按写书的要求来写专栏；只是写书可以信马由缰，而写专栏常常遭遇催稿，我颇有些不适应。

作品总摆脱不了作者个人的思想烙印。从我心里来说，《新食货志》其实是对《现代的历程》（《现代简史》）的补充，或者说是后者的“前传”。

经济史学家布拉德福德·德隆说，20 世纪的历史就是经济史，其实人类走向现代化的历史都是经济史，经济成为历史发展的根本所在。我记得《欧洲经济史》中有句话，1550—1700 年荷兰与英国“这场商业革命布下了许多最终导致工业革命的火种”。《现代的历程》的主题是工业革命与现代，《新食货志》的主题则是商业革命与现代。如果将这两本书放在一起，正好可以互相印证，构成一个完整的世界经济史和人类文明史。

钱乘旦先生以研究英国史，尤其是工业革命史而闻名于世，他在为“轻松阅读外国史丛书”写的《总序》中说：“在许多国家，包括我们的近邻，世界历史的教育已经超过了本国历史的教育，外国历史课程占百分之六十甚至更多，本国历史课程只占百分之四十或更少。外国史教育是现代公民的基本素质教育，中国的公民也应该是世界公民。”近年来虽然历史大热，但对很多喜欢历史的中国读者来说，历史几乎只是指中国历史，尤其是宫廷权力斗争史，对世界史和经济史往往有所忽略。实际上，当代中国人基本是生活在一个全球化的经济和物质社会，与农耕的古代中国社会已经大相径庭。只有了解相应的世界史，才能更好地理解当下生活。

我给这本书最早取的名字是《食货志》。我的中学同学、书法家寇克让建议用《新食货志》，以与古代《食货志》区别。这个建议非常中肯，真是“一字之师”。事实上，寇克让先生也是北大古文献专业博士。

还需要说明的是，本书和我的前几本书一样，不是一本研究性著作，基本没有对史料的深度挖掘或独创的发现。所用的史料大都提炼自现有的著述。虽然内容涉及很多不同领城，但相对于这些领域的学者专家，我所关注的只是一些常识性的知识。因此，我尽量对这些研究加以整理，用一些相关主题串联起来，并以我自己的视角和理解，转化成面对非专业普通大众读者的文字。如果读者对某个话题非常感兴趣，并想进一步了解，可以参考书后所列书目，进行深度阅读。

本书作为一部在专栏文集基础上整理而成的通俗历史读物，写作时间跨度比较大，每篇文章主题不同，写作时的状态也有很大差异，有的文章写得认真顺畅，有的文章因为拖延症而最后匆匆交稿；虽然后来对全书做了统一修订，对不同文章之间重叠、重复的部分做了处理，但仍难免存在一些破绽和错误，敬请读者诸君批评海涵。若有下次再版机会，再行修改。好书从来都是作者与读者精诚合作的结果。

《丝绸之路》，刘迎胜著，江苏人民出版社，2014。

《丝绸之路：一部全新的世界史》，（英）彼得·弗兰科潘著，邵旭东、孙芳译，浙江大学出版社，2016。

《丝绸之路 2000 年》，（英）吴芳思著，赵学工译，山东画报出版社，2008。

《瓷话中国：走向世界的中国外销瓷》，曾玲玲著，商务印书馆，2014。

《青花瓷的故事：中国瓷的时代》，（美）罗伯特·芬雷著，郑明萱译，海南出版社，2015。

《白瓷之路：穿越东西方的朝圣之旅》，（英）埃德蒙·德瓦尔著，梁卿译，广西师范大学出版社，2017。

《茶：嗜好、开拓与帝国》，（英）罗伊·莫克塞姆著，毕小青译，生活·读书·新知三联书店，2010。

《茶叶全书》，（美）威廉·乌克斯著，依佳、刘涛、姜海蒂译，东方出版社，2011。

《茶叶大盗：改变世界史的中国茶》，（美）萨拉·罗斯著，孟驰译，社会科学文献出版社，2015。

《茶叶与鸦片：十九世纪经济全球化中的中国》，仲伟民著，生活·读书·新知三联书店，2010。

《绿色黄金：茶叶帝国》，（英）麦克法兰著，扈喜林译，社会科学文献出版社，2016。

《茶叶战争：茶叶与天朝的兴衰》，周重林、太俊林著，华中科技大学出版社，2012。

《鸦片战争：毒品、梦想与中国的涅槃》，（英）蓝诗玲著，刘悦斌译，新星出版社，2015。

《白银帝国：一部新的中国货币史》，徐瑾著，中信出版集团，2017。

《白银资本：重视经济全球化中的东方》，（德）贡德·弗兰克著，刘北成译，中央编译出版社，2008。

《黄金简史》，（美）彼得·L. 伯恩斯坦著，黄磊、郑佩芸译，上海财经大学出版社，2008。

《黄金诱惑：世界上最保值货币秘史》，阮崇晓著，重庆出版社，2011。

《危险的味道：香料的历史》，（英）安德鲁·达尔比著，李蔚虹、赵凤军、姜竹青译，百花文艺出版社，2004。

《香料传奇：一部由诱惑衍生的历史》，（澳）杰克·特纳著，周子平译，生活·读书·新知三联书店，2007。

《香料角逐》，（英）吉尔斯·密尔顿著，欧阳昱译，百花文艺出版社，2008。

《香料之路：海上霸权》，传奇翰墨编著，北京理工大学出版社，2011。

《尼古丁女郎：烟草的文化史》，（英）伊恩·盖特莱著，沙淘金、李丹译，上海人民出版社，2004。

《香烟的世纪：香烟的沉浮史告诉你一个真美国》，（美）阿兰·布兰特著，苏琦译，东方出版社，2011。

《烟火撩人：香烟的历史》，（法）迪迪埃·努里松著，陈睿、李敏译，生活·读书·新知三联书店，2013。

《哥伦布大交换：1492年以后的生物影响和文化冲击》，（美）艾尔弗雷德·W. 克罗斯比著，郑明萱译，中国环境科学出版社，2010。

《贸易打造的世界：社会、文化与世界经济》，（美）彭慕兰、史蒂夫·托皮克著，黄中宪译，陕西师范大学出版社，2008。

《上瘾五百年：烟、酒、咖啡和鸦片的历史》，（美）戴维·考特莱特著，薛绚译，中信出版社，2014。

《咖啡：黑色的历史》，（美）安东尼·威尔蒂著，赵轶峰译，东北师范大学出版社，2008。

《左手咖啡，右手世界：一部咖啡的商业史》，（美）马克·彭德格拉斯特著，张瑞译，机械工业出版社，2013。

《鸦片史》，（美）马丁·布斯著，任华梨译，海南出版社，1999。

《黑色的瘟疫：插图本中国毒品史》，朱庆葆、刘霆著，山东画报出版社，2012。

《一粒砂糖里的世界史》，（日）川北稔著，赵可译，南海出版公司，2018。

《甜与权力：糖在近代历史上的地位》，（美）西敏司著，王超、朱健刚译，商务印书馆，2010。

《改变世界的植物》，（英）托比·马斯格雷夫、威尔·马斯格雷夫著，董晓黎译，希望出版社，2005。

《舌尖上的历史：食物、世界大事件与人类文明的脚步》，（美）汤姆·斯坦迪奇著，杨雅婷译，中信出版社，2014。

《味觉乐园：看香料、咖啡、烟草、酒如何创造人间的私密天堂》，（英）希维尔布希著，李公军、吴红光译，百花文艺出版社，2005。

《文明的口味：人类食物的历史》，（英）菲利普·费尔南多－阿梅斯托著，韩良忆译，新世界出版社，2013。

《马铃薯：改变世界的平民美馔》，（美）祖克曼著，李以卿译，中国友谊出版公司，2006。

《玉米与资本主义：一个实现了全球霸权的植物杂种的故事》，（墨）阿图洛·瓦尔曼著，谷晓静译，华东师范大学出版社，2005。

《棉的全球史》，（意）乔吉奥·列略著，刘媺译，上海人民出版社，2018。

《黑石头的爱与恨：煤的故事》，（美）巴巴拉·弗里兹著，时娜译，中信出版社，2017。

《石油·金钱·权力》，（美）丹尼尔·耶金著，钟菲译，新华出版社，1992。

《石油与20世纪的变迁》，刘波著，河南大学出版社，2005。

《鳕鱼往事：一条改变世界的鱼》，（美）马克·科尔兰斯基著，韩卉译，中信出版社，2017。

《动物改变世界：海狸、毛皮贸易与北美开发》，付成双著，北京大学出版社，2016。

《毛皮、财富和帝国：美国毛皮交易的史诗》，（美）埃里克·杰·多林著，冯璇译，社会科学文献出版社，2018。

《1493：物种大交换开创的世界史》，（美）查尔斯·曼恩著，朱菲译，中信出版社，2016。

《郁金香热》，（英）迈克·达什著，冯璇译，社会科学文献出版社，2015。

《资本战争：金钱游戏与投机泡沫的历史》，（德）彼得·马丁、布鲁诺·霍尔纳格著，王音浩译，天津教育出版社，2008。

《明初以降人口及其相关问题（1368—1953）》，何炳棣著，葛剑雄译，中华书局，2017。

《世界历史中的中国》，（新西兰）S.A.M. 艾兹赫德著，姜智芹译，上海人民出版社，2009。

《十五至十八世纪的物质文明、经济和资本主义》，（法）费尔南·布罗代尔著，顾良、施康强译，商务印书馆，2017。

《陕商：天下第一商帮》，李刚、李丹著，中国社会科学出版社，2014。

《中国晋商研究》，张正明、孙丽萍、白雪主编，人民出版社，2006。

《中国十大商帮》，张海鹏、张海瀛主编，黄山书社，1993。

《中国商帮 600 年》，王俞现著，中信出版社，2011。

《广州十三行：明清 300 年艰难曲折的外贸之路》，谭元亨著，广东经济出版社，2015。

《帝国商行：广州十三行》，李国荣主编，覃波、李炳编著，九州出版社，2007。

《走镖的故事》，健君编著，中州古籍出版社，2014。

《京城镖行》，方彪著，学苑出版社，2008。

《中国烟草史》，（美）班凯乐著，皇甫秋实译，北京大学出版社，2018。

《咖啡瘾史》，（美）斯图尔德·李·艾伦著，简瑞宏译，广东人民出版社，2018。

《饥饿帝国：食物塑造现代世界》，（英）莉齐·克林汉姆 著，李燕译，北京联合出版公司，2018。

《胡椒的全球史：财富、冒险与殖民》（美）玛乔丽·谢弗 著，顾淑馨 译，上海三联书店，2019。

《棉花帝国：一部资本主义全球史》（美）斯文·贝克特 著，徐轶杰、杨燕译，民主与建设出版社，2019。

图书在版编目（CIP）数据

新食货志 / 杜君立著. — 北京：北京联合出版公司，2019.8

ISBN 978-7-5596-3285-2

Ⅰ. ①新… Ⅱ. ①杜… Ⅲ. ①世界史 Ⅳ. ①K1

中国版本图书馆CIP数据核字（2019）第104093号

新食货志

作　　者：杜君立

责任编辑：宋延涛

北京联合出版公司出版

（北京市西城区德外大街83号楼9层　100088）

天津旭丰源印刷有限公司印刷　新华书店经销

字数408千字　880毫米×1230毫米　1/32　22.25印张

2019年8月第1版　2019年8月第1次印刷

ISBN 978-7-5596-3285-2

定价：98.00元

不可廢也迺與丞相千秋共奏罷酒酤弘羊自以爲國興大利伐其功欲爲子弟得官怨望大將軍霍光遂與上官桀等謀反誅滅宣元成哀平五世亡所變改元帝時嘗罷鹽鐵官三年而復之貢禹言鑄錢采銅一歲十萬人不耕民坐盜鑄陷刑者多富人臧錢滿室猶無厭足民心動摇棄本逐末耕者不能半姦邪不可禁原起於錢疾其末者絕其本宜罷采珠玉金銀鑄錢之官毋復以爲幣除其販賣租銖之律（師古曰租銖謂計其所賣物價平其錙銖而收租也）租稅祿賜皆以布帛及穀使百姓壹意農桑議者以爲交易待

食貨志卷第四上　班固　漢書二十四

祕書監上護軍琅邪縣開國子顏師古注

洪範八政一曰食二曰貨食謂農殖嘉穀可食之物師古曰殖生也嘉善也貨謂布帛可衣師古曰衣音於既反及金刀龜貝所以分財布利通有無者也師古曰金謂五色之金也黃者曰金白者曰銀赤者曰銅青者曰鉛黑者曰鐵刀謂錢幣也龜以卜占貝以表飾故皆為寶貨也二者生民之本興自神農之世斲木為耜煣木為耒耒耨之利以教天下而食足師古曰斲斫也煣屈也耒手耕曲木也耜耒端所以施金也耨鋤田也耜音似煣音人九反耒音來內反耨音乃搆反日中為市致天下之民聚天下之貨交易而退各得其所而有通師古曰自斲木為耜以[illegible]